21世纪经济管理新形态教材·会计学系列

数字化财务管理

刘常宝 ◎ 主　编

马俊国　秦伟娜
程永宏　张　艳 ◎ 副主编

清华大学出版社
北京

内 容 简 介

本书在设计体系构架时，将财务与数据、技术、智慧作为相互联系的功能模块，将其相互融合甚至契合在一起成为体系化的业务模式，同时，以系统化的知识架构，构建一门科学完整的课程专业能力体系，并以典型案例作为理论与实践关联的媒介，希望以此促使高校的财务管理专业建设与相关企业行业、财务职业规划与财务岗位需求相互融合。

本书用"基于数字技术背景下的财务管理模式创新"为编著教材的指导思想，用行业财务管理的日趋成熟的业务模式作为黏合剂，紧紧地将财务管理与企业数字化及数智化融为一体，并将这个编写思想贯彻始终。

本书既可作为高等院校现代财务管理专业、金融管理专业、企业数字化管理专业、会计专业、产业经济、财税专业教材，也可作为企业财务人员、管理者、经理人、研究人员、理财规划师的培训教材和指导工具。

本书封面贴有清华大学出版社防伪标签，无标签者不得销售。
版权所有，侵权必究。侵权举报电话及邮箱：010-62782989，beiqinquan@tup.tsinghua.edu.cn

图书在版编目（CIP）数据

数字化财务管理/刘常宝主编. —北京：清华大学出版社，2023.10（2025.1重印）
21世纪经济管理新形态教材. 会计学系列
ISBN 978-7-302-64749-2

Ⅰ.①数… Ⅱ.①刘… Ⅲ.①数字技术–应用–财务管理–高等学校–教材 Ⅳ.①F275-39

中国国家版本馆 CIP 数据核字(2023)第 192469 号

责任编辑：付潭娇
封面设计：汉风唐韵
责任校对：宋玉莲
责任印制：沈　露

出版发行：清华大学出版社
网　　址：https://www.tup.com.cn，https://www.wqxuetang.com
地　　址：北京清华大学学研大厦A座　　　　邮　编：100084
社 总 机：010-83470000　　　　　　　　　　邮　购：010-62786544
投稿与读者服务：010-62776969，c-service@tup.tsinghua.edu.cn
质 量 反 馈：010-62772015，zhiliang@tup.tsinghua.edu.cn
课 件 下 载：https://www.tup.com.cn，010-83470332

印 装 者：北京鑫海金澳胶印有限公司
经　　销：全国新华书店
开　　本：185mm×260mm　　　印　张：19　　　字　数：436千字
版　　次：2023年12月第1版　　　　　　　　印　次：2025年1月第2次印刷
定　　价：59.80元

产品编号：100385-01

前言

　　本书以业财融合、技财融合的知识构建原则为基础，以行业"战略+业务+共享"三位一体的财务发展模式为对标，系统介绍了基于全新商业模式的数字化财务原理的理念、流程、方法以及业务创新模式。内容涵盖数字化财务管理的先进理念、"数+财+业"活动的运作流程以及财务管理成熟案例等方面内容。本书理念新颖、条理清晰、体系完整，将"数+财+业"整合思想贯穿始终，既注重财务管理与数字化运营的各自业务特性，又着力于从行业发展现状上诠释数字化运营与财管二者相互融合的机理和衍生出的全新模式。同时通过对最新行业案例与管理模式的诠释，引导学生从业财融合与契合的角度理解财务管理的各种创新观点与模型。从总—分—总的逻辑推演过程分析财务管理全新模式的创新历程。同时通过课后设置的知识、素质、能力三个方面的演练模块，帮助学生提高业财一体的综合分析能力、预测能力、解决问题能力。

　　本书既可作为高等院校金融与会计、大数据与财务管理、市场营销、工商管理专业的本专科专业课教材，也可作为企业财务人员、管理者、经理人、研究人员、理财规划培训师的培训教材。全书分为十章：第1章为数字化财务概述，阐述数字化财务转型的环境、价值空间及特点与技术依托；第2章从战略财务管理的背景、指导思想、特点分析切入，对战略财务管理的逻辑起点、迭代与演进以及模型等进行分析；第3章阐述业财融合的概念、意义、原则及难点，分析实施业财融合的战略步骤、运作路径以及模式创新；第4章阐述数字化背景下的财务共享模式、流程与价值，分析财务共享转型策略、价值体系以及中台建设问题；第5章基于财务数据价值链分析，重点解析业务需求分析、数据采集与清洗、数据算法以及数据可视化技术、场景与工具；第6章分析数据财务体系构建条件、标准、路径以及矩阵逻辑和价值实现；第7章阐述风险控制的概念、特征以及重点，分析风险控制体系构建与风险预警；第8章阐述财务供应链的协同、流程与创新，分析财务金融概念的产生、核心价值与具体流程；第9章重点阐述数据技术以及人工智能技术如何赋能数字化财务；第10章阐述智能化财务的顶层设计、相关构成与核心技术。

　　本书考虑到部分数字财务管理模式正在创新阶段，数字财务诸多理论与体系尚未经过权威认定，故此，在诠释中给教师与学生留有一定的思考和补充的空间，以适应学生运用数字财务思维和创新思维对接未来岗位的实际需要，也符合应用型、技能型高校人才培养的目标。

　　本书编写分工如下：第1章至第5章由广州科技职业技术大学刘常宝老师编写，第6章由安徽工程学院程永宏博士编写，第7章由广西民族师范学院秦伟娜编写，第8章由黄河交通学院马俊国编写，第 9 章由广西民族师范学院秦伟娜编写，第 10 章由和道三赢公司肖永添博士、范大良编写，广州科技职业技术大学刘常宝负责全书的组织、统稿和协调。

  财务数字化是一个全新的课题，本书尝试将数字化与财务管理、数字技术与财务业务融合，由于作者能力有限，许多观点还需要不断在实践中检验，值得商榷，不当之处，敬请指正。

刘常宝
2023 年 10 月于广州

目录

第1章 数字化财务管理概述 ··················· 1
   1.1 财务数字化转型的背景及趋势 ··················· 2
   1.2 财务数字化的实现 ··················· 9
   1.3 数字化财务管理的核心理念 ··················· 16

第2章 战略财务管理 ··················· 24
   2.1 战略财务管理概述 ··················· 25
   2.2 战略财务管理的迭代与演进 ··················· 28
   2.3 实施财务数字化战略的措施 ··················· 32
   2.4 财务数字化战略模式 ··················· 37

第3章 数字化背景下的业财融合 ··················· 45
   3.1 业财融合概述 ··················· 46
   3.2 实施业财融合的难点 ··················· 51
   3.3 实施业财融合的战略步骤 ··················· 55
   3.4 业财融合实施的路径与管控创新 ··················· 67

第4章 数字化背景下的财务共享 ··················· 75
   4.1 财务共享服务概述 ··················· 76
   4.2 财务共享服务模式流程与再造 ··················· 85
   4.3 财务共享中心的建立条件与策略 ··················· 89
   4.4 数据中台 ··················· 94

第5章 财务数据价值链运作 ··················· 104
   5.1 业务需求分析 ··················· 105
   5.2 数据采集 ··················· 108
   5.3 财务数据清洗 ··················· 115
   5.4 财务数据探索与数据算法 ··················· 122
   5.5 财务数据的可视化 ··················· 131

第 6 章　数字化财务体系构建 — 142

- 6.1　数字化财务体系构建的条件 — 143
- 6.2　财务共享支撑财务管理体系 — 147
- 6.3　企业视角的财务数字化体系建设 — 151
- 6.4　财务数字化体系底层逻辑 — 158
- 6.5　财务数据价值体系构建 — 163

第 7 章　数字化财务风险控制 — 170

- 7.1　企业财务风险控制概述 — 171
- 7.2　财务风险控制重点 — 176
- 7.3　数字化财务风险控制体系构建 — 182
- 7.4　企业集团财务风险防控分析 — 189

第 8 章　数字财务供应链与供应链金融 — 197

- 8.1　财务供应链概述 — 198
- 8.2　财务供应链的应用策略 — 204
- 8.3　财务供应链的协同、路径与流程 — 206
- 8.4　在跨业背景下的财务供应链 — 213
- 8.5　基于财务优化的供应链金融 — 217

第 9 章　数字技术赋能财务管理 — 230

- 9.1　数字技术概述 — 231
- 9.2　数字技术推进与拓展 — 245
- 9.3　大数据赋能财务智能化 — 251
- 9.4　数字化财务管理信息系统 — 255

第 10 章　智能化财务 — 262

- 10.1　智能化财务概述 — 263
- 10.2　智能化财务与财务战略 — 266
- 10.3　战略视角的智能化财务 — 273
- 10.4　智能化财务的核心技术 — 280
- 10.5　智能财务的应用场景 — 289

参考文献 — 295

第1章 数字化财务管理概述

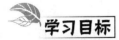
学习目标

了解数字技术与财务管理的发展历史、演进逻辑过程；
理解数字技术与财务管理范围的扩展与延伸。

引导案例

财务数字化转型　助力"黑铁时代"企业韧性突围

随着数字化热潮来袭，中国企业也在发生着巨变。近年来，以人海战术为核心驱动的发展红利正逐渐消失，房地产行业正式从"白银时代"进入"黑铁时代"。市场竞争的生意逻辑显著改变，从高杠杆、粗放式的极速扩张转向低负债的精耕细作；从向市场、产品、资本要效益过渡到向管理要效益的质量竞争阶段。

面对市场巨变，万科集团始终坚持与时俱进、稳步发展。据万科发布的 2022 年上半年度报告显示，集团实现营业收入 2069.2 亿元，同比增长 23.8%；实现归属于上市公司股东的净利润 122.2 亿元，同比增长 10.6%。综合来看，尽管上半年行业挑战巨大，但万科的两大业绩关键指标依然实现了企稳回升，保持了健康的财务状况。集团在数字化、信息化应用等方向大力投入，探索智慧地产发展方向。

金蝶集团董事会主席兼 CEO 徐少春在致辞中表示："金蝶和万科合作了 26 年，见证了万科从起步阶段到现在变成了世界 500 强。伟大的建筑，起于第一根筋的支撑，而人生的成就也离不开'一根筋'的执着。万科'一根筋'文化的背后，是紧跟时代步伐，抓紧市场机遇。'一根筋'的万科非常重视财务管理，提出从财务纪律到财经纪律，企业必须实打实地进行更精细化的财务管理。而我们这次走进万科，就是要学习万科与时俱进的数字化管理经验，学习新的理念。相信大家一定会收获满满！"

2022 年年初，住房和城乡建设部印发了《"十四五"建筑业发展规划》，提出的发展目标包括建筑工业化、数字化、智能化水平大幅提升，建造方式绿色转型成效显著，加速建筑业由大向强转变等。数字变革已经成为新形势下企业韧性发展的重要战略。万科集团资深合伙人王文金指出，企业在发展过程中要不断跟随数字化时代脚步，利用信息化和数字化武装自我，尤其是在企业规模迅速扩张的时候，要借助数字化力量提升效率、作出积极改变。

财务管理是企业管理的中心环节。2022 年 3 月，国资委发布《关于中央企业加快建设世界一流财务管理体系的指导意见》，明确加快构建世界一流财务管理体系的"1455"框架，强调通过财务数字化转型提升价值创造能力，有力支撑建设世界一流企业。基于新形势，金蝶中国星瀚解决方案部总经理张鄂豫表示，财务数字化转型是系统性工程。金蝶提出了构建大型企业财务数字化转型的"12393"解决方案总体框架，提升企业财务价值创造能力，通过降本增效、控制风险提升运营管理能力；利用资源优化、配置和考核评价支撑新业务的增量增长；链接利益相关方全景数据分析、最终实现价值共生。

（资料来源：https://business.sohu.com/a/587277682_120877635）

习近平总书记在党的二十大报告中指出，"建设现代化产业体系""坚持把发展经济的着力点放在实体经济上，推进新型工业化，加快建设制造强国、质量强国、航天强国、交通强国、网络强国、数字中国"。现在所处的时代是数字经济时代，数字技术正在加速渗透国民经济的各个领域、各个环节。只有加强、超前进行网络强国建设，才能为建设现代化产业体系提供必要的支撑，才能为高水平建设数字中国提供保障。

视频 1.1 什么是数字化转型

1.1 财务数字化转型的背景及趋势

财务数字化是在数字技术日益成熟的基础上，实现以行业应用为底层逻辑的业务转型。对于企业而言，财务数字化将企业核心财务业务与数字技术深度融合，以大数据赋能企业的可持续发展，进而促进企业业务的高质量发展。包括财务管理在内的数字化，已成为企业提升核心竞争力、促进生产方式、业务流程、商业模式变革创新的重要助推力，企业进行数字化转型也势在必行。

1.1.1 财务数字化的背景

财务数字化就是将数据科学理念和数字化平台工具引入财务领域，变革财务工作方式，优化并扩展财务职能，促进业务流程高效运行，助力管理机制协同发力，推动数据驱动科学决策，实现"财务"向"财经"的转型。

1. 大数据时代的到来

进入 21 世纪以来，随着物联网、电子商务、社会化网络的快速发展，数据体量迎来了爆炸式的增长，大数据正在成为经济体成长最重要的土壤和基础。根据 IDC 预测，2025 年全球数据量将高达 175ZB。其中，中国数据量增速最为迅猛，预计到 2025 年将增至 48.6ZB，占全球数据圈的 27.8%，平均每年的增长速度比全球快 3%。海量数据的产生对数据处理技术也带来了全新的挑战，作为与数据关联度最高的行业之一，传统以人工和简单信息化为主的财务管理方式已经无法适应大数据时代的要求，财务的数字化与智能化势在必行。

2. IT 新技术的应用与数字经济的发展

以 5G、物联网、人工智能为代表的新技术的发展，带来数字经济的飞速发展，国家因此提出了"新基建"的战略规划，传统的农业、制造业和服务业都在与信息产业快速融合，创造出更高的产业附加值,数字经济正逐渐成为国家经济增长的新引擎。财务业务是传统业务中较易实现的数字化板块之一,必将在新的数字经济浪潮中顺势而变。

1.1.2 数字化对财务管理的影响

基于数字化时代的财务管理环境变得更加高效、透明,伴随着经济组织的各类数据体量增大,对财务管理时效性的需求也逐渐提升,企业对财务管理系统获取财务数据能力的要求也正在提高。这种变化主要体现在以下几个方面。

1. 财务管理的技术环境在变化

数字化时代是大数据、物联网、人工智能、云计算等先进技术蓬勃发展的时期。以往企业经营管理一般以实物、实地、实体为主,各种内外部要素的流动都不同程度受到时间、空间等限制,大大制约了经济活动的效率。数字化时代下的企业运营管理,一般都是基于高效互通的互联网、云计算等数字化技术,这使得企业的生产管理大部分脱离了实物、实地的束缚,变得更加智能和便捷。

2. 财务管理的主体及对象在变化

数字化时代,财务管理的主体已不再只局限在实体经济组织,而是更多聚焦线上线下相融合的组织。数字化时代的企业借助云计算、人工智能等手段,不断将企业的运营方式转为"线上线下相融合、实体和虚拟相结合"的模式,这就要求财务管理的主体从传统的实体组织转变为虚拟与实体组织相结合的形式。传统财务管理关注的对象,主要只局限于企业的资金流,而数字化时代随着信息技术发展的不断加快,财务管理关注的对象逐渐转变为资金流与信息流并重。

3. 财务管理的手段和方法的变化

传统的财务管理流程主要依赖于手工记账、手工报销以及简单的软件计算,这样不但影响员工的工作效率和工作体验,而且还制约了企业管理的时效性及准确性。数字化时代下的企业财务管理,更加注重精细化费用管理,以及及时准确的线上线下协同管理。数字化能够通过云计算、物联网等方式,促使财务数据获取脱离对实体空间的依赖,从而实现远程办公、实时办公,并且通过大数据的支持,及时准确收集处理有关财务数据。数字化时代对财务管理的手段和方法的改变,让企业管理者实时掌握企业运营的动态,依据动态数据作出科学决策。

如图 1-1 所示的财务数字化目标体系,财务数字化是一项系统工程,涉及价值链构建与目标设定、场景开发与平台搭建、数据治理与流程改造等环节。

1.1.3 数字化对财务管理的价值

财务管理业务作为企业管理的中心环节,是企业实现基业长青的重要保障。企业可以从"驱动方式、组织体系、财务职能、财务转型、财务思维、财务人员的胜任能力"等方面来推动会计和财务数字化,以财务驱动业务价值的实现。

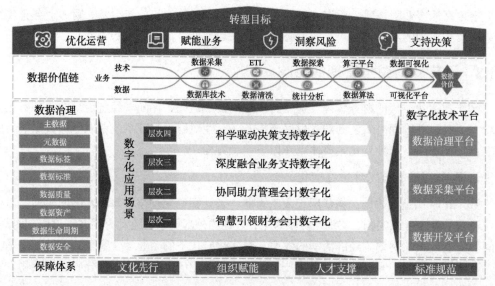

图 1-1 财务数字化目标体系架构

1. 形成财务信息共享，促进业财融合

在传统企业内部，财务管理仅仅只是财务管理人员的职能，信息只在财务部门内部流通，财务职能之外的部门无法有效及时地获取同企业相关的信息。

由于这种信息鸿沟的存在，很多财务管理决策缺乏适用性，并且财务管理决策在执行的过程中也会出现很多困难。数字化改造后的企业财务管理，可以依托云计算、大数据、移动终端等数字化技术建立统一的财务共享平台，实现相关财务数据的实时共享，从而达到有效的业财融合。

业务部门可以通过数字化的财务共享平台实现一系列的报账、审批、核算等财务操作，比如报账时，企业可以选择 SAP-Fiori 软件，通过 H5、JAVA 等技术进行自定义开发，根据 Fiori 与 ERP 的集成优势，将前端采购、销售与生产、人资等业务充分集成在一起，实现数据源头唯一性并统一管理。实现财务报销流程全部可线上进行审批，通过前端业务与会计科目所创建的匹配关系，进一步实现全业务审核后便自动入账，无须再转换为 ERP 来进行会计业务的处理。

除此之外，企业还可以通过财务共享平台，实时了解本业务部门的运营数据，及时掌握业务进展的情况，例如在 SAP、SSF 模块下所创建的共享服务运营平台，不仅满足了共享派单管理、财务审核等业务，而且可满足绩效与质量管理、信用评价和交互管理等一体的共享运营业务需求。这样做不仅有利于财务部门可以第一时间从财务共享平台了解企业当期业务运转情况，进而对企业运营作出有效的资源分配及财务预测，而且为财务共享中心的高效运行提供了强有力的数字化保障。

2. 数字化改造提升财务管理决策的时效性

财务管理是一个系统性的工作，根据企业不同管理的内容，采用的财务管理执行手段和方式也有所不同，这都需要提前进行财务管理决策。比如投资决策前，需要对项目的现金流量及项目的可行性等进行分析。由于企业内外部信息具有复杂性，因此难以准确地获得财务管理决策所需要的信息。数字化改造，能够使财务管理决策相关的信息通过大数据信息收集技术获取，在需要进行财务管理决策时能够快速进行调用，并且能够保证决策信息的全面准确性。

收集决策信息之后，决策者可以通过人工智能等数字化工具，对决策的事项进行定量化分析，比如一些财务数据软件，能够通过智能分析系统在短时间内对大量的财务指标进行计算和推演，并在计算的过程中，能够考虑决策主体的内外部环境，最终为财务管理决策者提供高效的参考。

3. 数字化改造降低财务管理成本

数字化使财务管理的手段和流程得到了进一步优化，在原有的财务管理流程中，无论是原始数据的收集，还是财务数据的分析，都要消耗大量的人力、物力以及时间成本。虽然财务数字化初期要投入巨大的成本，但是经过数字化后的财务管理体系，通过简化财务管理流程，提高数据处理效率后，能够大大降低企业在财务管理方面产生的成本。

例如，数字化的财务管理平台，可以为员工提供智慧报销支持，员工可以实现业务免垫款、免开票、免手工报销。财务管理人员则可以通过数字化技术引入财务人工智能记账，大大提高凭证录入的效率和准确性，有效降低人力成本的投入。

1.1.4 基于宏观层面的财务数字化

目前，我国正在经历数字化转型期，数字技术的推广使经营者的财务管理活动受到不同程度的影响，使得现阶段企业的筹资、投资、运营等各流程都处于不断变化中，促使财务活动走向数字化，在此背景下，利用人工智能、高级分析等手段改进财务流程成为当前社会关注的焦点。

当前，财务数字化转型的趋势可以概括为以下五个走向。

1. 从财务走向业务

业财融合需要贯穿端到端的流程、数据与系统，同时企业要建立协同的组织模式、运作机制，并嵌入数据价值和数字化模型。数字时代的财务，重塑并融合了管理会计思想和信息技术，不仅能够承担对标准化财务业务的处理，而且能够完成企业承上启下的集团和分公司的管控和协同业务需求。如此一来，可以使业务范围获得进一步拓展，以往那些复杂的、价值更高的业务也能够纳入财务共享中，财务重塑也从标准化财务业务处理中心跃升为全面财务业务处理中心。

财务管理归根结底是为企业业务服务的，但大多数尤其是规模较大的企业，由于内部职能分工的不同，导致业务和财务之间存在割裂。而业财融合管理目标就是通过业财流程的整合、财务规则和模型的嵌入运营，借助深度的财务分析与决策支撑、完善配套的机制保障、端到端系统的衔接、数据规则的标准统一使得多个业务层面协同并行，全方位实现从业务走向财务。基于业财资税一体化思想，依托强大的技术中台和智能技术，财务重塑的财务业务处理中心将实现对标准化业务的全面自动化处理。这意味着传统财务重塑所承担的业务职能将以"会计无人工厂"的全新面貌呈现出来。真正实现了财务管理是为企业财务活动服务,必然与企业的组织与运作模式相对应。如图 1-2 所示,数字化背景下的业务组织与运作模式的变化,为财务重塑业务做好组织基础层面的资源准备。

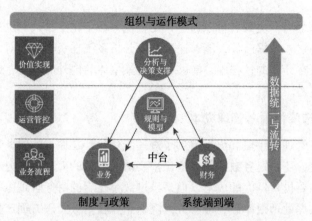

图 1-2 数字化背景下的业务组织与运作模式

2. 从会计走向管理

从关注交易、合规与历史转向聚焦战略、绩效与未来,建立深度、增值的全面管理会计体系。从企业的实务工作角度分析,财务会计往往只能够反映出企业目前的资金运转情况。财务会计核算往往受企业会计准则等法规、政策的限制,而管理会计则不会受相关政策法规的约束,管理会计人员可以参照管理会计指引的意见来执行,这样更容易开展管理会计工作。企业的战略发展需要相关的数据来支持,原有财务会计信息不能完全满足企业的实际需要,这就需要使用相关的管理会计工具对财务会计数据信息重新进行加工处理,以满足企业战略管理和经营决策的需要。

传统的会计职能侧重于对财务数据的及时、真实、合规的记录与报告,而当前财务管理更应该关注战略、运营、绩效的管理闭环,企业财务管理需要从单一的财务视角向多元的管理视角转变,需要面向未来搭建整合深度前瞻的会计体系,由此安永公司提出了"6层2库1体系"的管理会计框架,如图 1-3 所示。

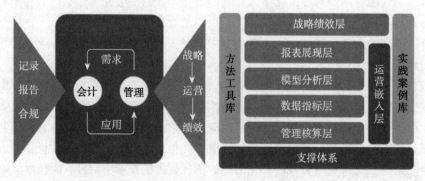

图 1-3 安永公司"6层2库1体系"的管理会计框架

3. 从数据走向价值

数字化财务系统整合财务、业务以及相关内外部大数据，帮助企业将数据转化为应用信息、洞察分析与智慧决策。价值化的数据是数字经济发展的关键生产要素，目前，数据成为重要战略性资源，传统的信息管理已经越来越无法满足信息高度融合的需求。《数字经济白皮书（2020）》提出了数字经济的"四化"框架，即数字产业化、产业数字化、数字化治理、数据价值化。

农业经济时代，土地、工具是关键资源；工业经济时代，能源、原材料、机器设备等是关键资源。而数字经济时代最关键的资源就是数据、算力和算法。构建透明可信的互联网关键资源管理体系，资源之间是一个有机的生态整体，缺一不可。围绕着数据的使用、脱敏、隐私保护、确权、转让以及商业化而开展的一系列活动就构成了数据价值化。

随着业务规模的扩大与发展的多元化，财务数据体量不断增长并逐步走向财务大数据。财务部门作为企业核心数据的生产者、管理者和应用者，需要不断思考深度挖掘数据价值方式。智慧数据框架强调财务数据管理正在由原有的交易记录、报告反馈逐渐走向洞察决策。同时，在对数据进行深度理解与未来分析的过程中，需要不断优化数据治理体系，以实现整体提高。图 1-4 就是数据在财务智能化进程中所产生的作用。

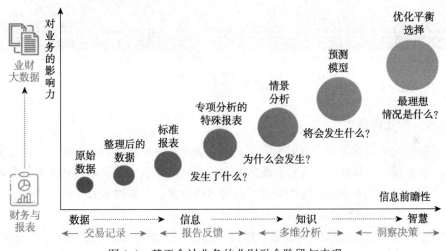

图 1-4　基于会计业务的业财融合阶段与表现

提高数据质量以提高数据的价值，如图 1-4 所示，会计从最初关注原始数据到形成预测模型，借助数字技术实现了支持决策的目标。

4. 从规范走向智能

企业在规范化和标准化的基础上，可以综合应用各类新技术，以实现财务管理的信息化、自动化、智能化。随着信息技术工具逐渐成熟，越来越多的企业启动了数字化建设，也带动了数字化财务转型。在规范化和标准化基础上，众多企业已开始通过应用 RPA、流程引擎等自动化工具，进一步提高数据处理能力。在系统规范集中、数据链路打通的基础上，财务将迎来智能化的时代。

在财务管理各领域中,场景化深度实现多种新兴技术的组合应用,通过技术升级推动财务智慧升级。在财务信息化不断推进中,RPA、大数据、人工智能等数字化新技术的成熟度也在提高,财务管理在规范、标准、集中的基础上逐步走向自动化和智能化。财务部门在综合考虑不同技术的成熟度与企业特点及管理基础,也在思考新技术应用的管理场景,财务管理的数字化应用将推动整个企业的智能化探索。图 1-5 就是财务从规范走向智能化的迭代路径。

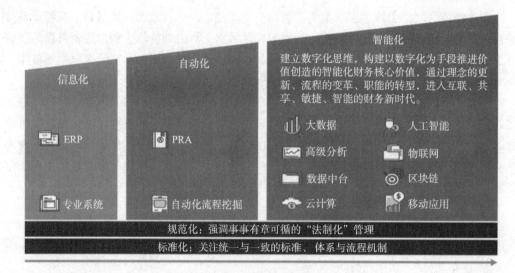

图 1-5　财务从规范走向智能的过程图

5. 从管控走向赋能

除了制度规范、系统集中等财务管控手法,企业积累并建立规则指引、方法工具、知识经验、数据模型、智能应用等财务能力中台,实现对下属单位灵活有效的数字化赋能。

企业的财务组织有各自不同的管理特点和运作方式,首席财务官(Chief Financial Officer,CFO)与财务组织已越来越多地被赋予企业长期价值管理者的角色。因此,财务需要主动重塑角色,明确由 CFO 向首席价值官(Chief Visionary Officer,CVO)的定位转变,强化财务在价值引擎和智能导航方面的作用。CFO 与财务组织的角色转变已是大势所趋。过去,伴随着企业规模化发展,CFO 与财务组织的重点聚焦在明确财务工作的职责范围,应对业务规模急速扩张所带来的财务工作量的增长,以及提升财务工作的效率;现在,CFO 和财务组织需要转变思维,重点聚焦于充分发挥人员、技术与创新三大价值驱动因素的作用,使财务真正实现对业务的深度洞察和对企业的价值引领。

1)价值引擎:CVO 将驱动企业的价值创造

作为企业长期价值的管理者,CVO 首先需要明确企业长期价值的内涵。企业基于全面价值管理模型,应将企业的长期价值由客户价值、财务价值、人才价值和社会价值四个层面组成,并通过服务于业务发展,实现客户价值;通过提升企业盈利能力,实现财务价值;能够让员工实现自我价值、有自豪感;能够与合作伙伴共赢、回馈社会。而 CVO 在价值管理过程中，可以通过"管钱"和"管数"两个基本出发点，驱动从价值理念、价值规划、价值量化、价值监控、价值引导到价值评价的完整价值管理闭环，平衡价值保护与价值创造，做好企业的"价值引擎"。

2）智能导航：CVO 将引领企业的价值成长

CVO 和财务组织在做好企业价值引擎的基础上，需要进一步扮演好智能导航的角色。通过掌握和运营各种数据，成为灵活、智能的战略参谋，帮助企业战略的制定与落地；通过科学的资源投向引导业务和管理行为，确保企业价值目标的实现；主动控制风险，作为"管控抓手"实现对价值的有效保护；助力企业内外部有效的沟通协作，成为构建企业价值共识的"沟通桥梁"，CVO 也将更有潜力成长为企业的 CEO。图 1-6 就是 CVO 在数字化背景下的职能表现，可以体现出公司管理层价值导航的作用以及协同效应。

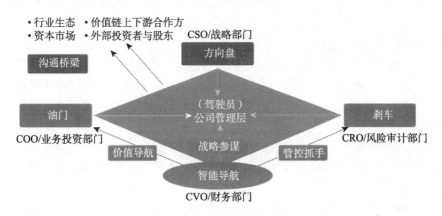

图 1-6　CVO 在数字化背景下的职能表现

如普华永道在 2022 年 1 月发布的全球高管调研中，有 60% 的受访人认为数字化转型是 2022 年公司成长的关键驱动因素。在财务规划和预测中引入预测性模型会让情景分析、业务流程自动化与智能化、降低财务成本成为财务数字化转型的重要任务。所以，财务数字化需要从根本处着手，由内而外地实现数字化升级，从而实现降本增效。

1.2　财务数字化的实现

企业是市场主体、创新主体，也应该是财务数字化的主体。企业数字化就是要通过整合企业内外部资源，利用新一代信息化技术，围绕数据、业务流程、组织机构的互动创新，持续提升企业的核心竞争力，构筑可持续的竞争优势。加快企业数字化，一方面，企业以相关的国家数字化战略为指导组织经营，有利于发挥靶向效应，获得良好的市场评价，使得企业能够在多变的市场环境中保持持久的活力。另一方面，数字化有利于促进企业产品或服务的技术升级。一个企业拥有各种资源，包括有形的资源和无形的资源，要能够通过企业自身的能力将其转化为独特的优势，成为企业核心竞争力的重要组成部分。

1.2.1　企业数字化的特点

数字化的第一步就是将业务活动转变成数字,一切业务活动都需要用数字来体现,在企业中,因企业的大部分业务最后会与财务进行关联,所以,数字化的第一步就是财务管理先行。用财务数字的语言来清晰地展现业务场景,这是财务数字化的首要环节。

未来财务活动的业务端和财务端的数字化程度会更高,这也是财务数字分析的基础,在数字化财务时代,财务人员要从核算会计转型为管理会计,通过规划、预测、决策、控制、评价,创造价值,这也是财务部力推管理会计的原因。数字化特点包括以下几点。

1. 精细化

从业财分离走向业财融合,意味着财务部门要了解业务部门的需求,掌握更多的信息数据。这不仅仅是对流程的考核和控制,同时还要为管理层出谋划策,承担一个业内参谋者的角色。

1）客户基础信息

客户基础信息指精准到可以分析从订单到客户行为的数据。如通过一张零售行业的客户基础信息表,可以据此对客户等级进行筛选查询,明细表涵盖了客户的各种基础属性,然后再针对年龄、性别、职业等属性进行可视化分析,这样就可以直观地看到各等级客户的基础画像。

2）客户关系分析

企业还可以研究当前客户与自身的业务关系,如是否重点客户、客户的跟进/合作状态、客户来源渠道等。

3）客户偏好分析

企业可以从客户日常的购物行为数据中,对客户偏好的店面风格、偏好时间、偏好品类、偏好品牌、偏好地点做进一步探究,以便企业在采购或者营销时可以采取最佳的资源配置。对于商务行为频繁的顾客,可以对该顾客的偏好进行分析,以便对该类顾客有针对性地采取营销或者运营措施。

4）客户价值分析(RFM 客户价值模型)

如 FineBI 支持搭建各种业务分析模型,这里是客户管理中最经典的 RFM 客户价值模型,是客户留存分析、客户流失分析、重点价值分析、客户行为分析的综合应用。利用 RFM 模型对客户进行细分,可以开发出许多可视化数据分析模板。

2. 时效性

数据分析时效性较强,迟缓就失去了商机。实时计算具有高时效特性,其业务的个性化特性会更加明显。在当前分工模式下,实时计算技术实施和推广实际上依赖和受制于数据工程师的需求,但是这会带来一些负面影响:需要高时效数据业务的个性化明显,数据工程师在探索、调研和实验阶段可能难以利用现有平台,而是手动实现数据流程,容易导致路径依赖、对实时计算方案感知度低等问题。

3. 多元化

业务、财务、外部数据联动,可以实现多角度数据分析,如经营模式多样化、企业收入来源多样化、"人""货""场"等相关的海量数据也会促进多种业态融会贯通。

如互联网与物流业深度融合、大数据的推广应用，形成了以数据代替库存的智慧物流体系，现代物流体系的成熟深化了物流对"双循环"的连接和支撑作用。而随着线上交易占比提升，新零售消费企业在提高自身线上销售运营能力的同时，也会与多个平台对接合作开展销售活动。

企业更多地利用数据信息系统来支撑业务发展，例如采用灵活便捷低投入的 SaaS 服务，支持采购销售、生产制造、仓储物流、成本核算、收入确认与财务报告等经营管理活动，逐步实现数字化财务、数字化运营、数字化风控等。

4. 模态化

财务数据的模型和算法可以根据企业内外部环境变化而灵活调整。算法（Algorithm）是指对解题方案的准确而完整的描述，是一系列解决问题的清晰指令。算法代表着用系统的方法描述解决问题的策略机制。数学模型是关于部分现实世界以及为一种特殊目的而作的一个抽象的、简化的结构，是用字母、数字及其他数学符号建立起来的等式或不等式，以及图表、图像、框图等描述客观事物的特征及其内在联系的数学结构表达式。

简单来说，模型是对事物的抽象，算法和模型往往都是分不开的。算法是一类问题的解答，是模型建立流程的一个环节，也是赋予模型具有"思考"能力的环节。而模型是一系列算法的数学表达，同时包含了数据以及任务的概念。模型可以近似地理解为目标函数，算法则是求解该目标函数的方法，所有问题都可以有多种建模的方法。

5. 可视化

数字财务技术可以提供更丰富的报表展现方式。

（1）数据报表，即用表格和图形来直观地展示数据。数据报表的类型和样式繁多，包括最常见的财务数据报表如资产负债表、利润表、现金流量表和股东权益变动表等，销售数据报表如产品销售明细表、销售成本表、销售计划和完成情况表、市场分析表等。

（2）数据报表的样式。如 FineReport 就是我国 web 报表软件主导品牌，在设计和制作数据报表上有着强大的优势和丰富的经验，在财务数字化应用方面，提供了较好的应用场景。

基本明细汇总表：该表用于展现数据明细，进行最基础的数据汇总。

段落明细表：该表为普通的明细格式报表。每条数据占据较规则的一片区域、一个段落，形成多个单据主体。此类报表的设计方法非常简单，仅需在设计时自定义数据的跟随扩展名即可。

多层统计表：该表可以更好地展示多个维度的数据，是数据报表中常用的类型之一。

高级条件分组表：这种分组表实质上是基本的数据汇总分析，因为在数据库中基本上不会存储汇总数据。

卡片分栏条码表：很多行业都需要卡片分栏报表，打印之后贴在物品上，便于管理识别，尤其在快递行业经常使用。

1.2.2 数字化财务的价值空间

企业数字化有利于数字技术与企业业务、管理活动的深度融合，促进企业技术和管理的升级，进而提升企业的核心竞争力，使企业在日趋激烈的市场竞争中保持甚至是提升市场地位。

1. 基于数据来驱动价值实现

企业数字化突出的特点，就是我们需要判断所有创新与转型所带来的价值，数据是真正能够带来业务模式和业务价值变化的要素。企业数字化实际上是数字化价值实现方式的转换，而数字化使得企业目前信息技术更多的不仅仅停留在一个工具价值的层面，而是进入我们的一种商业思维、商业模式创新层面，成为驱动价值实现迭代循环的思想基础。

2. 基于系统来实现价值体系构建

在财务管理领域，数字化最先涉及的就是财务管理信息系统。管理信息系统很大程度上是把企业原有的人工或者是半人工的财务处理流程标准化和自动化。目前，财务管理领域的数字化转型，更多的是强调企业在原有的一些数字化信息化的基础之上，能否前瞻性地发现一些不确定的风险，帮助企业去预判企业财务过程当中的漏洞，并不断优化财务管理系统，以此实现数字系统更新下的价值体系重建。

3. 基于流程来演进价值

在数字技术的驱动下，企业会发现财务管理的流程和决策的科学准确性，主要是依赖数据的积累和利用。企业基于数据发现的经营规律，以此来实现管理决策的数字化、智能化，发现财务管理过程当中的漏洞，包括管理中的细节问题。

在业财一体化的趋势下，财务管理的数字化往往会反映企业管理过程当中所产生的更多问题，它们很容易从财务数据当中表现出来，而企业采用数字化的财务管理模型，可以自动化地甄别和发现这些问题，使得企业进一步降低对于传统财务知识和财务经验的依赖，更快速系统地发现整个企业经营管理过程当中存在的诸多问题。

4. 转型赋能战略决策价值

数字化下的财务管理，改变了过去管理层单纯通过报表实现对事业部、产品线、订单等多角度进行数据分析，并且单纯依赖财务数据的预测，难免存在片面性。而数字化财务管理可以将业务数据甚至是外部数据与财务数据进行整合，找出企业业务运营的规律，使管理预测更加准确。

这种创新和转型所触及的深度远远超出了业务流程层面，彻底的变革可能会触及企业整个商业模式的改变。

所以企业财务数字化，不仅仅是财务管理方式的变革，还可能是更高层次的企业战略性转型以及价值系统提升。如图 1-7 数字化的三次迭代，显示出数字技术对企业人员效率提高及对流程价值增值的逐步升级。

图 1-7　企业数字化转型的三次迭代

1.2.3　基于微观层面的财务数字化变革

伴随着数字化技术在财务管理中更加广泛地应用，数字化技术帮助财务会计实现业务转型，且不断扩大其影响力，使财务会计职能不断地变革、升级。

技术创新会带来财务职能的变革，当下数字化信息时代的到来，业务流与财务流不断被信息系统所代替，通过财务融合，实现企业的业务信息与财务记录联动。现实中许多企业通过重构流程实现高效的运营。数字化时代，数字技术逐渐成熟，支持创新突破、支持财务挖掘价值，实现财务会计高效、低成本、可视化，同时财务管理的科学、高效、合理能够为企业带来投融资上的收益和对风险的规避。

1. 会计原始资料的数字化

目前"加强数字政府建设，推动政务数据共享"已经成为政府与企业的共识。数字化对各行各业发展的影响愈发明显，具体到财务会计行业，在原先会计核算电算化已经较为普及的基础上，会计原始资料的数字化也逐渐成为现实。电子商务、电子发票、电子税务局、移动支付、数字货币、OCR 等新型的交易模式、政务环境、支付手段和数字转化技术都为会计核算提供了原始的数字化凭证，方便财务人员更好地进行财务数据的获取、使用和存储。

企业财务活动细分为许多领域，无论何种方式都需要提前决策。决策者收集信息决策，会耗费大量的时间成本。信息不对称情况的存在也可能难以得到所需要的信息。而数字化技术信息收集技术，将借助大数据技术分布式储存方式保证数据信息的全面性。收集信息后，数字化技术能帮助决策者定量分析，计算中能充分考虑内外环境因素。

2. 财务工作向自动化与智能化过渡条件成熟

大数据时代的核算需求以及人工智能技术的发展，都成为推动财务工作向自动化与智能化过渡的条件，一些智能化的软件及系统也逐步成熟并进入财务会计管理工作中。例如财税机器人的使用提高了发票查验效率；一些如"小白盒"的智能软件可以满足公司开票以及自动做账的需求。另外，像德勤、普华永道等一些大的会计师事务所还推出了智能审计机器人。由此可见，随着财务工作范畴的扩大，企业逐步向数字化与智能化过渡。如表 1-1 所示就是数字化背景下的财务职能表现。无论何时,财务管理在企业管理中始终居于核心地位,是企业运作的中枢,财务管理主要包括运营环节和决策环节。盈利和投资并能使其创造效益,就是财务管理的内涵,也是数字技术作用的重点。

表1-1 数字化背景下财务职能表现

内容	职能
财务信息化	将分散的基础财务集中起来,借助信息化手段实现专业分工、流程再造,构建全业务流程系统,实现快速、实时处理与共享,使财务会计从核算向管理转型
财务自动化	实现系统自动化、集成API开放系统等工具实现封闭连接,将重复、耗时的工作自动化处理,降低人力占用
财务智能化	利用人工智能为财务提供智能化应用,提升效率,使财务会计人员更有价值地工作
财务数字化	及时、广泛地采集数据,转化小数据成大数据中心,借助预测工具,提供数据驱动决策、深入价值链、有效风险控制

3. 财务共享与协同成为发展方向

数字经济的全面推进,打破了传统的时间和空间上的限制,使得信息更加透明、经济活动更加高效,并且数据的互联互通不受时空限制。传统财务管理由于没有打通与其他部门的信息联系,使得许多财务决策与企业现实情况不契合,且执行中存在许多偏差问题。随着数字化在财务会计中的应用不断扩大,现代信息技术可以帮助数据实时传输、交流,各种数据共享实现各部门按需使用,便于在不同部门进行资源分配、预测。

随着互联网+、大数据分析及人工智能时代的到来,企业信息处理技术能力迅速提升,财务管理模式不断更新,实时财务共享服务成为现代化财务管理的发展趋势和方向,出现了基于业务及财务相互融合的智能财务共享平台,云存储、OA、VPN、SaaS等新的软件及信息系统服务模式也为财务共享与远程协同提供了技术支撑。另外,以财务共享云平台的搭建为中心,核算、报账、资金、决策等财务管理工作在企业及大型集团内进行协同应用、统一管控、业务财务融合成为趋势。

4. 传统财务会计需向管理会计转型

社会组织信息化与数字化技术的普及,财务共享与远程协同的逐步实现,也在深刻改变着财务人员的职能与工作范畴,财务人员需要从传统财务会计向管理型复合型人才转型。虽然目前我国财务人员多以财务核算为主,但财务共享模式的普及,财务自动化与智能化带来效率的提升,社会越来越需要具备大数据收集、处理、分析能力,懂得基于区块链系统技术、云技术的新型信息处理系统,并且能够运用会计专业知识与会计职业判断能力,结合运用BI大数据分析工具,作出科学财务预测和决策的复合应用型人才。

在国家政策的指引下,共享中心、管理会计体系建设使高附加值财务职能实现成为可能。尤其在企业提升财务分析的洞察力、需要分析预测、绩效方面的大量投入,加快了管理人才转型速度。数字化时代的到来,会对财务职能提出更高的要求,使传统财务会计工作转向了数字系统。

5. 以最大限度降低财务管理成本为目标

当前,受疫情及国际经济环境经济下行的压力影响,不少企业由于财务管理上的不善,导致经营面临困境,甚至破产。因此,创新企业财务管理尤为重要。从企业自身来讲,发现财务管理中的问题并能够及时改革创新,就能尽快扭转财务管理中的不利局面,创造更多的经济效益和价值。

企业数字化最核心的部分在财务业务板块,财务板块也具备转型的机遇和挑战。原因在于三大优势特征:

第一,财务部门是唯一同时参与业务和公司内控体系并几乎掌握企业所有关键数据信息的部门。财务部门掌控公司的成本、收入来源、资金流向、企业运营情况。

第二,财务和董事会、管理层有着天然的密切关系,基本掌握企业战略最高层的一手信息,并且财务有机会对整个企业的战略决策起到非常关键的影响。

第三,财务职能的天然优势。在数字化转型方面,财务由于长期培养的数字敏感性,能够客观地通过数字来评价和衡量企业战略执行的有效性。

当前,财务活动大多被日常事务占用,占比高达30%左右,而理想状态下该比例应降至5%,且财务应该更多地聚焦在战略性预测型分析和风险管控分析,这是财务数字化转型的重要动因。如图1-8所示在业务与技术的加持下,通过夯实基础、建设转型、智慧运营三项工作,提升了财务管控能力。

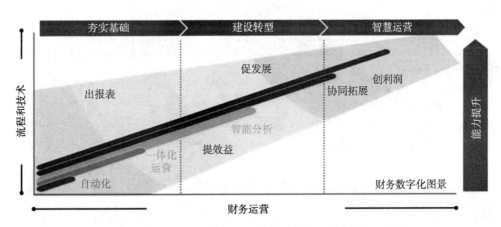

图1-8 财务运营与流程技术双维度驱动的财务价值实现路径

同时,具备先进运营水平的财务职能往往能够有效降低财务管理成本,且在高效率的财务平台支撑下,即使业务增势迅猛也依然能够控制财务自身的成本增长。

总之、数字化时代使财务会计工作更加高效,降低成本空间更大,而这种成本的降低不再限于流程的改善、人工成本的降低上。在数字化信息技术影响下,财务管理流程被合并、简化、缩短,流程上的成本耗费也在逐步降低。决策过程中,对财务数据的收集、分析可凭借信息技术智能化完成,不需人工操作,整体用工量减少,降低了用人成本。

1.3 数字化财务管理的核心理念

现代化企业对经济增长的贡献率在不断提升,企业应当适应数字技术应用的趋势,尽早布局企业的数字化转型工作,借助大数据、物联网、人工智能等技术对企业的管理模式进行改造。财务管理在企业管理中起到联通、沟通、融通的重要作用,而现代企业财务管理的数字化转型模式创新在成功实现数字化转型中也有着重要的意义。

视频 1.2　财务数字化管理

1.3.1 财务数字化转型模式

财务数字化的理念已经经过了 20 多年的企业实践积累,其中蕴含着"不变"与"变"的思想。"不变"的是财务管理作为企业管理的核心,始终围绕着"管钱"和"管数";"变"的是随着时代和管理技术发展,财务的理念、内涵、功能和模式在广度和深度上不断演进。财务管理需要具有企业内外部的全局视角,需要"跳出财务看财务",如图 1-9 所示,安永将当前企业的财务数字化转型模式与实践总结为"一位、二模、五化、六力"。

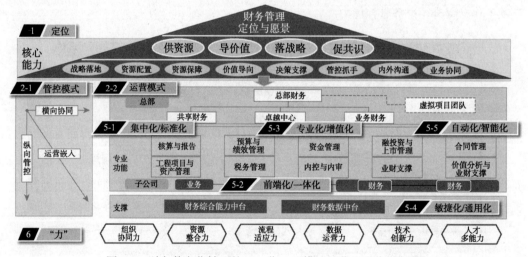

图 1-9　财务数字化转型的"一位、二模、五化、六力"架构

1. "一位"

面向战略与利益相关者的需求,着眼于变革创新与长期价值的实现,明确财务管理的价值定位与目标愿景。

2. "二模"

管控模式:结合自身特点,采用更灵活综合的模式与手法,实现赋能型管控并体现为各个端到端的运营管理闭环协同;

运营模式：在"三分财务"的理念基础上，进一步延伸前、中、后台模式，建立赋能变革组织，做活前台、做强中台、做深后台。

3. "五化"

集中化：从基础财务共享走向端到端的虚拟、敏捷、大共享。
一体化：财务走向前端，与业务融为一体，灵活支撑业务的快速响应与整体协同。
增值化：财务各专业精益优化、"百花齐放"乃至实现内外部市场化。
通用化：通过业务、数据、技术与能力的中台建设，实现多元变化的敏捷应对。
智能化：整合业财系统与新技术应用，实现自动化、智能化乃至无人化。

4. "六力"

组织协调力、资源整合力、流程适应力、数据运营力、技术创新力、人才多能力。

匹配上述的财务转型，财务管理数字化的支撑要素也体现出全新的要求，需要整合各类资源，实现流程的敏捷与技术的创新，深化数据的运营与增值，同时更强调组织的协同以及数字化多元能力与人才的培养。

总之，企业财务数字化主要趋势和模式不存在绝对和单一性，企业需要综合借鉴、有所取舍和侧重，同时应结合自身特点，有效地实现数字化财务管理目标。

1.3.2 数字化财务管理职能与技术依托

伴随信息技术的成熟与推广，人们生活和生产的方式发生了改变。在大数据时代，财务数据呈现几何式增长，传统以人工为主的财务管理模式和手段已经无法满足当代财务管理工作的需求。财务数字化与智能化已经成为财务管理发展的主要趋势和财务管理工作转型升级的必然选择。

1. 数字化财务管理的核心职能

在数字化浪潮下，财务管理数字化是整个企业数字化改造的重要组成部分，有牵一发而动全身的作用，通过利用"互联网＋"、物联网、云计算等数字化技术打造财务管理共享机制，构建符合企业特色的数字化财务管理模式，有利于促进企业的可持续发展。

例如，数字化在制造业中的应用，每一台设备上安装传感器，能够实时跟踪每一台设备的耗电情况。设备理论上若消耗5度电，但现实情况变成10度电时，管理员就可以迅速跟进，直接针对问题实施改进。用电量数据未混在总量数据中，当月电费超出时可以直接深究原因。

数字化财务管理有以下三个核心职能：

第一，业务的处理。就是协助业务人员去完成他们要做的事情。

第二，业务洞见。可以在业务的数据里面发现有价值的输出，并给出产品价格、市场拓展、压降成本、战略方向的参谋，财务人员可以转换角色成为战略决策参谋。

第三，合规与控制相关活动的职能。财务管理要保证企业经营是合规的，不仅仅是业务上的合规和公司内部的合规，还包括更多的外部合规等。数字化财务活动就是要站在公司角度来全盘考察外部和内部变化，包括公司未来的走势，衡量收入、利润、成本之间的权重。

2. 财务数字化过程中的角色演进

创建世界一流企业财务管理体系与实现财务数字化，都离不开数字技术这一关键驱动力。企业要主动运用大数据、人工智能、移动互联网、云计算、区块链等新技术，充分发挥财务作为天然数据中心的优势，推动财务管理从信息化向数字化、智能化转型，实现以核算场景为基础向业务场景为核心转换。

上海国家会计学院2021年发布的影响中国会计人员的十大信息技术就包括财务云、电子发票、会计大数据分析与处理技术、电子会计档案、机器人流程自动化（RPA）、新一代ERP、移动支付、数据中台、数据挖掘、智能流程自动化（IPA）。企业也可以结合最新的技术发展和应用趋势，提炼出驱动企业财务数字化转型的关键技术。如图1-10所示为未来财务借助数字化推进的角色转变。

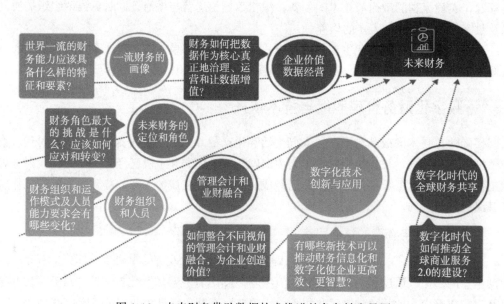

图1-10 未来财务借助数据技术推进的角色转变导图

财务数字化是顺应经济环境变化和企业发展需要的趋势。以战略为导向将财务管理工作前置，使财务全面参与到企业的战略、营销、资产管理等活动中，强化对经营全过程的决策支撑和价值管控，是未来财务数字化的最主要目标之一。

3. 未来财务数字化的角色定位

未来财务的角色定位，由核算转变为管理、由职能部门升级为战略部门、由区域性财务信息互通扩张到全球共享财务信息。

1）数据治理是未来财务的关键能力

大数据技术和互联网普及带来的数据爆发式增长，促使数据正在成为企业新的关键生产要素，对企业的战略决策、经营管理有着极为重要的价值。在这样的背景下，产生了将数据作为企业的重要资产进行管理甚至合理计量的需求，企业对数据治理能力的要求应运而生。

财务作为和数据关系最紧密的部门，应当承担起提升企业数据治理能力的职责。数据交付和复杂的数据分析技术是未来财务需要掌握的关键能力，而有效的数据治理体系也成为推进数字化转型的基础和保障。

在对数据的利用方面，当前许多企业难以真正实现应用数据分析结果为企业绩效的提升作贡献，这也成为财务人员未来转型的方向和目标之一。数据治理通过数据采集、传输和汇聚，将数据分析与业务经营相匹配，提升数据的商业价值，持续为业务决策和财务转型创造价值。

全面开展财务数据治理，就是要把数据治理的每个环节贯穿到数字化实施的过程中，依托数字技术应用和数据中台等系统实现数据的标准化、集合化。同时，各部门间有机结合、相互协同，通过数据的标准化管理，提升数据资产的合规性和质量。

2）数字化是未来财务角色转型的实现路径

数字化转型是未来财务角色实现升级的关键路径，这是源于数字技术能够替代大量基础性的财务工作，从而充分释放人的价值，使财务人员能够将更多的精力投入到决策、战略管理等领域，真正助力于从财务会计到管理会计转型的实现。

基于数字化平台对财务的赋能，传统财务管理模式能够实现向由战略财务、业务财务、共享财务、财务专家团队组成的多层次财务管理体系转型。

为了做好准备应对数字化对未来财务的影响，财务人员首先要对数字技术和数字化转型发展有所认知，深入了解当前财务的数字化转型发展阶段数字技术在财务领域的应用程度，以及数字科技为未来财务带来的可能性。

同时，要对所在企业的财务数字化程度进行评估，充分了解本企业的数字化预算和优先事项，以便在未来更好地结合实际情况推进企业财务数字化转型的实施。

3）风险环境重塑未来财务的风险管理职能

随着企业面临的经营环境更为复杂，财务管理者们也面临越来越多的来自市场、监管等方面风险格局变动所带来的挑战，而这些方面的影响都可能带来经营和财务领域的潜在风险，因此应对复杂环境的风险管理能力也是未来财务的关键职能之一。

内部控制作为企业管控风险的手段与财务紧密关联，因此财务部门也成为企业风险管理的关键职能部门之一。根据安永对750家跨国公司的调查，57%的财务主管人员认为，风险管理将成为未来财务的一项关键能力。

财务虽然无法从根本上控制企业的战略和经营风险，但往往可以通过对内控的改善、基于财务分析的建议等方式，影响企业的经营活动和管理决策，从而有效防范和控制风险。而在会计信息披露、税务等领域，财务则更加直接地关系着相关风险的管控。

面对日渐多变的风险环境，未来财务在风险管理中也将担当起更加重要的职能。对此，财务应当积极建立健全企业的内部控制制度，并使其保持与业务变化相匹配的灵活性，加强对业务全流程的财务和经营管理风险控制和监督。

同时，财务要主导建立完善的风险管理预警系统，对各业务部门的经济活动进行跟踪，对偏离主要指标的情况及时作出预警。此外，未来财务还可以通过加强监督管控、构建风险管理决策系统等方式充分发挥其风险管理职能的作用。

4)利益相关者价值观升级未来财务管理角色

利益相关者指与企业生产经营行为及后果具有利害关系的组织或个人。企业内部的利益相关者包括员工、管理者、所有者和股东等,外部的利益相关者包括监管部门、债权人、客户、供应商等。

随着未来财务越来越多地承担起管理者的职能,在面对多方面利益相关者复杂的利益诉求时,财务管理者往往需要与监管机构、投资者、债权人乃至上下游企业进行广泛而有效的沟通,以调节不同利益方的需求,在监管要求、股东利益以及其他利益关联方的需求之间找到平衡点。

如图1-11所示,多维建模的财务数字化战略的迭代升级过程,财务管理客观上会形成从基础数据处理到引领转型的升级。

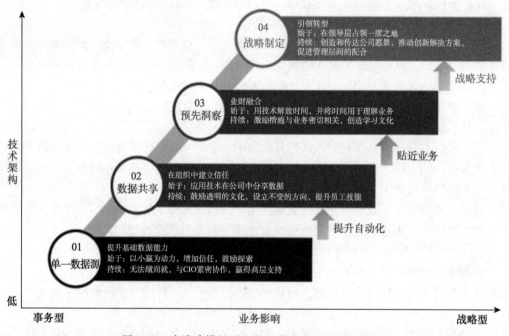

图1-11 多维建模的财务管理数字化战略转型升级

5)人工智能规划财务数字化未来

人工智能(Artificial Intelligence,AI)是研究、开发用于模拟、延伸和扩展人的智能的理论、方法、技术及应用系统的一门技术科学,包括机器学习、语言图像识别、自然语言处理和专家系统等分支。财务数字化中应用的AI技术主要有三类:自然语言识别、知识图谱和机器学习。自然语言识别技术使系统具备了感知并认知自然语言的能力,用户可以随时随地、实时高效地与数据进行"无门槛"交互。知识图谱和智能推理技术使系统可以进行自动检索阅读,并与用户进行智能问答,实现从人找数到数找人的转变。应用机器学习,系统可以基于对业务知识的理解,科学预测、合理控制、智能分析。图1-12所示为财务数字化的六大关键技术基本构成。

图 1-12　财务数字化的六大关键技术

6）自然语言处理

自然语言处理（Natural Language Processing，NLP）是计算机科学领域与人工智能领域中的一个重要方向。它研究能实现人与计算机之间用自然语言进行有效通信的各种理论和方法。自然语言处理是一门融语言学、计算机科学、数学为一体的科学。因此，这一领域的研究将涉及自然语言，即人们日常使用的语言，所以它与语言学的研究有着密切的联系，但又有重要的区别。自然语言处理包括自然语言理解和自然语言生成两方面。自然语言生成是人工智能和计算语言学的分支，相应的语言生成系统是基于语言信息处理的计算机模型，其工作过程与自然语言分析相反，是从抽象的概念层次开始，通过选择并执行一定的语义和语法规则来生成文本

自然语言处理主要应用于机器翻译、舆情监测、自动摘要、观点提取、文本分类、问题回答、文本语义对比、语音识别、中文 OCR 等方面，利用自然语言生成技术可以编制报表、管理报告附注，根据需求自动抓取实时报告。

7）认知预测性分析

改善财务预测，通过不同来源数据，使用大数据系统处理。协助财务日常、月、季工作，提高工作效率。预测包括现象的预测和规律的预测。

商业活动的财务数字化同样可以实现自身价值，企业能够找到影响产品与服务销售的因素并掌握这些因素的数据，就能够对市场作出精准的预测，从而指导商业企业的决策，使企业得到稳定的发展。

随着大数据、物联网等技术的快速发展和应用，企业会拥有越来越多的数据；通过分析这些数据，企业的决策方案就能越来越科学。

 案例讨论

以数字技术赋能财务管理无纸化变革

2022年下半年，国网呼伦贝尔供电公司利用机器人完成2022年9月凭证归档工作。"以往手工归档需要四五天时间，机器人两个小时就完成了，工作效率大幅提升"，呼伦贝尔供

电公司财务部赵立婧表示。

呼伦贝尔供电公司针对自身区域跨度大、管理半径长等特点,从基层视角深化智慧共享财务体系应用。在远光软件股份有限公司的技术支持下,借助数字化手段提升经营效益,保证财务无纸化变革工作切实落地。

一是推广通用报账平台,按照财务无纸化变革工作要求,先行开展通用报账平台的拓展应用,实现报账业务线上填报、线上审批,满足各种工作场景的报销应用。

二是深化应用电子档案,结合财务部会计档案管理规范,梳理电子档案的采集、整理、保管、利用和销毁全业务流程,形成相关业务规范。

三是搭建无纸化会计档案智能应用场景,先后部署商旅影像下载、版式文件电子档案采集、全流程归档等机器人和智能实体档案柜等应用场景,最大限度减轻基层财务人员凭证打印及装订的工作量,节省财务报账和档案归档成本。

四是开展基于知识图谱智能财务审核,从审核单据与原始凭证中挖掘出审核风险要素,构建财务知识图谱数据模型,实现单据的智能审核,夯实财务流程自动化应用能力。

在历时2个月的实践中,呼伦贝尔供电公司的无纸化及智能化思路得到了有效验证,并取得了丰硕的成果。以"全流程归档机器人"为代表的数字员工,在无须人工干预的情况下,实现会计档案归档流程自动化,每月仅需1小时即可处理7000张左右凭证,对比人工模式效率提升了30倍,准确率高达100%;以知识图谱技术赋能的智能审单引擎,只要20秒即可对业务单据完成校验,不仅以图谱规则代替人工做逻辑或思考判断,还替代人工处理了大量重复性的工作,提高了无纸化水平。

下一步,呼伦贝尔供电公司将聚焦数字化转型工作新形势、新任务,围绕财务数字化综合示范核心目标,持续探索业务全过程处理自动化、智能化,服务基层减负增效,创新智慧共享财务运营新模式,进一步扩大无纸化与智能化应用范围,提升数字化项目示范效果,打造财务数字化转型样板。

(资料来源:https://www.cet.com.cn/xwsd/3266382.shtml)

问题:

1. 国网呼伦贝尔供电公司实施财务管理数字化手段目的是什么?具体采取了哪些措施?
2. 呼伦贝尔供电公司的无纸化及智能化思路得到了有效验证的根据何在?如何运用数字化财务管理的核心职能构成原理,提出拓展其功能的新思路?
3. 下一步公司将聚焦财务管理的数字化转型,主要的工作内容是什么?

思考与练习

1. 数字化转型的背景是什么?主要分为哪几个阶段?有何特点?
2. 数字化财务的核心技术主要包括哪几个方面?
3. 宏观层面的财务数字化转型的主要内容是什么?

4. 微观层面财务数字化基本内容是什么?
5. 财务数字化转型模式具体体现在哪些方面?
6. 数字化财务管理的主要职能与技术依托是什么?

扩展阅读　　　即测即练

自学自测　　扫描此码

第2章 战略财务管理

1. 了解基于数字化的财务战略规划的意义、指导思想、目标、方向与迭代演进过程；
2. 理解数字战略体系构建的核心价值，如何使数字技术与财务战略无缝对接。

数字化转型赋能财务管理创新　助推企业高质量发展

2020年11月10日—11月18日，由上海国家会计学院主办、浪潮集团等协办的以"管理会计应对不确定性挑战"为主题的2020年度管理会计论坛在上海举行，就当前不确定不稳定环境下企业财务如何赋能企业高质量发展进行了讨论交流。浪潮集团副总裁魏代森受邀出席并以《数字化转型中的财务管理创新与实践》为题作了主旨演讲，提出了财务数字化转型的四个方向，并结合实践案例展示了财务数字化转型作为企业数字化转型一个关节切入点的价值和意义。

当前新一代信息技术革命和产业革命深入发展，数字化转型战略已成为企业"十四五"规划的重要战略。面对不确定性和不稳定性环境，数字化转型成为重构企业核心竞争力和高质量发展的必然之路。通过数字化转型，企业既能够实现智能化运营，又可以进行数字化创新，最终实现智慧企业的目标。

浪潮集团副总裁魏代森认为，当前企业数字化转型更加聚焦和务实，找准数字化转型的切入点将比以往更加重要，以低成本实现高效率提升，推动高价值转化是本轮企业数字化转型的关注点，而财务则成为企业数字化转型的一个关键切入点。

如何进行财务数字化转型，魏代森指出了四个方向：从管控到赋能创新、从金字塔到前中后台模式、从业财融合到业财一体、从传统财务到智能化财务，这一切的核心都是打破数据孤岛之后融会贯通的数据价值，通过智慧数据中台赋能管理会计企业洞察和决策的能力。

以中国铁塔的财务数字化转型实践为例，魏代森介绍了中国铁塔聚焦价值管理和数字化运营，将业财一体化、稽核智能化、核算自动化、决策数字化有机结合，创造性解决了重资产行业共同的难题，人均管理塔数达110个，实现了企业的智能化运营。

而无论是企业全面的数字化转型，还是财务数字化转型，都离不开新一代数字化平台的基础支撑，新一代ERP（云ERP）将成为数字化转型的运营基础。以浪潮GS Cloud为代表的新一代云ERP具备微服务、DevOps、容器等云原生架构，并以低代码、高控制力开发工具，支撑快速开发企业应用，推动业务创新。

据介绍，浪潮云 ERP 服务企业信息化 30 余年，已为中铁装备、中国铁塔等 120 万余家企业提供数字化转型服务。数字化转型重新定义财务职能，推动财务人员更加具备战略思维、变革思维；大量实践表明，企业的数字化转型并不是一个容易的过程，企业管理在实践之前就应当做好充分的准备，循序渐进，才能获得转型的成功。

（资料来源：https://www.prnasia.com/story/298062-1.shtml）

随着经济全球化与区域化的迭代演变，大量外来资本进入我国，国内市场的竞争也在逐渐加剧。传统财务管理模式已不再适用于当今竞争日益激烈的市场环境，也难以满足企业战略目标指定的需求。为了提高企业制定战略能力并确保企业战略目标的实现，需要更新和完善企业财务管理模式，将其与企业战略进行融合，构建战略财务管理模式。

视频 2.1　战略财务管理

2.1　战略财务管理概述

财务管理是现代企业管理的重要组成部分，传统财务管理只负责财务和经营方面的管理工作，如果企业要将财务管理升级到企业战略管理层次，就要以企业战略为导向，丰富企业财务管理内容。以企业战略管理思维来做好企业各项资源的优化配置，帮助企业管理者作出正确的战略决策，降低经营和财务风险，确保资金正常周转，并逐步实现企业战略目标，维持可持续发展。战略财务管理的目标是完善企业既定的发展战略目标，并使企业各项资本得到优化配置，为企业创造最大化的收益。

2.1.1　战略财务管理提出的背景

伴随着以大数据、物联网、云计算、人工智能为代表的数字科技不断发展和成熟，企业进行采购、生产、运营、销售等行为所面对的内外部环境正在发生深刻改变。跨行业的潜在竞争者紧跟快速演进的消费者需求，革新企业组织架构，整合已有资源形成战略竞争优势等使战略财务实施具有必要性和紧迫性。

1. 政策导引

2022 年 3 月，国资委出台了《关于中央企业加快建设世界一流财务管理体系的指导意见》，要求财务管理要更加突出支持战略、支持决策、服务业务、创造价值、防控风险等作用，成为数字化转型企业财务战略的理论指引。

2. 典型示范

目前，众多数字化转型企业提出在建设世界一流财务管理体系中，应将 EPM 贯通于战略、规划、交易、控制、合规、报告、分析、决策八个环节，在夯实强化核算报告，实现合规精准的财务管理职能的同时，构建反映价值结果、揭示财务价值成因的管理报告体系，完善纵横贯通的全面预算管理体系，实现提升资源配置效率、追求价值创造的目的。在财务数字化过程中，实现"支撑战略、支持决策、服务业务、创造价值、防控风险"的目标。

3. 数字赋能

数字化、数智化正成为新一轮全球生产力革命的核心力量，数字化智能时代给企业的财务工作带来巨大影响，在财务对象、组织形式、方式方法三个方面给财务工作带来了颠覆性变化，财务管理也从"核算反应型"向"智能决策型"转变，从"管理控制型"向"决策支持型"转变。财务数字化战略是企业在财务领域运用云计算、大数据等技术来重构财务组合和再造业务流程、提升财务数据质量和财务运营效率、更好地赋能财务、支持管理、辅助经营和支撑决策。

2.1.2 财务战略指导思想与目标

战略财务管理基于企业核心竞争力提升视角，能够实现企业社会与经济效益最大化，因此企业围绕自身战略来构建全新的财务管理体系，实施战略财务管理模式来确保企业发展战略的实现。

1. 财务战略指导思想

（1）立足企业整体的发展规划开展财务战略管理。财务战略作为企业战略的重要组成部分，必须契合企业总体的战略发展规划，落实具体的管控机制，确保企业的各项财务工作与企业战略需求相契合，从而促使企业的管理流程细化且具有可操作性。

（2）企业需要为财务战略的实施提供资源支持。财务战略的开展需要大量的数据，企业要实现对各方面数据的统筹管理，确保财务数据的真实性、全面性，并依此制定合理的战略规划。财务战略的制定需要及时对各类数据进行全面分析，站在企业战略规划的高度确定企业战略的要求与思路，为企业财务战略的制定提供保障。

2. 财务战略目标设计

（1）企业需要定性的战略目标。企业在确定财务战略目标时，需要结合 SWOT 分析，判断企业在财务管理方面的优势、劣势、机会、威胁，分析企业在财务未来规划能够抓住的机会及存在的优势，并在企业内部通过财税资源的合理配置发挥优势，抓住机会。

（2）制定具体的定量目标。企业在明确财务战略规划之后，需要将战略规划细化分解为短期的财务预算目标。通常地，企业需要将战略分解为未来五年内定量的目标，包括利润总额、资产总额、营业收入、资产负债率等方面的量化指标。

2.1.3 战略财务管理的特点

战略财务是实现财务数字化的高级目标，数字化的优势不仅体现在提升业务流程的效率和准确性方面，还表现为以智慧化的手段对数据进行整合和分析，从而支持企业管理体系的优化和战略决策，数字化是财务真正实现从职能部门升级为企业战略谋士的路径。如图 2-1 所示数字化战略转型的四个维度：财务支撑、组织变革、技术应用与价值创造，体现了战略财务管理的综合性、长期性、动态性和外向性。

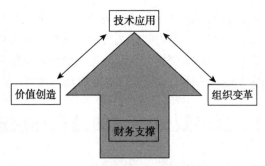

图 2-1 数字化转型战略的四个维度

1. 综合性

传统财务管理活动因受以往企业财务管理环境的影响,过多地注重企业日常财务工作,事务性较强,很少关注带有全局性的财务管理活动。而战略财务管理由于面临的理财环境复杂多变,因此,涉及范围更加广泛。它既重视有形资产的管理,也重视无形资产的管理;既重视非人力资产的管理,也重视人力资产的管理;同时注重现有的和将来的活动,并且提供诸如质量、市场需求量、市场占有率等极为重要的非财务信息。

战略财务管理要从企业全局来制订财务管理计划和方案,其中涉及有形的资金管理和无形的资金管理,以及人力资源管理,因此战略管理内容具有综合性。具体来说,是将企业营运能力、偿债能力和盈利能力等方面分析都纳入一个有机的分析系统之中,全面地对企业财务状况、经营状况进行解剖和分析,从而对企业经济效益作出较为准确的评价与判断。

2. 长期性

传统财务管理多数以股东财富最大化为理财目标,目标短期化特征较为明显,缺乏战略意识,在企业内外环境发生剧烈变化时适应性较差,不利于企业的长期可持续发展。而战略财务管理以战略管理为导向,要求财务决策者树立战略意识,从战略角度来考虑企业的理财活动,制定财务管理发展的长远目标,充分发挥财务管理的资源配置和预警功能。

战略财务管理以企业战略目标为指引,而企业战略目标往往具有长期性,是以年为单位的,要对企业财务战略进行长期的预测和管理,从而降低期间的各类风险,确保企业战略保质保量完成。

3. 动态性

企业战略目标制定后并非一成不变的,而是要根据市场变化和企业自身经营情况进行调整和优化,随着企业战略目标发生改变,战略财务管理内容和方法自然也要改变,以增强企业在复杂环境中的适应能力,不断提高企业的持续竞争能力。

4. 外向性

现代企业经营的实质,就是要在复杂多变的内外环境中,解决企业外部环境、内部条件和经营目标三者之间的动态平衡问题。传统财务管理基本上仅局限于企业内部财务管理活动，很少研究外部环境，因而适应能力差。相反地，战略财务管理把企业内部环境与外部环境融为一体，观察分析外部环境变化对企业财务管理活动可能带来的机会与威胁，增强了企业对外部环境的应变性，从而大大提高了企业市场应变能力。

2.2　战略财务管理的迭代与演进

财务数字化转型的重点之一是构建数字化管理系统。一方面，财务需要借助数字化系统从记账、报销、做报表分析等事务性的工作中解脱出来；另一方面，随着数字化财务工作职能的改变，财务人员要站在运营管理的高度来考虑问题，挖掘数据价值，为企业战略决策赋能。

视频 2.2　技术驱动下的战略财务管理

2.2.1　技术演进对财务战略的影响

信息技术的推广与财务数字化的变革是相伴而生的，在科学技术的推动下，财务活动经历过三次大的革命，从而实现了业务财务流程贯通和财务运营效率的提升，也为战略财务管理实现奠定基础。

1. 会计电算化

通过计算机系统与应用软件能有效提升会计工作的效率，传统的会计工作需要人工登记相关账目，在效率与方法方面都存在着一定的滞后性。而会计电算化即用电子计算机代替人工进行记账、算账、查账、报账，完成会计信息的处理、判断和分析的过程。

虽然会计电算化帮助财务人员提升了工作效率，并通过规范化的财务数据流程帮助企业的管理者了解当前的运营状况，但是搭建了大量的财务系统后，会计电算化也面临着不少的挑战：构建了不同多元系统，且多为部门级的应用；部门间单据传递多依赖线下，有大量的线下沟通工作；财务对业务部门的原始凭证需要二次审核；相同的业务，不同部门提供的数据经常会有偏差。

2. ERP 体系的建设

这一阶段，通过整合业财数据掌控业务流程，实现业务运行触发财务，实时形成财务凭证。当企业进入规模化运营阶段，如何有效地进行生产规划、如何协调内部资源、如何对应业务进展和财务结果、如何实施日常事务性的运营管理工作等，都是摆在企业面前的战略性难题。

ERP 体系建设将企业的供应链从采购、生产、销售等业务环节通过一体化、端到端的流程集成运行在 ERP 系统中。当供应链有业务发生时，一旦业务信息录入系统，便会实时触发财务信息，并在系统中形成相关的财务记录：外部会计的记账凭证、管理会计有关的凭证记录、预算占用情况的凭证记录、资金使用情况的凭证记录等。

在业务运行中，ERP 中内置了众多的业务控制点，可加强财务对业务的管控。同时，ERP 作为企业战略贯彻与管控职能落地的载体之一，在充分调配和平衡资源、准确反映组织的财务和运营状况、改善企业经营业务流程、提高过程管控、降低风险、提高市场竞争力方面发挥着重要作用。如表 2-1 所示，在数字化业务发展的四个阶段，体现出财务数字化发展的不同价值内容。

表 2-1 数字化业务发展的四个阶段

时代	业务发展
会计电算化	满足记账、报告，系统是电子账簿
ERP	基于记账规则核算、自动计算报告、结账、银企直连、金税在线核算，业财一体化，业财联动
共享服务	财务面向服务，不同形式财务集中使处理效率提升，管理会计预算、作业成本分析、智能、业财深度融合，管理分析全面在线，业财深度联动
数字化、人工智能	更加智能化决策，推动业务创新，以数据为中心，全面在线海量数据、多元及时；高度自动化流程；财务管控、决策更智能

3. 移动互联网和云计算的发展

这一次迭代促使财务部门重回信息系统前端，财务共享服务也应运而生。经过 ERP 的建设阶段，进一步对企业主数据的标准化及规范化、业务流程的标准化、规范化进行了梳理和定义，这为财务共享中心运行的标准化、规范化打下了坚实的基础，也是战略财务管理的前奏。

而企业在快速迭代的数字化时代迫于市场竞争及自我发展的压力，其财务管理迫切需要在"标准化、规范化、低风险"的前提下提高运行效率、降低运营成本，这样财务共享中心就诞生了。在最初的财务共享服务模式下，财务共享中心承担了一部分日常的、共性的、重复性的、可标准化的业务。

随着财务共享中心及数字化技术的进一步发展，共享中心还承担起大数据中心的作用，出具管理层所需要的财务分析报表来帮助企业提高战略决策分析的速度和精度。图 2-2 为数字化战略基础的迭代路径，凝练出更多的财务本身职能与价值的变换。

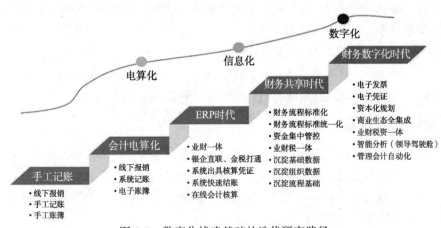

图 2-2 数字化战略基础的迭代研究路径

总之，在经历了会计电算化、ERP、共享服务中心后，企业在借助核心系统中的数据来做分析和辅助决策时，对数字化的应用要求也越来越高，需要财务人员不仅会处理大量的数据，还需要依据数字去作战略决策。

2.2.2 数字技术杠杆驱动下的财务战略

在数字技术驱动下，财务产生了颠覆性的变革。但财务数字化战略实施并非一步到位的，目前有一些企业尚未实现一次彻底的数字化转型。这不仅需要企业拥有数字化技术，还需要拥有数字化运用能力，即将数字化技术真正运用于财务领域，构建业财数字化体系、财务共享体系，促进业务转型，实现财务战略管理。

1. 发挥技术杠杆作用，合理选择财务战略

技术应用谱（Technology And Applied Studies，TAS）所表达的是一项技术在应用以后，随时间推移，TAS 表明产品因独家研制而成为创新产品后走上特色化以至最后商品化的必由之路，在这一过程中，产品带来的毛利收益率不可避免地会不断下降。

一种数字技术的应用逐步从独创、新奇、特色等阶段迈入商品化阶段，在此过程中，毛利变化的趋势显示出企业增值滑坡的路径，从中可以发现，从产品的独家研制期发展到商品化阶段，在技术应用不变的情况下，如果生产成本相对不变，市场独占性将逐步丧失，市场的饱和程度越来越高，企业毛利将逐步下降。

$$营业毛利率 =（毛利 - 营业费用）/销售额$$

这一指标代表着企业营运收入扣除资本成本和税金后的总收益率，它决定了企业将有多少现金投入再生产。要从自身经营中获得进一步投资的资金，就必须有较高的营业毛利率。

对于一家处于增长阶段的技术型企业而言，低水平的营业毛利率将严重威胁其生存。由于销售人员疏于指导和管理、市场营销乏力、销售成本过高、研发费用太大，管理机构庞大等问题都会影响营业毛利率的实现。

当某种产品的毛利率越来越低时，企业就必须在技术上开发出更加新颖、价值更高的产品。这些新技术初期会导致毛利率较高，但它将有助于整个企业经营业绩的上升。而高水平利率的毛利率，有利于企业把握正确的发展方向，着眼于高价值的新产品，放弃低价值的旧产品。许多企业管理者认为，只要降低费用、日常开支和行政费用，毛利率下降的损失就能得到补偿，但从战略角度看，这种短期行为是不能为顾客创造价值的。

2. 技术杠杆对企业财务的影响

数字技术的应用体现在企业的运作效率上。企业财务战略围绕核心技术指导企业财务活动的行动、方向和原则，促使企业充分发挥财务管理的职能，即决策、计划和控制，指导投资、筹资和股利分配活动的开展，实现对企业经济活动的全过程控制，这样才能使决策者对企业经营的决策、计划得到相应的落实。

1) 技术研发期——稳健型财务战略

利用技术杠杆的首要问题就是进行技术研发,为此,企业需要募集大量资金,但企业的现金流量是不确定的。在技术研发初期,有些企业对于债务的依赖性很强,在举债的同时使负债率不断攀升,企业可能因为资金链的暂时断裂而导致财务危机。这一时期,实施稳健型的财务战略是较合理的。

稳健型财务战略,是以实现企业财务绩效的稳定增长和资产规模的平稳扩张为目的的一种财务战略。企业为了防止过重的利息负担,会利用负债实现企业资产规模和经营规模的扩张,对此企业应持十分谨慎的态度,尽可能将优化现有资源配置和提高现有资源使用效率作为首要任务,将利润积累作为实现企业资产规模扩张的基本资金来源。

另外,应重视资产负债率、利息保障系数、现金比率等财务指标,注意资金占用期与偿付期的匹配,在保证偿付的情况下,尽量将资金占用期延长。稳健型财务战略的目标不一定要扩大规模,而重在提高利润率和降低风险,其财务特征为"中负债、中收益、中分配"。通过这一财务战略的实施,既能提高资金的使用效率,提高企业的盈利水平,又能通过合理的资金规划,使强化集约经营与技术创新的行为取向更加合理。

2) 技术成熟期——扩张型财务战略

在技术成熟期,企业一般已经拥有自己的核心技术,技术杠杆作用能够有效发挥。为了实现企业资产规模的快速扩张,采取扩张型的财务战略是较合理的。因为规模扩张所需的资金量较大,企业往往需要将绝大部分乃至全部利润留存,同时还要进行外部债务融资。

大量筹措外部资金,是为了弥补内部积累相对于企业扩张需要的不足;更多地利用负债而不是股权融资,是因为债务融资在为企业带来财务杠杆利益的同时,还能防止净资产收益率和每股收益被稀释。但更多地利用负债,势必增大企业的财务风险,所以企业应根据一定的资产数额,按照需要与可能来安排和制订负债财务计划,做到长短期负债的合理搭配。

同时,根据负债的情况制订出还款计划,尤其要注意控制短期偿债风险,重点关注流动比率、现金比率、经营活动现金流等财务指标。通过这一财务战略的实施,在提高企业的盈利水平、适度降低风险的同时,使资本结构趋于合理;在稳定投资者信心的同时,有利于树立较好的社会声誉,为技术进步创造条件。

3) 技术危机期——防御型财务战略

技术研发存在一定的风险,由于技术条件不成熟、设计方案不合理、资金状况欠佳等原因,可能会出现研发失败的情况。在技术危机期,企业应将工作目标调整为预防出现财务危机、保住现有利润增长点、开拓思路以谋求生存及新的发展,实施防御型财务战略。由于这类企业前期曾经遭遇过挫折,也很可能曾经实施过扩张的财务战略,因而已有的负债包袱较重、当前经营上所面临的困难较大,所以应尽可能将减少现金流出并增加现金流入作为首要任务,通过采取削减分部和精简机构等措施,盘活存量资产,节约成本支出,集中一切可以集中的人力用于企业的主导盈利业务,以增强企业主导业务的市场竞争力。

此时，股利政策一般采用低现金股利政策。"低负债、低收益、低分配"是实施这种财务战略企业的基本财务特征。通过合理的战略调整，可以使企业尽快走出失败的阴影，积聚实力、实现新的发展。

财务战略以促使企业资金长期均衡有效地流转和配置为衡量标准。在我国，很有必要强调技术的重要性，在目前国际市场环境不确定性增强的情况下，树立这一经营思想更为重要。技术杠杆的应用以及财务活动方向和原则的把握，是决定企业取得良好业绩的关键因素。企业围绕这一中心制定财务战略，实现以市场需求为导向、技术创新为基础、以数字资源为依托有计划地推进，以获得持续竞争优势。

2.3　实施财务数字化战略的措施

做好财务数字化的战略规划是一项系统性工程，需要遵循科学的世界观与方法论，在企业高层的推动以及企业全体员工的大力支持下保障实施。

视频 2.3　战略财务管理的实施策略

2.3.1　企业级财务战略制定的侧重点

数字化时代财务战略方向，应以基于业财一体化的智能财务共享为基础，以基于商业智能的财务平台为中枢，以基于人工智能的财务平台为最高层级的财务生态平台，是智能决策型财务战略制定的基础和支撑。

1. 制定财务预警战略

随着企业经营不断推进，业务范围也在不断拓展，而在经济下行压力不断加大的情况下，外部环境日益复杂，企业在财务管理的过程中需要制定风险预警战略。通过风险预警战略对企业的投资、融资、资本运作、利润分配进行合理规划，并针对各项具体的财务工作建立统一的数据库，实现动态预警，使用概率分析法、敏感性分析等分析方式，实现对风险的有效分析。

例如，企业在筹资过程中，若盲目筹资，不注重企业的资产负债率水平，没有结合企业盈利的稳定性以及长期的发展规划制定筹资方案，将导致企业资金无法偿还，引发资金链断裂的风险，甚至使企业走向破产。在投资过程中，企业必须针对自身的长期战略进行合理的数据分析，并判断各项投资项目的回收周期数据以及存在的风险，将避免企业盲目投资，杜绝企业短期内资金流量出现巨大缺口，防止企业资金链断裂，由此防范财务风险，保证企业战略目标的实现。图 2-3 基于现金流的财务战略预警矩阵就是告知企业避免现金流风险，实现企业的财务战略。

如图 2-3 所示财务战略矩阵中，对于现金短缺与回报率差等预警，要事先作出财务战略规划，形成预案加以应对。

2. 建立预算管理战略

企业的预算管理战略需要对企业的各项资金进行合理的配置，以实现战略目标和企业年度规划的衔接。

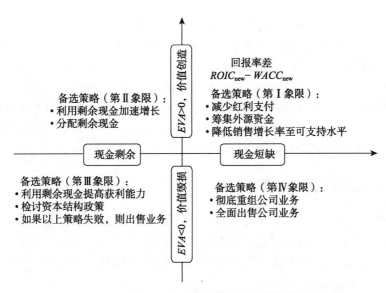

图 2-3 基于现金流的财务战略预警矩阵

首先，为了确保预算管理工作有序开展，企业应该建立预算管理委员会，由预算管理委员会专门负责预算管理工作，并对相关成员进行专门的培训，要求预算管理委员会由企业总经理及各部门负责人组成，负责预算的最高决策工作，判断各项预算指标的合理性，并对预算执行的差异进行分析，对预算考核方案进行审批。

其次，在预算管理委员会下设办公室，负责预算管理的日常工作。通常而言，预算管理办公室由企业的财务部门担任，可以降低企业的成本。

再次，企业在预算编制的过程中，不仅需要通过上下结合的预算编制方式听取基层员工的意见，还需要企业的管理层根据战略规划把控预算整体的方向，避免预算指标和战略相脱节的问题。

最后，在预算执行的过程中，企业要严格执行并定期对预算执行的情况进行差异分析，当预算执行过程中存在较大差异时，需要及时上报预算管理委员会，并要求其制定相应的应对措施，帮助企业优化资源分配机制。

此外，优化预算的考评。企业的预算考评是为了体现战略的衔接，不仅需要考核财务指标，还需要考核非财务指标。企业可以通过平衡计分卡的维度，从四个维度进行考核。企业战略目标的实现离不开企业各项具体管理规划的落实，因此只有借助数据分析，从平衡计分卡维度分析各层级指标完成的情况，才能更好地帮助企业实现长期的战略规划。

3. 优化企业的资金管理战略

资金作为企业财务工作管理的重点，也是企业经营的血液。企业要落实资金管理战略的要求，确保资金发挥最大的效益，使资金更具有稳定性。

首先，企业在资金管理过程中要注意到如果供应商资金严重缺乏，则需要在短期内及时回款。如果供应商资金较为宽裕，企业应尽可能在应付账款到期日回款。同时，企业要注意到从财务战略的角度与供应商建立长期合作关系，更要与重要供应商建立战略合作伙伴关系。借助数据技术，分析供应商是否给企业一定应付账款期限，分析供应商的产品质量、价格是否具有优势，判断供货速度是否稳定。通过分析供应商各方面的情况，把优质供应商发展为战略合作伙伴关系，长期合作，确保资金在上游得到有效流转；

其次，优化企业应收账款管理。企业的应收账款在资金管理体系中占有重要的位置，财务战略视角下的应收账款管理要求企业健全与客户的合作机制，不仅要求客户在账期内回款，还需要建立客户关系管理系统，加强与客户的关系维护，在收回应收账款的同时提高客户满意度，形成与客户的长期合作关系。

2.3.2 数字化财务战略步骤与切入点

数字化财务战略首先要在战略层要做好顶层设计，管理层的大力支持是转型得以成功的基础。企业可以系统地梳理财务数字化转型与确定转型步骤，处理好数字化转型涉及的各要素之间关系，并基于企业数字化转型的框架予以推进以契合转型目标，确保协同发展。

1. 财务战略转型步骤

财务数字化战略转型需要按照目标设定、系统评估、差距分析、切入实施四个步骤有序推进。

（1）目标设定阶段。企业需要将财务数字化转型作为企业数字化转型的重要内容纳入企业战略高度，并充分考虑其与战略目标的一致性，以确保后续的高效稳健推进。顶层设计是实施财务数字化转型的基础，主要包括财务数字化转型目标的确立、企业财务数字化共识的建立、财务业务流程梳理与再造、业务场景的设计与搭建、实施架构的优化与完善、业务与数字、数字与技术实现交互对应的逻辑梳理等财务数字化转型实施必须思考和解决的内容。

（2）系统评估阶段。财务数字化要从顶层规划入手，结合企业所属的行业特征、财务组织架构、会计信息化建设情况等因素系统评估企业财务数字化建设的成熟度，以制定切实可行的数字化转型推进路径。在实施过程中，企业应该对阶段性完成成果进行评估，进而对其中存在的缺陷进行及时修正，以保证利益的最大化。

（3）差距分析阶段。企业需要结合评估结果，将战略目标逐层、逐年分解，进而形成可落地实施的多个短期计划，确保后续实施的可操作性；根据计划内容，可选择适当的转型切入点。

（4）切入实施阶段。企业需要以计划为指引考虑转型的切入点。通过小步快走的策略，选择适合的场景加强投入，并对阶段性成果展开效益评估，建立动态调整机制适时进行优化与修正，确保全局利益最大化。

2. 找准推进的切入点

实现财务管理战略推进，财务数字化战略的切入点可以从建立财务共享服务中心、打造财务能力中心、实现场景赋能的财务生态建设三个维度展开。

（1）实施财务共享服务。财务共享服务是一种新型的财务管理模式，通过观念再造、流程再造、组织再造、人员再造、系统再造，将分散于各个业务单位、重复性高、易于标准化的财务业务集中到财务共享服务中心统一处理，以达到降低成本、提高效率、改进服务、强化管控等目标。由于财务共享服务中心实现了专业化、标准化、流程化和信息化，对传统财务活动进行了全方位、革命性的再造。因此，将其作为财务数字化转型的起点有利于巩固财务数字化转型的基础。

（2）建立财务能力中心。财务能力中心是指以"财务数据中台"建设打通业财壁垒，聚合内外部的海量多维数据，使得财务管理不仅仅局限于结果数据，而且还要采集过程数据、行为数据、业务底层的明细数据，不断拓展数据的深度与广度，将原始数据转化为数据资产，快速构建数据服务中心，为企业制定各种适配业务场景的数据解决方案。

（3）实现场景赋能的财务生态建设。场景赋能的财务生态建设是指围绕以人工智能为核心的大数据深化应用，强调大数据基础之上的智能决策，强调"企业大脑"与"人的大脑"的协同。如图 2-4 所示，不同企业的业务模式及特点必定会催生多元化的数据场景，而以"技术+管理+生态"的融合创新思路，能构建数据智能，提供丰富的算法、凸显数据洞察能力，实现业务数据化、场景化的预测，连接企业的现在与未来，以探索财务数字化的更多应用场景。

图 2-4　基于战略视角的场景赋能财务生态建设架构图

2.3.3　财务数字化战略实施与保障

随着数字技术的快速发展和推广应用，特别是国家层面的数字化转型和推进作为重要议题在国家"十四五"规划中被正式提出，越来越多的企业和数字化解决方案服务机构开始全面启动，面向未来技术重塑战略和业务模式的实施方案，构建具有行业竞争优势的财务业务战略和卓越运营能力。

1. 战略实施准备工作的要求

（1）树立数字化战略思维。目前，财务组织具备了数据汇集中心的前提条件，人员具备一定的数据思维方式，但此时的数据思维方式是局部的，如何实现与业务同步，树立全局性的数字化思维，应当是数字化实施过程中需要解决的问题。具体来看，财务人员需要在本职工作中运用创新思维，站在战略、全局、系统的视角，运用业财技融合的思路，用较为完善和全面的思维来考虑问题，以推动财务数字化战略顺利实施。

（2）强化数据治理与数据安全。财务数字化是由数据驱动的，由此决定了数据在财务数字化中的重要地位。数据必将成为企业最重要的资产之一，因此，良好的数据治理和数据安全基础就成了财务数字化成功的重要保障。如何在保证数据安全的基础上实现数据的流动以挖掘数据价值，是运作过程中需要思考的问题。

（3）注重数字化模式驱动与转换。在财务数字化背景下，财务数字化技术融合与数字技术催生智能核算后的业务场景变换；财务数字化与数字技术拓宽了管理边界。转型的管理活动与上下左右形成逻辑关联。财务技术切入能力是转型成功的重要条件。对此，CFO应在为自身赋能的同时，加强企业内部对于数字化切入点驱动下的职能转换，使其向财务专业领域深化，向业务和管理领域延伸，贴近业务场景，在市场预测、成本优化等方面发挥价值。如图2-5所示，分别从不同业务内容切入，实现各层面所要实现的职能与价值。

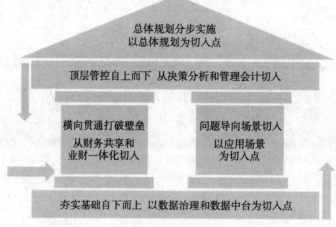

图 2-5　战略财务目标实现的切入点与驱动

2. 战略实施的基本要素

在数字化时代，认识世界的方法论正在从确定性思维走向不确定性思维。财务数字化背景下，数字化财务管理的核心是通过数据沉淀、数据流动与数据应用，实现以业务为中心的敏捷反应、精准决策以及资源配置的全局动态优化，以此应对复杂环境下市场的各种不确定性。

（1）财务会计。数字技术催生数字化核算，促使核算重心转向业务规则设定和流程异常处理财务数字化转型背景下数字技术的应用，使得传统财务管理模式下的事后核算转向数字化的智能核算，即业务可以自动触发财务规则形成自动计量、自动记录、自动监控、自动预警、自动报送。

具体来看，智能核算是数字技术在核算领域的深度应用，是将财务管理活动中简单、业务量大、重复性强、附加值低的业务交由财务机器人处理，建立人机协同的全新工作模式，由此促使财务核算人员的工作重心转移，主要体现在对业务规则设定和流程异常处理上。在业务规则设定方面，通过识别、归纳、优化核算规则并将这些规则内嵌在业财一体化的信息系统中，使得业务一旦发生就会触发相关核算自动进行；在流程异常处理方面，借助各种系统内嵌的数字化工具对因新业务类型、异常业务、系统故障等原因导致的核算异常进行监控和干预。

（2）管理会计。从管理会计的发展来看，传统管理会计是为了支撑工业时代大机器生产和控制型管理模式而产生的，是基于财务视角对确定性事项进行管理的理念和工具。数字技术的应用拓宽了管理会计边界，促使管理会计重心转向对不确定性管理能力的再造，实现财务组织主动赋能业务、场景化财务、基于大数据的预测性分析，以及实时决策、个性化的财务信息实时推送等。

（3）财务会计＋管理会计＋数字技术。借助数字化平台构建财务生态，在财务数字化背景下，基于财务会计中智能核算的催生以及管理会计中职能边界的延伸，二者在数字化平台的支撑下，共同构建起财务生态系统。数字化平台是基于财务组织架构调整而对应变化的，从科层制向平台化转变也体现着敏捷财务的思维。数字化平台使财务管理模式向自动化、智能化、可视化、人机协同转变，财务不再是相对独立的后台职能，而是业财技一体化的有机组成部分，以共享服务中心为支撑的数据平台将通过数字技术的应用实现转型与升级再造，进而转向承载企业运营的数据治理中心。

2.4　财务数字化战略模式

数字化背景下的业态重构、全价值链管理及价值的重新调整和定位，改变了企业价值链的分布，扩展了企业管理边界。而决策流程的优化、业务单元的小微化、企业活动的创客化，又要求企业组织更加敏捷，财务战略模式更加柔性。

2.4.1　财务数字化转型的战略基础

财务活动强调客户价值、重视用户体验、线上线下互动、掌控关键资源、创新融资方式等，这已经成为企业商业模式创新的动力，也为财务数字化战略模式构建提供素材和支撑。而企业财务战略的有效实施，同样面临新的机遇和挑战。

视频 2.4　财务数字化战略模式

1. 财务作用要素的变化

在数字化、信息化背景下，传统财务的不足也呈现出来，主要体现在缺乏与战略的有效结合、缺乏与业务运营的有效融合、缺乏对核心业务的高效管控、缺乏对科技进步的高度敏感等，这些已经成为传统财务的短板，而财务职能的转变、财务功能的再造和财务能力的重塑是消除这一短板的关键。

现在，伴随财务数字化深入，财务的功能需要从核算走向决策，单纯的财务要走向业财融合，财务信息化要走向财务数字化，价值计量要走向价值创造，企业要通过战略财务、运营财务、专业财务三个维度来助推企业商业模式创新，实现企业财务职能的转变、财务功能的再造和财务能力的重塑。

（1）战略财务要通过投融资战略、并购重组战略为企业提供价值洞察，重塑商业模式，支撑战略规划，实现企业战略目标。

（2）运营财务要强化业财融合，紧贴业务运作，融入价值链管理，改善运营绩效，防范业务风险，实现企业经营目标。

（3）专业财务要实施专业理财，改善财务功能，提供高效服务，为企业实现经营目标保驾护航。

2. 财务数字化转型与商业模式创新

财务数字化不仅是财务部门和财务战略管理的需求，而且是企业商业模式创新的必然要求，所以，财务要深入业务层面并从业务层面为商业模式的可行性提供数据依据，业务也要得到财务数据的支持，从而使财务在资源、信息管控方面实现效用最大化，完成财务转型。目前，传统的产品生产、渠道分销、规模经济正在被云商业时代打破，互联网智能化时代的跨界竞争已经开始，用户体验、粉丝经济、端口竞争正在助推商业模式的推陈出新。

（1）数据无形资产价值的认定。在信息化时代，无形资源的作用日益显著，传统以有形资源为标的的资本驱动模式已难以适应新的环境要求，而投资于系统再造、平台建设、制度创新，投资于组织资本、数字资本、人力资本，最终投资于商业生态，已经成为商业模式创新的新方向。数据将成为比土地、货币更重要的生产要素，企业可以利用"大智移云"技术重塑商业模式，优化业务流程，同时与利益相关方建立更具有意义、富有成效的联系，不断升级价值创造的途径。

（2）商业模式赋能财务价值实现。目前，商业模式在会计准则中的运用也越来越普遍。对会计报表要素的分类、收入的确定方式、计量属性的选择、财务信息的列报影响深远，但其角色和地位一直没有在财务报告概念框架中得以明确，投资者希望财务报告在商业模式披露中能充分反映企业在价值链中的位置和竞争优势，以及明确关键经营收入和主要盈利来源的动因，以此调整对企业的估值并进行同行业对比，确认企业的发展战略和发展前景。

（3）商业模式以企业数字化财务战略为支撑。财务报告如何为投资者提供有效的信息数据，关系到企业财务战略的有效实施、企业融资方式的创新成效、融资渠道的畅通、融资成本的高低，也关系到企业自身的估值，是企业财务战略的重要组成部分。因此，要建立以非财务数据为核心、以数据资产为基础、涵盖用户、产品、渠道、财务四个维度的企业价值管理体系。财务报告既要反映过去，又要评价现在，更要预测未来，为企业和投资者提供全面的绩效评价和深入的管理洞见。

2.4.2　财务战略转型构架与模型

为了夯实财务战略管理作为企业核心战略能力，很多企业已经深入审视自身战略、管控和财务业务，对标领先企业财务管理实践和数字化应用，探索适合企业的财务数字化转型路线，推进财务数字化建设。行业领先企业的财务战略转型和数字化建设提供成熟的经验和基础模型,在财务管理数字化转型方面的实施经验已成为更多企业实施战略财务的参照,企业财务数字化的业务能力架构和建设内容成熟模式已经基本形成。如图2-6所示为财务战略与经营战略转型的相互赋能助力模式。

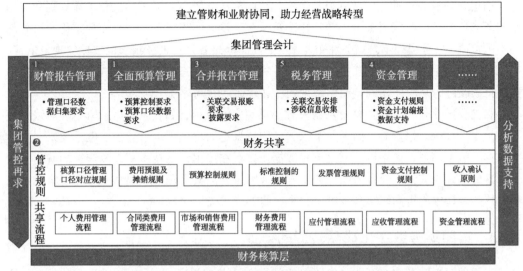

图2-6 财务战略与经营战略转型的赋能助力模式

企业制定数字化财务战略的关键环节,即运营管理与财务管理的协同。

1. 财务业务标准化

财务核算标准化主要包括统一科目体系及辅助核算体系、核算流程标准化、报表体系标准化。一般需要结合企业的总体业务战略和财务管控要求进行管理咨询设计,同时需要具备财务背景和信息化经验的专家来主导,否则会出现核算体系咨询方案不符合业务诉求。

数据就是资产的观念正在被人们普遍接受,财务业务规范化、标准化是数字化的基础和目标,无论上线有多少应用系统,标准化、共享化、智能化都是不变的课题。如果不建立统一的财务数据标准、财务业务管理规范以及围绕这套标准和规范建设数字化平台业务规范和效率就难以提高,企业财务数字化转型就是流于形式,新的财务业务标准将伴随数字化财务业务流程创新而逐步更新完善。

2. 财务业务信息化建设

基于财务核算标准化的业务咨询成果,结合ERP平台或财务专业化平台进行规划实施,构建一体化统一核算管理平台。企业建设财务共享中心,统一流程、规范核算,将公司报销、往来、资金等业务集中处理,以达到规模效应,降低运作成本,提高财务管理水平与效率。

随着信息化、数字化时代的推进,企业面临新的发展环境与机遇。人口结构变化、收入增长带来了消费理念和消费行为的改变,企业需要重新定位市场和客户、定位客户价值。交通、通信、技术、资源等相关基础设施的巨大变化以及金融市场、金融工具的日益丰富,正在改变传统商业模式与财务战略的时效性,数字化成为支撑财务战略层面商业模式落地的重要因素。

3. 财务管理数字决策能力建设

基于财务业务系统构建，经营决策数据分析平台可以支持财管报告管理、全面预算管理、合并报告管理、税务管理等应用。

通过财务业务标准化，做到财务信息规范、标准、统一，通过信息化整体规划和应用来规范业务执行，赋能财务管理数字化决策平台建设，实现财务管理全面数字化面对外部的不确定性。财务组织不再只关注企业本身，而是通过各企业财务组织的连接实现价值链，甚至是价值网上相关企业的连接。通过跟踪和评估整个生态体系的财务健康状况和竞争力实现持续改进，从个体盈利转向生态盈利，共建命运共同体。

目前，数字化技术在共享财务服务方面得到广泛应用，如收款、付款审单、对账、记账、报销、税务、报表等，财务机器人的应用场景也大量出现，财务云、电子发票、会计大数据、电子档案、区块链、移动支付数据挖掘、在线审计等技术都在深刻影响着财务业务标准的形成与完善。财务战略也需要走向业财融合的共享服务，要从一个高度集成化战略模式的会计中心走向能够高效管控和决策的支持系统。

2.4.3 集团财务数字化战略转型的样板

某集团业务涉及多个行业，集团内各单位使用的 ERP 系统有 SAP 和国产软件，科目体系不统一，出具财务报告时间长，发现差异追溯时间长，而且信息不准确，同一报告内容经常因统计口径不同而导致不一致等业务痛点，在此背景下该集团决心全面推进集团财务数字化转型建设。

1. 总体建设思路

学习领会集团战略管理思想（神），落地为集团统一的报表指标体系（形），以此界定集团管控科目边界（骨骼），规范相应流程梳理（经络），配合灵活多变的组织架构（基础），支持集团财务管控目标。如图 2-7 所示为集团财务管理战略思想推进的思维导图。

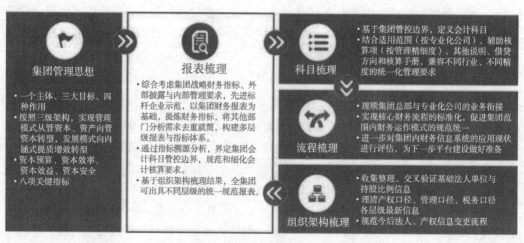

图 2-7 集团财务管理战略思想推进的思维导图

2. 构建分析决策能力

按财务分析报告的使用对象和内容分为五大分析主题，立足在集团层面构建统一的财务指标库，打通财务信息的共享通道。如图 2-8 所示为基于报表分析的财务战略指标构建流程。

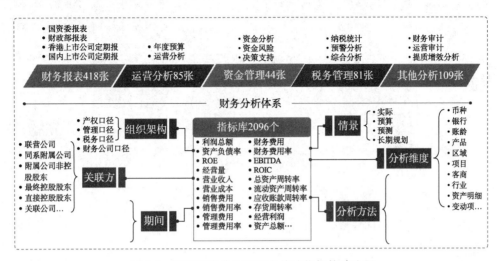

图 2-8　基于报表分析的财务战略指标构建流程

以报表分析为主线梳理集团级的财务指标体系，纵向贯通报表指标到基础指标及其数据来源的追溯，横向整合指标的去重化简和归类，实现跨主题共享。如图 2-9 所示为集团管控的会计科目体系构建。

图 2-9　集团管控的会计科目体系构建

3. 优化管理体系和流程

财务要素经梳理后，设计了集团管控的会计科目体系共 769 个，其中一级有 204 个。如图 2-10 所示为集团管控的会计科目体系。

第 2 章　战略财务管理

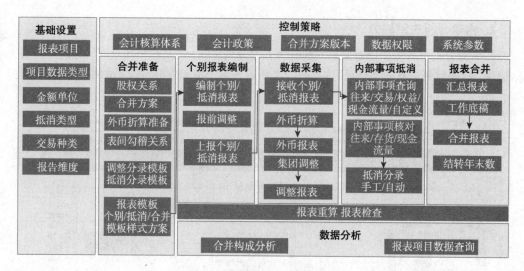

图 2-10 集团管控的财务流程

如图 2-11 所示为集团管控的财务流程。梳理了 50 个财务流程，涵盖核算类和管理类两种类型。

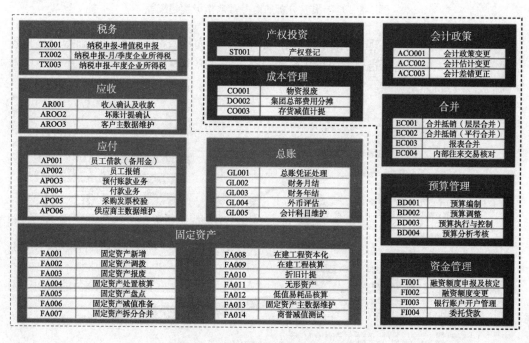

图 2-11 集团管控的财务业务分类

4. 优化组织架构

基于法人单位的信息完整的基础上，搭建灵活的组织架构：产权口径、管理口径、税务口径，在组织架构梳理中，需要兼顾不同部门的多角度分析需求。如图 2-12 所示为基于集团管控的组织架构。

图2-12 基于集团管控的组织架构

案例分析

加速推进财务管理人才数字化融合发展

新一代信息技术正在深刻影响着经济社会的高质量发展。国家"十四五"规划和2035年远景目标纲要明确提出,加快建设数字经济、数字社会、数字政府,以数字化转型整体驱动生产方式、生活方式和治理方式的变革。

数字化正在迅速改变全球经济生态和企业环境,颠覆我们的工作和生活,数字经济已经成为世界公认的新经济,商业之变、大数据、人工智能、移动互联、云计算等新技术以来,新业态、新引擎、数字化转型已是企业发展的必然趋势,包括战略调整、商业模式重构、管理变革、智能技术运用等。企业的财务数字化转型无疑是推动数字经济发展的重要抓手,而以财务为先导、以人才为根本的理念被认为是引领企业数字化转型的核心。

数字经济将引领全球经济发展,这是新一轮全球经济竞争的新领域及制高点,也是我国经济快速腾飞的重要方向。在全球化竞争和国内经济常态的多重压力下,传统企业的内外部环境发生了巨大的变化,中国企业正在寻求突破,他们将从技术创新、资本运作、商业模式优化中寻求下一个增长点,在新的时代,财务管理者已不再扮演"总账会计",而是在企业战略核定和执行过程中扮演"战略的决策者和开拓者",即以财务为主线,深刻洞察公司运作模式及规律,同时参与企业生产经营的决策制定。

财务管理者迫切需要具备战略思维能力和新财务思维能力——以财务领导力的视角量化经营难题,提出有效的应对方案,以财务的工具优化管理流程,提升企业管理效益,以财务的转型驱动业务发展、促进企业价值提升。

安永会计师事务所最新的《首席财务官的DNA》调查显示,"数字化、数据、风险和不确定性、利益关联方的审查及监管"被公认为是颠覆首席财务官角色的四股新生力量。其中,58%的财务主管认为他们需要加强对数字化、智能技术和复杂数据分析的了解,从而有效落实战略重点。57%的集团CFO认为提供商业情报和管理信息数据并执行进阶分析的能力将是财务部需要掌握的一项关键能力。

安永认为智能财务体系的核心组件包括前置职能、后移职能、基础支撑要素三个部分。其建设的首要前提是对财务职能的系统化梳理及合理划分，明确前置与后移职能的角色定位、职责要点与发展方向。与此同时，要高度重视基础支撑保障体系的搭建和完善，包括组织、人才、流程、系统、文化、制度等方面，为财务职能的数字化转型提升筑牢发展地基。

（资料来源：http://news.k618.cn/finance/money/202210/t20221031_19213782.html）

问题：

1. 企业数字化转型的时代背景是什么？引领企业数字化转型的核心理念是什么？

2. 新的时代，财务管理者角色是如何转换的？颠覆首席财务官角色的四股新生力量是什么？

3. 安永认为智能财务体系的核心组件包括哪些？你对财务数字化首要前提是财务职能的系统化梳理和划分怎样理解？结合实际谈一下自己的想法。

思考与练习

1. 数字化财务战略制定的背景和基础条件是什么？请描述数字化财务战略的指导思想及特点。

2. 财务战略制定的侧重点主要包括哪几个方面？

3. 以信息技术为依托的财务战略形成经历了哪几个阶段？

4. 企业制定数字化财务战略关键环节和成熟的基本框架是什么？

5. 如何设计财务数字化战略转型的构架与模型？

第3章 数字化背景下的业财融合

1. 了解业务与财务融合的内涵、机制、过程以及方法;
2. 熟悉以数字技术为基础的数字业财融合的价值理念与实施途径,理解数字技术对业财融合的意义与作用。

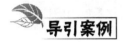

打通业财融合链路,建立行业标杆

为支撑业务快速扩张,贯彻整体战略落地,2022年9月27日,万物新生与甄盈业财的业财融合项目正式启动。会议由甄盈业财项目经理马硕妮主持,万物新生集团副总裁 kelvin 钱静波先生、集团 CFO 陈晨先生、技术中心负责人 phil 应紫门先生、BI 负责人李强先生、项目经理 Silver 杨羲先生,以及甄盈业财华东事业部总经理吴凯先生受邀出席,双方项目组成员共同参与本次会议。

在项目启动会上,甄盈业财项目经理马硕妮对项目整体情况进行介绍,并表示本期项目需要实现业财融合中台桥梁的建立,打破业财信息互通不及时的难题,提升业财数据的高效性和准确性。主要着重于以下几个方面:实现结算、核算线上化、自动化。

1. 实现结算、核算的线上化、自动化管理,提高日常工作效率与数据准确性

打通业财一体化,实现财务凭证可追溯,确保业财信息一致。

2. 打造统一结算平台

统一结算系统,避免业务系统重复功能建设,降低系统建设成本;
集中结算处理,实现多业务线集中结算。

3. 自动制证:通过统一规则联动财务业务,支持分析决策

沉淀各业务线全场景业财数据,为管理分析提供有效数据支撑。

4. 支撑未来发展

系统灵活配置、高扩展性,支持未来业务的快速接入。

万物新生副总裁钱总首先表示了对项目的高度关注。他表示万物新生团队会积极深入配合项目沟通交流,与汉得甄盈团队共同打通业财融合链路,实现业财一体化。

其次,钱总表达了对汉得甄盈团队充分的信任,相信甄盈业财的产品可以满足万物新生的需求,同时也希望万物新生团队能及时提出需求,双方相关人员对需求进行评审,保证需求阶段调研的充分性。

最后，强调在项目实施过程中，沟通是保证项目质量、控制项目风险、满足项目预期的必要手段和重要基石，希望双方团队在项目协作过程中保持积极有效的沟通。

万物新生 CFO 陈总表示，万物新生方随着业务场景的增多，对业财信息的及时互通有了更高的要求，本次项目希望全体项目组成员可以拿出饱满的热情，万物新生方与汉得甄盈方全力配合以确保项目推进，让大家看到万物新生的团队协作和执行力，为后续业务发展打好数字化基础。

（资料来源：http://news.10jqka.com.cn/20221103/c642700422.shtml）

视频 3.1　业财融合

业财融合是企业实现财务管理数字化的必要手段，企业应该充分利用业财融合手段，推进财务数字化，整合财务管理的传统职能，引导财务管理部门的职能向管理、业务方向转型，财务数字化的核心目标之一在于打通数据、流程在不同组织间的协同障碍与不同系统间的信息壁垒，而财务共享与业财一体化是恰当的切入点。

3.1　业财融合概述

传统的企业财务系统和业务系统之间存在相互割裂的数据差异及缺乏互通、信息孤岛等现象，而财务管理的数字化首先要解决的问题就是业财融合。

3.1.1　业财融合的内涵

业财融合是业务与财务融合的简称，是指业务发展与财务管理相结合、融为一体，从企业的整体去思考业务开展是否符合企业发展的目标方向。业财融合的核心是将企业的业务与财务整合在一起，统一实现事前规划、事中控制、事后评估，由此形成一个管理的闭环，而融合的关键在于把握业务流程的关键控制点。

1. 业务部门视角

所谓业务部门视角，就是在业务开展的全过程中要有经营思维和风险意识，要清晰地认识到业务开展需要为公司创造价值和利润，控制和规避风险，减少损失，这也是创造价值的活动。

价值创造即企业的业务活动所产生的收益大于付出的成本，通常以货币的形式表现为利润的增加。因此，要实现企业价值的增加，既要考虑业务活动能取得的收益，又要考虑相关的成本和可能的风险损失。通过业财融合提前介入和充分沟通，用数据的形式体现整个价值的创造过程和结果，有助于决策的科学性，也为后期的业务开展提供控制依据和标准。

加快实施业财一体化，一方面从预算、支出到核算、分析，财务数据能确保在业务发展的每一个阶段及时反映业务推进情况，以"流程挖掘"的方式代替传统的只看单一财务表现结果，进一步能把握业财数据的一致性；另一方面，业务财务数据全程可追溯，透明度更高，让不合规问题彻底消除。

2. 财务部门视角

基于财务部门视角，就是要深入业务活动，特别是将财务管理前移到业务前端，通过对数据的预测和分析，反馈给业务部门及决策层，使企业的管理决策更加科学；同时，通过把握业务流程的关键控制点和潜在风险点，实施有针对性的改进，降低运营风险。

在不确定的环境下，财务部门作为企业天然的数据中心，业财融合可以帮助企业解决跨部门业务与财务问题。比如在企业检验检测领域，精益生产可通过财务行为，真正落实到每一条业务线甚至每一个企业员工身上。这就要求财务可以通过数据分析明确企业哪条业务线、具体到什么产品能为企业带来利润。同时选对操作工具，做到费用支出行为的规范化，这也是业财融合的本质。对于以上市为目标的高成长企业来说，业财融合信息化建设的核心，需围绕上市的要求和财务管理能力提升的关注点去展开。

在业财融合过程中，企业要关注整个财务报告的准确性、经营风险防范能力以及内控体系的有效性。具体到业财融合的价值，除了保障业财数据一致性，提升资金运行效率外，还能为企业降本增效，落实更有效的内控管理，提供可落地的实践方案。

3.1.2 业财融合产生背景与基本路径

业财融合实际上就是财务管理与业务活动的融合，在企业资源有限的情况下，财务部门以企业的战略目标和经营现状为依据，指导企业投资用资方向，帮助企业实现资源配置价值最大化。

1. 业财融合产生的背景

随着企业业务的不断发展，新的商业模式会给企业带来新机遇，也会产生新的问题和风险。面对复杂多变的环境和外部的不确定性，需要公司作出更为快速的反应，传统的事后核算型财务管理方式已经不能适应这种需求，需要将财务管理向业务前端前移，在业务决策时提供财务分析和风险提示，做好财务规划，降低风险。

随着数字技术的不断融入，行业在数字经济环境下发展机遇不断增加，同时企业面临的市场竞争也日益激烈，为应对当前的经济环境，企业应当积极推进内部改革转型，尤其是财务管理转型，以适应多变的市场环境。

企业在扩大经营规模和提升经济实力方面投入了较多资源，拓展新业务以及运营常规业务时伴随较高的市场风险、财务风险，尤其是在新商业模式迅速崛起的背景下，企业的整体经营压力骤增。

企业认清所处的市场环境，认识到财务与业务融合的重要性，应用业财融合管理方式，解决内部的财务业务管理难题，提升业务经营效益，降低业务运行风险和成本。如图 3-1 业财融合的思维闭环所示，企业应采取闭环思维，实现财务管理与业务经验之间的契合。

业财融合需要业务经验与财务管理的双重基础，借助数字化技术来提升业财融合的契合度与价值量。

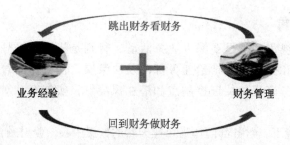

图 3-1 业财融合的思维闭环

2. 业财融合协同管理模式

基于财务共享模式下的业财融合,应重新设计财务组织架构、职能边界及运营管理制度,打造战略财务、经营财务、业务财务、共享财务"四维一体"的协同管理模式。

基于业财一体化的业财融合,企业应寻求优化再造业务流程、系统平台及会计核算体系,兼顾未来性和现实性,逐步统一财务基础作业标准,建立组织间、组织内系统间的信息高效传递机制,推动数据、制度、流程的标准化管理。实施业务财务的融合就要注重与企业管理前端数据的对接整合,借助数字化技术,财务能够获取业务流程的深度数据信息,为业务优化提供数据参考,为管理决策提供有效的信息支持。

根据公司目前 App 的开发进度,后期可以将相关的业务流程关键控制点——如资产签约的要求、商品上架的审核、提成结算的条件,以及相关的控制指标——如商品上架的毛利率、资产收费的折扣率等在系统中进行固化,让系统实现日常的控制。同时,通过系统收集相关的业务信息数据,并进行自动分析和预警提示,实时反馈和改进业务。

如图 3-2 所示,在经济环境压力之下,企业借助政策红利、技术助推,实现财务数字化,并以此为契机,在企业内部实现从管理意识到组织架构的转型,最终实现业财融合模式落地。

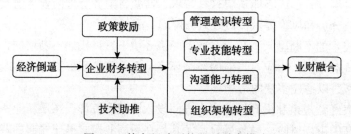

图 3-2 外力驱动下的业财融合模式

3.1.3 实施业财融合的意义

在数字化背景下,财务管理仍然作为企业经营管理的核心业务,为企业各项业务的发展提供支撑和保障。同时,业务管理直接推动着企业的业务经营,影响着财务管理工作的价值,两者融合对企业发展有着重要的意义。实施业财融合管理的实际意义主要表现在以下几个方面。

1. 加速企业内部资源整合

目前企业经营期间最大的问题是"一体化"思维的缺失，企业部门各自为营，协作水平低，导致管理层无法对企业资源进行有效整合，而通过业财融合管理，"一体化"理念可逐渐渗透至企业经营各个环节，以业务和财务部门为首，不断加强与其他部门之间的联系，管理层全面掌握并有效调动内部资源，使资源整合达到最优化。

企业在新型技术手段的帮助下，完成财务共享平台和各个相关系统间的资源整合与共享。在处理各种模块式数据的过程中，形成一个具有多种类资源的综合性数据中心。操作人员依据工作需要具有不同的使用权限，对其中的资源与服务进行使用，将原先碎片化的数据信息进行整合与锁定，形成有序的数据链。

2. 财务管理水平全面提升

财务部门具有风险防控、成本管控等方面的职能责任，在业财融合要求下，财务部门深入参与业务活动，直观地了解业务活动情况，从业务前端获取一手财务信息，对业务活动的风险和成本进行预测管控，充分发挥财务管理的职能作用，真正的价值也得以体现。寻找业财融合关键点。从企业沉淀的经验来看，业财融合水平提升的关键点常在业务前端出现。由此经验来看，财务部门可在业务部门作出最终决策之前，将自身已有信息向其进行传输，为业务部门制定出更可行、更科学、更合理的决策提供帮助。

3. 实现财务职能的转变

随着信息化与数字化技术的普及，企业财务人员需要从传统老三样"记账反应型""核算分析型""管理控制型"逐步转变为新三样"预控型""经营型""服务型"的新型财务管理模式，让财务数字化推动财务职能细分与转变。换言之，以往财务人员的重点是记账、分析、稍微做点管理，现在的财务人员记账能力的权重降低了，智能工具能帮助财务人员更加精确简单地记账，把重点放在经营与服务上，从而更好地帮助企业作出正确的决策，助力企业发展。

4. 消除财务管理误区

目前，许多企业的 CEO 认为财务就是财务，业务就是业务。但在实际的企业管理过程中，财务与业务是完全融为一体的。连接、开放、共享和生态已成为财务数字化、构建数字业财融合的关键。在数字经济时代，企业将向财务团队寻求最佳的管控、治理与战略决策之道，而财务牢牢把握机会的关键就在于明确数据价值，尝试新的技术应用，并且加强自身的研发、整合，将财务数字化融合为财务组织变革、财务人员综合化等更深层次领域，实现业财融合、数据驱动决策的终极目标。财务部门要能够发挥关键的领导作用，实现从传统的价值守护到价值创造，帮助企业适应数字浪潮带来的诸多变革与挑战，确保其更加高效、敏捷，更具竞争力。

3.1.4 业财融合实施的原则

全面性、实用性和实操性作为业财融合中实践性工作的基本准则，在业财融合发展推进中，需要不断地维护和完善。因此，全面性是业财融合计划中的重要因素，保证融入企业的各个发展环节中，财务人员与业务人员之间能够进行良好的沟通，经营管理目标能够更好地实现，企业的业财融合更具有实操性和可行性并在实际操作中发挥出应有的作用。除此之外，还应坚持以下原则。

1. 价值最大化的原则

企业的最终目标是创造价值，直接表现为创造利润。因此，业财融合应以持续创造价值为目标，以促进企业可持续发展为宗旨。业财融合的根本目的是促进企业运营有序、资产增值，实现企业资源的最优化配置，最大限度地减少损失和浪费，有效提升企业的运营效率和经济效益。因此，在业财融合模式的设计中，决策层始终要立足于价值创造，结合企业实际，围绕效率提升和效益提高，不能求快求全，更不能好高骛远。

2. 效率优先原则

业财融合主要通过业务数据与财务数据的共享实现资源的及时有效配置，从而提高企业的整体运行效率。主要表现为财务对于业务需求的反应速度更快，资源配置用时更短，业务运营的资源消耗更少。通过财务数据支撑，让业务经营以相同的时间、相同的成本创造更大的价值，或者同等的价值节约更多的成本。由于现代企业的商业模式、内部管理运营模式、IT 系统相对较为固定，因此在业财融合实现过程要准确评估企业内部环境、资源状况变化和制度规范化水平。业财融合表面上增加了企业运营环节，实则是对企业运营流程的优化和减少，要坚决把握这一原则，企业不能为了融合而设置更多的壁垒，特别是在财务权限、运营调整权限等方面，要适当予以放宽。

3. 成本效益匹配原则

业财融合的推进应根据企业实际情况进行，要与企业行业属性、自身特征、业务特点等基本条件相适应，包括企业规模、发展阶段、内控水平、客户情况等。业财融合是一项管理变革，必然会短时间内增加企业的运营成本。这就需要企业对自身能力有正确的评估，包括具体执行中的全面预算、财务控制、风险管理等各个方面。大、中、小型企业在业财融合中采用的路径有所不同，还应结合实际情况，避免盲目进行。要全面估算成本和效益状况，确保可控、合理有效地推进。

4. 系统可扩展原则

在企业层面上，业务与财务的所有数据均需要在信息平台进行双向流动，企业产生的数据越来越多，对平台系统的存储、运算、分析等高层次需求也会相应增多。而随着企业业务的扩张，财务管理、业务运营也会不断发生新的变化，业财融合系统也需要随着进行调整与优化。特别是对于大、中企业而言，业务范围较广，流通地域较多，还会涉及跨行业、跨国别的情况。因此，业财融合应预留一定扩展性空间，能够根据业务流程、范围的扩大而随时调整，确保能够满足各类信息的传输、运算，为企业发展提供强大的支撑能力。

5. 信息共享原则

业财融合的实施需要业务、财务信息充分共享，企业的研发、采购、制造、销售、营运、财务等各部门均需要向业财平台及时、有效地传送和接收信息。在实施过程中，部门间信息能够共享是关键环节，也是核心环节。既要确保有信息需求的部门第一时间获取到准确可靠的信息，又要保证数据信息的安全一致，避免信息不对称、不准确、不完整而形成低效传输。不同部门间的高效协同是信息共享的组织保障，企业的信息平台建设，则是数据信息共享的技术保障。

6. 因地制宜的原则

不同的企业在发展与经营过程中都会形成不同的特性，并且在基础管理方面产生了很大的差异。因此，为了保证业财融合的顺利实施，就必须对企业自身的实际情况进行深入的了解，并且根据实际情况的变化来进行实时调整，保证其与企业的发展相吻合。在进行操作时，还必须根据企业的实际情况来制定方案，不断发现问题，解决问题，总结经验。

3.2 实施业财融合的难点

业财融合的过程并不是一帆风顺的，有的企业管理层对财务部门的定位不明确，或者把财务定位在传统的会计核算层面。而业财融合在实际的操作中，面临业务流程整合与人员驾驭能力等问题，运作起来有一定难度，应从财务部门和业务部门两个视角分析这两者融合的难点。

视频 3.2　业财融合难点与瓶颈

3.2.1　财务部门视角的业财融合难点

企业对数据的诉求、对数字化转型的期待，为财务转型开辟了新的空间，使财务不再局限于"会计科目＋复式记账法"这种简单的算法，而是基于企业经营管理和社会经济运行，挖掘、汇聚、分析经营相关的数据，帮助企业洞察、预测，并基于"数据+算法"构建一套新的决策机制，以实现更高效、科学、精准、及时的决策。因而，数字财务是数据、规则、算法和算力的融合，是财务的未来。以财务部门为视角，业财融合需要破解的难点主要表现在以下四个方面。

1. 财务部门价值定位不科学

管理层对财务部门的定位不明确或仅定位在传统的会计核算层面。具体表现为有的管理层财务管理的意识比较淡薄，工作随意性较强，将财务部门当成一个简单的记账、报账、出报表等工作的部门，并没有充分重视财务部门的作用。还有的管理层把财务部门当成企业组织的一个辅助部门，没有意识到财务部门的价值。

2. 财务部门存在感弱化

在企业管理活动中，业务部门比较强势，财务部门比较弱势，业务部门也不理解财务部门的工作。在大多数的企业经营管理中，业务部门显示了其强势的存在。只有企业的业务经营到位，才能为企业获取更多的利润，因此企业的资金、人员、资源等都向业务部门倾斜，人为地弱化了财务部门的存在感。

与此同时，业务人员其实也不懂得财务知识，既不知道财务需要什么，也不知道自己能提供什么。具体表现为以下两个方面：

（1）业务人员因为财务专业知识和水平的限制，难以理解财务管理的相关知识；

（2）业务人员并没有深入财务部门中，所以难以知晓财务部门需要什么样的信息。

两者沟通常常出现只站在各自部门立场上表达诉求的现象，并不能真正地帮助企业厘清问题。

3. 财务数据难以跟踪业务运营管理

一个企业设有财务部、业务部、人力资源部等多个部门，各部门应该形成一个完整的系统，既保持一定的独立性，又相互影响，共同作用。

但部分企业的财务系统与其他管理信息系统没有集成，相互间是分散的、割裂的，因此财务部门很难及时得到业务信息。也就是说，业务部门和财务部门是独立工作的，这就导致部门间的数据难以融合，出现"信息孤岛"现象。直接表现为业务状况不能反映出财务部门的运行情况，同样地，财务数据也不能实时地跟踪业务的运营管理。

4. 业财两方的驾驭能力问题

财务人员本身的知识水平有局限，对战略、业务不熟悉是制约业财一体化运作的关键。同时，企业中的一些财务人员难以适应数字化背景下财务管理工作的客观要求。受专业知识和自身认知水平的限制，他们因不懂企业经营的战略和业务而只能被称为"算账先生"，或者只能执行单一的工作任务，如记账、报销、出报表、报税等。

企业要想实现业财融合，财务部门不仅要做好记账工作，还要根据企业的经营业务情况做好分析、预算和决策等工作，促进企业的主营业务发展。

3.2.2 业务部门视角的业财融合难点

业财融合是基于信息共享的财税服务，通过物联网技术的应用，将物流、资金、商流、信息流等多种信息资源整合到一起，通过业务事件来推动会计过程的自动化以及电子发票技术的应用，使得财务与商业数据更加紧密地联系在一起。业财融合既能提高会计的效率，又能使企业和企业的财务流相结合。以业务部门为视角展开，业财融合的难点主要表现在以下三个方面。

1. 业财部门壁垒

业务部门与财务部门各自为政，不能实现融合。企业如果希望提高自身竞争能力，实现可持续发展，业务部门应该与财务部门实现融合，让财务部门帮助业务部门实现预期的目标。

目前大多数情况是业务部门和财务部门业务壁垒明显，需要在融合方面做更多的工作。防止出现财务部门不了解业务部门中的采购、生产、销售、存货等业务流程，使得融合无法真正实现。

2. 业财隧道效应

在财务部门与业务部门融合的过程中，财务部门的各种管理和控制不仅没有发挥促进作用，反而阻碍了业务部门的工作开展。

但这并不意味着财务部门不应该与业务部门融合,而是要注意融合方法。首先,双方应该以尊重为前提进行融合;其次,融合要循序渐进,而不能一蹴而就。

3. 业财工作壁垒

因大多数公司财务部门较为强势,让业务部门产生了被监视的不适感,致使业务部门难以自如地展开工作,甚至产生抵触情绪。所以,业务管理和财务管理在融合的过程中,要注意规避以上提及的难点,做到有序、有节、有效地融合。

随着数字经济推进以及企业业务设计方案的变更、生产周期调整等因素的变化,企业运营成本也会随之发生变化。为了达到预期的成本控制效果,各部门的工作人员均应参与其中,树立全员控制理念,搭建完善的业财融合框架。同时,还应建立完善的预算管理体系,合理统筹业务与财务经济活动,调配各项财务与非财务资源,以达到预期的经济效益。

3.2.3 业财融合向业业融合的转变

业财一体化是企业管理数字化的重要课题,近年来在数字化背景下,业财一体化也发生了很大变化,业财正在从传统的横向维度实现业务交易和会计记账的整合到实现纵向交易与分析的整合过渡,在这个过程中,业财一体化的需求在变,面临的困难与挑战也在变。

1. 从"记账财务"到"面向全价值链的分析"

过去,企业通过资金往来来计划、记录、衡量企业内部价值链的经营成果,当时业财一体化解决的是自动连接问题。

财务的终极目标是要为企业的宏观经营提供决策支持,从业务视角出发了解到底哪些项目更盈利、制造企业的紧急插单会导致成本提高多少、连锁零售企业如何作出开店决策、开店后多久能够达到盈亏平衡等问题,而单纯通过财务报表,管理者很难还原背后复杂的业务真相并找到解决问题的答案。因此,财务分析需引入更多的业务数据来支撑企业决策,要纵向打通交易与分析的业财一体化。

2. 从"业财融合"到"业业融合"

业财融合不仅要打通业务与财务壁垒,发现每一个业务活动会带来怎样的财务表现,还要跨越"业务"与"业务"之间的鸿沟,发现业务之间各种可能的相互影响,帮助管理者从整个企业价值链视角进行多维度的分析,作出更敏捷的决策,如图3-3所示为企业现状之业务与业务的鸿沟。而业业融合就是要消除鸿沟,实现横向资源整合,决策互动。

数字化背景下,企业面临着比以往更复杂的经营环境,随着外部的高度不确定性、业务类型和组织结构日益复杂,企业越来越需要一个强大的大脑中枢,协调采购、生产、研发、销售、人力、市场等各个经营环节,以达到经营业绩的最大化,而实现的路径正是业财一体化直至业业一体化。

最终,通过财务最初用数字化语言将"业"和"业"相连接,用货币化的语言体系建立起"经营视角"的地图,让管理者站在更高维的视角看待企业经营全局,实现业务间的高效协作与协同。

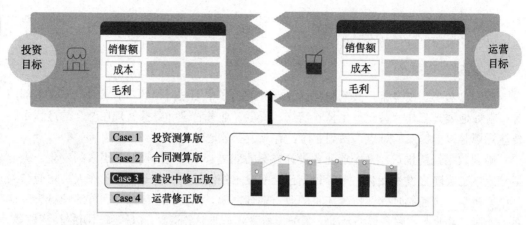

图 3-3　企业现状之业务与业务的鸿沟

3. 稳态的数据支撑敏态的分析

数据断点是企业业财一体化中普遍遇到的难题。当管理者想要从客户生命周期视角、从产品生命周期视角来衡量投资回报情况的时候，发现所涉及的销售、采购、供应链、人力等数据是分散在 ERP 及其他核心系统的多个模块中，不同部门数据口径不一致的问题也普遍存在。

即便解决了跨部门数据贯通、数据口径的问题，很多企业依然不能实现面向价值链视角的分析、洞察与管理。

因为业务实际发生的数据是稳态的，而应对无时无刻不在变化的竞争格局、客户需求，企业所需要的管理洞察是敏态的。商业洞察不是一张张"稳定"的报表，僵化的系统难以应对敏捷的变化，稳态的管理分析维度，解决不了千变万化的业务语境问题。图 3-4 就是从财务视角呈现业务生命周期各阶段数据与业务的价值。

依托大数据、高性能、敏捷建模的业财全局数据治理，将财务视角贯穿业务生命全周期各阶段是解决这一难题的关键。

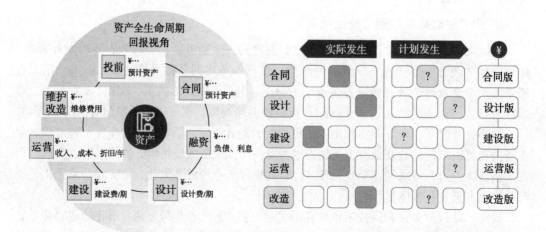

图 3-4　以财务视角贯穿业务生命周期各阶段数据

3.3 实施业财融合的战略步骤

伴随数字技术的成熟与推广,企业财务职能正在发生根本性变化。企业财务工作正从记录和报告结果转为驱动和实现业务价值。

3.3.1 财务高管工作职能转化

视频 3.3 业财融合战略步骤

众所周知,财务数字化与整体财务效率之间存在 70%的相关性。而且至关重要的是,数字化的程度会产生关键影响。埃森哲研究了五个财务流程,即记录到报告、应付账款、订单到现金、税务以及财务规划分析(FP&A),结果显示,FP&A 数字化程度最高的企业往往效益提升最显著,高出了 50%。

为获得如此高收益,财务高管应专注于三个必要条件:构建数字财务核心以实现交易活动自动化并消除人工干预、变身分析智囊团以及推动财务团队转型。

1. 建立数字财务核心

企业通过研发业财综合管理平台,可以提升多维度财务管理能力。业财各类系统间的串联需要一个数据中台作为中转,而通过新的数据中台,可以提高财务报表的生成速度和可靠性。数字化和自动化不仅可以将工作效率提高 10%~20%,还可以加快财务报告的生成,并通过交易机器人等技术处理业务交易事件,实现非接触式财务。标准化流程和技术可以让财务部门在一天内完成关账工作,实现对账流程自动化,并通过提高灵活性和效率来支持业务发展。

例如,一家财富 500 强制造业企业,将其分散而复杂的财务系统整合到一个统一的平台上。该企业利用统一的财务平台不仅可以查看全球各地分支机构的所有财务信息,而且能够通过自动化和高级分析获得及时的战略性洞察,以支撑其业务发展。

2. CFO 变身分析智囊团

启动实时决策和自助报告,将效率提高 20%~30%。凭借强大的数据中台,财务部门可通过发现和解决新问题,获取新的战略洞察。如埃森哲对 CFO 转型角色的持续研究揭示了财务工作的变化:81%的 CFO 把发现并聚焦新业务价值当作其主要职责之一;77%的 CFO 认为,推动企业转型属于他们的职责范围;70%的 CFO 认为,传统财务人才需要快速且彻底地更新工作技能,而需要更新的技能中很多都是融合性能力。

CFO 曾经只是企业的财务主管,现在他们将成为企业业务的合作伙伴,同时是战略推动者,也是首席执行官(CEO)最信赖的顾问。现在的 CFO 需要处理三个优先事项:推动财务数字化转型,发挥数据的力量;领导数字化转型;培养面向未来的财务人才。CFO 需专注于推动盈利增长,包括营收增长、净利润增长和股东价值增长。

财务部门可以作为分析智囊团,从生成事后报告转型为提供智能预测,发现竞争优势,识别业务增长的风险与机遇,并针对新业务模式的趋势,提出可操作性的战略指导意见。

3. 将财务员工转型为价值架构师

企业通过人才和组织转型，创造更高的财务绩效，借助数据分析和人工智能（AI），财务人员的工作重点不再是会计和管控，而是为企业业务提供咨询支持，成为企业价值架构师。财务人员将深入业务运营，支持规划，针对投资和提高投资回报率（ROI）问题提供建议。通过上述变化，财务部门生产力可提高 50%。财务部门生产力的提高使企业在管理财务组织、降低成本和更快出具报告方面获得了更高的灵活性。

数字化、流程、技术、数据和人才的融合为企业财务部门提供了专注于规划、分析和咨询的机遇，也促使财务职能从会计服务向战略业务共同引领者转变。

4. 打造跨职能的专家团队

数字化背景下，跨职能业务共享团队将提供 80% 的传统财务服务，财务生产力将提高 2～3 倍。而且，由于智能工具和技术的使用，运作成本可能下降，高达 40%。这些节省的资金可以用于再投资，以支持财务整体数字化，这已被证明能够提供高于平均值的财务工作效率，同时推动营收增长。

全球增长最快的企业正在转变财务部门扮演的角色。在这些企业中，CFO 需要花费更多的时间思考未来，而不是关注过去的状况。高增长企业的 CFO 总体上比同行更愿意关注以下方面：确定并聚焦新的业务价值领域；探索颠覆性技术如何惠及企业；通过数字化技术，提高整个企业的运营效率。图 3-5 为业财融合项目团队融合能力架构图，体现了现代财务管理团队角色变化与技能转换。

进入后疫情时代，全球经济下行压力加大，行业经历持续颠覆，商业规则正被彻底改写，只有数字化的财务部门才能支持企业开展上述所有活动。84% 的 CFO 表示，他们希望在未来三年内为企业提供实时或近乎实时的战略洞察。

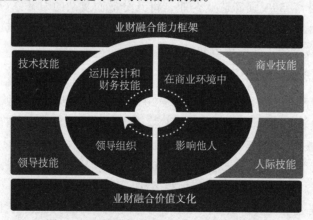

图 3-5　业财融合项目团队融合能力架构图

5. 数字平台是数字化财务部门的发展起点

为了实现数字化财务运营，财务部门需要具备越来越多的垂直化能力。但要挖掘巨大创新潜力，财务部门需要利用基于平台的集成环境，运用多种垂直功能并以数据为导向形成财务信息共享，促进业财融合。

数字化改造后的企业财务管理，可以依托云计算、大数据、移动终端等数字化技术，建立统一的财务共享平台，实现相关财务数据的实时共享，从而达到有效的业财融合。

业务部门可以通过数字化的财务共享平台实现一系列的报账、审批、核算等财务操作，比如报账时，我们可以选择SAPFiori软件，通过H5、JAVA等技术进行自定义开发，根据Fiori和ERP的集成优势，将前端采购、销售与生产、人资等业务充分集成在一起，实现数据源头唯一、统一管理，且财务报销流程全部可线上进行审批，通过前端业务跟会计科目所创建的匹配关系，进一步实现了全业务审核后自动入账，不用再转换为ERP来进行会计业务的处理。

除此之外，还可以通过财务共享平台，实时了解本业务部门的运营数据，及时掌握业务进展的情况。例如在 SAP、SSF 模块下所创建的共享服务运营平台，不仅满足了共享派单管理、财务审核等业务，而且可满足绩效与质量管理、信用评价和交互管理等一体的共享运营业务需求；不仅有利于财务部门在第一时间从财务共享平台了解企业当期业务运转情况，进而对企业运营作出有效的资源分配及财务预测，而且为共享中心的高效运行提供了强有力的数字化保障。

3.3.2 数字化平台在业财融合的作用

构建"前、中、后台"应用灵活的共享财务信息平台，目的是实现"全方位、强安全、可视化"的财务业务运营与优化。在流程和数据层面实现全面融合共享，充分满足业务报账、共享运营、数据价值挖掘等共享财务业务需求。

智能平台驱动的数字化业财融合是一个多阶段的过程，每个公司都有自身独特的需求、背景和目标。财务部门希望与可以提供一套工具和方法论的伙伴合作，这些工具和方法论通过结合平台与业务战略、新的运营模式和业务流程，加快数字化平台的实施。同时，财务部门需要一个解决方案，能够持续衡量业务价值，为改进和创新提供新洞察，并不断优化路线图。如图 3-6 所示，业财融合在架构中处于应用层地位，对衔接平台功能与数据中台有重要作用。

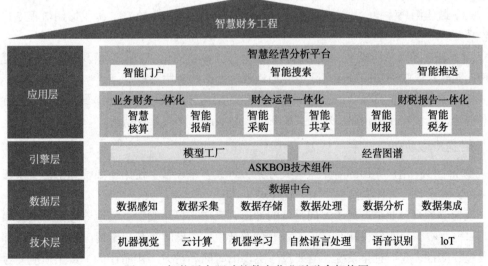

图 3-6　智能平台驱动的数字化业财融合架构图

1. 关注更高的价值活动

智能平台几乎为所有领域提供了增强价值的自动化功能，消除了事务性任务，因此财务人员得以专注于更有价值的工作。价值管理是企业财务管理的核心点。实现企业资源的合理应用，就必须要全面提升企业价值管理质量。企业在各项经营活动开展中，应当将企业价值最大化作为行动目的，以此构建科学的资本结构。只有促使财务与业务深入融合，完善业务部门决策机制，才可提升财务核算效益与财务核算成本。财务部门借助各类技术与预测手法，可从企业整体生产出发，开展全面性的成本核算，为各项决策提供数据支持。

（1）数字化财务创造企业价值的活动，包括税收筹划、集中化管理（尤其是资金）、盈余管理、融资管理、投资并购、成本控制等。

（2）支持企业价值的活动，包括全面预算管理、财务流程再造、运营资本管理、利润管理、绩效管理、薪酬管理、风险管理等。

（3）保持企业价值的活动，包括财务管理系统建设、会计管理、会计信息管理、会计制度与组织管理等。

2. 保证企业顺利关账

企业关账流程以日为单位每天运行，能够实时了解损益情况，较早预测发展趋势和机遇，以便及时采取应对措施。如 SAP-ERP 集团报表合并，从财务关账、结算及财务数字化转型层面，给企业带来以下四个方面的收益。

（1）提供统一的单体公司和集团关账管理方案。实现单体公司运营数据和集团层数据的单一真实数据源，从合并数据追溯到交易数据的进一步数据可视，同时与集团中央财务解决方案完全互补。

（2）实现持续会计。帮助企业提升财务数据的实时性与可见性，充分利用 SAP S/4HANA 的所有详细信息，使财务人员在关账前就可以识别并纠正问题，同时支持在月结周期前更早的执行关账任务以加速财务月结工作。

（3）最佳用户体验。基于内存的高性能计算平台及现代化的 UI，提供通用流程支持和报告功能。

（4）有效降低总体成本。通用的管理及分析工具集简化了数据建模及数据迁移和复制管理；同时提供端到端的最佳实践内容加速解决方案的应用落地。

（5）支持灵活的部署方式。集团合并报告的架构方式既可以本地部署，也可以进行云版本部署，以便快速为企业用户提供最新的产品功能，支持业务创新。

3. 支持移动办公

基于个性化用户界面的简化版解决方案，可在多个设备上使用，如智能手机、平板电脑、可穿戴设备，可以提高生产力，优化员工体验。

疫情对各行各业都造成了不同程度的冲击，其中零售、餐饮、制造等行业更是首当其冲。目前，不少企业都快速开启了远程办公的新模式，同时，若正常情况下，企业内部想要实施和推行一套信息化系统，需要投入更多的时间和精力，才能让员工真正适应并养成使用习惯。可以说，目前是企业推动数字化转型的最佳时机。在财务模块，费控报销为企业提供了全局性的解决方案。从员工填单报销、上传发票，到领导移动审批，财务人员记账和转账，全流程实现无纸化和智能化，财务数字化升级可以持续提升财务管理效能。

1）在线填单报销

摒弃传统的报销方式，无须填写纸质单据，打开企业微信就能在线填单报销。免去传递纸质资料的环节，也是防范病毒传播的必要手段。

用户还可以用"记一笔"小工具，快捷地记录企业的日常支出，到报销时，只要在"账本"里直接勾选就能发起报销，让每一笔支出都有迹可循，不被遗漏。

2）智能 AI 拍发票

通过手机拍照就能够轻松提取发票信息，并自动完成查重、验真和校对。相比依靠财务人员手工录入和肉眼核验，不但工作效率更高，而且审核的准确率也得到保障。相关功能有：

一次拍照识别多张发票；自动查重和验证；校验发票抬头和税号；自动价税分离，抵扣进项税。

图 3-7　微信报销界面

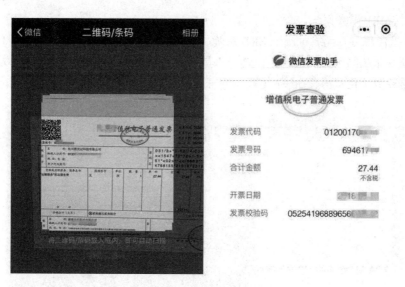

图 3-8　发票扫描上传

3）自定义审批流程

既然员工可以在线提交报销单，管理者当然也能够在线审批，但不少财务人员会苦恼，企业的报销规则是错综复杂的，根据场景的不同会有不一样的审批流程。不用担心，费控报销系统可以完全满足不同企业的报销需求，根据报销金额、报销人/部门、报销单据等多种维度的条件，灵活自定义审批流程。

图 3-9　审批流程

4）对接 ERP 财务系统

OA 审批流程可以无缝对接至 ERP 系统，如金蝶云、用友等，后台一键即可生成对应的记账凭证。系统间数据的连通，让财务人员告别了重复核对账单的烦琐和低效，也为企业搭建了财务数字化"消费-报销-记账"的完整闭环。

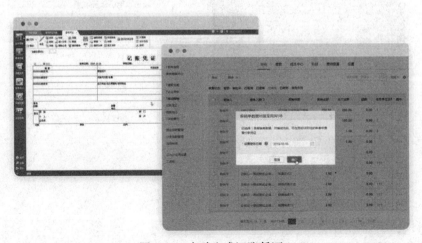

图 3-10　自动生成记账凭证

5）微信安全转账

财务人员在管理后台勾选已完成审批的报销单，就可以轻松完成转账出纳，款项会立即发放到员工的微信钱包里，企业微信还有实时到账通知。如果企业担心资金安全问题，也可以同步开启"二次转账确认"。

可见在企业整个报销管理的环节里面，无论是纸质单据、发票还是现金，往往都经历了不同人群之间的反复传递，财务人员则站在接收的最末端。非接触式财务活动在企业保证正常运作的同时，也需要时刻保障员工的健康。

数字化财务技术可以为所有人设计新的报告和分析功能，可自助实时访问数据，随时随地使洞察力转化为行动成为可能。如财务报表在会计的工作中是经常用到的，报表的完美展现也是从另一个方面展示员工工作能力的一部分，提高员工在领导心目中的形象。如图3-11所示的Excel财务报表模板，方便实用。内嵌的函数公式自动生成报表，使得员工的工作效率加倍提升。

4. 非接触式处理

企业应积极采用"非接触式"财务报销系统，上线移动式、无纸化手机报销App，实现网络远程实时报销处理。针对供应商，通过供应商协同平台实现企业与供应商之间信息的互联互通，规避人员流动带来的风险。

基于供应商协同平台，实现单据自动匹配，实时跟踪结算进度。企业收到供应商的发票后，利用智能发票识别验真系统，再协同平台自动完成单据匹配，并将匹配信息传递至企业ERP系统，经业务人员核实确认后提交付款申请，由财务人员完成后续资金支付流程。供应商可通过平台实时查看结算状态，跟踪结算进程。

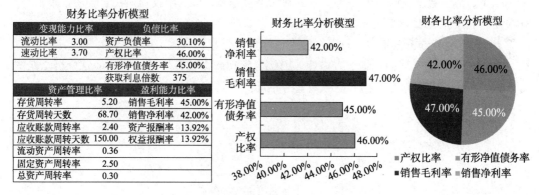

图 3-11　Excel 财务比率表

面向客户，通过客户协同平台的开票申请端发起开票申请，审批后形成待开票数据，对接税控系统开具发票，在线上将发票传递给客户，同时将开票信息推送至ERP系统，审核后进行应收确认。客户付款后，企业通过智能收款认领系统，同步银行流水，协同平台智能匹配客户信息，实时完成回款确认。

利用税线上报税系统，实现"非接触式"信息报送。目前，税务机关开通了电子税务局、微信公众号、手机 App 等各类"非接触式"办税途径,避免人与人面对面接触,切断疫情传播途径。

智能平台使用基于内存计算的功能实现实时的处理、对账和分配,提高运营资本效率并降低运营成本,同时确保符合全球监管合规要求及开展风险评估。

5. 快速规划和预测

通过数据洞察力和人工智能创造业务价值,利用预测分析模拟并立即评估新的业务模式。用端到端的全面赋能,帮助企业财务管理跃迁至数字时代,让每一项决策都有据可依,使得每一步的管理活动都脉络清晰,更让企业练好内功从容应对未来更多的挑战,从而在数字化时代到达市场的制高点。

1)关注多层级信息使用者需求,赋能高管决策

全场景化智能预测与决策体系的搭建,将着眼金融企业高级管理层、部门主管、数据分析人员等多层级日常工作与经营需求,依托智能化经营分析工具,打造围绕企业盈利、合规内控、客户营销等多场景化的系列性主题分析模式,深耕大数据并持续性获得对经营成果的反馈,加深企业决策能力的效率与效能。

如安永提出"五层三类"分析需求体系,针对多元使用者的需求确定输出目标定位,更为清晰地将职能切分,匹配智能预测与决策平台的使用内容与使用权限,如图 3-12 所示的"五层三类"分析需求体系。

建立健全场景化智能预测与决策体系,智能匹配多层用户权限控制与使用模式,依托多维考核指标分析、多层分类成本构成分析、系列主题性经营分析,进一步加强企业决策能力。如图 3-13 所示为多层次智能预测与决策体系。需要关注的是,在智慧经营全场景分析体系下,市场数据是所有传导与反馈机制的决策基石,最大限度地避免管理者"拍脑袋"作决定,精准把控下一步业务方向。

2)构建经营分析全景图,打造金融企业智慧经营超强大脑

在财务数字化转型的背景下,搭建业财综合管理数据平台,通过构建经营分析全景图等手段,可促进业财融合,提升财务对业务推动的支持能力及价值贡献;

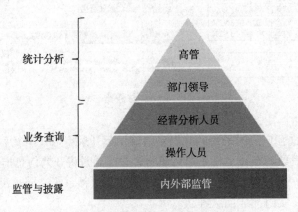

图 3-12 "五层三类"分析需求体系

	多元用户	多层内容	多种展现方式
统计分析	高管 部门领导	提供关于核心指标、重要战略指标的监测,如全公司重要战略指标监测。战略完成情况监控等	• 管理驾驶舱 • 动态经营快报 • App实时展示 • 智能预警
		根据各职能部门领导的不同职责及关注对象。提供各类专题分析报表,支持经营决策	
业务查询	操作人员 经营分析人员	及时灵活的查询各个维度及维度组合的相关指标,满足基层数据分析人员的绝大多数需求	• 日常经营报告 • 即席查询 • 智能顶警
监管与披露	内外部监管	监管与披露报表,满足内外部监管要求	• 监管报表 • 即席查询

图 3-13 多层次智能预测与决策体系

实行场景化财务智能分析与预测,把握财务决策预判经营方向,应用丰富的财务计量模型,包括预算预测、目标分解、定价模型、财务预警等,再结合业务部门对宏观经济、市场环境、竞争对手等外部因素的判断,将经营分析与预算场景化,实现更为精准的业务预测、盈利测算和产品精准定价。同时运用科技技术,实现业务开发与资讯传导,还有对客户的高度洞察力,促进企业在数据、财务及技术上的深度融合,从而统一标准、整合资源、协同组织,赋能企业经营决策。

3)多元财务主题挖掘与分析,满足全方位、多层次分析需求

企业可围绕合规与风险、客户和营销、绩效分析、盈利性分析等多个主题,针对高管、部门主管、经营分析人员等多群体优化业财信息立方体,形成多元财务主题分析框架,并利用大数据分析,打造"驾驶舱""仪表盘"等一系列工具,纵向穿透总分公司到团队个人层级的经营分析,横向打通各业务条线及前中后台的业务职能管理,解决财务信息割裂、经营数据分散等现实问题,实现企业管理业财融合。如图 3-14 所示为多元财务主题分析框架。

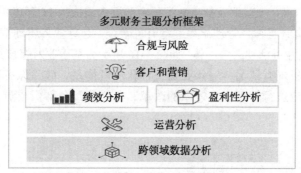

图 3-14 多元财务主题分析框架

4)业财一体化的分析决策体系,端到端流程数据打通

企业应针对不同的经营管理场景,建立基于业财一体化的分析决策体系,在企业内部横向融合业务和财务流程,实现业务与财务同源入口,确保业务导向并建立联查追溯机制,通过对数据的处理加工,将业务可视化,再通过多种智能分析工具,让管理层能够协同追踪,使得财务数据能够反映业务实际。以这些一体化的数据为基础的分析不仅能反映经营

结果,还能预测未来,为决策提供依据。

5)顺应时代潮流,数字科技应用为数字分析与预测提效增速

伴随着当前数字科技的加速进步,全景化的分析预测不再局限于线下处理。构建一体化数字经营分析平台,通过决策支持系统与移动终端的集成进一步帮助管理者随时随地获取决策信息,并实现系统智能分析与预测。如图3-15所示为业财一体化智能分析平台。

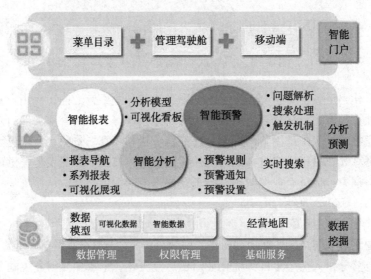

图3-15 业财一体化智能分析平台

3.3.3 企业业财一体化流程优化

目前,在由互联网、大数据及信息数据平台等要素组成的IT环境中,企业应将经营中的业务流程、财务会计流程及管理流程进行有机融合,建立业务驱动下的业财一体化处理体系,使财务数据与业务活动融为一体。如图3-16所示为基于业财综合管理的一体化流程。

企业应认真分析现有情况,完善业财一体化制度体系,破除原有财务会计流程的阻碍。管理层方面,应进行管理制度体系的改革,科学分配各部门成员,明确不同部门之间的职责。

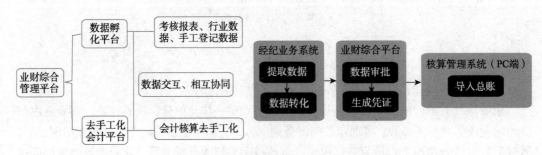

图3-16 基于业财综合管理的一体化流程

1. 找准战略起点，形成业财融合闭环

业财融合是一个企业管理模式变革的过程，涉及企业组织、机制、资源等各个方面，需要财务、业务、人力等各个部门共同完成。同时，业财融合也是对企业内在运行机制优化的过程，需要在制度、流程方面作出许多适应性的调整。应针对各个部门制定相应的战略，实现管理制度化、制度流程化、流程表单化，以此提高业务流程的连贯性。

例如，销售部门定期根据经营信息分析销售情况，及时向财务经理报告；财务部门根据报告信息及时与存货部门协商，存货部门及时整理库存商品等，以此形成财务与业务相关联的闭环。

2. 统一标准与机制，实现流程的连贯性

财务部门与业务部门应制定统一的统计口径，在系统中更加明确各个数据的含义，依据数据信息预测及时制订市场计划，以有利于企业进一步扩大市场占有率。除此之外，企业还应建立健全有效的内部控制机制，制定统一的评价标准与考核机制，使各个部门相互制约和监督；严格执行各项程序，利用信息科学技术，实现管理、供应链、存货、销售等活动的自动化，加强各部门流程的连贯性，最终实现业财一体化，如图3-17所示为美的集团的业财一体化流程优化模型。

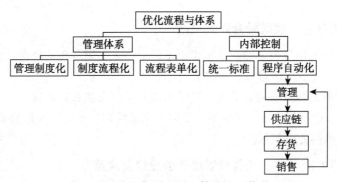

图 3-17 美的集团业财一体化流程优化

3. 跨界与连接相结合，着力优化资源配置

一流财务管理体系强调财务管理的"跨界""连接"和"架构"。"跨界"即财务管理需要有跨界思维，打破传统的管理边界，跳出传统财务从凭证到报表的思维框架，回归经营本质，引领企业战略发展；"连接"即财务管理需要提高资源，尤其是数据资源整合能力，消除财务与业务的壁垒，使财务部门成为业务部门的合作伙伴；"架构"即构建资源整合模型，明确资源配置方向，实现企业资源的最优化配置及价值的最大化创造。

（1）在财务管理上。以规范财务管理制度、完善内控体系为基础，守护价值；以业财融合为核心，借助财务分析技术和决策模型量化，分析企业价值增长的驱动因素，发现价值；以公司战略为导向，以优化资源配置为重心，服务企业的可持续增长，持续创造价值，企业的财务组织建设将有助于价值创造型财务管理模式的推行。

其中，数字化财务管理的流程再造重点是"标准化"、自动化和"体验"，实现财务管控及服务的统一组织编码和术语、数据互通的统一信息系统、会计科目和核算规则一致的统一业务标准、权责清晰和规范明确的统一制度体系"四统一"管理架构,打造端到端流程的人机协同自动化,提供满意的客户体验。

(2)从组织的层级上。财务组织的设置应有助于加强企业管控、提高决策的及时性和决策效率;从横向职能的设置上,财务组织的设置应有助于信息在企业内部的有效传导、有助于财务与业务之间的沟通。围绕企业战略发展规划,推动业财融合,提高财务系统对战略的执行能力。

为了实现从流程驱动到数据驱动的转换,企业应实施财务组织的顶层设计,建立财务共享中心。而且,在组织重构的基础上,重组业务流程,实现在业务端的财务数据采集和赋能同时前置,由事后管理变成事前和事中的实施管理和赋能。

3.3.4　业财融合的瓶颈

目前,由于企业更多地采取多业态、跨地域、分权制的经营模式,在此情形下,使用传统方法开展财务管理时,面临财务集约管理难度大、风险管理精益化难度大、数据统筹管理难度大等难题,无法将企业整体能力形成合力进而增强企业核心竞争力,主要表现在五个方面:

1. 数据孤岛林立,业财融合面临挑战

产业转型升级优化对企业的财务工作提出新的要求,财务走向业务,逐渐实现业财融合;财务共享中心正在逐步普及,这种普及为财务工作的创新和转型打下了坚实的基础。但企业业务与财务之间数据缺乏贯通,容易形成大量信息孤岛;不同系统之间的数据口径存在一定的差异;数据缺少统一的标签,难以识别系统内、系统间数据的关联性和逻辑性,进而影响数据价值的充分挖掘。

2. 财务数据的局限性,使其难以赋能企业经营决策

企业前端的数据到财务系统时,其中很多对企业经营决策有价值的信息已经被压缩过滤掉了,比如缺乏业务系统中业务过程数据和流程数据,导致无法提供精确的经营决策支持。此外,企业通过经营分析,对多元化、跨区域经营的各项业务活动发展变化进行动态预测的能力弱,且洞察全局能力不足。

3. 风险预警滞后,风险管控难度加剧

首先,由于财务核算数据往往是事后管控,企业通过财务报表数据揭示经营风险的时效性、全面性不足;不能把财务管控前置,缺少业务的过程数据,不能动态监测风险并采取措施;其次,企业经营活动复杂多变、舞弊手段不断升级等使得财务审核和风险管理体系难以高效定位;最后,对于企业的跨境及全球化业务系统的不统一、时差问题等事项风险管控,需要强有力的技术和流程支撑。

4. 战略财务、管理财务和业务财务有效协同

企业管理的精细化要求,也使得财务管理部门的职能发生巨大变化,战略财务、管理财务和业务财务的财务组织重构及职位定位，是企业战略转型、管理精细化、风险管控以及产业结构优化的必然产物。但职能上的分工同时也带来流程、自动化和协同合作重构问题，使得业财融合、管控升级、消除冗余自动核算、效率提升，促使财务"三支柱"成为可能，进而推动财务职能转型。

5. 运营的敏捷性和连续性面临挑战

比如当前环境的不确定性给企业提出了诸多挑战。企业应该考虑如何降低成本，快速调整业务流程，适应快速变化的工作模式和业务模式，灵活应对分散的工作环境和突发状况，如何在后疫情时代打造具有高度弹性和灵活性的运营模式，对于缓解危机对业务运营的影响至关重要。

上述五大问题是很多企业面临的挑战，应该利用财务数字化转型来实现业财一体化，提升企业财务运营水平。

3.4 业财融合实施的路径与管控创新

在业财融合背景下，企业应当建立完善的业财融合管理机制，将财务深度融入业务中，有效防控业务运营风险，明确财务管理需求，这对于企业的整体生存与发展具有十分重要的意义。

3.4.1 业财融合实施的路径

视频 3.4 业财融合的成本管控

企业财务管理是企业管理的核心内容，也是业财融合能否实现价值的关键。业财融合需要经过数据统一、流程统一、数据协同等路径，完成企业运营层面的业财融合。

1. 业务部门信息与财务部门信息的统一

对业务数据核算的口径一般先由财务部门牵头与业务部门细化、明确各个核算数据的统计口径，在系统中定义好每个字段的含义。财务人员需从财务角度与业务人员达成一致：业务部门需将哪些数据传递给财务部门，进行记录、存档数据，这些数据对应的字段名称是什么，这些字段对应哪些会计科目。

比如，收入项目：事先应明确业务部门销售收入的确认规则，即什么条件下可以确认为含税收入、税率是多少、含税收入与不含税收入如何换算、结算方式、开票金额、收付款金额等信息什么时间把数据推送给会计记账。

首先要收集会计记账所需要的数据。这些数据即客户名称、含税收入、税率、不含税收入、成本、费用等。但是，业务系统需独立记录与含税收入、税率、不含税收入、成本、费用等相关的其他各种客户（供应商）的详细信息，包括以下内容。

（1）客户或供应商基本信息，如工商营业执照信息、历史业绩信息等；
（2）客户或供应商分类信息，如客户交易金额及优先级别、客户地域分类等；
（3）公司责任部门、业务人员信息、客户（供应商）的业务人员信息；

(4)产品分类信息,如签订合同、收付款、物资出入库、已开票、尾款等;

(5)质量检验信息,如合格与否、等级标准;

(6)计量信息,如过磅地点、总重量、皮重量、净重量、扣重等;

(7)运输信息,如汽运、铁路运、海运等;

(8)发票信息,如客户(供应商)开票信息、货物或服务类别、备注内容等。

上述这些信息作为事后分类、汇总、分析和审计、决策的依据,也非常重要。

2. 业务核算与财务核算的统一

业财融合需要财务与业务核算的统一,即实现业务与财务流程的规范、固化、上线数字化处理,客观上就包括业务流程和财务流程的优化。

1)规范、固化、上线业务处理流程

财务部门与业务部门协商一致后,在满足双方需求的基础上,把业务处理流程规范化、标准化,即将原来线下处理的流程搬到线上,所有数据全部保存在系统上。这样,企业的各级管理部门既能随时掌握业务运行动态和数据,同时客户(供应商)、审计或考核部门需要看各部门(项目)的收入明细数据时,又能立即从业务系统或财务系统把需要的明细数据导出来,提升其查阅信息的效率。

财务部门应与业务部门明确全部会计科目取数规则、依据、范围和方法,即各会计科目的数据取自哪个业务的什么数据。比如:"应收账款"科目数据取自业务系统中销售商品的含税金额;"主营业务收入"科目数据取自业务系统中销售商品的不含税金额;"应交税费"科目数据取自业务系统中销售商品的应交增值税金额,即含税金额减去主营业务收入金额。

财务部门需将会计科目与业务系统中的"字段"要建立一种唯一的关联。关联好以后,财务系统软件可以自动获取业务系统中相关"字段"的数据,将其生成会计凭证,实现会计记账自动化。

比如,进出口公司每天销售给钢铁企业数量庞大的煤炭、铁矿石、石灰石、废钢等物资,一天可能送货车辆较多,如果送一车货,会计就做一笔分录,效率会很低。会计系统可以将每一天的业务交易金额汇总,自动下推销售收入的会计凭证;同时业务系统保存每一车送货的明细账。每天经财务部门复核的、统计口径一致的业务台账数据与财务数据,分别向企业运营部门负责人和企业财务部门负责人及时汇报。

2)规范、固化、上线财务处理流程

财务部门在协助业务部门的业务处理流程规范化、标准化并实现线上处理时,需同时将所有财务数据和流程与业务同步到线上处理。线上处理财务数据的目的是为了以后用到财务系统的所有数据时,可直接在数据库中查看;财务数据如果发生问题,可迅速确认责任部门和人员,提升财务系统的运营效率。同时,通过完善业务台账实现业务数据与财务数据的统一、规范。

财务部门需协助业务部门建立完整、规范的业务统计台账,明确业务数据与财务数据之间的勾稽关系,大幅度地减少数据复核工作量。比如:财务部门销售收入总账金额之和等于销售部门各客户明细账的金额之和。

3. 业务系统与财务系统的数据协同

通过业务系统与财务系统的数据协同，提升财务部门与业务部门的运营效率。企业的同一种类型的业务可能会大量重复地发生。实现记账自动化有以下几个优势：

（1）实现业务系统数据与财务系统数据同步。业务部门人员实时录入业务数据，财务即可同步记账、汇总、分析、上报。

（2）实现业务系统数据与财务系统数据一致。业务部门和财务部门也不必再为核对业务数据而浪费大量精力、财力和物力。

（3）实现业务部门与财务部门的"完美配合"。财务部门能及时了解业务部门的业务进度，可提前安排对账、结算、开票、回款工作，从而支撑企业各业务部门迅速扩大业务量、提升运营效率。

4. 实现真正意义上的"业财融合"

（1）为推行全面预算管理，积累详细的业务数据和财务数据。经过业务部门和财务部门长期、准确、统一的业务数据与财务数据积累，企业经营管理者可以在对以往历年数据的对比分析并预测未来年度经营趋势的基础上，科学、精准地确定企业各板块未来一定时期内的各项经营预算指标。如数量指标、单价指标、收入指标、质量指标、成本指标、费用指标、净利润指标等；人均合同指标、人均收入指标、人均费用指标、人均利税指标、人均劳效指标等；单位收入指标、单位成本指标、单位费用指标、单位利润指标等；技术指标、设备指标、安全指标、环保指标等。

（2）为推行目标管理责任制提供准确、有针对性的经营分析报告。业务部门和财务部门需分别从业务运营的角度和企业经营绩效的角度，分别向企业的管理者提供专业的、有针对性的系统运营分析报告和财务经营分析报告，详细报告企业的业务运营数据、财务分析数据与目标管理数据之间的差异原因，从业务运维、经营绩效的角度提出相应的改进建议和方案。如：业务部门通过对汽车散货运输和海运集装箱运输方式效率对比分析，可以提出优化运输方式提高送货效率的建议；而财务部门通过对汽车散货运输和海运集装箱运输方式的成本对比分析，可以提出优化运输承运商的招标、比价流程，降低运输成本的建议。

（3）为保障企业良性、快速发展做好系统支撑。业务部门可以根据业务历史数据，有预见性地提前采购（储备）货物（或提前锁定购、销业务价格），提升企业的运营绩效。财务部门可以依据各业务部门的长期、中期、短期计划书，提前为业务部门准备资金、配备人员、设备、发票等资源，及时制定与业务规模相适应的财务协作工作流程，支撑业务部门迅速提升其业务的服务水平，提升企业经营效益。

同时，财务部门还可以调整财务核算资源配置，深入开展某一新项目的日常运营分析，实现"嵌入式"的财务服务与管理，对项目进行全要素（业务指标、财务指标）的审视、分析与评估，给出业务发展建议。不论积极调动资源支持其扩大规模，提升效益；还是谨慎维持现有业务和利润规模，静待市场机会出现；抑或是迅速回笼资金，减少运营风险等，这些建议方案供企业经营管理者决策，从而体现财务对业务全流程、全要素管控的价值所在。

3.4.2 业财融合下企业成本管控

企业成本管控中应明确管理要点，不断强化成本管控意识，健全管理机制，保证科学地完成成本规划、计算、控制工作。其间还应培育高质量成本管控人才，引入先进的成本控制方法，为企业节省更多运营资金，提高经营收益。

1. 成本管控的问题

目前，主要存在问题除缺乏专业团队，成本管理意识不强等带有共性问题之外还包括以下内容。

1）成本控制体系不健全

企业借助业财融合理念推进成本管控时，受限于环境与内部状态等因素，在执行过程中往往会出现一些问题，影响业财融合效果，不利于成本管控实施。例如，当前大部分企业在发展过程中对成本管理重视程度不足，即使采用业财融合建设方式，也无法形成完善的执行体系。在执行缺乏透明度的情况下，产品成本管控容易出现错漏问题，不仅不利于提高基础效益，还容易导致正常业务受到干扰，最终削弱企业的市场竞争力。

2）考核监督体系不完善

为了尽可能发挥成本的控制策略效果，使其在业财融合框架下得以顺利执行，企业需要建立可靠的监督考核机制，使员工能够明确自身责任，积极参与到业财融合活动中，从根源层面强化成本控制有效性。但目前企业在实践业务方面往往缺乏可靠机制，导致成本控制策略流于表面，不能针对浪费问题进行有效管理。

除此之外，一部分企业在监督过程中由于奖惩机制的不完善，经常会导致业务无法正常进行，严重削弱了考核监督体系的落实效果。此类情况不仅不利于成本控制的积极落实，同时还有可能会削弱员工的适应性，造成内部执行效率下降。因此，需要重视监督考核机制问题并采取有效措施解决，确保业财融合能够推动成本控制落实。

3）核算单一且信息化建设不到位

在业财融合理念框架下，企业落实成本管理需要进行针对性核算。但是当前大部分企业在成本核算时，仍然采用传统核算方式进行操作，导致处理效果无法达到理想标准，仅能反映静态的资产状况和事后的经营成果。这些基础简单的数据无法满足成本管控的需求，对发挥业财融合理念造成了一定程度的阻碍。

除此之外，业财融合对于数据传输敏感性较强，因此需要保证信息化建设工作得到实质性落实。而一些企业如果重视信息化建设不足，就会导致内部数据传递效率较低，不利于业务数据和财务数据的整合，削弱了成本管控质量，需要采取有效措施进行改进，避免相关问题影响管理策略执行。

4）成本管理意识淡薄

从业人员的思想意识直接影响着财务管理行为，正确积极的管理意识可以促进经营活动的良性运行，否则将会阻碍企业运营，甚至导致企业经营危机。当前企业成本管控意识薄弱，更需关注成本费用投入工作，如果没有关注规划、计量、控制等环节，成本管控效果较差，就无法合理配置企业资金。

成本管控表层属于规划控制投入资金，但其与企业运营、资金储备、战略定位等工作密切相关，工作人员应合理筛选成本管理要点。但当前部分企业过度依赖传统的成本管控模式，没有科学地联系成本管控与运营动态、风险调控等工作，成本管控效果较差。

2. 业财融合下企业成本管控策略

企业要实现真正意义的"业财一体化"，主要路径是：首先，需要建立双向融合机制，让财务走进业务，让业务靠近财务。没有企业经营管理经验的财务人员是不可能成长为CFO的，而一个优秀的CFO是应该随时可以接替CEO的，即CFO应该具备CEO的素质和素养。其次，要建立起适配企业务发展的财务组织体系和绩效考核模式，传统上认为财务人员只能提供低价值的会计服务，在很大程度上是企业组织和绩效模式决定的。最后，是应用数字化技术，打通信息孤岛，实现基于业务事件驱动的业务流、信息流、资金流的一体化。

在这一过程中，财务部门参与前端业务，为业务部门提供财务咨询；同时，财务会计的功能被进一步拓展，需要深入企业价值活动，扮演策略咨询的角色。

1）强化成本数字化管控意识

首先，财务人员应以业财融合为基础，全面了解企业业务特点、发展现状与经营需求，明确成本费用数据信息，为成本管控规划提供参考依据。其次，财务人员应严格根据国家政策、市场运行环境、供应链、竞争对手等相关因素，拓宽成本管控眼界，做好顶层设计工作，在预判成本管理的基础上，释放政策红利，提高竞争水平，保证成本规划的有效性。最后，应根据企业内部运行业务，分解成本管理目标，明确前进方向，始终在成本管控工作中纳入业务端费用，充分发挥成本管理作用，促使业务人员树立合理管控成本的意识，保证成本管控水平。

2）健全成本管理制度

首先，企业应根据自身战略定位、行业标准、国家法规设定合理的成本管理制度，在成本管理机制中体现最新颁布的政策条例，始终恪守绿色、节能、低耗的成本管控原则；其次，应保证成本管理制度的可行性与实操性，避免增加企业业务端运营压力，根据自身市场定位、发展能力、实际规模等因素，合理调配人力、资金、物力等各类资源，达到合理控制成本的目的；最后，应保证成本管控制度的渗透性与系统性，营造良好的成本管理氛围，确保各项业务活动与运营环节均实现成本管控，合力实现预期的管理目标。

3）明确目标责任成本

企业成本管控工作应最大限度地保证与整体发展战略方向保持一致，在规划战略远景时应务必践行成本控制措施。工作人员应实地调查了解业务现场情况，明确运作要求，根据运作方案、流程等资料合理规划资源的投入量，并根据运作期内的各种因素变化情况，多次测算管理成本并不断修订，计算实际生产费用，明确运作总成本。在确定总成本金额后，工作人员还应合理划分流程各个环节，分解目标成本，根据实际资源消耗量与消耗价格，详细计算直接费用与其他间接费用的目标成本。之后还应明确内部成本管控责任范围，及时进行信息反馈，杜绝浪费。

4）搭建业财融合框架

业财融合的关键在于实现全员参与，保证各个运营环节全过程控制。因此，企业应以业财融合为理论引导，由财务部门牵头，其他业务配合，设立全面参与的组织架构，强化业务与财务联系。之后财务人员根据资产总额、资产负债率、净利润、净资产收益率为预算编制重点内容，由管理层与预算管理人员确定年度预算目标，并将此分解至各个运行部门，实现上下级联动，打破业务与财务之间的隔阂，确保全部门参与预算编制工作。

对于预算分析环节，财务人员应建立多维度的分析思维，涵盖企业财务与非财务信息，在对比同期预算执行数据的前提下，客观确定企业的资产结构、盈利能力、偿债能力、运营质量等因素，以业务类型、区域为划分依据，了解实施阶段的成本效益比。

5）协同编制成本分析报告

为了强化精细化分析项目成本，企业应召开专门的成本分析讨论会议，根据运营实际成本核算资料，以目标成本为基础，比较各类费用等实际发生成本，明确经营成果与计量差异，优化运作方案。之后，财务人员以"量价分离"为原则，对比分析实际工作量与预算工作量、实际消耗量与预算消耗量、实际价格与预算价格、费用发生额与计划发生额等指标，明确成本的变动情况，系统研究成本管控中的薄弱与难点环节。

6）严格落实成本管控工作

成本管控核心执行者为财务部门，工作人员在预测业务活动消耗成本的基础上，确定成本管控目标，并监督各部门的成本执行情况，及时删减不必要的支出环节，杜绝资源浪费，以获得最大的利润价值。成本管控也属于财务工作指导业务工作的重要表现，可以通过业务活动反馈财务数据。为了严格落实成本管控，企业应利用信息技术，搭建信息化成本管控模型，联合财务部门、成本管理部门、业务部门等全面协调会计周期中涉及的成本、资源、信息等模块，保证业务与财务部门各项信息的一致性。

案例分析

湖北邮政的业财一体化项目强化规范化管理

近期，湖北省邮政分公司作为业财一体化项目试点省份，实现了业财一体化项目的顺利上线，这标志着该项目在湖北邮政正式进入实践阶段，为提升规范化管理水平做好了技术准备和业务准备。作为首个上线单位，湖北邮政动态调整验证策略，科学调度现场力量，不断总结现有经验，验证工作由"摸着石头过河"到抽丝剥茧再到井井有条，工作效率显著提高。

定位准 目标实

针对业财一体化项目第一批次上线业务范围，该分公司制定省内选取寄递业务量大、业务具有特色、管理最具代表性的单位作为试点市（州）的策略。最终选定1个邮区中心（武汉邮区中心），4个市分公司（武汉、荆州、孝感、黄石）全程参与省内试点工作，确保各批次上线工作顺利推进。

业财一体化平台项目以"体系化响应、数据贯通、业财衔接"为核心，实现业财的高效融合。湖北邮政同步建立财务牵头、业务主责、统一调度的责任机制，明确各部门分工，要求业财联动、各司其职，共同推进项目落地。财务部负责统筹业财一体化项目整体推进和协调工作，组织全省业财一体化平台财务微应用验证和上线工作；运营管理部、寄递事业部、渠道平台部负责各业务系统及业财一体化平台微应用验证和上线工作。

方法多　措施细

为确保业财一体化项目稳步推进，湖北省分公司根据项目开发总体进度安排及试点测验情况，优先上线专业属性较强、成本权重较高的采购到付款应用（车管平台业务），稳妥上线业务竞争性较强、生产关联度较高的收入到收款应用（新一代寄递业务），难易兼顾、分段攻关，为项目开发、全量数据清理赢得了时间，创造了更为充分的上线条件。

业财一体化平台项目开发、功能测验、问题解决具有系统性、连续性的特点，必然决定了培训工作需要多频次、延续性开展。湖北省分公司充分借助集团公司项目组现场支撑专班的专业力量，首创市（州）分公司骨干人员多轮次赴省分公司集中办公现场测试通关的工作模式，做到轮轮有任务、关关有考试，以测代培、培练并举，在同批次人员中叠加功能测验和实操考核，为省内二次培训奠定人员技术基础。全省共组织 15 批次、210 余名市（州）骨干人员完成通关测训任务，实训效果明显。

基础牢　效率高

上线前期，湖北省分公司组织省、市、县三级业财人员，围绕三项业财一体化平台微应用（收入到收款、采购到付款、往来结算），三大业务系统（新一代寄递平台、新一代营业渠道系统、中国邮政车辆运行管理平台）开展全功能测试。累计完成 50 余项功能、600 余条测试，实现全覆盖、全环节、零死角贯穿测试，协助集团公司项目组确定问题、解决问题、完善功能。

根据以往经验，系统初始化数据质量优劣关乎上线应用成败。湖北邮政经与集团公司项目组反复论证，采取全量动态、静态初始化数据这一难度较大的方案开展清理工作。前后组织开展对用户职责、用户角色、审批流、邮路信息等静态数据的梳理、录入达 2000 余条，清理新一代寄递平台与 CRM 机构客户信息、应收及预收差异数据达 500 余条，维护干线委办合同 129 个，核对清理客户信息 3366 条，核对到付邮件 8 万余条。初始化数据覆盖面广、质量高，全面夯实了业财一体化平台数据基础。

（资料来源：http://www.chinapost.com.cn/html1/report/22111/1815-1.htm）

问题：

1. 业财一体化项目选择的试点单位有何特点？为什么要选择这样的单位试点？
2. 业财一体化项目有哪些单位参与？财务部门在其中担任什么角色，起何种作用？
3. 在业财一体化项目运作中，在人才培训方面公司的举措是什么？从业财融合对人才要求的角度说明业财融合专门人才培训的重要性。
4. 数据处理在业财一体化平台构建中的地位如何？为什么要落实系统初始化数据？

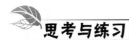

1. 业财融合的背景和路径有哪些？结合实际说明，业财融合的意义何在？
2. 业财融合难点和瓶颈主要包括哪几个方面？

第 3 章　数字化背景下的业财融合

3. 数字化智能平台建设与运作对业财融合的作用是什么？
4. 业财融合背景下企业成本管控的措施是什么？结合学过的财税专业知识加以详细说明。
5. 结合自己移动终端数字化财务的应用经验，描述个人网上报税系统的基本流程。
6. 业财融合的创新思路和主要做法是什么？
7. 海尔公司的"人单合一"模式下的业财融合创新点在哪里？

第4章 数字化背景下的财务共享

1. 了解企业财务共享的概念与运作机理;
2. 掌握以数字技术为基础的财务共享中心的运作机制与规则。

海尔集团的财务共享中心的职能

2006年至今,海尔集团一直致力于财务共享中心建设。海尔财务管理部门针对原有的组织架构体系实施了调整,从系统性的角度出发对财务管理模式实施优化,利用多方合力形成了专业的管理体系。海尔集团对原有的财务单元进行了划分,按照核算、成本以及经营三项管理内容分别增设三个中心。2007年,海尔公司开始对财务管理的工作流程实施改造。财务共享则是管理模式得到转变和完善的基础,可以先针对业务单元中的核算中心进行集中,先对青岛地区所包括的业务单元实施整合和集中,之后扩大集中范围,延伸到青岛之外,这一过程用了3年到4年时间。

海尔集团内部负责财务工作的人员主要需要完成三项任务:第一,战略财务管理。主要针对集团财务方向、管理路径以及管理政策进行及时调整,对集团内部可以使用的资源进行配置优化,预测并采取合理措施控制经营风险。第二,会计服务。在财务共享服务中心的工作人员可以合理利用互联网平台对资源进行整合,利用云端实施财务管理,可以提高会计服务的效率以及标准化水平。第三,处理分散型业务财务。

在集团内部形成集中化管理模式后,财务管理开始和业务活动进行紧密融合,作为管理人员可以结合自身专业技能为业务活动提供财务数据。当前,集团财务管理部门中七成以上的人员针对财务信息进行核算,一成人员负责税务领域、现金领域以及风险管控领域等工作内容,其余人员负责对资金、绩效实施管理。

海尔财务共享服务中心被划分为多个不同的管理小组,小组数量为9个:资金管理小组、费用稽核小组、税务申报小组、收付服务小组、税票服务小组、总账及报表小组、往来清账小组、资产核算小组、会计政策小组。其中成本核算工作是由不同业务部门的财务工作人员所负责。

随着时代发展速度不断加快,海尔集团开始吸收全新的财务管理理念,将流程作为核心,形成多元化的财务管理体系,财务共享服务中心则将流程意识融入日常管理活动中,结合目前财务管理工作流程中所形成的财务数据,对管理流程实施有效管理,提高了集团财务管理质量和力度,使财务信息透明化水平得到有效提高。

目前，海尔集团在对共享服务模式进行建设和完善的同时，还会对其进行持续性改进，及时发现工作流程中存在的问题，不断提高服务质量。除去设置流程处理环节外，在服务中心内还有专门负责质量检测的部门，负责评估运营质量，根据运营问题对其实施流程优化，组员数量为3～4名。这一团队需要对不同流程小组的工作人员进行动员，使其能够积极参与到流程创新过程中。通过海尔的经验可以发现，为了提升财务管理效率，必须建设跨部门的综合信息系统。

（资料来源：https://baijiahao.baidu.com/s?id=1720984469348950149&wfr=spider&for=pc）

在全球经济趋向不确定性增加、风险因素叠加的情况下，企业单纯依靠有形资源投入以及劳动力成本差异来获取利益的时代已经终结，外部竞争压力促使企业全方位转型，企业应坚持向管理、成本要效益的理念，实行精细化、智能化管理。财务管理作为企业总体运营管理的关键环节，财务共享中心的理念与模式逐渐被提上日程。

4.1 财务共享服务概述

视频 4.1 财务共享

财务共享中心的概念产生于20世纪80年代的美国，是由通用、福特等大型制造企业根据实际情况并结合环境特点所创造的变革思想。随着信息与网络技术的加速推广，财务共享中心的概念和思想得到了广泛应用。在财务共享服务模式下，企业需要对财务数字化转型工作具备清晰的认知，借助数字化技术优势，有效推进财务管理工作的调整和优化。

4.1.1 财务共享服务模式

目前，我国多家集团企业建立了财务共享中心，实现了财务管理的专业化、标准化、流程化和数字化；通过业务财务深度参与企业供应链价值链各个环节，多维度地支持企业经营发展；通过战略财务，用数据为管理层决策提供准确的企业数据"情报"。

1. 财务共享含义

财务共享指的是依托信息技术，以财务业务流程处理为基础，以优化组织结构、规范流程、提升流程效率、降低企业运营成本或创造企业价值为目的，以市场为视角，对内外部客户提供专业化生产服务的分布式管理行为。目前主要是通过集中各集团公司的财务管理日常事务，可以达到规模化财务管理效益目标，增加了财务的透明度和可控性，提高了企业在规模效益下的财务管理水平，同时，可以向外输出财务共享的商务化服务。

（1）财务共享运作逻辑。财务共享作为企业数字化转型的必由之路，致力于服务数据的产生、连接与使用全过程。具体来说，数据的产生来源于业务端的数据输入，而这一环节需要企业全体员工的参与。为同时保证业务端数据输入的简易度与准确度，需要尽可能从前端流程抓取数据，利用OCR等智能化技术保障数据提取的完整性。

（2）财务共享功能实现途径。数据的连接工作主要指财务人员对于财务工作有关数据的处理。由于财务共享实现了流程与数据的标准化,财务人员将不再需要完成大量重复烦琐低附加值的工作,而是更多地完成可以体现价值增量的高附加值活动,数据使用环节的服务对象则是数据分析人员与管理层。在实现数据标准化与规范化的基础上,财务共享还可以实现数据间的关联以及系统间的关联,数据分析人员可以借助可视化工具,快速准确地展现实时数据情况,助力管理层更快作出决策。

(3)财务共享的组织模式。财务共享中心是实施共享服务的组织模式,一般为人员素质较高的头部企业所属各分支机构、办事处服务。这些分支机构,办事处往往只承担销售任务,而无复杂的财务核算需求。例如 DELL 在中国各个地区的销售网点,这些网点仅由一个销售团队及服务人员构成,通过设在地区的总部标准订单统一处理业务,财务则可以共享至地区。

适合建立财务共享服务中心的企业有:金融企业、服务企业、制造业的销售网点、连锁企业、通信服务业;技术条件下不适合建立财务共享服务中心的企业有:制造业的工厂、勘探业、信息化程度较低的企业等。如图 4-1 所示数字化背景下的共享服务中心工作流程。

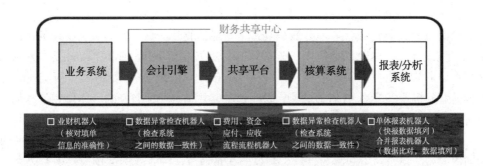

图 4-1 共享服务中心工作流程图

2. 财务共享的本质

作为一种新型的财务管理模式,财务共享服务是由数字网络技术推动的运营管理模式变革与创新,本质上也是一种将分散于各业务单位、重复性高、易于标准化的财务业务进行流程再造与标准化并集中到财务共享服务中心统一进行处理,以达到降低成本、提升客户满意度、改进服务质量、提升业务处理效率目的的作业管理模式。

基于提高工作效率及成本效益两方面考虑而实施的财务共享,若要成功地实施,以下因素非常关键:

(1)成功来源于各部门支持。实施共享服务成功的最重要因素是有效的管理创新和思维方式的改变,这需要高层管理人员、基层经理和工作人员强有力的支持。

(2)共享服务在技术上要有统一的系统支持。企业的财务信息系统是实现财务共享服务的基础和保障,因此,系统平台的统一搭建和整合是实现共享服务的第一步。统一的 ERP 系统是保证共享服务平台顺利搭建的关键因素。这是基于统一的系统平台、ERP 系统、统一的会计核算方法、操作流程等来实现其业务功能的。

(3)需要优化商业模式。财务共享服务中心作为一个独立的运营实体,需要有一个科学的商业模型,即使是内部的一个业务部门,也需要一个内部结算体系。因此,共享服务中心需要向服务对象提供一个能为他们所接受的低成本服务,同时又需要在低成本之上建立合理的价格体系。

(4)构建职能生态系统的基础。财务共享是财务数字化的第一步,未来,财务部门还将不断进行数字化升级再造,从而实现全流程财务数字化。数字技术带来的财务变革,以"大智移云物链"等数字技术重塑社会组织的财务职能和价值创造,以业务财务、战略财务、共享财务的"内通外联"来创建数字财务智能生态系统。

但是,任何先进的管理方法都要和自己企业的实际情况结合起来,变成适合自身情况的方法,才能发挥其最大效用,企业应最大限度地利用这种模式获得增值。

3. 财务共享服务中心概述

在各类共享服务中心中,国际上最流行的就是财务共享服务中心,简单地说,就是财务文件管理外包服务。所谓财务共享服务中心(Financial Shared Service Center,FSSC),即将企业各种财务流程集中在一个特定的地点和平台来完成,通常包括财务应付、应收、总账、固定资产等处理业务。这种模式在提高效率、控制成本、加强内控、信息共享、提升客户满意度以及资源管理等方面都会带来明显的收效。财务共享服务实现的条件是:

(1)实现业财一体化。财务共享服务中心一般具有专门的管理部门,可以作为独立的实体在市场上与其他企业公开竞争,例如中兴新云、浪潮集团等,财务共享所实现的流程再造也是财务机器人 RPA 的基础之一。因此,财务共享实现了财务的一体化和信息化,是数字财务与业务融合的起点。

(2)降低运作成本。财务共享服务中心作为一种新的财务管理模式,正在许多跨国公司和国内大型集团公司中兴起与推广。其目的在于通过一种有效的运作模式来解决大型集团公司财务职能建设中的重复投入和效率低下的弊端。而"财务共享服务"最初就是源于一个很简单的设想:将集团内各分公司的某些事务性的功能,如会计账务处理、员工工资福利处理等进行集中处理,以达到规模效应,降低运作成本。当前众多《财富》500 强公司都已引入和建立了"共享服务"运作模式。

(3)减少人力投入。随着财务共享服务中心在欧美等发达国家的应用逐渐成熟以及在中国市场的快速成长与推进,在华的跨国公司和国内的大型企业对这项服务的需求也日渐增加。通过资源整合以及对资源进行更有效的分配,避免了在原先传统的分散处理模式下资源闲置的现象。如头部优秀企业在建立财务共享服务中心之后,原先以录入为主的工作人员就由 25 人减至 5 人,发票归档人员从 6 人减至 1 人。同时,企业还可将包括人力资源在内的各种资源优化配置。例如,在会计中心内部,可以按照实时的工作量变化灵活地调配财务人员,以满足及时处理的需求。

国内某大型建筑企业也正在逐步建设自己的财务共享服务中心,已经上线了部分局集团单位,建设规模已经在国内处于绝对的领先地位。这说明财务共享服务给其带来的效应正逐步显现。

(4)实现跨国财务活动。由于财务共享服务中心解决了企业所面临的共同问题,在为企业提高效率、优化运营的同时,使企业可以专注于核心业务的拓展,因此,在数字技术的加持与助力下,财务共享服务的推广更加迅速。从 2005 年至今,每年在全球范围的发展速度均超过 25%,已经成为年营业额超过 20 亿美元的市场,预计这个快速增长时期还将持续数十年之久。

根据埃森哲公司(Accenture)在欧洲的调查,有 30 多家在欧洲建立"财务共享服务中心"的跨国公司,平均降低了 30%的财务运作成本。伴随财务共享中心理论与实践的不断发展,对传统财务管理工作产生了极大的冲击,很多企业的财务人员都面临着紧迫的转型升级的压力。同时,数字技术的创新推动了企业数字化管理进程,财务数字化系统的推进障碍逐渐被清除。

4.1.2 财务共享服务中心功能分析

实际上,财务共享服务中心就是一个财务信息化平台。在该平台中对汇集的相关数据进行整合形成财务大数据中心,如图 4-2 所示为财务共享中心的功能整合。而在传统财务管理模式下,企业业务需要匹配相应的财务人员对业务进行支持,工作效率较低、相关反馈较慢。企业在创建财务共享服务中心时,需要考虑未来发展战略并对组织架构和系统进行搭建,针对企业运营各项业务实施管理,能够显著提升财务管理工作效率,创造更多的价值。在此过程中,企业会经历一个不断探索的过程。

1. 财务中心运作的优势

与普通的企业财务管理模式不同,财务共享服务中心的优势在于其规模效应下的成本降低,财务管理水平以及效率提高和企业核心竞争力上升。具体表现为:

1)运作成本降低

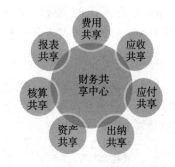

图 4-2 财务共享中心的功能整合图

这是进行量化计算与比较的指标,如分析一个共享服务中心人员每月平均处理凭证数、单位凭证的处理费用等。这方面的效益主要通过减少人员总数和中间管理层级来实现。如果共享服务中心建立在一个新的地点,通常成本的降低效果更显著。因为通常选择的新地点,当地的薪资水平会较低;通过在共享服务中心建立新型的组织结构和制定合理的激励制度,能显著地提高员工的工作效率并形成不断进取的企业文化。

2)财务管理水平与效率提高

比如,对所有子公司采用相同的标准作业流程,废除冗余的步骤和流程;共享财务服务中心拥有相关子公司的所有财务数据,数据汇总、分析不再费时费力,更容易做到跨地域、跨部门整合数据,如图 4-3 所示的财务共享中心标准作业流程;某一方面的专业人员相对集中,公司较易提供相关培训,培训费用也大为节省,资深专业人员也可以加入。此外,共享服务中心模式也使 IT 系统的标准化和更新变得更迅速、更方便、更省钱。

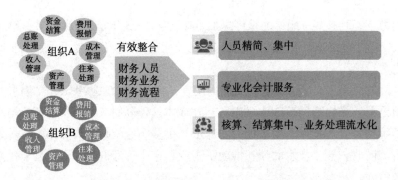

图 4-3 财务共享中心标准作业流程

3)支持企业集团的发展战略

公司在新址建立子公司或收购其他公司,财务共享服务中心能以最快速度为这些新建的子公司提供服务。同时,公司管理人员更能集中精力在公司的核心业务,而将其他的辅助功能通过财务共享服务中心提供的服务完成,从而使更多财务人员从会计核算中解脱出来,能够为公司业务部门的经营管理和高层领导的战略决策提供高质量的财务决策支持,促进核心业务发展。

4)向外界提供商业化服务

有些公司开始利用"共享服务中心",一般为独立的子公司,向其他公司提供有偿服务。例如,壳牌石油(Shell)建立的"壳牌石油国际服务公司"(Shell Services International)每年有 8%～9% 的收入来自向外界提供的服务。

2. 财务中心运作的劣势

财务共享服务模式可以对传统财务管理的职能进行重新规划,按照专业模块进行分工,以标准化作业来获得规模化效应。但也存在一些不足,如图 4-4 所示集约型共享中心与传统型共享中心价值的对比。

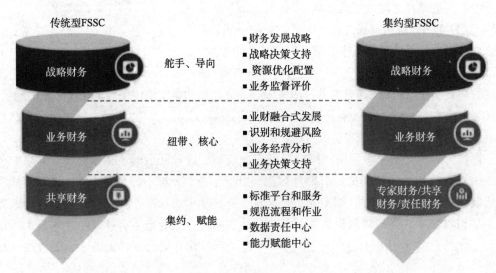

图 4-4 集约型共享中心与传统型共享中心价值的对比

（1）容易导致财务人员失位，可能变为辅助岗位。财务人员不再与公司的销售人员直接接触，面对的仅仅是一堆冰冷的数字，这些数字往往无法确切表述公司所面临的各项财务状况，财务分析师也无法将销售业绩的感性情况表达出来。

（2）导致急速增加的差旅费。一般建立财务共享中心的企业往往面临高额的差旅费，而最初创立财务共享中心的美国及欧洲公司拥有大量廉价的航空公司，一二百元的航空机票相较于数千元的人工成本来说是非常便宜的，所以往往选择财务共享中心模式。

（3）臃肿的总部机关造成机关作风。设置财务共享中心的企业可能仅仅"共享"而不"服务"。例如，将各分支机构原本的财务人员编制抽调为总部机关的编制，而不是相应地增加财务共享服务中心的编制。同时，由于大量人员集中在机关，造成服务意识淡漠，机关作风严重。

（4）人工成本不降反升。一方面，我国存在东西部地区收入差距极大的事实，而一般大中型企业总部均设在北京、上海等发达城市，财务共享服务中心也会设在这些城市。这些发达城市人工成本极高，员工通过财务共享服务中心的模式达到减少 50%人员的目标，却因为这些区域的人工成本高于西部城市 200%反而增加了投入。另一方面，我国人工成本相对于其他成本来说仍然很低，财务共享中心的设备成本可能会高于人工成本。

（5）信息管理与信息系统成本的极大提高。为了满足财务共享中心的需要，必须指派专人负责设计财务共享中心的信息管理模式，以及提升信息系统管理功能，这些投入都非常巨大，甚至给企业造成严重的成本负担，更有甚者，因为盲目推崇昂贵的国外大型信息系统而导致企业破产。

（6）税务风险及税务机会成本。一方面，财务人员不再直接接触子公司及分支机构所在地税务局，极大地降低了税务风险的敏感性。同时，为了满足税务人员的约谈、询问、审计等工作而劳顿。另一方面，由于税务人员与公司财务人员沟通不畅，导致各项税收优惠政策申请的困难程度不断加大，使得企业失去了大量税收优惠机会的成本。

3. 选择合适的财务共享中心模式

目前的财务共享服务，主要是依托信息化、大数据技术，其基础工作是能够对财务业务流程进行处理。财务共享涉及财务组织模型的调整和人员岗位的优化，但这种调整和优化并不是简单地将各公司财务人员全部集中起来，提供对外财务服务。而是需要根据企业的规模、业态的相关性选择合适的"共享中心"模式，如图 4-5 所示的财务共享中心流程梳理，结合企业财务管理的现状进行合理优化。

（1）如果集团规模适中，业态单一，就可以建一个集中式的财务共享中心，对所有单位提供服务。

（2）如果集团产业单位多业态并存，且业内单位较多，就需要按照不同的产业设立多个共享中心，产业共享负责本板块单位的财务业务处理。

（3）集团规模超大，分布区域广泛、分子机构较多，则需要在区域设立共享中心，负责该区域内不同单位的财务共享业务处理。

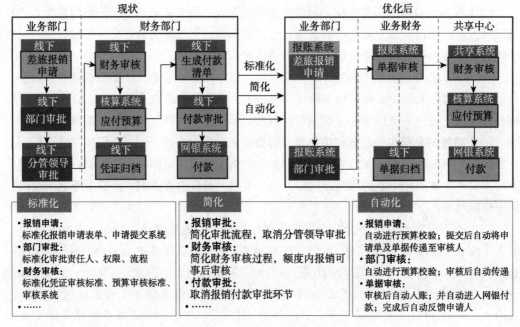

图 4-5 财务共享中心流程梳理示意图

4.1.3 财务数字化转型与财务共享

2022 年,国务院国资委印发了《关于中央企业加快建设世界一流财务管理体系的指导意见》(以下简称《意见》),明确指出了数字化转型的路径,即"积极探索依托财务共享实现财务数字化转型的有效路径,推进共享模式、流程和技术创新,从核算共享向多领域共享延伸,从账务集中处理中心向企业数据中心演进,不断提高共享效率、拓展共享边界"。

此前,财务共享也经过十多年的推进,国内财务共享中心建设呈现快速增长的趋势,越来越多的大型企业开始建立财务共享中心,也进一步验证了财务共享是助推数字化转型的有效路径。

财务共享从理念、组织、人员、数据、内控和一体化六个方面为企业的数字化转型奠定了良好的基础。

1. 财务共享为数字化转型建立理念基础

《意见》指出:推动四大变革首当其冲的为推动财务管理理念变革,建立与企业行业特点、愿景文化、战略规划、发展阶段、组织架构相适应、与中国特色现代企业制度相匹配的财务管理体系。

财务共享模式将会对原有的管理模式和财务人员的工作模式带来一定的冲击,它不仅是简单的业务流程再造,而且是理念、观念的再造,通过理念的变革助推财务转型。在搭建财务共享服务中心的过程中,需要得到高层领导的关注和支持,不断地将共享模式进行多轮宣传贯彻和指导培训,在财务共享服务中心建设的每个阶段,都必须注意变革带来的影响并做好应对措施。

2. 财务共享为数字化转型重塑组织基础

《意见》指出：需要加快推进财务管理组织变革，健全职能配置，优化管控模式，转变运行机制，拓展服务对象。

财务共享服务模式是通过对传统财务管理职能的重新规划，利用专业化分工、标准化作业来获取基础会计作业的规模化效益，因此需对原财务管理职能进行进一步划分。财务共享服务模式将形成"战略财务、业务财务、共享财务"新的职能结构。战略财务在集团层面发挥控制和管理职能；业务财务渗透参与到各业务单元中，对业务单位提供各类支持；共享财务以核算职能为主，释放并整合财务核心能力，为战略财务和业务财务提供数据支撑服务。

3. 财务共享为数字化转型完善团队基础

《意见》指出：完善面向未来的财务人才队伍建设体系，健全财务人才选拔、培养、使用、管理和储备机制，打造政治过硬、作风优良、履职尽责、专业高效、充满活力的财务人才队伍，实现能力更多元、结构更优化，数量和质量充分适应时代进步、契合企业需求。

按照"专业化分工"原则，采用财务共享服务模式的企业集团将打破组织之间的壁垒，通过设置专业岗位来标准化地处理各组织的财务会计工作，而以组织为单位的传统财务会计业务处理模式将被重塑。财务共享使更多的财务人员从繁杂的事务性工作中解放出来，进一步推动企业完善多层次财务人才培养培训体系，加强中高端财务人才队伍建设，提高中高级财务人才权重，推动财务人才结构从金字塔型向纺锤形的转变。

4. 财务共享为数字化转型打通数据基础

《意见》指出：建立健全数据产生、采集、清洗、整合、分析和应用的全生命周期治理体系，完善数据标准、规则、组织、技术、模型，加强数据源端治理，提升数据质量，维护数据资产，激活数据价值。

财务共享集合全域数据，包括业务专业数据、共享数据以及社会化数据，通过数据清理、构建算法和分析模型，实现不同管理视图的数据指标分析结果展示，通过应用神经网络或者机器学习等智能化技术进行数据挖掘和处理，实现预测与预警。财务共享打通业财数据通道，掌握及时、真实的全量数据，为未来的企业战略分析、管理决策及数字化转型提供重要的数据基础。

5. 财务共享为财务数字化强化内控基础

《意见》指出：建立健全财务内部控制体系，细化关键环节管控措施，提高自动控制水平，实现财务内控标准化、流程化、数字化。

财务共享通过加强系统内部控制，提高风险预警能力，通过推进业务系统建设，促进风险管控前移，最终提升财务业务流程合规化、规范化、标准化及自动化水平，提升对财务风险的识别和把控能力。如用友结合国内大量的集团性企业的最佳业务实践，在系统中预置了200多项稽核规则，也可根据企业的自身管理要求进行个性化配置，对业务过程中的风险点进行系统全面、自动化检查，从而杜绝会计信息不合规的行为，提高财务数据质量，降低企业的财务风险。

6. 财务共享为财务数字化提升一体化基础

《意见》指出：统一底层架构、流程体系、数据规范，横向整合各财务系统、连接各业务系统，纵向贯通各级子企业，推进系统高度集成，避免数据孤岛，实现企业"一张网、一个库、一朵云"。

财务共享通过推动业务流程的标准化，促进业务规范化，通过财务共享系统建设做好系统间的对接，加强业财联动，最终提高财务信息系统业财一体化水平，实现财务业务流程的有效衔接和集成。打破组织间信息孤岛现状，形成管理闭环，助推企业实现业务、财务、资金、税务、档案一体化深度融合。

如用友首创的 YonBIP 商业创新平台是以企业内外部资源为对象，广泛连接企业、行业和产业链上下游合作伙伴，支持平台化、生态化和社会化的数据智能服务系统，这一设计理念和《意见》的内容完全吻合。

所以，财务共享中心建设是企业的思想再造、组织再造，规范了流程，打通了财务和业务之间的壁垒，集聚了企业的全量数据并提高了数据质量，为财务数字化全面实现奠定了良好的基础。

7. 推动共享中心向数据中心演进

《意见》指出：推动业财信息全面对接和整合，构建因果关系的数据结构，对生产、经营和投资活动实施主体化、全景化、全程化、实时化反映，实现业、财、技一体化管控和协同优化，推进经营决策由经验主导向数据和模型驱动转变。

传统的财务数据是以单体企业核算为主的"局部"数据，只注重核算，很难提炼出对管理决策有价值的分析方案。而数字化背景下的财务共享服务，充分借助了智能化的先进技术手段，注重了对数据的深入挖掘。财务不仅仅分析财务报表，还对企业经营过程中的大数据进行分析和预测，形成了企业经营全景图。

最终财务共享中心逐渐向大数据中心演变，使数据分析标准化、实时化，实现对企业更及时、高效、精准的决策分析和风险预警，为数据智能提供坚实基础，助力企业数字化转型。图 4-6 就是展现了财务共享中心逐渐向大数据中心演进的过程。

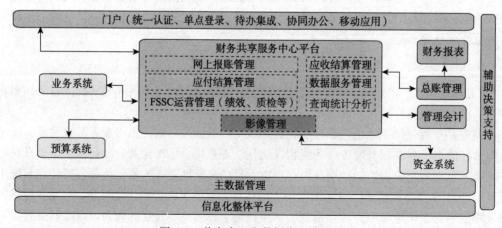

图 4-6 共享中心向数据中心演进图

4.2 财务共享服务模式流程与再造

目前，企业管理层存在一些对财务共享服务的认知误区，即认为财务共享服务就是财务集中管理，或者认为企业财务构建了信息化系统就等于实现了财务共享服务，这两种认知与正确的理解之间存在偏差。信息化系统并不能改变业务本身，仅能够提升效率、降低成本，而财务共享服务则能通过数字技术对原业务、经营模式等进行重构，是财务领域的工业化革命。

视频 4.2 什么是财务共享中心

4.2.1 财务共享服务模式的运作流程

财务共享服务模式具体运作通常为：公司选址建立"财务共享服务中心"，通过"共享服务中心"向其众多的子公司如跨国家、跨事业部等提供统一的服务，并按一定的方式计费，收取服务费用，各子公司因此不再设立和"财务共享服务中心"相同功能的部门。最典型的服务就是财务方面账务处理的服务，称为"共享会计服务"（Shared Accounting Service），即一种以事务性处理（TransactionProcessing）功能为主的服务。

还有一类"共享服务"以提供高价值的专业建议为服务内容，如税务、法律事务、资金管理等。从运作流程看，财务共享服务中心是通过在一个或多个地点对人员、技术和流程的有效整合，实现公司内各流程标准化和精简化的一种创新手段。图 4-7 反映了财务共享服务的两大内容。

通常在财务共享服务中心的业务按循环可以分为总账、应付账款、应收账款和其他四大类。下面以财务共享服务中心的应付账款业务循环为例，介绍财务共享服务中心的运作流程。

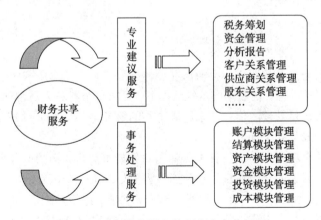

图 4-7 财务共享服务的两大内容分解图

在财务共享服务中心内，应付账款循环一般设有三种职位：①出纳，负责共享服务中心所有本外币付款；②员工报销专员，负责审核所有员工日常费用；③供应商付款会计。

在财务共享服务中心的应付账款循环通常可以分为申报、审批及入账和付款三大模块。

1. 申报

各分公司员工将实际业务中发生形成的业务票据进行初步整理，并在分公司通过全公司财务信息管理系统中填报，形成一份独立的报销申请单，再由该分公司的相关负责人批复后由专门管理部门收集并寄往财务共享服务中心。

2. 审批及入账

财务共享服务中心在收到分公司单据后，由专门管理部门进行登记和分类并根据分类情况发送到相应部门。应付账款小组在收到凭证后进行逐一确认并在公司的财务系统中进行审核。审核通过后生成文档导入财务模块，自动生成相关凭证；如果审核未通过，应付账款小组人员用电子邮件或电话形式通知分公司相应人员，进行联系沟通以确认信息的准确性和完整性。

在确认完信息后，在应付账款小组人员可直接修改的情况下应该要求分公司员工发送一份书面修改请求。对于不能够由应付账款小组直接修改的情况，应付账款小组将会在公司财务信息系统中将报告驳回并要求相关人员对报销申请单进行重新批复。

3. 付款

在生成凭证后应付账款小组进行付款，并对相关凭证进行归档。对于公司参股控股的独立法人的凭证将寄回原法人单位。

4.2.2 财务共享服务流程再造

财务共享服务以信息技术为支撑，通过标准化的财务流程，实现企业基础财务业务的统一处理与流程再造。财务共享服务为财务机器人的应用提供了优良的工作场景，从而实现了业务流程节点的优化改造。

1. 观念再造

企业在推进财务共享服务时，会面临各业务部门和财务部门内部的阻力。在共享服务中心模式下，对财务人员的要求不再像从前那样全面。没有共享服务中心之前，各地分公司都设有自己的财务部门，在控制成本的前提下，要求每个财务人员都熟悉整套财务系统，能独立完成所有的账目处理。但在共享服务中心的财务中心，每个财务人员只需完成整个账目处理中的一个或某几个环节。

比如应收账款一项，对中国、日本、韩国的分公司都是同样的业务内容，一个财务人员就不需要做一个国家的全套账目处理，而只需要处理某几个国家的同一个账目。这就如同工业化的流水线，降低了对每个流水线上员工的要求，即使是刚毕业的大学生也能胜任。在大量节省人力资源及人力成本的同时，还保证了操作的准确性和可靠性，并且明确了各人的责任，有助于员工的绩效考核。

2. 流程再造

财务共享中心的核心在于科学、有效地分解流程，以此驱动业务规范化发展。财务共享服务中心的三大流程：由采购至付款、从订单至收款、从总账到报表的逐级细化至每一个业务环节，在此基础上开展专业分工，要求每一环节的规定详尽且可操作性强，进一步去除工作人员主观认识的干扰，使不同的人、不同时间均可以获得相同的处理结果。

财务会计与管理会计的分离，是数字经济条件下企业财务管理的必然趋势。从职能上看，财务会计工作主要是账务处理，对它的要求是真实客观地反映企业经营状况，并符合各项规章制度的要求；管理会计主要涉及企业理财，即为资金的筹措和运用提供决策依据。在共享服务中心模式下，与决策成功相关性较低、重复度高、工作量大的会计核算工作被集中起来统一处理，使财务会计与管理会计的分离成为可能。

3. 组织再造

财务活动流程的改变会影响各流程节点，其中各岗位工作人员的具体职能、配置、技术要求等均会随之变化，组织模式需要进行调整以适应这些变化，责权利将面临重新分配。

同时，在财务共享服务中心参与的人员会出现不同的专业化分工，岗位对于人员的能力要求发生改变，晋升通道与之前相比会出现差异。

4. 系统再造

确保财务共享服务中心得以顺利落实的一个重要前提是具有强大的系统支持，这并非购入并运行一套财务管理软件能够解决的，需要跨部门数据打通和融合，强调整合全域数据，包括业务数据、专业数据、共享数据和社会化数据，为企业决策提供重要的数据基础。

共享服务中心的建立提升了企业集团财务管理能力，而新兴的财务组织——业务财务也随之出现。业务财务体现了财务和业务单位的有机结合。业务财务在不同企业中归属有所不同。一些企业将其归属于业务单位进行管理，绩效考核由其所负责的业务单位进行，这在一定程度上加强了财务对业务的支持力度。

4.2.3 财务共享中心的价值

启用财务共享中心，不仅可以将重复度高、核算交易处理量大的业务集中按照标准流程统一处理，实现集约效能，还能够对企业财务管理工作进行优化，逐渐提升企业财务管理水平，提升企业财务人员的素质和能力，进而促进企业财务管理工作成功转型。

1. 促进财务管理工作效率的提升

首先，企业构建财务共享中心主要是应用计算机技术对财务核算工作进行标准化处理，在提高会计信息质量的同时，有效节约了财务人员处理财务单据和信息的时间，简化了整个财务核算的流程，这样就能够帮助财务人员留出更多的时间，用于了解企业的经营状况，从而保障财务人员能够为企业战略决策提供更为有效的决策建议。

其次，互联网及数字技术的推进，使得大型企业下属的各分公司和子公司能够及时传递各类财务资料和信息，在信息层面实现真正意义上的共享，同时借助财务共享中心对这些资料和信息进行统一处理，从而使财务工作与业务之间达到合理匹配，这样就能够有效节约财务管理工作中的人力成本，改进企业财务管理工作效率。

最后，大型企业或集团公司能够借助财务共享中心，对下属分公司和子公司保持绝对的权力控制,从而加强对分公司和子公司的监督管理和控制,推动企业利益最大化目标的实现。

如奥康财务共享服务应用系统,通过系统建设实现业财一体化、固化风险控制措施、支撑异地共享模式,同时通过共享中心自身运营平台的搭建支撑共享中心的日常运营管理以及持续优化。

业务实现:建设内容涵盖了费用报销、采购付款、销售收款、资金和总账等主要的业务流程,将原费控管理模式升级为共享模式。

系统实现:围绕报账平台(含合同管理模块),实现与核算、资金、影像、HR、ERP、PT等周边系统的业务集成应用和业务数据整合。如图4-8所示为财务共享服务业务价值流程图。

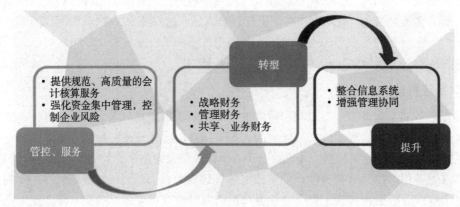

图 4-8　财务共享服务业务价值流程图

2. 促进财务管理职能向决策支持转型

财务共享中心思想的提出,能够使企业内部的财务核算工作变得高度集中,促进企业在构建和优化流程的过程中制定出更为严格的标准,以此保障企业各项财务核算业务能够通过对标准的执行实现集中化处理,从而促进企业财务管理流程得到合理改善,并促进财务管理工作效率得到大幅度提升,图 4-8 财务共享服务业务价值流就是从管控到转型一直到财务管理协议价值的提升。

同时,以互联网数字技术为基础的财务共享中心,还能够促进财务部门与业务部门之间的沟通与交流,使企业各项业务的流程能够变得更为简化和清晰,从而为企业经营管理者的决策过程提供最为客观和准确的财务信息。

此外,企业应用财务共享中心之后,对应的财务管理工作流程和财务部门组织结构也会相应出现变化,在逐渐完善和调整的过程中,能够促进财务信息的有效传递,提高信息传递的及时性和便捷性,从而对传统财务管理模式进行改进,优化财务信息在各级管理者之间的传递效率,保障财务信息能够及时在实际工作和业务中得到落实,促进企业财务数字应变能力的提升。

3. 促进财务管理素养的转型

企业应用财务共享中心也能够促进财务管理素养转型。

（1）财务共享中心能够促进财务专员向战略财务方向转型，尤其是企业运营过程中所需要的高素质人才。他们由于学历较高且具有过硬的财务管理专业知识和技能，同时也熟悉企业管理流程，这些人才在财务共享中心的影响下，能够对财务核算工作进一步优化和改进，并且在财务管理工作过程中融入战略财务的思想，实现自身向战略财务方向的成功转型。

（2）财务共享中心能够促进财务会计专员的转型。对于大多数企业普遍的财务专员而言，其主要的工作内容往往是围绕财务会计工作展开，在财务共享中心的影响下，虽然财务人员并不一定具备较高的专业学历，也可能没有积累较多的工作经验，但是由于其自身学习能力较强，同样能够保障财务会计工作流程运行效率的提升。

4.3　财务共享中心的建立条件与策略

财务共享服务中心模式虽然具有许多优势，但这种模式并非适合所有类型的企业，其有效运行需要强大的信息系统、管理模式和员工素质作为技术支撑。

视频4.3　财务共享中心建立策略

4.3.1　财务共享中心建立的基础

财务共享服务模式将分散在不同分（子）公司的共同业务提取出来，放在财务共享服务中心完成，使得数百人在不同的分（子）公司完成工作（登记总账等），只需由一个共享服务完成，从而提高了财务核算的效率。但是这需要先进的信息技术、计算机技术以及通信技术的支撑才能实现。如图4-7就是基于业财一体化背景下的财务共享服务中心体系，信息系统是重要的技术支撑。

1. 信息系统支撑

在财务共享服务中心模式下，远程财务流程需要建立强大的网络系统，需要强大的企业信息系统作为IT平台。IT技术的发展，特别是"企业资源规划系统"（ERP System）的出现，推动了"财务共享服务"概念在企业界的实践和推广。利用ERP系统和其他信息技术"财务共享服务"模式可以跨越地理距离的障碍，向其服务对象提供内容广泛的、持续的、反应迅速的服务。

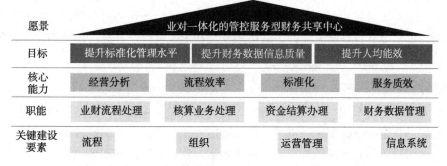

图4-9　基于业财一体化的财务共享服务中心体系架构图

在财务共享服务模式下，只有通过 IT 平台来强化内部控制、降低风险、提高效率，才能实现"协同商务、集中管理"。所以必须建立一个财务共享服务的 IT 信息平台，让分公司把数据导入系统，做到事前提示、事中控制、事后评价；可以在平台上建立财务模板，尽可能取消人工作业，让业务数据自动生成有用的财务信息；可以运用系统标准执行减少偏差及各业务单元可能的暗箱操作，降低各种隐含风险；可以通过设置让系统自动提示例外和预警；可以利用系统的开放性建立各数据共享接口和平台，满足各方不同需求；可以通过系统定期生成不同会计准则要求的报表及特殊报表等。

在满足信息数字化的环境下，财务人员可以更好地使财务直接应用于支持战略决策的增值分析，为公司战略发展提供及时正确的导向，根据市场快速调整业务策略、经营战术等。所以共享服务的模式是在信息技术支持下的管理变革，只有利用现代的 IT 技术，才能使企业集团的财务共享服务真正落到实处。

2. 管理模式变革

财务共享服务模式并非由财务部门发起的，而是随着企业、集团公司的管理变革产生的。当企业业务规模扩大、业务类型和管理层级不断增加时，企业分公司的多套财务机构，会使企业财务人员与管理费用快速膨胀、财务流程效率降低、重复设备投资规模加大、内控风险上升，而多个独立、粗放而臃肿的财务"小流程"使总部统一协调财务变得越来越困难，增加盈利的代价就是加大风险。当这些现实严重侵蚀着企业的核心价值时，传统的财务管理模式已经成为制约企业发展的瓶颈。这时，企业必须站在战略的高度上，进行自身的管理变革，在变革中寻求突破。

3. 财务组织变革

在共享服务模式里面，必须进行财务组织结构的深度变革。管理流程创新以后，要求财务部门高效多维度提供信息，满足企业管理创新与发展的需求，而传统的分权式或集权式财务架构无法完全满足这些需求。分权管理的优势是客户导向、商业智能，弊端是分支机构在一线有比较大的管理部门，流程与制度繁杂，很多工作难以实现标准化；集权的优势是经济规模化、流程标准化，弊端是反应迟钝、不灵活、与业务分离。

财务共享服务是将共性的、重复的、标准化的业务放在共享服务中心，同时汲取了分权和集权的优势，摒除各自的弊端，使财务共享中心如同企业的财务集成芯片，日常业务集中处理，总体职能向广阔和纵深发展，让财务在共享管理中直接体现出价值增值。通过财务共享方案的实施促使财务人员转型，使财务人员由记账转向财务建议、财务管理，为各个部门、各项业务提供财务支持，对市场变化作出反应，只有把工作重心转到高价值的决策支持上来，才能更好地实现财务职能，满足企业战略、组织的需要。

4. 财务制度与政策统一

如果行业没有一个统一的制度政策，即使进行组织架构改革，仍然会出现问题。所以必须要有统一规范的财务作业标准与流程，通过有效整合后，把制度政策配套起来切入到系统中去，保证前端业务部门按照制度和政策去运营，并根据外部环境和内部管理的需要不断完善与改进。

由于整个流程的规模统一性，要求所有员工对流程有一定的了解，所以在财务共享服务中心建立初期，应大规模对各地员工进行培训。同时，在财务共享服务中心模式下，远程交流使得其对员工的沟通技术及能力提出了较高的要求。

财务共享服务中心的建设和运行是一个长期的、复杂的工程，如图 4-10 所示为财务共享服务中心的建设规划框架，在财务数字化过程中不可避免地会遭遇一些问题，需要有效解决。

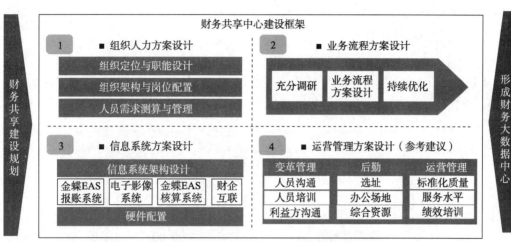

图 4-10　财务共享服务中心的建设规划框架

4.3.2　构建财务共享服务模式的策略

财务共享服务模式通过提高财务运作效率和客户满意度，优化、细化财务流程，实时监控分（子）公司的财务状况和经营成果，最终推进企业集团发展战略的实施，因此，财务共享服务模式已成为跨国企业集团实施全球化扩张战略的必然选择。

当某企业在选择运用这种新型的财务管理模式时，除了要考虑企业文化与技术支持方面的基本问题外，还要思考以下问题，财务共享服务的收费该如何定价；如何在减少成本与提高服务水平间找到均衡；企业内部如何形成一种面向不同部门的服务文化；不同业务单元或事业部门是否可以被视为不同的细分顾客；实行共享服务后，现有的部门绩效评价方式该如何改进等。根据以上问题，提出构建财务共享服务模式的策略设计。

1. 实行财务管理制度的标准化

财务管理制度的创新主要体现在整个集团财务管理制度的标准化，这也是财务共享服务模式构建的基础。首先，在集团层面制定标准业务规范，并以经过评审的标准业务规范作为实施财务共享服务的基础；其次，通过集中培训的方式使各地的财务组织全面掌握新的标准，为正式施行打下基础；最后，持续的监督执行是最终完成标准化的保障。

2. 实施管理模式的转变

财务共享服务可以使企业从分散式管理模式向集中管理模式的转变。它是一种典型的集中式组织模式，通过将服务端（共享服务中心）和客户端（企业集团成员单位）分离的方式，重新定位集团和基层业务及分（子）公司之间的业务界面和业务关系，并将从事标准化财务工作的财务人员从组织分离出来，归属到财务共享服务中，以实现财务人员的集中化。集中式组织模式能够实现资源的有效共享，一个服务端向多个客户端提供服务，客户端能够共享服务端资源。此外，通过服务端进行服务的封装获得一个或者多个数据模块，并把它们集合成一个简单对象能够使财务的服务界面简单化。这样使原来基于整个集团按照成员单位进行财务部门构建，就转变为基于业务类型的财务部门构建，并将基于业务类型的财务部门剥离出来，集中归属到财务共享服务中心。

3. 再造财务流程

如图 4-11 所示通过实现财务共享服务中心的业务和数据整合，完成流程再造。实施财务共享服务时的流程再造应遵循六个原则，即财务数据业务化、数据全程共享、财务流程标准化、财务流程模块化、集成财务信息系统、将基础业务与财务分析分离。

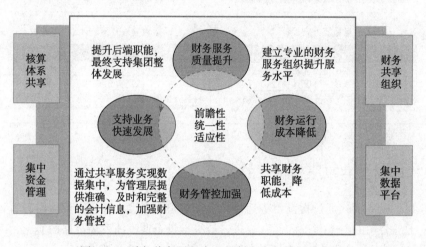

图 4-11　财务共享服务中心业务内容与数据整合图

例如国泰君安总部通过创建财务共享服务中心，将各个营业部的财务权限上收，取消原各个营业部的财务部门，在区域管理总部设置派出机构，统一处理审查、记账、支付、监督、报表及核对等基础性会计作业。作为财务共享服务中新的前台，各派出机构统一处理业务提高了财务数据传递的及时性和准确性，使得位于总部的财务共享服务中心的后台可以将更多的精力集中在财务分析和报告上，为制定财务政策、编制预算提供更多的依据。

4. 系统提高能力与效率

借助信息数据技术实现财务共享服务中心整体能力和效率的提升，最主要的作用在于它建立了一个IT平台，将财务共享服务中心制定的财务制度都固化在统一的数据库中，包括财务作业流程等都在信息系统中进行统一设定，成员单位不得随意修改，从而保证总部的战略得到有效贯彻和落实。如中兴通讯的实践表明以网上报销模块、票据实物流、票据影像模块、过程绩效测评模块和综合管理模块为核心的共享服务系统平台为财务共享服务的实施奠定了较强大的信息系统基础。

如国泰君安就是采取集中方式部署系统，即总部设立 Web 服务器、应用服务器和数据服务器，通过交换机与外网连接；23 个区域管理总部和 5 个分公司通过网络登录总服务器，110 多个营业部的员工直接通过网络提交费用报销申请等。

5. 完善财务体系

在财务共享服务得到成功实施后，企业还需要构建一套包括营销财务、产品财务、研发财务、海外财务、子公司财务在内的完整的财务体系。借助这套财务体系，企业的各项战略和财务管理需求就可直接传递至业务单位的核心决策层。

4.3.3　企业向财务共享中心转型的路径

财务共享中心既是企业财务数字化后的业态模式，也是未来企业提升核心能力、外包部分财务业务的第三方服务形式。在实施过程中，应当在战略财务和业财融合的基础上，从不同层面角度考量，解决存在的带有共性的问题。

1. 强化共享中心规划

企业在经营过程中，将工作重心聚焦于如何获取更多的投资收益上，而在实际工作中则侧重于市场销售经营的层面，对于内部管控如何进行调整和优化比较淡漠，这也是造成很多企业的管理层对于财务数字化工作目标不明确的一个主要原因，对于建设前期的规划筹备工作重视程度不高。财务共享中心依托信息、数字化建设，在构建过程中需要在原有财务架构、流程上进行调整，以达到规范业务流程的目的，加速业财融合进度。

2. 消除信息孤岛

在传统的财务管理系统中，企业之间业务系统保持独立，产生的数据不能够互相融通，导致信息的集成度较低。财务共享中心服务模式正是要冲破不同业务系统间的屏障，构建统一的接口将不同业务系统的数据进行整合，形成一致的数据标准。基于这些诉求，企业需要对原信息化系统重新布局与规划，确保其完成从信息化到数字化的提升。财务共享服务中心建成之后并非可以一劳永逸，在实际运行过程中，需要结合企业的发展情况和业务需要，持续发现新的管理需求，再有针对性地对财务共享平台进行调整。

3. 注重协同合作

在财务共享中心的规划、建设和运行的过程中，都需要企业投入大量的精力与资源，需要企业全员的密切配合。在平台建成初期，经常出现由于相关工作需要磨合，各部门熟练度、配合度较低，导致运行效果没有传统财务管理模式下的顺畅，财务共享中心贡献的效益无法在短时间内体现出来，这种情况是难以避免的。

企业需要对财务数字化实施保持应有的耐心和信心，积极解决遇到的各类难题，在共享中心服务步入正轨后，才能逐渐体现出对企业决策等活动的辅助作用和对各部门及其业务的监督作用。财务共享中心在前期发生的投入与收益比例失调的现象，会使部分管理者存在种种鼓励，倾向于选择效果短、平、快的模块，对于一些需要更多投入并需持续完善的功能，选择会更加审慎。

4. 关注业务能力转型

在传统财务管理模式中，财务工作内容更多地局限于核算、审核等基础性工作中，人力成本较大。建成财务共享服务中心后，工作人员职能发生转变，需要向业务职能转换，这对于之前进行财务核算工作的人员而言是一个新的挑战。由于短期内思维方式和工作模式还未适应，部分财务人员对财务数字化实施存在抵触心理。以往由于财务核算人员缺乏和业务部门、管理人员的沟通，部门重核算、轻管理的现象长期存在，在与具体业务人员沟通时缺乏话语权，业财融合的目标难以实现，因此提高财务人员的数字化素养与能力是亟待推进的工作。如图 4-12 所示为按照共享财务人才素质需求实施能力转型培训。

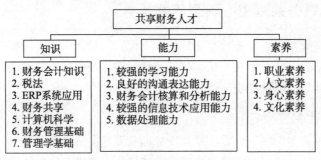

图 4-12　共享财务人才素质架构

4.4　数 据 中 台

视频 4.4　财务数据中台

数据中台是企业级的数据共享服务平台，它通过数据资产化的过程剥离数据与业务，"以用户为中心"持续提供安全、可靠、敏捷、可复用的数据服务能力，以提升企业效率、支撑决策。数据中台对于财务具有重要的价值，基于财务共享服务中心建设是数据中台构建的路径，以财务端的财务共享服务中心为基础，建设企业数据中台是权宜的选择，而其中最重要的是提升共享服务中心中台化的能力，包括提高数字服务能力、服务于业务的敏捷能力和优化客户的服务体验能力。

4.4.1　数据中台概述

中台概念由来已久，在我国古代东汉时期，尚书台就成为政府的中枢，号称中台。唐朝进一步完善的三省六部制，以门下省为西台，中书省为东台，也将上书省称为中台。

目前，国外将中台模式引入企业管理的活动中，芬兰著名的移动游戏公司 Supercell 以小前台的方式组织了若干个开发团队，每个团队包含开发一款游戏需要的各种角色，这样各个团队可以快速决策，快速开发。而基础设施、游戏引擎、内部开发工具和平台则由类似"部落"部门提供，这个部落部门即为中台。

1. 数据中台产生的原因

大力推进数字化技术的时代，企业的信息系统建设大多是从各自所在组织及功能单元的需求出发,独自建设完成,于是出现了"数据孤岛"与"数据烟囱"问题,导致数据被割裂,难以实现数据贯通,进而使得要数据难、用数据难的问题十分突出,数据的利用价值自然大打折扣。企业面临数字化转型,而转型最大的痛点在于数据的割裂,导致难以形成可以共享的数据服务能力或者数据平台。因此,如何构建数据资产体系、释放数据资产价值,成为 DT 时代企业数字化转型的核心问题,数据中台由此应运而生。

数据中台建设的背景与企业的业务发展阶段和数字技术建设阶段紧密相关,中台不仅要投入大量的建设人力成本,还要有配套的组织制度、运营团队配合作为其保障。所以建设数据中台的动因,设计实现何种目标,都是数据中台建设的重要起点。建设数据中台的主要原因有以下三点。

(1)产品矩阵庞大,响应不及时,响应管理混乱。伴随企业业务的扩张迅速,产品矩阵庞大,企业数据平台的服务能力有限,响应不及时,同时响应管理混乱,导致数据服务实效延迟及服务体验较差,影响到业务端数据使用体验和展业效果,因此有必要进行统一的、模块化、标准化的服务能力管理和输出,实现对业务端的数据需求的精准满足和高效响应。

(2)隧道式建设数据平台,大量资源被浪费。由于业务快速发展,缺乏对整个产品矩阵的数据产品体系进行整体规划,就会出现多个业务线隧道式建设,各自完成数据接入、数据集成、数据开发、数据应用、数据治理等,出现了大量的重复建设,导致计算、开发人力、运维人力、存储等资源的重复浪费。这在快速扩张阶段的企业是常见状态,有必要对整个产品矩阵做整体的数据中台能力的规划,让业务的数据需求在不断增加的情况下,企业有整套可复用的数据能力库及配套机制,支持业务正常运转,节省研发成本。

(3)数据治理的需要。面对业务已经沉淀的大量数据,逐步形成了企业的数据资产。而这些数据资产如何成为可持续使用的为企业带来价值的数据,则需要提升数据质量,比如设计数据质量校验的规则和使用流程、设计数据管控权限、数据如何安全输出及共享等。如何在整体上发挥数据的协同效应,为业务提供更高价值的数据服务链路,数据中台可以将这些数据能力整合到一起,为业务端提供稳定的持续服务能力。

2. 数据中台的架构

数据中台建设是体量较大的系统工程,如图 4-13 所示数据中台的六层架构。前期的整体架构规划在整个项目中尤其重要,接下来按照数据活动进行分层,分为底层服务、数据接入、数据整合、数据挖掘分析、业务应用、数据服务管理六层,并全程贯穿数据安全管控活动。接下来将分别简单阐述。

1)底层服务

底层服务层重点为整个数据中台,从数据接入层到数据安全管控全流程的数据活动提供统一的数据存储资源、计算引擎、数据处理中间件服务,增强了服务器资源的有效调度和统一管理。

2)数据接入

为数据接入层提供统一的数据接入平台,根据数据采集的业务场景,平台提供了数据收集的工具及解决方案,让数据采集、数据传输、数据存储、数据资源管理全链路都可自动化完成,并实现对活动任务的自动化监控。

图 4-13　数据中台架构图

3）数据整合

数据整合层提供统一数据处理及标签与模型开发服务。整合层根据来自企业的数据使用场景对数据进行建模，生成如标签管理、数据仓库这样的服务平台，为企业的数据团队和业务团队使用数据提供一个高效整合后的数据源。并在这一层对数据进行治理，例如编码规范、主题域划分、表模型规划、数据质量校验规则设计等都在这一层完成。通过这些模型、规范及平台的协同作用，为企业提供可高效获取并且质量可靠的数据。

4）数据挖掘分析

数据挖掘分析层整合了企业存在的几大数据挖掘工具及分析工作场景，比如对用户行为数据进行数据分析、通过算法模型挖掘用户潜在的商业价值，或者多个 BU 之间进行数据加密碰撞发现新合作场景等。这一层提供的平台及工具，基本覆盖了大部分数据挖掘的工作场景。通过数据中台实现共享这些数据组件，使得各部门和团队都可以通过工具高效完成挖掘分析工作。

5）业务应用

业务应用层是指可以直接提供给业务端使用的数据产品，业务部门可以直接使用这些数据产品，高效获得满足业务需求的目标数据，甚至这些数据可以直接打通到业务系统，比如 DMP 平台，让用户对数据需求、数据加工、数据使用的整个获取周期大幅度缩短。此外，还可以通过提供满足特定具体业务场景的数据应用来给业务赋能。

6）数据服务管理

数据服务管理层提供统一的数据服务出口，目的在于帮助企业提升数据资产的应用价值，同时要保证数据的安全性和有效性。统一服务通过行业成熟的 ONESERVICE（统一数据服务，即由数据中台提供统一的数据接入和数据查询服务）解决方案，构建 API 和数据服务接口来满足不同数据使用场景的需要，同时降低了数据的开发门槛。

4.4.2　数据中台对财务的价值分析

企业针对现有财务共享中心很难满足数据信息资源的共享要求，利用业务中台、数据中台、智能中台"三中台"模式，对财务共享中心的信息化模式进行了研究。数据中台是财务共享中心的数据服务工厂，可以完成从数据到价值的加工过程，通过抽象和生产数据服务，更快地影响并改变业务行为。其核心价值是将数据服务直接嵌入到财务共享中心的交易系统中，实时通过数据洞察来改变业务流程，将传统的数据服务模式从事后管控变为事前评估，图 4-14 为数据中台价值呈现形式。

图 4-14　数据中台价值

基于中台架构与理念构建，以财务中台为核心的财务信息化平台将具有通用性、普适性的核心财务能力沉淀下来，实现财务能力在集团型企业中的复用和共享，降低重复建设成本，快速响应前台业务变动对财务工作的影响。

1. 为管理会计提供数据支持和服务

财务数字化转型可以解决业财数据的不融合问题。从数据中台建设的背景来看，它解决了散落的业财数据如何整合于一个统一的平台问题。该平台可以确保同一类或同一个数据来源是唯一的，其他系统可以把这些数据复用、共享起来，使得后续处理的数据结果具有准确性、唯一性。同时，其他系统不必再为取得同一个数据做重复的工作，节约了时间和成本。基于数据中台架构，会计信息系统可更高效率、更低成本地获取所需的数据，进而使数据在互通和共享的基础上实现重复使用。

基于数据中台重构了管理会计信息化框架，利用数据中台的能力将管理会计基于历史数据的分析转向基于未来的数据预判，从过去依赖于管理人员个人经验的决策转向自动化、智能化的决策，从而为企业运营管理增值赋能。

2. 让财务数据用起来

数据中台的使命就是让数据用起来，数据中台同样可以使得财务数据作为生产资料融入业务价值的创造过程中，并持续产生价值。当出现新的市场变化时需要构建新的前台应用时,数据中台可以迅速提供财务数据服务,让服务业务化,敏捷响应业务的创新。例如,数据中台可以为企业提供及时甚至是实时的指标计算服务,还可以提高企业数据决策的相关性。企业可以根据每天单位时间附加价值的变化,不断调整本企业的工作重点,可以为企业提供多维度、个性化的数据查询和分析服务,帮助企业尽快找到经营管理的问题,及时调整工作重点。

3. 解决了未来数字化转型问题

建好的财务共享最为突出的问题是,如何基于财务共享为业务型财务与战略型财务提供真正的服务。这种服务的实质是数据服务,显然,目前大多数建设完成后的企业集团财务共享服务中心的数据质量状况难以满足这种需求。

在《下一代财务:数字化与智能化》(2021)一书中,针对此问题提出了财务共享服务中心的数字化转型问题。应该看到,数据中台是企业数字化转型的基础和保障。每个行业都有自己的特色,其数字化转型思路也不同,但本质都是要搭建有效的数据中台,赋能各业务端。借鉴这一思路,数据中台的建设思路同样有利于财务共享服务中心的数字化转型。

财务中台主要由财务业务中台、业财数据中台两部分构成,图4-15为财务中台与财务业务中台、业财数据中台关系构成。财务平台作为业务与财务之间的桥梁,发挥承前启后的作用,简化财务前台并保障财务后台。财务业务中台称为企业的财务共享平台,业财数据中台类似于数据仓库,对后台及财务业务中台流入的数据进行存储、产品化。

图4-15 财务中台与财务业务中台、业财数据中台关系构成

4. 为数字化财务搭建了数据基础与应用场景

数字化财务的实现依赖于数据、算法、算力三个要素。数据中台建设从整个信息系统架构的高度,在财务数字化与未来智能财务之间搭建了连接桥梁。未来在数据中台的基础上,通过人工智能技术的深度场景化应用会增强数据思考分析的能力,这将有利于进一步构建数据智能,提供丰富的算法,通过业务数据化决策场景化,为决策者提供有价值的服务信息,实现真正意义上的智能财务。由数据中台所实现的数据能力是实现数字财务的基础,数据中台通过内外部数据的深层次洞察,再通过智能分析技术构建不同部分不同领域的数据模型来实现数据的可视化,优化企业的财务决策与商业决策。

4.4.3 基于财务共享服务的数据中台建设的路径

数据中台通过将企业的数据变成数据资产并提供数据能力组件和运行机制,形成聚合数据接入、集成、清洗加工、建模处理、挖掘分析,并以共享服务的方式将数据提供给业务端使用,从而与业务产生联动,而后结合业务系统的数据生产能力,最终构建数据生产、消费、再生的闭环,通过这样持续使用数据、产生智能、反哺业务从而实现数据变现的系统和机制。如图4-16所示为数据中台与数据应用和业务系统的关系。

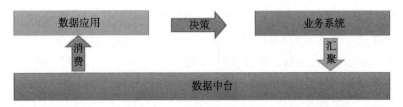

图 4-16　数据中台与数据应用和业务系统的关系图

1. 数据中台逻辑起点与作用

始于业务端的财务数字化，其效果具有很强的直接性，但最大的缺点是很容易受制于业务目标的完成，重新进入短期的目标管理。所实施的中台建设很可能是将原来分割的各个业务系统通过微服务的方式，强行集合在一起，其流程再造并不彻底，还会出现各个组成部分的交叉重叠问题，它往往是根据前台业务应用共享的需求产生的，但其实这是业务中台而不是数据中台。

发起于 IT 端的中台最大的瓶颈，在于企业人员对于业务和财务的了解均不足，出于分析目的而构建的中台实质上是数据仓库，而不是数据中台。因为它没有贴近业务进行中台建设，其结果可能是业务部门既不接受，财务部门也不需要。对于企业数字化转型的路径，所以企业更倾向于从财务端发起，尤其是以正在使用的财务共享服务中心为起点。

2. 数据中台的建设路径

共享服务中心在运营过程中，通过自动化智能化的数据采集和汇聚，产生海量的数据和企业多维度的信息，并将实时与离线的数据打通关联，为数据中台提供数据基础；数据中台对这些数据进行体系化的加工，构建了从数据输入到输出全过程，包括数据采集、数据治理、数据建模、数据开发等，并形成有针对性的数据服务来支撑各个业务场景中的应用，从而提升业务运行的效率，持续促进业务创新，使业务中台的能力不断迭代升级，而这些应用产生的新数据又流转到数据中台形成循环不息的数据闭环。因此，以财务端的财务共享服务中心为基础建设企业数据中台不失为一个好的选择。关键需要经历若干路径，图 4-17 为数据中台建设路径，行业里的数据中台建设路径总体可以分为以下三类。

图 4-17　数据中台建设路径与难度对比图

1）路径一：数据中台与业务中台并行建设

数据中台与业务中台并行建设，复杂度较大，也是实施难度最大的路径。因为建设业务中台的过程需要对业务进行梳理和规划,这个过程会反复出现多次对流程的调整,这给数据中台建设带来了非常多的不确定性,进一步增加了数据中台建设的难度。

2)路径二:业务中台先行,数据中台跟进

相较于数据中台与业务中台并行的复杂度和挑战度更高,路径二显得更加稳健,也是被企业采用最多的一种路径。

业务中台先行,数据中台跟进。很多企业会采取这种模式。这种模式吸取了第一种模式下的多种不确定的教训。

在数字化营销成熟发展的今天,其实业务与数据早已不能完全分割。业务数据化和数据业务化几乎是同时完成的。

3)路径三:单独建设数据中台

实施单独数据中台建设,一般会在业务系统已经相对稳定时期,但是这种模式也存在挑战。在企业业务扩张过程中,数据质量参差不齐。这个阶段进行数据治理,必定是非常繁杂耗时,产出不明显。同时,势必会带来组织架构的变革和重组,这是数据中台建设至关重要的环节。如果在上层的政策和资源支持上,不足以有效协调各个领域数据建设者同一目标、齐心协力,那么也很难把数据中台成功建设起来。

3. 共享服务中心中台化能力的实现

数据中台产生的基础就是共享能力的复盘。财务共享服务中心建设本身就是核算能力的复用和共享,其本身就是一个数据中心。虽然过去所形成的角色是被动记录经营数据,但基于财务共享所引发的财务职能进化,已经开始促进财务共享服务向业财数据的融合迈进,开始从财务动因深入业务动因,尤其从单一的财务共享职能向多职能的共享服务中心的演进,更是催生了数据中台需要的数据基础、技术基础与人才基础。其中最重要的是提升共享服务中心中台化的能力如图 4-18 所示,具体包括以下内容。

图 4-18 共享服务中心中台化能力构成图

1)提高数字服务能力

数据中台的建立有利于人工智能模型的训练和应用的创新。随着 5G 网络、物联网的应用,数据采集成本将大幅降低。随着业务数据化程度越来越高,数据处理与分析技术也将越来越成熟。可以预见,在不远的将来,很多管理会计的实施将由机器进行决策与执行,财务人员和机器共同协作能力将得到高速发展,基于数据中台的智能财务决策真正得以变成现实。

未来企业共享服务的价值创造能力将进一步提升,将从传统的人工和交易性事务转向"基于知识的服务",如决策支持、报告、预测分析等,从单纯的成本降低目的成为企业价值创造的新来源，并进化成为企业的数据中台。要实现这一转变，共享服务中心需要在数字化转型的过程中广泛采集和汇聚数据，并通过模型分析充分开发数据价值，提供数字服务。

2）提高服务于业务的敏捷能力

共享服务中心的数字化转型目标是提高自身响应前台服务的敏捷性，结合中台"敏捷与服务""复用与共享"的特征可知，这是共享服务中心成为数据中台所必须具备的能力。共享服务中心面对多样化的客户、复杂化和差异化的行业，其流程需要像中台一样具备快速响应、匹配并搭建服务的能力。

基于共享服务中心构建的数据中台，可以从业务流程梳理和共享服务架构两个方面入手。

在业务流程梳理方面，共享服务中心可以通过对前台各成员单位的业务进行分析、归纳，形成业务标准化管理流程、管控点和岗位职责分工，根据流程的关键节点提取相应业务职能，将其中逻辑稳定的、多场景可复用的、业务价值高的工作流程形成标准、专业的服务产品，按需组合，提供灵活的服务调用支持，支持前台对经济业务的处理。

在共享服务架构方面，要提高共享服务中心的响应速度，需要构建起"轻量化"的共享服务架构。轻量化共享服务架构是通过与业务系统相集成的方式，实现服务请求的提交、派转和处理。这样既可以实现业务的快速响应，又不会因为合规问题而使财务系统独立于集团一体化平台之外，将有助于共享服务中心提高自身的敏捷性，向中台建设更进一步。

3）优化客户的服务体验能力

数据中台建设的最终目的都是通过服务来支撑前台业务，确保最低服务体验标准，以提升前台用户的体验。而这也是中台建设与传统信息系统建设最大的区别之一。数据中台的建设目标，中台更多强调的是客户体验，是业务和数据服务。图4-19为数据中台实现客户价值流程图。

共享服务中心的数字化转型要借鉴中台的服务体验思想，以客户为中心提供定制化服务，利用多种渠道与客户进行交流。例如，运用基于RPA技术的虚拟客户助理，全天候为客户解决问题，从而增强客户体验；或者建立起共享服务运营平台，在跨职能、跨区域的共享服务中心通过一个整体的平台来集中管理资源和分配工作，实现共享服务中心的作业人员和派单人员的高效协作，增加作业效率，提高作业质量和客户满意度。

这类以客户体验为导向的数字化转型举措，可以使共享服务中心形成以客户为中心的工作流程，为每一位客户提供个性化且稳定一致的客户体验，这给未来中台建设过程中考虑服务对象提供了重要的思想和工作流程基础。

总之，数据中台的建设思路有利于财务共享服务中心进一步打破企业财务数据与业务数据的孤岛现象，实现数据的汇聚联通，形成统一的数据平台，为后续数据资产的价值挖掘提供原始材料。该模式有利于推动财务共享服务的数字化转型，真正实现财务数据的价值。其关键是将财务数据与业务数据汇聚后，将原本看起来没有价值的数据变成对业务有价值的资产，为前端业务源源不断提供服务的"产品"。

| 以客户为中心 |
| 可以使共享服务中心形成以客户为中心的工作流程 |

| 个性化客户体验 |
| 为每一位客户提供个性化且稳定一致的客户体验 |

| 员工与客户价值 |
| 在共享服务中心的每个触点上都体现出员工和客户的价值 |

图 4-19 数据中台实现客户价值

未来，随着大数据、人工智能技术的应用，数据中台将变得更加敏捷和高效。它不仅可以自动分析源业务系统间的数据依赖关系、智能推荐主数据、数据标准、数据治理建议，还可以自动生成脚本等。除了数据中台的构建过程智能化之外，上层业务也会沉淀出一批与人工智能相关的产品，比如自然语言生成、问答机器人、自动翻译等。

 案例分析

南山控股财务共享中心及财务信息化建设顶层设计咨询项目启动

2022 年 11 月，南山控股（002314）财务共享中心及财务信息化建设顶层设计咨询项目启动会在南山控股会议室召开。南山控股副董事长宋英豪，南山控股执行董事、财务总监宋日友及财务主要领导、共享建设小组成员、各职能部门、各单位财务负责人及财务骨干，用友公司相关成员等共约 120 人参会。

会上，南山控股财务部及合作商相关负责人，分别就项目建设背景、建设目标、建设内容、建设步骤以及收益展望等进行了介绍，明确项目团队及项目管理计划，并部署下一步项目实施工作安排。

南山控股执行董事、财务总监宋日友在总结发言中强调，财务数字化转型和改革是当前必然趋势，也是集团公司新时期发展和现代化企业制度建设的要求。目前，财务系统正紧密围绕加快构建匹配控股整体战略的现代化财务管理体系这一目标，积极推动财务管理理念变革、组织变革、机制变革，搭建"与集团现代化企业管理体制相匹配、业财一体化为主体、财务信息化建设、队伍建设为两翼"的价值创造型财务管理体系。财务共享中心建设作为财务数字化建设和集团信息化提升的重要一环，要做好规划，抓好落实。

南山控股执行董事、财务总监宋日友发言：要求各单位、各部门财务负责人和业务骨干要提高高度和站位，增强工作主动性和责任感；明确目标和任务，做好业务的梳理和流程的再造以及项目理念的理解、引导和推广。要重视队伍搭建和人才培养，通过项目实施，打造一批年轻化、专业化的复合型人才，同时做好内外联动，形成合力。

据介绍，南山控股财务共享服务中心依托财务共享标准化、专业化、流程化改造和信息系统互联互通升级，可以有效提升核算效率及质量，助推财务数字化转型。同时促进企业财务从管理型向服务型转变。

下一步，南山财务金融系统将以此次启动会为契机，积极优化资源配置，依托财务共享中心平台，将财务系统建成企业的"数字神经网络"，为未来业财深度融合打下良好基础，以信息化数字化赋能公司高质量发展。

（资料来源：http://stock.10jqka.com.cn/20221020/c642368608.shtml）

问题：

1. 南山本次财务共享中心建设会议提出的"价值创造型财务管理体系"的要素及含义是什么？
2. 公司负责人对财务负责人和业务骨干的工作质量要求是什么？
3. 南山控股财务共享服务中心主要作用如何？是否体现共享服务中心的核心职能？
4. "数字神经网络"这一说法对企业而言意味着什么？

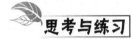
思考与练习

1. 财务共享与财务数据处理有何关系？财务共享中心的优势与劣势是什么？
2. 财务共享中心建立的技术型、思想性、组织性条件主要包括哪几个方面？
3. 财务共享中心建立的策略包括哪些？财务共享推进的瓶颈是什么？
4. 财务共享中心与数据中台关系是什么？
5. 如何理解数据中台在数字化财务共享中心的作用？
6. 以财务共享为基础的数据中台建设路径是什么？

扩展阅读　　　　即测即练

自学自测　　　　扫描此码

财务数据价值链运作

学习目标

1. 了解财务数据价值链运作步骤、具体环节以及核心价值点；
2. 熟知数据探索与数据算法，以及数据可视化的技术原理与经济价值。

引导案例

海尔的转型之路

随着海尔集团战略的变化与"人单合一"双赢模式的推进，2006年，海尔集团高级副总裁、CFO谭丽霞主持了海尔的财务变革，其目标是：传统的财务要向价值创造型财务进行转变，并为财务确定一个新的定位，即"规划未来、引领价值、事前算赢、创新增值"。

当时把海尔集团所有组织、业务当中的财务全部划分到了集团的财务团队当中，并将1800多人进行了收编（但保留每个财务自身的功能）。之后再按照"让集中的更集中、让分散的更分散"原则，将集团的财务划分成了三类，即融入财务、生态财务和共享财务。然后再按照CFO谭丽霞制定的"润物细无声"原则，将所有的财务人员都"搬"到业务当中，实现业务财务共享。

可以用一句话来表述海尔的财务变革，就是传统的财务要转换成规划未来、引领双赢的价值创造型财务。这其中，规划未来是指要创造价值，引领双赢则是指所有的财务都要与业务融为一体，并要成为战略的引领者和业务发展的引领者。

这种共识和定位形成之后，海尔财务人员的功能发生了很大变化，其表现有三：

一是财务人员从财务会计转到了管理会计，这相当于从企业的后台走向了前台。

二是整个财务功能结构发生结构性颠覆。2006年，海尔的业务财务人员只占5%的比例，大部分财务人员都在做核算财务；变革之后，其业务财务人员占比已经有了非常大的提升，核算财务也大规模减少。

三是财务人员从独立的组织融入了业务。比如前端的融入财务人员主要做事先算赢，他们基本上不做账、不报表、不管钱，只是从各个角度，比如从机会角度、从战略角度、从整个财务分析角度以及从预算角度等，与业务人员一起创造价值，洞察机会。

（资料来源：https://page.om.qq.com/page/OOrNLeP9ovsD7twpw8PM3ZHQ0）

对于企业来讲，数字化价值更多的是聚焦于信息技术在企业运营实践中的综合应用，以实现财务数据价值的创建和积累，实现商业模式的迭代和创新。财务数据价值链的运作包括：业务需求分析、数据采集、数据清洗、数据探索、数据算法和数据可视化等六个基本步骤，并按照逻辑顺序分别展开，如图 5-1 所示。

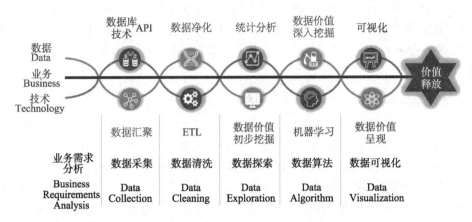

图 5-1　财务数据价值链运作的 6 个基本步骤

5.1　业务需求分析

财务数据价值链运作的第一步是业务需求分析。作为财务数据价值链的第一环，业务需求分析决定了后续数据分析的方向。对于企业而言，脱离实际业务的数据分析不具有商业价值，以业务需求为基础的数据分析才能应用到具体的企业业务中。

5.1.1　业务需求分析的本质

视频 5.1　数据价值的业务需求分析

如果将财务数据价值链的整个过程比作射击，则业务需求分析就是第一步——明确目的即靶标，找到业务的痛点，使得数据分析的结果，能够有针对性地解决企业财务管理中的实际问题。业务需求涉及企业经营管理的不同方面，不同经营管理的需要对应着不同的数据分析方法。在此基础上，企业的业务需求通常可分为四类：描述性分析需求、诊断性分析需求、规范性分析需求、预测性分析需求，分别回应财务数据"是什么""为什么""怎么做""将是什么"四类问题，反映了财务数据分析的不同目的。不同类型的需求，决定了不同的数据价值导向、数据采集范围和数据分析方法。

1. 描述性分析需求

描述性分析需求是对历史及现状进行客观描述的需求，是最基本的分析需求。例如，企业在运营管理过程中，会形成一定的过程控制指标和管理考核指标，包括员工的工作效率、业绩贡献率等作为绩效评价的重要依据，用以描述员工的工作成果、监督员工的工作执行情况。面对这类需求，通常采用简单的统计分析方法，使用的典型指标包括均值、中位数、众数、方差等，常见的呈现方式包括折线图、直方图、热力图等可视化工具。

2. 诊断性分析需求

诊断性分析需求是探究事件背后的原因以实现深入理解的需求，当企业需要了解影响事物的具体因素时，可以采用诊断性分析。例如，销售部门需要弄清第四季度的销售额大幅下降的真正原因是什么。面对这类需求，首先，选择合适的量化评估指标；其次，按影响因素、业务过程对结果指标进行拆解；最后，基于指标的拆解构建分析体系，实现对原因的剖析。

3. 规范性分析需求

规范性分析需求是在特定问题情境下选取最优解决方案的需求。例如，当企业面临业务增长，需要获取供应链库存调整建议时，先要了解库存是否存在长期积压或是缺口，再分析订单数、生产效率等相关因素，综合分析后提出解决方案。面对这类需求，首先要明确事件及其影响因素，其次根据需要解决的问题，设计多个可能的决策方案，最后判断每个决策方案可能带来的影响，并为企业推荐能更好地利用机会或减轻风险的可行方案。

4. 预测性分析需求

预测性分析需求是预测事件未来发生的概率、演变趋势等情况的需求。例如，销售部门需要预测某件商品在第三季度的销售额，以了解未来企业业务的发展情况。未来的高度不确定性决定了预测性需求分析的难度，因此面对这类需求，需要综合考虑预测对象的特征、预测精度、实施难度等，构建多维分析模型，以洞察历史数据特征和趋势并进行预测。常见的预测模型有：时序预测模型，基于历史数据的时间变化进行预测；多因素模型，需要评估筛选影响因素，构建多元回归或机器学习模型，对模型持续调优并进行预测。

5.1.2 业务需求分析的具体步骤

财务数据价值链的业务需求分析包括三个具体步骤，如图 5-2 所示。首先，从业务背景理解入手，明确数据用户业务需求的本质；其次，进行数据理解，探究业务需求该如何满足，规划从数据分析到业务需求实现的路径；最后，进行需求资源评估，界定所需资源。

图 5-2　业务需求分析的具体步骤

1. 明确业务需求本质

业务背景理解的本质是将业务需求放在不同层面上进行定位，由此分析不同定位下的数据价值。通过层次分析法，可以将业务需求放在不同行业、业务域、需求层面上进行分解，以理解数据用户现状、定位业务需求所处的范围和层面，找到分析和对策的着力点。具体而言，包括以下三个方面：

（1）成功关键因素分析。根据数据用户所处的宏观经济环境、行业背景、典型商业模式等,分析其经营管理模式以及所处行业的成功关键因素。例如,企业在进行盈利预测时,基于所处行业特征,企业才能更快速地抓住国内外宏观经济形势、利益相关者动态、企业自身经营情况等关键因素,并据此分析出行业市场变化与发展动向,找准潜在业务机会和竞争关系,判断自身的优劣势,计算未来可能的市场份额和盈利空间。

(2)管理范围分析。明确业务需求所属的管理范围,确定每个需求属于哪个值域、每个值域包含了哪些方面、对应了怎样的业务过程。例如,采购费用是采购管理域的问题,明确采购管理域的主要业务流程,从采购物料、供应商选择、采购计划、采购订单、物流等方面进行分析,并进一步去寻找问题症结所在。

(3)问题层次分析。确定数据分析需要解决的问题层次,是财务管理层次的问题、业务流程层次的问题,或者是企业整体经营层次的问题,以明确不同决策层的关注点和目标。如图5-3所示为理解业务背景的"层次分析法"所设定的行业、域、业务层面。

图 5-3 理解业务背景的"层次分析法"

2. 规划需求实现方法

数据理解包括判断、转化、规划、明确数据四个步骤。该种方法主要思路是:先判断通过数据分析,项目满足业务需求的可行性。在可行的基础上,根据业务需求类型将其转化为数据分析项目,进而规划由数据分析到业务需求实现的路径,最后确定所需目标数据,如图5-4所示数据理解的步骤。

图 5-4 数据理解的步骤

第一步,判断。在理解业务背景基础上,需要判断业务需求是否可以转换为数据问题。因为有些流程不符合商业逻辑,属于数据不足、数据质量极差的业务需求,即使转化成了数据问题,也很难得到有效解决。例如,刚成立不久且信息化建设还没有落地的某企业的销售部门,想要根据历史数据来预测未来月度销量,但企业沉淀的相关数据量过少且全靠人工记录，数据基础薄弱，因此将这一业务需求转化为数据问题后，得到的预测结果很大程度上缺乏准确性，难以让人信服。

第二步，转化。根据之前的介绍，业务需求可分为描述性分析需求、诊断性分析需求、规范性分析需求、预测性分析需求，基于分类业务需求可进一步转化为相应的数据分析项目。

第三步，规划。针对已转化的数据分析项目探索解决路径，建立指标体系，运用 MECE 分析法。MECE（Mutually Exclusive Collectively Exhaustive），即"相互独立，完全穷尽"以及归纳推理、演绎推理、对比分析等思维模型，对后续工作进行初步规划。

第四步，明确数据。根据初步规划、评估转化而来的数据分析项目判断数据需求，确定数据范围，考虑现有数据是否足以支持项目的目标实现，以及是否需要增加采集、转换或从外部获取数据。通常情况下，项目开始时单纯着眼于可用数据，随着数据项目的长期发展，则不再只局限于当前数据。因此，企业应当了解实现长期目标所需的财务数据，以及现有财务数据可实现的目标。

3. 需求资源评估

需求资源评估是一种系统方法，用于确定和评估当前业务资源与所需业务资源之间的差距，以便匹配需求与可用资源。需求可以反映公司改善当前绩效或弥补现有绩效不足的愿望。企业需要仔细分析其当前资源状况并衡量与所需资源的差异，以确定其特定需求。需求资源评估是组织规划过程的一部分。企业改进和完善了培训、支持和销售等项目的相关流程，以实现预期的结果。企业可以使用项目管理软件进行无缝的需求评估，同时规划或优化多个项目。

需求资源评估流程使企业能够做到弄清楚问题并提出可能的解决方案或干预措施；分配有限资源以实施潜在的解决方案；积累与潜在解决方案相关的以最终目的为中心的数据，并选择最佳流程来满足业务需求。

所以，在确定数据分析项目后，项目人员需要在数据理解的基础上，评估项目需求资源与可用资源的匹配性，包括可能会涉及的组织人力、技术、硬件设备等方面。需求资源评估需要在组织机构内部评估项目的复杂程度以及可能存在的工具、设备、技术和技能等方面的差距。

例如，现有团队是否拥有成熟的技术和技能？还需要哪些类型的技能和人员角色？所需要的专业知识在当下的组织内是否已经具备，是否需要再培养或新招聘？所需运用到的硬件设备是否到位？这些问题的答案将会影响团队的技术选型以及数据项目后续阶段的实现方式。

5.2　数据采集

财务数据价值链运作的第二步是数据采集。作为财务数据价值链运作的第二环，数据采集就如同制造业企业生产产品前准备原材料的环节，是获取数据原材料的过程，科学全面的数据采集工作是驱动数据价值链发挥作用的基础。

5.2.1 数据源的含义及分类

数据采集工作的目的是提供数据原材料,以驱动数据价值链高效发挥作用,企业可在对数据源认识的基础上,设计好数据采集工作流程。

1. 数据源的含义

数据源即为数据的来源,梳理数据源能够帮助企业选择更具针对性的采集工具与方法,这是做好数据采集工作的前提。数据源聚焦财务领域,财务数据源也需要随着财务职能的转变进一步扩展。传统财务部门有九大业务流程,即费用报销、采购付款、订单收款、存货成本、固定资产、总账报表、会计档案、资金管理、税务管理等,为保证其运转,此时,"票账表钱税"背后的数据是财务人员关注的重点,其实质可归类为结果数据。

视频 5.2 数据采集

2. 数据源的分类

对企业而言,数据源可以按照分布的范围分类,也可以按照数据的采集路径分类。

1) 以分布范围分类的数据源

数据源的分布范围按照企业信息体系的边界可分为企业内部数据源和企业外部数据源。对不同分布范围的数据源进行数据采集,需要调用的资源是不一样的。如图 5-5 所示为数据源的分布范围。

图 5-5 数据源的分布范围

(1) 企业内部数据源。主要包括企业的业务系统、财务系统、人力资源系统、日志采集系统、线下保存数据的办公软件以及企业生产环节的温度传感器等。企业内部数据源承载并提供了绝大部分企业运营管理所需的数据,通常这部分数据可通过数据库、系统日志、API 等工具进行调取、传输与采集。

(2) 企业外部数据源。包括政府、高校、机构、行业协会的开放型数据库以及网页与应用程序等。企业通过采集外部数据打通与外部世界的联系,增强敏锐觉察机遇与风险的能力。相较于内部数据源而言,外部数据源大多分布广泛且分散,企业通常需要根据适配性对数据进行筛选,并采用网络爬虫和 API 的方式采集,以提高采集的效率和质量。

2) 以采集路径分类的数据源

数据的采集路径可分为两类:一类是将存在于物理世界的数据复刻至数字世界中;另

一类是将本身存在于数字世界的数据搬运至企业的数据仓库、数据平台或数据中台。因此，可以将数据源分为物理世界中的数据源和数字世界中的数据源。如图 5-6 所示为物理世界中的数据源和数字世界中的数据源映射关系域相互传递机制。

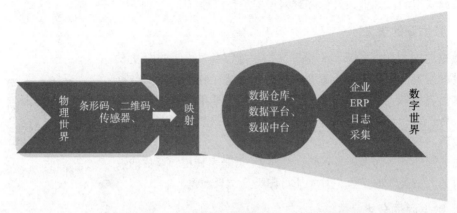

图 5-6　物理世界中的数据源和数字世界中的数据源

（1）物理世界中的数据源。以物理实体为载体，借助物理设备进行数据采集，实现从物理世界向数字世界的转化。常见数据源包括条形码、二维码、传感器、工控设备等。针对物理世界中数据的不同形态，有对应的采集方式及技术，典型的采集技术包括 OCR、ICR、ASR、RFID 等技术，反映出数字世界是对物理世界的感知与映射。

（2）数字世界中的数据源。存在于各种软件、系统或程序中，但数字世界中的数据并非自然相通，而是需要借用技术与工具将其采集并汇聚至企业的数据仓库、数据平台、数据中台中，为下一步数据的抽取、清洗、加工做好准备。常见的数据采集工具包括系统日志、数据库、网络爬虫、API 等。

5.2.2　财务采集数据范围的扩展

随着企业的转型推进和数字技术的赋能，财务职能正向着支持企业经营管理战略转型变革，财务所关注的数据不再仅局限于结果数据，财务还需要全方位采集与汇聚结果数据、交易数据、过程数据、行为数据、环境数据，支持和驱动财务发挥经营管理、价值创造的职能。图 5-7 为财务数据全面采集的类型，包括上述所描述的几种类型。

1. 财务数据源的扩展

随着财务所关注的数据不断丰富，财务数据源得到了重新定义与扩展，可以划分为三个层次，扩展后的财务数据源为企业建立起更加全面的数据基础，如图 5-8 所示。

第一层：财务数据载体及其结构化。

财务数据载体是承载业务处理过程中所形成的各结果数据的单据或票证等。财务数据载体作为交易发生的"证据"，是财务部门开展财务核算工作的重要依据，按照来源可以划分为外部载体和内部载体。

第二层：对内部信息系统的全面采集。

在第一层基础上，财务部门要深入研发、采购、生产、销售等业务环节，将数据的采集触点不断扩展，广泛采集各系统中的结构化数据，汇集成企业内部的数据资源。

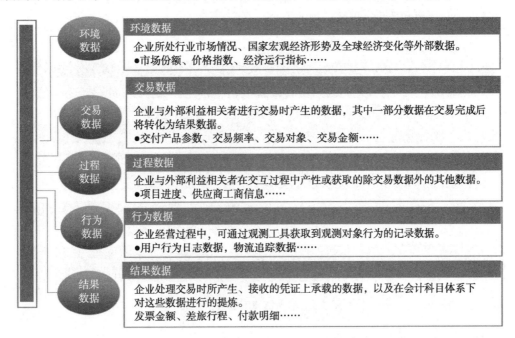

图 5-7　财务数据全面采集的类型

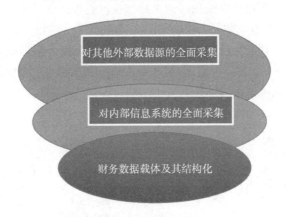

图 5-8　财务数据源"三大层次"

第三层：对其他外部数据源的全面采集。

财务要想从数据中获得洞见支持决策，就需要面向外部数据源采集企业信息体系范围外的其他数据，比如客商情况、市场竞争态势、行业发展形势、宏观经济环境等，建立内外部数据网络。

财务数据源"三大层次"逐步推动财务部门从小数据集向大数据转变，最终发展成为覆盖企业内外部全数据采集情境下的数字神经网络。

2. 财务采集数据的方法与工具

面对扩展后的财务数据源，数据采集的要求、具体的方法以及所依赖的工具也发生了新的变化，如图 5-9 所示。财务需要根据具体情境选择适配度最高的采集工具和方法，以提升数据采集效率和质量，保障数据的安全、有序。

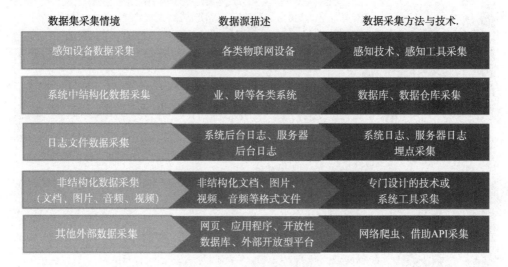

图 5-9　不同情境下的数据采集

情境一：感知设备数据采集。

描述客观事物的数据可以使用感知工具与技术进行采集，并且这种感知技术被广泛应用。常见的感知工具与技术包括 OCR 技术、信息传感器、射频识别技术、全球定位系统等。

在财务工作中，存在大量文本格式标准化程度高的财务数据载体，例如银行结算单、行程单、发票、车票等，财务可借助 OCR 技术将纸质文档上的文字转化为图像，再利用算法把图像信息翻译成可编辑的计算机文字，如图 5-10 所示。

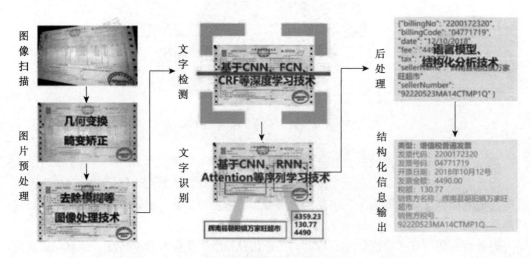

图 5-10　中兴新云智能采集方案中 OCR 技术实现流程

情境二：系统中结构化数据采集。

以数据库形式存储的结构化数据，几乎是所有企业都具备的数据资源。这些数据涵盖了企业生产和经营各环节的核心数据，它们的数据源是企业各大信息系统，这些数据高度结构化，可进行批量采集。

例如，通过票联系统能够获取各类票据信息；通过供应商智能结算系统能够智能连接所有供应商，获取开票、发票查验、三单匹配、智能审核、采购结算、认证抵扣等数据等。这些信息系统可智能化采集前端业务信息并将其存储为标准的结构化数据，打通业财数据的线上通道。

事实上，上述系统后台均配置了数据库，因此能够在系统中存储、搜索、调用以及采集运行过程中产生、传输、交换的数据。但如果需要采集跨系统数据，则需要继续对数据库中的结构化数据进行采集、整合，比如可以通过数据仓库实现。如图 5-11 所示为系统中结构化数据采集模式。

图 5-11　系统中结构化数据采集模式

情境三：日志文件数据采集。

部分数据需要从系统日志、服务器日志中进行采集，这部分数据主要满足系统运维或运营管理过程中数据需要实时关注的需求。每个系统、服务器后台都存有日志数据。

用户行为分析是采集后台日志数据的典型应用。埋点是目前较为常见和成熟的捕捉以及记录用户行为的方式。用户一旦发生特定行为，就会被提前"埋下"的"数据记录器"记录并采集。表 5-1 为埋点数据采集方式中所归纳的四种埋点类型。

表 5-1　埋点数据采集方式

序号	类型	采集方式	缺点
1	代码埋点	设计并定义用户事件，由开发人员编写代码完成采集	需要产品经理定义，开发工作量大
2	全埋点	无须设计埋点嵌入统计 SDK，由其自动统计上报	数据准确性不高，统计维度单一（用户点击/用户查看）
3	可视化埋点	嵌入统计 SDK，在后台页面签订需要统计的事件，由其自动统计上报	技术成熟性低，支持的可视化选择事件不多，部分自定义业务事件无法统计
4	服务器埋点	通过监测接口调用计算埋点数据	缺少前端交互，无法判断数据发生场景

在财务领域，日志数据采集被广泛应用于财务作业平台、财务共享服务中心的运营管理中。例如，可通过获取共享财务的单位审单时间来分析其审单效率。

第 5 章　财务数据价值链运作

情境四：非结构化数据采集。

目前，财务采集数据中非结构化数据仍然占较大比例且能够提供更为多样化的信息，帮助人们全面理解事物的深层内涵。非结构化数据包括非结构化文档、图像、音频、视频等，非结构化数据采集需要针对性的技术工具。

在财务领域，合同、内部公文制度等复杂的非结构化文档海量存在，NLP 技术能够实现非结构化文档数据的自动采集与语义的自动理解。比如在合同智能审核情境中，应用 NLP 技术可自动识别合同文本，标注并抽取关键信息进行判断，对合同进行初步核查，辅助人工进一步审核。如图 5-12 所示为合同智能审核应用数字技术，已经在智能财务合同制定中使用。

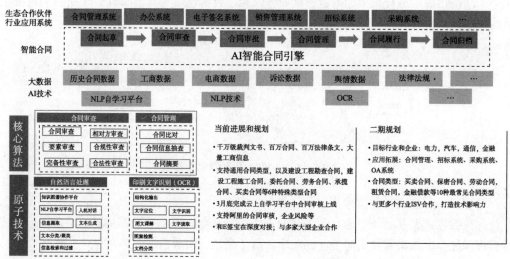

图 5-12　合同智能审核数字技术应用

情境五：其他外部数据采集

财务采集数据还包括其他外部数据，而外部数据大多散落在互联网网页、各大机构的开放型数据库以及外部开放型平台中。

3. 互联网网页信息采集

随着数据爆发式增长，越来越多的企业想要挖掘财务数据中隐含的信息，精准全面的财务数据源是进行数据分析工作的基础，我们在互联网上获取数据主要有以下几种方式。

1）公开数据网站

首先是各种公开数据网站，这里又将其分为两类：一类是成熟的数据收集公开类网站，该类网站数据较为全面；另一类是各大互联网公司的云平台或竞赛类网站，该类网站数据多数与该互联网公司特色或竞赛题目挂钩。随着互联网应用的不断普及，越来越多的网络站点推出基于开放 API 标准的产品和服务，将自身的资源开放给开发者来调用。财务人员可以通过采集外部开放性平台数据，了解行业最新动态数据，掌握行业发展前沿，助力企业长远发展。

2）统计局公开数据

国家统计局及各个省统计局都会公开一些数据，但多为各种经济社会类数据。如进入国家统计局官网，点击统计数据标签下的数据查询，将会跳转至下面查询页面，用户可以根据需求按时间、按地区、按部门查询数据。

同时，在金融行业、生产制造等诸多领域，都有政府部门或权威机构专门开放给公众使用的数据库，例如国家数据、中国统计信息网等。开放型数据库数据信息专业、权威，可直接进行查阅下载或通过 API 批量获取，财务可以通过采集机构数据库数据获取官方权威指标数据，了解企业经营环境。

3）数据交易网站

如果需要高质量的数据源来做科学研究，建议在数据交易网站获取数据。如最为权威的是贵阳大数据交易所——全球第一家大数据交易所，通过电子系统面向全球提供数据交易服务。截至 2021 年底，贵阳大数据交易所发展会员数目突破 3000 家，已接入 315 家优质数据源。

4）各种指数

目前，部分大型互联网公司会根据其特色将公司内部数据以指数的形式公开（部分需要收费），但这类数据大多难以获取源数据，且多以图表的形式展现，下面介绍常见的三个：百度指数、阿里指数、微指数。如百度指数是以百度海量网民行为数据为基础的数据分享平台。在这里，财务人员可以研究关键词搜索趋势、洞悉网民需求变化、监测媒体舆情趋势、定位数字消费者特征；还可以从行业的角度分析市场特点。

目前，网络爬虫技术广泛应用于互联网数据采集，其实现流程主要是获取网页、解析关键数据以及存储数据。一般而言，实现网络爬虫的途径包含两种：编写代码脚本和使用爬虫软件。编写代码脚本相较于爬虫软件更能满足个性化需求。Python 是目前较为常用的爬取网络数据的计算机语言，财务可以通过 Python 爬取竞争对手、行业标杆企业、客商等的经营数据。

如图 5-13 所示网络爬虫主要的三大流程，即获得网页、解析网页、存储数据。

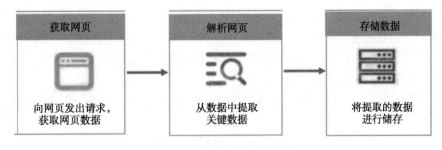

图 5-13　网络爬虫主要流程

5.3　财务数据清洗

财务数据价值链运作第三步是数据清洗。作为财务数据价值链的第三环节，数据清洗发挥着防控数字风险的作用，占用了整个流程70%以上的时间和工作量，数据清洗对后续数据分析与数据可视化结果的质量有着决定性的影响。

5.3.1 数据清洗的含义

视频5.3 数据清洗

数据清洗从字面上看就是把"脏"的"洗掉"，指发现并纠正数据文件中可识别错误的最后一道程序，包括检查数据一致性、处理无效值和缺失值等。因为数据仓库中的数据是面向某一主题的数据集合，这些数据从多个业务系统中抽取过来并且包含历史数据，这样就避免不了有的数据是错误数据，有的数据相互之间有冲突，这些错误的或有冲突的数据就称为"脏数据"。

因此，在数据清洗原理的基础上，重点掌握电子数据采集中常见问题的数据清洗方法。侧重于设定数据排查规则，发现异常与错误，从而采取相应的清洗措施，以提高数据的准确性，为后续复杂的算法模型、丰富的可视化展示提供质量支撑。

5.3.2 数据清洗原则与步骤

在企业财务数据的工作实践中，所采集到的原始数据往往存在着各种各样的数据问题，财务需要根据不同的数据原理，采取针对性的清洗策略和步骤，以去除或修正数据中的错误。

1. 数据清洗原则

数据清洗，简单地讲就是从数据源中清除错误和不一致，即利用有关技术如数理统计、数据挖掘或预定义的清洗规则等，从数据中检测和消除错误数据、不完整数据和重复数据等，从而提高数据的质量。业务知识与清洗规则的制定在相当程度上取决于财务的经验积累与综合判断能力，以下是数据清洗需要坚持的基本原则。

（1）备份原始数据。数据清洗是个烦琐、反复又容易出错的过程，清洗之前和清洗过程中一定要备份原始数据。备份原始数据一方面可以出错时重复清洗，另一方面可以在清洗之后检验清洗质量。

（2）不修改原始数据。清洗过程中，切记不能修改原始数据。数据清洗中通常要坚持以下操作标准：清洗过程必须是可追溯、可复现的；中间过程必须保存，做到可回溯；清理方案必须是科学的、符合常识的；清理数据过程中要遵守谨慎原则；编写清理程序进行数据清洗，拒绝手工直接修改数据。

（3）准确性域完整性。数据值与假定正确的值的一致程度；需要值的属性中无值缺失的程度。

（4）一致性域唯一性。数据对一组约束的满足程度；尤其是数据记录（及码值）的唯一性。

（5）数据的有效性。维护的数据足够严谨，以满足数据分类准则的可接受性。

2. 数据清洗原理

数据清洗主要应用于三个领域，即数据仓库领域、数据挖掘领域以及数据质量管理领域。

（1）在数据仓库领域中，当多个数据库合并或多个数据源进行集成时，都需要进行数据清洗。例如，当同一个实体的记录在不同数据源中以不同的表示格式或错误表示的情况下，合并后的数据仓库中就会出现重复的记录，数据清洗程序就需要识别出重复的记录并消除重复的记录，也就是所谓的数据合并或清除问题。在数据仓库环境中，数据清洗主要包括数据的清洗和结构的转换两个过程。

（2）在数据挖掘领域中，数据清洗是数据进行预处理过程的第一个步骤。在数据预处理应用中，数据清洗的主要任务是提高数据的可用性，即去除噪声、无关数据以及空值等，并考虑数据的动态变化。在字符分类问题中，通过使用机器学习的技术进行数据清洗，即使用特定算法检测数据库，对缺失和错误的数据予以修改。

（3）在数据质量管理领域中，数据质量管理主要用于解决信息系统中的数据质量及集成问题。在该领域中，数据清洗从数据质量的角度出发，把数据清洗过程和数据生命周期集成在一起，对数据的正确性进行检查并提高数据质量。

数据清洗是利用相关技术将"脏"数据转换为满足质量要求的数据。下面通过一张图描述数据清洗的步骤。

3. 数据清洗的主要步骤

数据清洗的任务是过滤那些不符合要求的数据，将过滤的结果交给业务主管部门，确认是否过滤掉，应该由业务单位修正之后再进行抽取。不符合要求的数据主要是有不完整的数据、错误的数据、重复的数据等几类。数据清洗与问卷审核不同，录入后的数据清理一般是由计算机而不是人工完成。如图5-14所示为数据清洗的主要步骤。

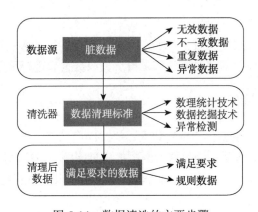

图5-14 数据清洗的主要步骤

运用数据清洗技术是提高数据质量的有效方法，这项技术是一个较新的研究领域，对大数据集的清洗工作则需要花费很长的时间。

1）定义和确定错误的类型

（1）数据分析。数据分析是数据清洗的前提与基础，通过详尽的数据分析来检测数据中的错误或不一致情况，除了手动检查数据或者数据样本之外，还可以使用分析程序来获得关于数据属性的元数据，从而发现数据集中存在的质量问题。

（2）定义清洗转换规则。根据上一步数据分析得到的结果来定义清洗转换规则与工作流。根据数据源的个数，数据源中不一致数据和"脏数据"多少的程度，需要执行大量的数据转换和清洗步骤。要尽可能地为模式相关的数据清洗和转换指定一种查询和匹配语言，从而使转换代码的自动生成变成可能。

2）搜寻并识别错误的实例

（1）自动检测属性错误。检测数据集中的属性错误，需要花费大量的人力、物力和时间，而且这个过程本身很容易出错，所以需要利用高端的方法自动检测数据集中的属性错误，方法主要有：基于统计的方法、聚类方法、关联规则的方法。

（2）检测重复记录的算法。消除重复记录可以针对两个数据集或者一个合并后的数据集，首先需要检测出标识同一个现实实体的重复记录，即匹配过程。检测重复记录的算法主要有：基本的字段匹配算法、递归的字段匹配算法、Smith—Waterman 算法、Cosine 相似度函数。

（3）纠正所发现的错误。在数据源上执行预先定义好的并且已经得到验证的清洗转换规则和工作流。清洗时根据"脏数据"存在形式的不同，执行一系列的转换步骤来解决模式层和实例层的数据质量问题。为处理单数据源问题并且为其与其他数据源的合并做好准备，一般在各个数据源上应该分别进行几种类型的转换，主要包括：

①从自由格式的属性字段中抽取值（属性分离）。自由格式的属性一般包含着很多的信息，而这些信息有时候需要细化成多个属性，从而进一步支持后面重复记录的清洗。

②确认和改正。这一步骤处理输入和拼写错误并尽可能地使其自动化。基于字典查询的拼写检查对于发现拼写错误很有实用性。

③标准化。为了使记录实例匹配和合并变得更方便，应该把属性值转换成一个一致和统一的格式。

④数据回流。当数据被清洗后，干净的数据应该替换数据源中原来的"脏数据"。这样可以提高原系统的数据质量，还可避免将来再次抽取数据后进行重复的清洗工作。

5.3.3　数据清洗的策略

典型的数据质量问题主要包括缺失数据、格式问题数据、逻辑问题数据、异常数据、不一致数据和冗余数据六大类。介绍这六类数据质量问题与对应的清洗策略。如图 5-15 所示为数据质量问题与解决方法，针对数据清洗中发现的问题，按照数据性质提出解决策略方法。

1. 缺失数据清洗策略

财务数据缺失问题很常见且不能忽视，数据缺失问题的产生包含主观和客观原因。

主观缺失包括数据采集人员的主观失误、数据暂时无法获取或获取的成本较大，以及数据提供方有意隐瞒等。

客观原因包括数据采集设备故障、存储器损坏、数据传输故障，以及属性值不存在等。例如，存储硬盘的损坏导致监控数据的缺失。

对于空缺值的清洗可以采取忽略元组，人工填写空缺值，使用一个全局变量填充空缺值，使用属性的平均值、中间值、最大值、最小值或更为复杂的概率统计函数值来填充空缺值。

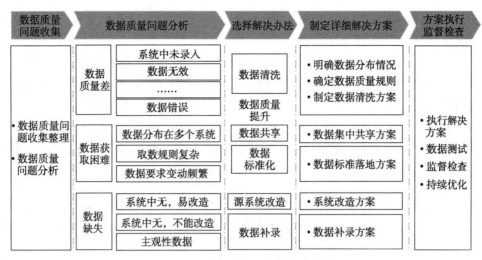

图 5-15 数据质量问题与解决方法

面对数据缺失问题清洗主要包括以下过程,首先应逐项确定缺失比例,然后按照缺失率和变量的重要性制定对应策略,主要包含删除、填补、标记三类方法。如图 5-16 所示为缺失数据清洗策略,根据数据的重要性域缺失率两个维度来设计清洗策略。

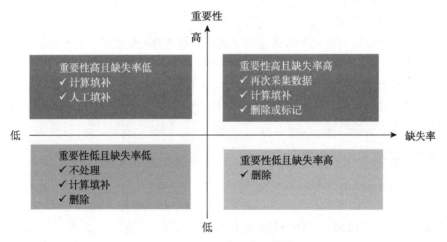

图 5-16 缺失数据清洗策略

1)缺失数据删除

如果数据集某列中的缺失数据很少并且发生不具有规律性,则可以直接删除缺失数据所在行的数据。如果某列缺失率较高并且重要性不高,则可以直接删除该列数据。

2)缺失数据填补

缺失数据填补主要包括再次采集数据、计算填补、人工填补三种方法。

再次采集数据是指通过改进采集方法或扩展采集渠道,进行数据的再次采集来完成缺失数据填补的工作。对于重要性和缺失率都比较高的数据,在权衡准确性和成本的情况下,可以考虑采用该方法。

计算填补是指利用数学、统计学的方法来完成缺失数据的填补工作。计算填补的方法

第 5 章 财务数据价值链运作

适用范围广且匹配度高，既适用于重要性高的缺失数据填补，也适用于重要性低且缺失率低的缺失数据填补。

人工填补是指由人根据业务相关的实践经验和理论知识来完成缺失数据的填补工作。人工填补的方法耗时耗力，仅适用于重要性高但缺失率低的数据。

3）缺失数据标记

某些数据缺失并非随机产生，而是缺失本身就包含着某种特定的信息。我们可以对这些数据变量进行标记，在后续数据分析中，运用统计学方法或数据算法可识别出其中的规律。

2. 格式问题数据清洗策略

通常情况下，格式问题数据产生于数据录入阶段，更多地产生于数据线下人工采集和录入，或多人录入。格式问题主要包括格式不统一和格式错误两类，可以通过建立数据映射或手工调整的方式进行清洗。

1）格式不统一数据清洗

格式不统一数据，其中包括录入数据形式不统一、数据计量单位不统一、数据计量单位的格式不统一等。格式不统一数据一般不会影响计算机的后续处理，但会影响数据之间的可比性，或增加数据清洗的工作量。例如，"上海"和"上 海"之间需要建立映射关系或者通过去除空格统一调整为"上海"。

2）格式错误数据清洗

格式错误是指数据的格式不符合计算机能够识别和处理的要求，包括数据开头、中间或结尾存在空格、姓名中存在数字符号、身份证号中存在汉字等问题。

格式问题数据大多是在对多个来源的数据进行整合分析或调用其他系统数据时发现的，格式问题可以在发现时进行数据清洗，但如果要节省人力、时间，则需要在录入数据之前形成统一的数据标准。

3. 逻辑问题数据清洗策略

逻辑问题数据主要表现为以下两种类型：

一是数据中包含着与整体数据分布存在显著差异的离群值。例如，公司产品单价表中产品的价格一般都在1000元以内，但前端业务人员在录入信息时将其录为20000元，财务人员审核此单据时很容易辨别出来是错误的，明显不符合公司的经营情况，属于典型的逻辑问题数据。

二是数据所对应的内容不符合客观认知。例如，身份证号处显示了11位手机号。通常逻辑问题数据是人工填写错误，或是前端录入数据未校验等造成的，需要借助人工或自动校验方式进行排查和调整，依靠数据行与列之间的相互验证关系来删除或重构不可靠字段。

4. 异常数据清洗策略

异常数据可能反映的是较为特殊的事实数据。例如，A公司2022年财务报表公布的利润较2021年增长了100%，超过正常增长率，从表面上看属于异常数据。通过深入调查发现，A公司在2022年进行了产业并购，业务形态大幅调整，同时相关产业政策利好，因此

A公司实现了利润大幅度的增长，2022年的利润数据属于事实数据。表5-2提供了极具操作性的异常数据主要判别方法。

表 5-2 异常数据主要判别方法

判别方法	判别公式	剔除范围	操作步骤	评价
拉依达准则（3σ准则）	$p(|x-u|>3\sigma)\leq 0.003$	大于 $\mu+3\sigma$ 小于 $\mu-3\sigma$	求均值、标准差，进行边界检验，剔除一个异常数据，然后重复操作，逐一剔除	适合用于 $n>185$ 时的样本判定
肖维勒准则（等概率准则）	$|x_i-\bar{x}|>Zc(n)\sigma$	大于 $\mu+Z.c(n)\sigma$ 小于 $\mu-Z.c(n)\sigma$	求均值、标准差，比对系数读取 $Z.c(n)$ 值，边界检验，剔除一个异常数据，然后重复操作，逐一剔除	实际中 $Z.c(n)<3$，测算合理，当 n 处于[25,185]时，判别效果较好
格拉布斯准则	$|x_i-\bar{x}|>T(n,\alpha)\sigma$	删除水平：$|x_i-\bar{x}|>T(n,\alpha_1)\sigma$ 异常检出水平：$T(n,\alpha_1)\sigma<|x_i-\bar{x}|<T(n,\alpha_2)\sigma$	逐一判别并删除达到删除水平的数据；针对达到异常值检出水平，但未及删除水平的数据，应尽量找到数据原因，给以修正，若不能修正，则比较删除与不删除的统计结论，根据是否符合客观情况做去留选择	$T(n,\alpha)$ 值与重复测量次数 n 及置信概率 x 均有关，理论严密，概率意义明确。当 n 处于[25,185]时 $\alpha=0.05$，当 n 处于[3,25]时 $\alpha=0.01$，判别效果较好
狄克逊准则	$f_0=\dfrac{x_{(n)}-x_{(n-1)}}{x_{(n)}-x_{(1)}}$ 或 $\dfrac{x_{(2)}-x_{(1)}}{x_{(n)}-x_{(1)}}$	$f_0>f(n,\alpha)$，说明 $x(n)$ 离群远，则判定该数据为异常数据	将数据由小到大排成顺序统计量，求极差，比对狄克逊判断表读取 $f(n,\alpha)$ 值，边界检验，剔除一个异常数据，然后重复操作，逐一剔除	异常值只有一个时，效果好；同侧两个数据接近，效果不好 当 n 处于[3,25]时，判别效果较好

异常数据也可能预示数据存在一定的问题，在数据分析中需要保持警惕，进行严谨的调查分析。例如，L公司2023年1月初确认了一笔1000万元的收入，其平均年销售额为5000万元，该笔收入占平均年销售额比例较大，属于异常数据。通过深入调查发现，L公司作为集团下属子公司，出于业绩压力的考量，该公司将该笔2022年的收入延迟计入了2022年。这种情况下，异常数据是错误数据，需要剔除。

在企业经营数据分析过程中，人们往往根据经验来识别直观的异常数据。如果想要准确识别潜在的异常数据，还需要应用科学的检测方法。常见的检测方法包括标准差法、箱线图法、聚类分析法等。

（1）标准差法是指在统计学中，如果一组数据分布近似正态分布，那么约99.74%的数据值分布在前后三倍标准差范围内。而通常情况下，出现在3倍标准差之外的数据属于异常数据。

（2）箱线图法通过中点、Q1、Q3、分部状态的高位和低位5个点来检测异常值，通常情况下，高于分部高位或低于分部低位的数据属于异常数据。

（3）聚类分析法根据数据之间相似的特点将数据集分组为若干簇，而簇外的孤立点数据属于异常数据。

检测出异常数据后是否要进行处理需要视具体情况而定。例如某些数据分析模型对于极端异常数据非常敏感，为了模型的稳健性，在建模前通常会对样本中的异常数据进行修正或删除，否则也可以选择不对异常数据进行处理。

5. 不一致数据清洗

对于部分企业运营过程的财务数据，虽然有些数据不一致，但是可以使用其他材料人工加以更正。例如，数据输入时的错误可以使用纸上的记录加以更正。知识工程工具也可以用来检测违反限制的数据。例如，了解属性间的函数依赖，可以查找违反函数依赖的值。此外，数据集成也可能产生数据的不一致。

不一致数据产生的前提是同一条数据存在多条记录，原因有两个方面：第一，对于同一事物的描述和记录不规范；第二，数据采集或填报有误。不一致数据可以通过修正、删除、再次采集的方法进行清洗。

例如，某房地产公司在进行经营分析时，各子公司递交上来的数据中"销售收入"存在"结转收入""结算收入"等多种名称，财务人员需要将其整合为销售收入数据，或者在这些指标之间建立相互映射关系，以进行后续分析。

6. 冗余数据清洗

冗余数据既包含重复的数据，又包含与分析问题无关的数据，通常可以采用筛选并删除的方法进行清洗。

1）重复数据清洗

在实际工作中可能存在重复上报等导致的数据重复问题，即数据集中关于同一对象的数据有两次及以上的记录。对于重复数据，企业需要通过筛选，仅从每类重复样本中抽取一条记录保存，并删除其他重复样本。目前消除重复记录的基本思想是"排序和合并"，先将数据库中的记录排序，然后通过比较邻近记录是否相似来检测记录是否重复。消除重复记录的算法主要有：优先队列算法、近邻排序算法（Sorted—Neighborhood Method）、多趟近邻排序（Multi—Pass Sorted—Neighborhood）。

2）非必需数据清洗

非必需数据即噪声数据，是指所采集的数据集中但与所分析问题无关的样本数据，或是错误、不真实、不完整的样本数据。对于非必需数据可以通过设置筛选条件进行筛选，对于明确为非必需的数据直接删除，而尚不明确的可暂时保留或咨询专家是否保留。

分箱，指通过考察属性值的周围值来平滑属性的值。属性值被分布到一些等深或等宽的"箱"中，用箱中属性值的平均值或中值来替换"箱"中的属性值；计算机和人工检查相结合，计算机检测到可疑数据，然后对它们进行人工判断；使用简单规则库检测和修正错误；使用不同属性间的约束检测和修正错误；使用外部数据源检测和修正错误。

5.4 财务数据探索与数据算法

数据价值链构建通过数据探索与数据算法展开，通过探索数据的特征与分布，利用算法开展对海量数据的处理与分析，可以挖掘出更多的潜在信息，驱动科学决策，释放数据的真正价值。

5.4.1 数据探索的原理与应用

数据探索是基于数据样本对数据进行解释性的分析工作。当然数据价值不全都深藏于数据之中,并非必须通过复杂的算法才能进行挖掘,有些情况下,基础的统计学知识与工具也足以发现规律,明确数据对企业运营趋势的影响。

1. 数据探索的概念

数据探索是运用专业的统计方法对数据的特征与分布进行呈现,以基础分析方法获得对于数据的初步认识,帮助财务人员掌握数据的特征、关联性及分布规律。数据探索主要包括描述性统计、推断性统计和相关性统计三个方面,如图 5-17 所示为数据探索的内容及步骤。

视频 5.4 财务数据探索与数据算法

图 5-17 数据探索的内容及步骤

(1)描述性统计。描述性统计从集中趋势、离散趋势、分布形态三个方面对数据整体特征进行刻画。例如,在计算公司资金周转率时,会选择一定时期内的销售收入净额与平均资产总额来计算,即资产总额年初数与年末数的平均值,以衡量销售水平与资产投资规模之间的匹配情况。

(2)推断性统计。推断性统计根据获得的样本数据对所研究的总体特征进行推断,财务人员通常无法收集到针对某一业务的所有数据,难以对该项业务的运营情况展开分析,推断性统计方法则能够有效地解决这一问题。推断性统计通过抽取样本进行测量,并可以根据获得的样本数据对所研究对象的总体特征进行推断。该方法能够帮助财务人员利用样本数据来推断总体特征,企业财务人员可以利用假设检验的方法,分析企业不良资产产生的原因。

(3)相关性统计。相关性统计是研究两个或两个以上随机变量之间相关关系的统计分析方法,主要包括绘制相关图表和计算相关系数。例如,财务人员可以利用 pearson 相关系数判断总资产周转率、净资产收益率、流动资产周转率等多种财务指标对公司财务风险的影响方向与影响程度,以基于公司的实际经营状况及时防范和控制财务风险。

数据探索是数据价值链中对数据的初步分析,通过数据探索不仅可以凸显数据的特征,逐步形象化数据的变化趋势,有效衡量指标水平,还能够发现企业存在的问题,并挖掘出产生问题的原因，采取相应措施及时解决，为下一步的数据算法工作打下良好的基础。

2. 财务数据算法

数据算法是基于数据创建算法模型的计算过程，对海量数据开展深度信息挖掘，从而在经营管理中发挥数据的深度价值。算法可以从数据中"学习"或对数据集进行"拟合"，不同的算法对应着企业不同的信息需求，数据算法是数据价值链中的核心环节，面向业务需求，将采集、清洗后的数据由浅入深地进行价值挖掘，发挥数据的作用，赋能企业财务的数字化转型。

常见的数据算法包括分析因果关系的回归算法、用于分类的分类算法和聚类算法、研究事物发展趋势的时间序列算法以及发现事物关联的关联规则算法等。如图 5-18 所示为数据价值链运作不同过程中常见的算法模型介绍。

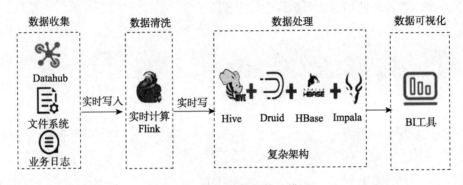

图 5-18 常见的数据算法模型

（1）回归算法。每一件事情的发生都有一定的因果关系，回归的过程即是由因溯果的过程，最终得到因果关系。回归算法能够基于获取到的测试集数据建立模型，并得到自变量与因变量的关系。回归算法一般应用于预测分析，如财务人员通过 2022 年的利润额，采用线性回归分析得出利润额与时间的关系模型，从而预测 2023 年第一季度的利润额。常见的回归算法包括线性回归算法和非线性回归算法。

（2）分类算法。分类是人类认知事物最基本的方法，人类通过对复杂的事物进行分类，寻找事物构成规律，并根据每个类别的特征快速识别每个具体的事物，降低被分析问题的复杂程度，从而简化问题。分类不仅是认识事物的基本方法，也可以作为数据分析的重要方法。分类算法的基本功能是做预测。例如，商业银行会根据客户的基本信息情况，搭建贷款偿还的决策树，通过学习形成分类器，对客户未来贷款偿还能力进行预测，判断银行是否应该接受其贷款申请。常见的分类算法包括 KNN 算法、Logistic 回归算法、决策树算法、BP 神经网络算法等。

（3）聚类算法。聚类和分类都是把多个分散的事物归集为不同的类别，但聚类的目标只是把相似的东西聚到一起，并不需要明确类别信息。聚类算法可以对无标签样本进行分析，因此实际应用十分广泛。例如，保险公司可以对平均赔付率较高的人群进行聚类，研究相似特征，从而达到鉴别风险、个性化定价以及识别骗保行为的目的。常见的聚类算法包括 K-means 聚类算法、均值漂移聚类算法等。

（4）时间序列算法。时间序列分析能够在特定时间里对某区域进行连续观测形成图像并分析其变化过程与发展规模。通过建立时间序列模型，可以根据已有的历史数据研究变量的自身发展规律，从而对未来的变化趋势进行预测，如预测利率波动、收益率变化、股市行情等。

常见的时间序列模型有四种，包括自回归模型（Autoregression Model，AR）、移动平均模型（Moving Average Model，MA）、自回归移动平均模型（Autoregression Moving Average Model，ARMA）和自回归差分移动平均模型（Autoregressive Integrated Moving Average Model，ARIMA）。

（5）关联规则算法。关联规则分析也称为购物篮分析，是通过机器学习的方式寻找数据间的关联性并对数据进行转换，帮助企业通过销售找到具有关联关系的商品，并以此获得销售收益的增长。例如，通过对客户历史购买记录的数据进行深层分析，构建基于销售的主题数据仓库，得到有效、有价值的产品销售关联规则，挖掘出客户群体购买习惯背后的内在共性，以此调整营销手段或销售方式，指导企业制订科学的销售计划，实现销量的提高。常见的关联规则算法包含 Apriori 算法、FP-Tree 算法、Eclat 算法及灰色关联法等。

5.4.2 数据算法在财务领域的应用

不同算法依据自身的特性在不同场景、不同应用目标下发挥作用。在具体决策场景下，需要从应用目标出发，基于数据集和实际情况，选择契合度最高的算法。同时，在使用过程中，也需要充分考虑问题的实际情况，以算法为工具，服务于企业经营决策。下面列出三个典型场景，说明常见算法在财务领域的实际应用。

1. 场景一：应收账款信用风险管理

某通信解决方案提供商 A 为电信运营商、政企客户和消费者提供技术与产品解决方案。该企业的项目普遍周期较长，造成了较长的应收账款回款周期和较大的资金占用，进而导致较高的信用风险，对方履行到期债务的不确定性增大。财务部门希望根据客户资信情况，确定其授信额度（给予客户的最大延期支付限额），对于资信情况表现不佳的客户，降低授信额度，改善应收账款回收情况。

1）模型选择

财务部门选择分类算法中的 Logistic 回归算法构建客户违约（不履行到期债务）概率模型，设计信用与财务评级体系，并在此基础上建立授信额度计算模型。如图 5-19 所示为授信额度计算模型。

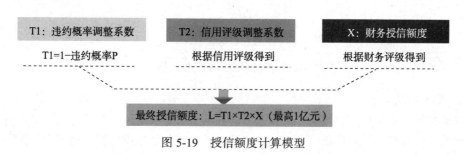

图 5-19　授信额度计算模型

2）模型应用

构建违约概率模型。首先，以企业历史客户数据为样本，其中的 70%为训练集，20%为测试集，剩余 10%为验证集，运用 Logistic 回归算法构建违约概率模型。其次，从区域经济环境、公司治理、财务风险三个维度出发，选取公司规模、运营实力、盈利能力、偿债能力、现金流、社会责任等维度作为影响客户违约概率的因素，形成模型训练的参数。最后，利用训练集初步构建违约概率模型，通过测试集和验证集反复测验模型的有效性并进行调优，以构建出最终的违约概率模型。通过该模型，可计算得出违约概率 p，从而得到 T1。

计算最终授信额度。进一步地，根据客户的资信情况进行信用评级和财务评级，从而得到信用评级调整系数（T2）、财务授信额度（X），最终通过授信额度计算模型（L=T1×T2×X）得出不同客户的授信额度，实现对应收账款的信用风险进行管理，提升应收账款的周转效率，改善经营现金流量。

2. 场景二：销售量与订货量预测

某餐饮企业 B 过去依靠往日经验来决定每日的食材订货量，然而，由于经验不足，总是无法保证精准订货，导致门店的采购成本增加，每月利润难以保持稳定。实际上，每日食材的订货量应取决于每日各菜品的销售量，因此，科学预测每日销售量是精准配备食材、降低门店运营成本及提高门店利润率的关键。基于此，企业 B 希望可以根据旗下某门店各菜品的历史销售量，预测未来一周内的销售量。

1）模型选择

从历史数据来看，门店销售量受季节更替因素的影响，大致依照一个固定周期呈规则性变化，因此，该门店选择应用时间序列算法中的 ARIMA 模型，以设计构建销售量预测模型，并应用规则模型将一些非常规因素也考虑进预测中。如图 5-20 所示为销售量与订货量预测模型。

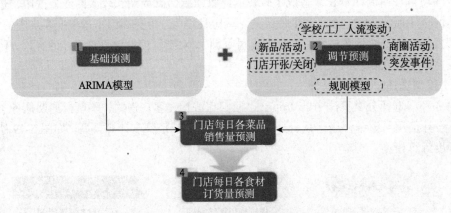

图 5-20　销售量与订货量预测模型

2）模型应用

基础预测：如调查门店收集了自开业以来各菜品的销售量历史数据，运用 ARIMA 模型，调整目标参数，不断修正优化，构建销售量的基础预测模型，基于历史数据推断出未来各菜品的销量走势。

调节预测：如因为新菜品上市、促销活动、周边同类门店变动、学校/工厂/商圈人流变动及停水停电等突发事件也会对销售量产生影响，所以门店通过收集、分析这类非常规因素，利用规则模型调节预测量并校正基础预测模型，进而获得准确性和合理性更高的最终预测模型。

自动预测，支持决策：如基于以上销售量预测模型，帮助餐饮企业完成各菜品销售量的科学预测，进而精准、合理地预定食材，促进以销定产、产销结合，降低企业的综合运营成本，提升门店的营业利润率。同时，科学的销售量预测也确保了食材的新鲜度，提高了门店的服务质量和顾客满意度。

3. 场景三：潜在流失客户画像

某商业银行 C 从第三季度开始频繁出现存量客户理财资产减少、账户交易活动次数下降、销户客户数量增加等问题，存量客户的流失率同比增长 30%。而银行新开发客户的成本远高于存量客户的营销成本，因此，实现对客户流失率的精准测算和及时控制是十分必要的。经人员调研得知，产品利率、银行服务等因素构成了客户流失的主要原因。该银行希望联合业务部门和财务部门通过数据算法实现对客户特征的洞察与分析，预测出潜在流失的客户群体，并为其提供差异化的营销及管理方案。

1）模型选择

历史流失客户数据和现有客户数据均呈现出维度多、目标类别未知及特征相似度高等特点，因此，该商业银行选择利用 K-means（K 均值，聚类算法）算法对潜在流失客户群体进行特征挖掘，根据客户的年龄、资产数额、消费偏好等数据将客户分群，从不同的维度对客户进行画像，预测出未来一年内可能会流失的客户群体与客户数量。

2）模型应用

聚类建模：从该银行实体数据库中采集半年内的业务数据样本，从客户属性、资产、持仓产品、交易笔数、交易方式、投资偏好、投资收益、消费能力等多个维度进行描述，并对样本中多个异常数据进行清洗处理，使用 K-means 函数对样本数据聚类建模得到潜在流失客户数量以及客户分布情况。如图 5-21 所示为潜在流失客户群体分类和三组潜在流失客户群数据显示。

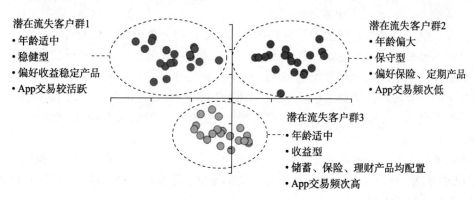

图 5-21　潜在流失客户群体分类

客户画像刻画：基于聚类分析的结果，首先，总结出三类特征最为明显的潜在流失客户群体，得到流失客户的特征规律。其次，依据三组客户群体的特征维度，以客户属性、投资偏好、发展空间、风险接受度等特征对各群组客户进行全方位维度的刻画，完成对每一位客户的特征洞察和价值挖掘。

营销策略制定：根据客户画像及时预警客户的流失风险，并从客户的需求出发制定个性化、差异化的营销策略。通过风险预警及个性化营销方案，合理配置资源，帮助客户实现价值最大化，提高客户的满意度和忠诚度，延长客户的生命周期，从而实现对银行存量客户数量的维持。

5.4.3 数据分析常用工具

数据分析的建模计算十分复杂，仅仅依靠人工无法顺利完成，需要采用合适的工具辅助进行分析。常见的数据分析工具包括 Excel、SQL、SPSS、SAS、Python、R 等。其中，Excel 虽能够满足日常办公的基本功能，但不能非常有效处理大型的数据，SAS、Python、R 这类传统的数据分析工具虽然功能强大，但具有一定的技术门槛，往往需要使用者具备一定的编程能力。

1. SAS

统计分析系统（Statistical Analysis System，SAS）是一个模块化、集成化的大型应用软件系统。它由数十个专用模块构成，功能包括数据访问、数据储存及管理、应用开发、图形处理、数据分析、报告编制、运筹学方法、计量经济学与预测等。SAS 系统基本上可以分为四大部分：SAS 数据库部分、SAS 分析核心、SAS 开发呈现工具、SAS 对分布处理模式的支持及数据仓库设计。

SAS 系统主要完成以数据为中心的四大任务：数据访问；数据管理(sas 的数据管理功能并不很出色，但数据分析能力强大所以常常用微软的产品管理数据，再导成 sas 数据格式，要注意与其他软件的配套使用)、数据呈现、数据分析。当前软件最高版本为 SAS9.4。其中 Base SAS 模块是 SAS 系统的核心。其他各模块均在 Base SAS 提供的环境中运行。用户可选择需要的模块与 Base SAS 一起构成一个用户化的 SAS 系统。

SAS 把数据存取、管理、分析和展现有机地融为一体。主要特点如下：

1）功能强大，统计方法齐、全、新

SAS 提供了从基本统计数的计算到各种试验设计的方差分析、相关回归分析以及多变数分析的多种统计分析过程，几乎囊括了所有的最新分析方法，其分析技术先进，可靠。分析方法的实现通过过程调用完成。许多过程同时提供了多种算法和选项。例如方差分析中的多重比较，提供了包括 LSD, DUNCAN, TUKEY 测验在内的 10 余种方法；回归分析提供了 9 种自变量选择的方法（如 STEPWISE, BACKWARD, FORWARD, RSQUARE 等）。

回归模型中可以选择是否包括截距，还可以事先指定一些包括在模型中的自变量字组（SUBSET）等。对于中间计算结果，可以全部输出、不输出或选择输出，也可存储到文件中供后续分析过程调用。

2）使用简便，操作灵活

SAS 以一个通用的数据（DATA）产生数据集，而后以不同的过程调用完成各种数据分析。其编程语句简洁、短小，通常只需很少的语句即可完成一些复杂的运算，得到满意的结果。结果输出以简明的英文给出提示，统计术语规范易懂，用户具有初步英语和统计基础即可。用户只要告诉 SAS "做什么"，而不必告诉其 "怎么做"。同时 SAS 的设计能自动修正一些小的错误（例如将 DATA 语句的 DATA 拼写成 DATE，SAS 将假设为 DATA 继续运行，仅在 LOG 中给出注释说明）。

2. Python

Python 由荷兰数学和计算机科学研究学会的吉多·范罗苏姆于 20 世纪 90 年代初开发，主要用来替代 ABC 语言。Python 提供了高效的高级数据结构，还能简单有效地面向对象编程。Python 语法和动态类型以及解释型语言的本质使其成为多数平台上写脚本和快速开发应用的编程语言，随着版本的不断更新和语言新功能的添加，逐渐被用于独立的、大型项目的开发。

Python 解释器易于扩展，可以使用 C 语言或 C++（或者其他可以通过 C 调用的语言）扩展新的功能和数据类型。Python 也可用于可定制化软件中的扩展程序语言。Python 丰富的标准库，提供了适用于各个主要系统平台的源码或机器码。

例如：NumPy、SciPy 和 matplotlib 这三个十分经典的科学计算扩展库，分别为 Python 提供了快速数组处理、数值运算以及绘图功能。因此 Python 语言及其众多的扩展库所构成的开发环境十分适合工程技术、科研人员处理实验数据、制作图表，甚至开发科学计算应用程序。

3. R 语言

R 语言是统计领域广泛使用的、诞生于 1980 年前后的 S 语言的一个分支。R 语言是 S 语言的一种实现。S 语言是由 AT&T 贝尔实验室开发的一种用来进行数据探索、统计分析、作图的解释型语言。最初 S 语言的实现版本主要是 S-PLUS。S-PLUS 是一个商业软件，它基于 S 语言并由 MathSoft 公司的统计科学部进一步完善。

R 是一套完整的数据处理、计算和制图软件系统。其功能包括：数据存储和处理系统；数组运算工具（其向量、矩阵运算方面功能尤其强大）；完整连贯的统计分析工具；优秀的统计制图功能；简便而强大的编程语言：可操纵数据的输入和输出，可实现分支、循环，用户可自定义功能。

R 并不是仅仅提供若干统计程序，使用者只需指定数据库和若干参数便可进行一个统计分析。R 的思想是提供一些集成的统计工具，但更大量应用是它提供的各种数学计算、统计计算的函数，从而使使用者能灵活机动地进行数据分析，甚至创造出符合需要的新统计计算方法。

R 是一个免费的自由软件，有 UNIX、LINUX、MacOS 和 WINDOWS 版本，都是可以免费下载和使用的。在 R 主页那儿可以下载到 R 的安装程序、各种外挂程序和文档。在 R 的安装程序中只包含了 8 个基础模块，其他外在模块可以通过 CRAN 获得。

4. SQL

结构化查询语言（Structured Query Language，SQL）是一种特殊目的的编程语言，是一种数据库查询和程序设计语言，用于存取数据以及查询、更新和管理关系数据库系统。

结构化查询语言是高级的非过程化编程语言，允许用户在高层数据结构上工作。它不要求用户指定对数据的存放方法，也不需要用户了解具体的数据存放方式，所以具有完全不同底层结构的不同数据库系统，可以使用相同的结构化查询语言作为数据输入与管理的接口。结构化查询语言语句可以嵌套，这使它具有极大的灵活性和强大的功能。

SQL 的核心部分相当于关系代数，但又具有关系代数所没有的许多特点，如聚集、数据库更新等。它是一个综合的、通用的、功能极强的关系数据库语言。SQL 具有数据定义、数据操纵和数据控制的功能。

（1）SQL 数据定义功能：能够定义数据库的三级模式结构，即外模式、全局模式和内模式结构。在 SQL 中，外模式又叫作视图（View），全局模式简称模式（Schema），内模式由系统根据数据库模式自动实现，一般无须用户过问。

（2）SQL 数据操纵功能：包括对基本表和视图的数据插入、删除和修改，特别是具有很强的数据查询功能。

（3）SQL 的数据控制功能：主要是对用户的访问权限加以控制，以保证系统的安全性。

5. SPSS

统计产品与服务解决方案（Statistical Product Service Solutions，SPSS）软件最初称为"社会科学统计软件包"（Solutions Statistical Package for the Social Sciences），但是随着 SPSS 产品服务领域的扩大和服务深度的增加，SPSS 公司已于 2000 年正式将英文全称更改为"统计产品与服务解决方案"，这标志着 SPSS 的战略方向正在作出重大调整。SPSS 为 IBM 公司推出的一系列用于统计学分析运算、数据挖掘、预测分析和决策支持任务的软件产品及相关服务的总称，有 Windows 和 Mac OS X 等版本。

SPSS 是世界上最早采用图形菜单驱动界面的统计软件，它最突出的特点就是操作界面极为友好，输出结果美观漂亮。它将几乎所有的功能都以统一、规范的界面展现出来，使用 Windows 的窗口方式展示各种管理和分析数据方法的功能，对话框展示出各种功能选择项。用户只要掌握一定的 Windows 操作技能，精通统计分析原理，就可以使用该软件为特定的科研工作服务。SPSS 采用类似 EXCEL 表格的方式输入管理数据，数据接口较为通用，能方便地从其他数据库中读取数据。

其统计过程常用且较为成熟，完全可以满足非统计专业人士的工作需要。输出结果十分美观，存储时则是专用的 SPO 格式，可以转存为 HTML 格式和文本格式。对于熟悉老版本编程运行方式的用户，SPSS 还特别设计了语法生成窗口，用户只需在菜单中选好各个选项，然后按"粘贴"按钮就可以自动生成标准的 SPSS 程序。极大地方便了中、高级用户。

SPSS for Windows 是一个组合式软件包，它集数据录入、整理、分析功能于一身。用户可以根据实际需要和计算机的功能选择模块，以降低对系统硬盘容量的要求，有利于该软件的推广应用。SPSS 的基本功能包括数据管理、统计分析、图表分析、输出管理等。SPSS

统计分析过程包括描述性统计、均值比较、一般线性模型、相关分析、回归分析、对数线性模型、聚类分析、数据简化、生存分析、时间序列分析、多重响应等几大类，SPSS 也有专门的绘图系统，可以根据数据绘制各种图形。

6. 算子平台

随着企业对数据分析需求的不断增加，以算子平台为代表的面向财务人员的人工智能大数据平台应运而生。借助算子平台，财务人员即使不懂编程，也能顺利地开展数据分析。

算子平台将独立的数据处理逻辑和建模计算能力抽象为一个个算子。简单来说，算法中的一个函数、几行可以重复使用的代码、一个数学中的平方操作都可以认为是"算子"，算子即进行某种"操作"。算子平台通过对算子的自由拖拽、编排和可视化配置，构建算子流，满足数据清洗、计算、分析、建模等需求。算子平台的主要功能特点包括：

（1）算子平台对机器学习算法组件进行了封装，故使用者在进行数据分析时，无须编写代码，只需要将相应的算子拖拽至画布进行连接，即可实现模型的快速搭建，且数据取用全链路、数据加工计算规则可视、可配置、可理解。算子平台这种自由拖拽式的可视化操作大大简化了大数据工具的使用流程，降低了数据加工、智能算法应用、可视化展示的技术门槛。

（2）算子平台内置数理统计、机器学习、知识图谱、可视化分析等多种不同功能的算子，能帮助使用者挖掘数据深层规则与关联关系，并利用模型进行业务预测，实现对企业管理决策的指导。例如，利用算子平台，可以实现对支付异常数据的识别，以企业的燃料费用管理为例进行分析。算子平台支持多种导入方式，选择导入银行流水本地文件，同时，企业将单笔平均支付金额大于历史平均支付金额的 15%设定为异常大额交易。通过筛选算子，在 2022 年流水中过滤出燃料费用交易数据，与对应的采购信息进行整合，通过简单配置能够识别出异常燃料交易结果中存在 11 笔异常交易，分析人员可以基于此结果进一步分析业务信息，以提高企业的数据内控管理效率。

算子平台作为一种企业级的数据分析工具，集数据接入、数据处理、数据分析、数据可视化、数据应用、数据资产沉淀与共享于一体，助力企业深度挖掘数据价值，实现"从数据到模型，从模型到场景化应用"的全流程数据资产管理闭环。

5.5 财务数据的可视化

视频 5.5 财务数据可视化

数据价值链运作最关键的一步就是数据可视化。数据可视化作为对数据分析结果的最终展示环节，能够迅速将碎片化的数据整合为信息，并以更为清晰、易懂、形象的可视化形式进行呈现，从而传递数据价值，赋能管理者科学决策。

数据可视化可以将单一数据或复杂数据通过视觉呈现，从而精简且直观地传递出数据所蕴含的深层次信息。

5.5.1 数据可视化设计的一般原则

数据可视化设计原则其实可以理解为图表美化，我们之所以遵循设计原则就是为了让图表更好更美观一些。关于图表的设计可以分为三部分，即整体的排版布局、色彩搭配和字体。

1. 排版布局原则

排版布局又可以分为以下两种：

（1）最大化数据墨水比，是指在墨水数量一定的情况下，最大化数据墨水所占的比例。先来了解一下数据墨水与非数据墨水比的概念。

数据墨水是指为了呈现数据所用的墨水，在图表中主要是指柱状图的那些柱子、折线图的那根线之类的。而非数据墨水就是除了这些数据以外的元素所用的墨水，在图表中主要指网格线、坐标轴、填充背景等元素。

这个原则就是告诉我们，在设计的时候尽可能多地重点突出数据元素而淡化非数据元素。

（2）CRAP 原则，是指对比（Contrast）、重复（Repetition）、对齐（Alignment）、亲密性（Proximity）这四大基本原则。

对比（Contrast）：对比的基本思想是要避免页面上的元素太过相似。如果元素（字体、颜色、大小、线宽、形状、空间等）不相同，那就干脆让它们截然不同。要让页面引人注目，对比通常是最重要的一个因素，正是它能使读者首先看这个页面。

重复(Repetition)：让设计中的视觉要素在整个作品中重复出现。可以重复颜色、形状、材质、空间关系、线宽、字体、大小和图片等。这样一来，既能增加条理性，又可以加强统一性。

对齐（Alignment）：任何东西都不能在页面上随意安放，每个元素都应当与页面上的另一个元素有某种视觉联系，这样能建立一种清晰、精巧而且清爽的外观。

亲密性（Proximity）：彼此相关的项应当靠近，归组在一起。如果多个项相互之间存在很近的亲密性，它们就会成为一个视觉单元，而不是多个孤立的元素。这有助于组织信息、减少混乱，为读者提供清晰的结构。

2. 配色

在配色里面也主要有两种方案：

第一种是模仿。设计者找一些看起来比较专业美观的图表配色，然后把该配色方案拷贝过来为自己所用。这里可能会用到 RGB 获取工具，可以利用 windows 自带的画图工具进行获取，或者是现在有一些专业的色彩搭配网站。不过前提是需要事先确定其中一种色调，然后依据这一种去匹配其他的颜色，如图 5-22 所示。

第二种相比第一种而言就比较难以操作。设计者需要掌握基础的色彩理论，这个对于非专业的需要突破专业知识瓶颈，从基础开始逐渐掌握色彩设计艺术与方法。

3. 字体

字体分为有衬线和无衬线两种，如图 5-23 所示。

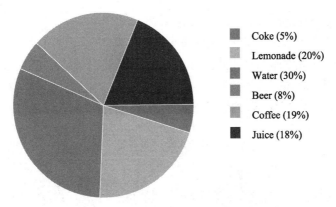

图 5-22　数据可视化设计的亲密性原则

图 5-23　数据可视化设计的字体原则

中文常见的衬线和非衬线的两种字体分别是宋体和黑体，而英文对应的是 Times New Roman 和 Arial。

总之，数据可视化设计的原则可以总结为：充分利用已有的先验知识；选择合适的视图与交互设计；确定并控制可视化图表所包含的信息量；添加美学因素吸引使用者注意力。

5.5.2　数据可视化要素

通过数据可视化，可以将一些抽象的、冗余的甚至表面"毫无联系"的数据在适当的逻辑之下通过特定可视化工具整合起来，利用合适的图形表达出数据背后的深层信息。因此，数据可视化的实现除需要考虑四大原则之外，还需要考虑基本图表、展现逻辑以及实现工具三个要素的选择与使用。

1. 数据可视化的基本图表

统计图表是数据可视化的展现形式之一，目前作为基本的可视化元素被广泛使用。常见的可视化图表通常分为以下 12 种：柱形图、条形图、折线图、面积图、饼图、散点图、气泡图、漏斗图、仪表盘、雷达图、词云图、热力图。不同的图表有不同的适用条件和场景，用户首先需要基于数据可视化使用诉求，确定展示目的，如数据之间的比较、联系、构成或描述等，缩小合适的可视化图表的范围。

其次，在已确定诉求的基础之上根据数据的特征以及所需展示的维度进一步进行图形的选择，例如诉求为数据间的对比分析时，则需根据数据本身的特征选择基于大小、趋势或环节的对比图形。总之，图表的选择应当与展示目的、数据特征相匹配，这是数据可视化展示的第一步，图5-24所示为可视化的基本图表选择思维指南。

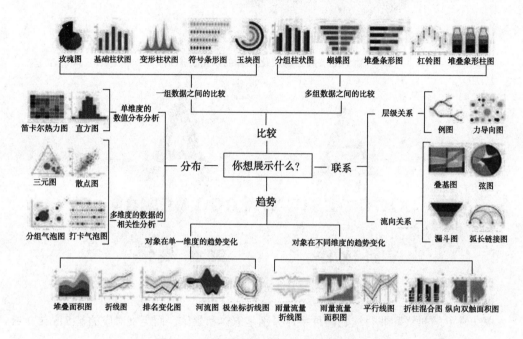

图5-24　可视化的基本图表选择思维指南

2. 数据可视化的呈现逻辑

数据可视化的展现逻辑应以用户为中心，通过采取合适的展现方式，帮助不同的用户在海量冗杂的数据中迅速获得所需内容。数据可视化图表的展现逻辑可以概括为时间逻辑、空间逻辑、用户角色逻辑、业务分析流程逻辑以及用户自定义逻辑等。如图5-25所示为数据可视化展现逻辑示意图。

1）时间逻辑

时间逻辑是指从时间发展的角度设计数据指标的展现逻辑。按照时间维度，数据可以分为实时数据和历史数据。实时数据随着时间不断更新，时间粒度较细，可用以了解事物当前状态信息。历史数据更新速度慢且时效性较差，时间粒度较粗，可以评估过去一段时间内的总体特征和局部问题。

2）空间逻辑

在进行数据可视化展示时往往还需要考虑空间逻辑，对业务指标按照空间维度上的地理位置进行划分，分区域进行展示和分析。因为不同地区之间存在着业务类型、文化、时间及发展水平等方面的差异，需要按区域分析数据以支持决策。例如，图 5-26 空间逻辑可视化展示示意图，就是某大型连锁零售企业通过空间逻辑对不同地区的营收总额及门店数量进行展示，以指导营销战略规划的制定。

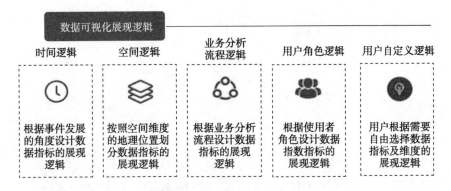

图 5-25　数据可视化展现逻辑

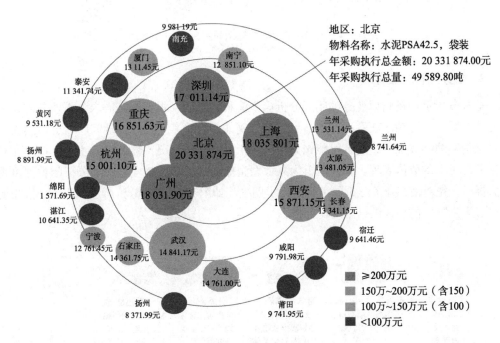

图 5-26　空间逻辑可视化展示示意图

3）用户角色逻辑

用户角色逻辑指的是基于数据使用者的岗位需求以及岗位权限进行有区别的数据可视化展现设计的逻辑。因为即使在同一家公司同一个部门，数据可视化的使用需求也不尽相同。这存在两方面的原因：一是员工所处的层级不同，决定了其在企业管理循环中发挥的作用和关注的重点不同，同样是在营销部门，销售总监或总经理更关注全国市场的总销售情况，以更好地制定公司的总体营销策略和规划，而区域销售经理则主要关注所负责区域的销售情况，从而制定合适的营销策略以提升区域销售业绩；二是出于数据信息安全考虑，企业不同层级、不同岗位的信息权限不同。因此需要根据用户角色逻辑去进行数据呈现。如图5-27所示的营销业务活动数据需求分析示意图。

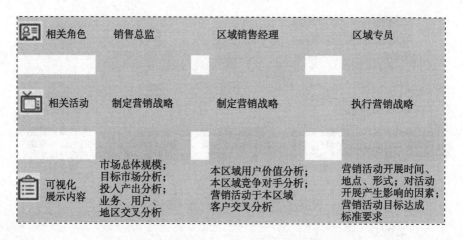

图 5-27　营销业务活动数据需求分析示意图

3. 业务分析流程逻辑

业务分析流程逻辑以业务的闭环分析操作流程为基础。根据决策需求分析业务时，人们需要按照一定的顺序查看不同的指标数值，例如，查看某一指标发现问题后会继续深入查看该指标的细分维度；或者可能先关注某一指标的总体情况，然后再关注这个指标在具体细分市场上的数值表现。中兴新云为某大型企业设计关于营销业务活动分析的数据可视化大屏时，先对销售业务分析的流程进行了明确。如图5-28业务分析所示，业务分析需要经过五个步骤才能完成数据的对比分析。

图 5-28　业务分析流程示意图

4. 用户自定义逻辑

为了更好地实现"以用户为中心"的设计目标，在进行数据可视化展示时往往还需要采用用户自定义逻辑，以更好地为数据使用者提供所需要的信息，改善数据可视化的用户使用体验，自定义数据看板可以根据用户需求实现多图表、多维度的个性化数据呈现。

5.5.3 财务数据可视化的实现工具

通过信息化的打造，融合可视化的展现平台，已成为数据可视化领域发展的必然趋势。可根据数据可视化工具的操作易用性分为需编程的可视化工具和无须编程的可视化工具两类。

相较于需编程的可视化工具，无须编程的可视化工具因其操作技术壁垒低、实时响应速度快等特点，在实际应用中更为广泛，也更适合企业中财务工作者及管理者使用。以财经云图为例，使用者仅需进行简单的"拖拉拽"操作即可完成数据导入、加工、计算以及可视化呈现的配置。

1. Matplotlib

Matplotlib 是 Python 的第三方绘图库，仅需几行代码，就能够生成各种格式的图形（如折线图、散点图、柱状图等）。使用 Matplotlib 生成的图形质量较高，甚至可以达到出版级别。

Matplotlib 通常与 NumPy 和 SciPy（S scientific Python）一起使用，这种组合广泛用于替代 MatLab，是一个强大的科学计算环境，不仅可以应用于财务数据可视化，在数据科学和机器学习也有广泛应用。

2. Pandas 作图函数——plot

使用 Matplotlib 可以完成绝大多数作图需求，但是绘图流程非常烦琐，Pandas 提供了 plot 绘图函数，可以绘制多种图形样式，相比于 Matplotlib，可以直接对 DataFrame 调用该函数，并且函数中集成了坐标轴数据、图形标题、图例、样式等参数，代码比 Matplotlib 简洁许多。

需要注意的是，使用 Pandas 作图内部依赖于 Matplotlib，因此，在使用 plot（）函数之前，必须引入 Matplotlib 库。

3. Pyecharts

商业级数据图表（Enterprise Charts，Echarts），是一个由百度开源的数据可视化库，凭借着良好的交互性、精巧的图表设计，得到了众多开发者的认可。Echarts 除了支持常规的折线图、柱状图、饼图等基本图形，还支持树形图、地理图、3D 图以及组合图形。

Python 是一门富有表达力的语言，很适合用于数据处理，而 Pyecharts 是一个用于生成 Echarts 图表的类库，通过将 Echarts 与 Python 进行对接，实现在 Python 中直接使用数据生成 Echarts 图表的功能。

Pyecharts 支持图表类型有很多种，包括基本图表、直角坐标系图表、树型图表、地理图表、3D 图表、组合图表等。

5.5.4 数据可视化的应用场景

财务部门通过整合企业各业务模块的大数据并进行可视化展示，可以直观快速地进行数据分析，在提升工作效率的同时，快速响应管理诉求。数据可视化是数据内在价值的最终呈现手段，它利用各类图表将杂乱的数据有逻辑地展现出来，使用户找到内在规律、发现问题，从而指导经营决策。

数据可视化广泛应用于政府、企业经营分析等。数据可视化工具将企业经营所产生的所有有价值的数据集中在一个系统中去集中实现。数据可视化工具市场上有很多，包括 DataFocus、Tableau、DataV 等，企业可以按不同的使用需要来选用。使用数据可视化有三个主要的应用场景。

1. 数据分析

数据大屏展示和数据信息传播两个场景偏重于数据展现，而数据分析展现应用场景更偏重于数据分析，可通过可视编程或选用 BI 分析工具来实现数据多维展现。其特点是交互性强，可供用户通过数据下载、维度关联等操作实现自助式数据探索，通常用于汇报展示、分析研判和决策支持，在实际业务工作中，最常用到的便是制作图文报告向上级展示。一般放在报告中或者 PPT 中展示给别人看的，所以静态图表就可以。报告中的图表要求简洁、清晰、易于解读，忌复杂难懂，提高读者的理解成本。

2. 数据信息传播

数据信息传播通常应用于信息宣传或播报等场景，可如同数据大屏展示，结合可视编程技术将数据通过动态可视化组件展现，也可选用无须编程的图形设计工具实现，生成图片或视频。其特点是数据展现角度需具有话题性、生动性、时效性，受众面较广。比如在 DataFocus 中快速搭建一个可视化图形历史问答，然后组建一个用户组，组内同事都可以交互使用，包括数据修改、评论等，方便多人合作了解数据规律。也可以设置权限，让特定的信息发送给目标人群看。

3. 大屏展示

数据可视化大屏通常应用于实时监控、监测、调度、指挥等场景，选用动态可视化组件，结合可视编程技术对实时数据进行展现。其特点是可视化效果随实时数据变化而动态变化，有较强的视觉冲击效果。这种情况一般是企业级的数据可视化应用，是管理层向客户展示介绍产品和业务时所用。大屏展示要求大气、美观、交互性强，所以它的难度和工作量也最高。但是随着数据可视化工具的发展，一个可视化大屏的制作已经越来越简单了。当准备好数据和想要的指标维度后，使用 DataFocus 系统 10 分钟就可以制作出一张炫酷的可视化大屏。

1）资金管理可视化分析

资金管理可视化分析能够全面动态呈现集团资金状况，帮助财务人员与管理人员透视全集团资金情况、获取资金结构分析结果、预警资金风险等，实现集团资金的可视、可控。资金管理可视化分析包括资金总览可视化、资金结算可视化、资金集中可视化、账户管理可视化、流动性风险分析可视化、境外资金监控可视化等不同主题。

2）资金结算分析可视化

资金结算分析可视化通过资金收支分析的不同维度对集团下属单位的资金结算进行展示，如收入及支出额、收入及支出笔数、资金收支计划等，使财务人员实时掌握收入及总支出结构，进而有针对性地制订支出计划，划拨资金。并且，资金结算分析可视化还可以通过监控资金缺口和资金缺口安全值，预警资金缺口，帮助集团快速分析下属单位资金缺口是否存在风险，进而辅助财务管理者作出是否要进行贷款融资，或是否推迟付款等决策。图 5-29 所示为资金结算分析可视化展示，形象地展示了资金使用情况。

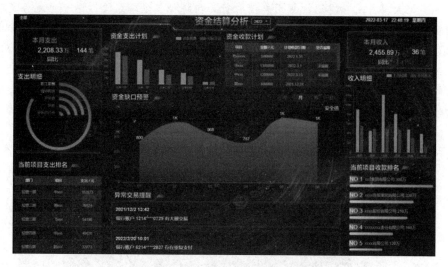

图 5-29 资金结算分析可视化展示

总之，数字价值是继生产资料、劳动力、土地等资源价值之后的主要价值形态，是以数据资源为关键价值要素、以现代信息网络为主要载体、以信息通信技术融合应用、全要素数字化转型为重要推动力，促进公平与效率更加统一的新价值形态。切实用好数据要素，将为经济社会数字化发展带来强劲动力。

金融行业数据可视化平台

金融行业如何运用软件分析数据走势是经济从业者和企业家非常关注的问题，因为强调效率、精准营销的智慧数据可视化平台，一直是银行与金融行业未来发展的关键。下面可以用一个案例感受一下为什么数据分析在快速发展的现代社会如此重要，如图 5-30 所示。

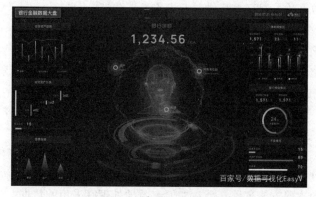

图 5-30 消费金融智慧大脑图

如某银行案例的数据可视化智慧大脑所示，在对银行的数据进行数据可视化后，银行能够显著增强业务运行的掌控，并有据可查地制定更加科学的执行策略。同时银行可以通过数据可视化大屏，更精准地把握用户消费行为与特征、金融风险，进一步完善了对银行用户的精准营销与原有运营体系，有助于为其客户带来更加优质的服务和更好地管理银行各项业务，帮助银行全方位地提升运营及管理能力。

数据可视化平台 EasyV 根据银行的现状，为其量身定制了数据可视化大屏，平台将银行现有的不同业务板块间数据融合、统一展示，实现实时数据对接，增强银行对其各项业务运行的掌控和对用户画像分析的精准把握，如图 5-31 所示。

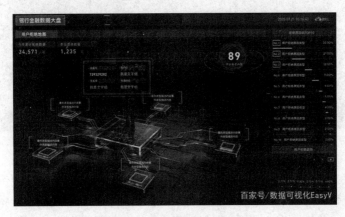

图 5-31　银行金融数据大盘

数据可视化平台 EasyV 设计师选择了黑色和金色为主色调，符合银行的形象。针对银行的需求，主要设计了数据总览、财务情况、风险详情、渠道分析、用户画像这五大主题，覆盖银行现有的业务需要。在对象为"人"的主题，大屏主视图为人像图像，而在需要宏观监控时，大屏主视图为地图图形。

通过用户数据，可对用户消费行为与特征进行精准的跟踪与分析，通过对银行运营数据进行实时监测，能够显著增强管理运行效率和管理掌控。

（资料来源：https://baijiahao.baidu.com/s?id=1675628792893621492&wfr=spider&for=pc）

问题：

1. 为什么说数字化是银行与金融行业未来发展关键？
2. 对银行的数据进行可视化后会产生何种效果？
3. 数据可视化平台 EasyV 的可视化大屏在业务展示上有何效果？
4. 数据可视化平台 EasyV 设计师选择了黑色和金色为主色调意味着什么？如何通过用户数据及银行数据分析，帮助企业实现数据作用？

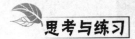

思考与练习

1. 业务需求分析的原理是什么？具体有哪几种分析方式？
2. 数据采集的主要方法有哪几个？如何有效地处理好采集的数据？

3. 数据清洗的原因与主要方式是什么？需要何种技术支持？
4. 数据探索与数据算法在财务数据价值挖掘中的作用是什么？
5. 实施数据可视化的原因和技术手段是什么？
6. 数据算法的主要工具有哪些？
7. 数据可视化的主要工具有哪些？数据可视化的应用场景包括哪些？

数字化财务体系构建

学习目标

1. 了解建立世界一流财务体系政策背景、构建模式与要求，掌握财务体系构建的方法路径；

2. 理解数据价值体系与数字化财务体系之间关系；熟知数字财务体系构建中的技术、理念、模式与流程。

引导案例

华为的成功离不开财务管理体系构建

提到华为的财务体系，绕不过这个关键人物——华为第一任CFO纪平。纪平既是任正非在南油集团的同事，也是华为最早的创始人之一。1987年9月，任正非、纪平、郭平等人凑钱创立了华为，当时的华为找不到发展的方向，处在倒闭的边缘。纪平、张燕燕等女将组成了华为最早的财务团队，他们最紧要的事情就是融资。正是靠着他们的财务经验，华为在早期渡过了一次又一次难关。

今天的华为已成为世界级标杆企业，细数华为成功的原因，除了我们耳熟能详的奋斗者精神、股权激励以及重视研发等原因之外，严格的财务管理也功不可没。在开拓国内市场的那些岁月里，一方面，华为一直坚持异地任职制度，本地人不能做本地生意，有效地杜绝了各种腐败行为。另一方面，各地办事处也都严格执行"收支两条线"制度，销售人员负责打单却不经手钱，财务收支由总部直接控制，从而最大限度地保障了扩张中的华为不至于失控。

当然，后来华为的财务管理也是越来越规范、越来越严格。1998年，华为开始引进IBM的整套管理制度，刚开始大动干戈的是研发和供应链部门，财务和销售部门没怎么动。2003年，研发和供应链的管理咨询做完了，IBM的咨询顾问也全部撤走了。

后来，任正非发现财务竟然成了华为的成长障碍。在2007年的一次内部会议上，他不无忧虑地说道："我们的确在海外拿到了不少大单，但我都不清楚这些单子是否赚钱。"虽然从2000年开始华为已经开始做成本核算，但是还没有前瞻性的预算管理；虽然财务部门已经能够在事后计算出产品的利润，却没有参与前期的定价和成本核算……诸如此类的事情很多，使得任正非痛下决心，亲自给IBM时任CEO彭明盛写了封信，要求IBM帮助华为完善财务管理。

之所以需要给彭明盛写信，是因为这也是IBM的核心竞争力，一般情况下并不愿意轻易示人。此后，IBM全球最精锐的财务咨询顾问又进驻华为，启动了IFS（集成财务转型项目。

IFS 为华为培养了数千名合格的财务总监，他们深入华为各个业务部门（包括销售、研发、供应链等），把规范的财务流程植入华为公司的整个运营流程，实现了收入与利润的平衡发展，这也是最近几年华为虽然营收增长放缓，但是利润的增长仍然不错的重要原因。

（资料来源：https://page.om.qq.com/page/OOrNLeP9ovsD7twpw8PM3ZHQ0）

视频6.1　数字化财务体系

2022年3月2日，国务院国资委印发《关于中央企业加快建设世界一流财务管理体系的指导意见》（以下简称《意见》），提出建设世界一流财务管理体系的"455"框架：即四个变革、五项职能和五大体系，强调通过10～15年的努力，使绝大多数中央企业建成与世界一流企业相适应的世界一流财务管理体系，一批中央企业财务管理水平位居世界前列。

6.1　数字化财务体系构建的条件

基于对财务转型的理解及众多央企的实践经验，企业构建世界一流财务管理体系应以财务数字化转型为核心展开，并参照实现财务数字化转型的"五六七"行动框架，力图规划出构建世界一流企业财务管理体系的全景路线图。在数字化智能时代，构建世界一流财务管理体系的核心就是基于数字技术，推动财务转型，实现财务数字化。

6.1.1　核心目标一致性

世界一流财务管理体系与财务数字化的核心目标并行不悖，目前企业面对不确定的经营环境及愈加复杂的竞争压力，企业高质量发展最重要的能力是战略选择能力与战略执行能力，数字化转型是企业提升竞争优势的重要推手。在数字化时代，依托数据、场景和算法发掘业务本质逻辑、依据业务洞见进行预测和决策，对财务赋能业务提出更高要求。

财务转型要以构建价值创造型财务体系为核心，财务职能逐步从核算向战略合作伙伴转型。建设世界一流财务管理体系，需实现赋能管理、敏捷运营、降本增效与决策高效。主要目标是：

1. 建设财务标准化体系，夯实财务管理基础

很多集团型企业业务多元化、组织层级多、地域分布广、管理模式多样化，财务管理水平参差不齐，缺乏风险管控手段，因此需要建立会计核算标准化、业财流程标准化、财务系统标准化、数据标准化、主数据管理等，以实现纵向贯通、横向协同，夯实基础。

2. 建设财务共享中心，提升效率与管控

通过战略财务、共享财务、业务财务"三位一体"的新型管理模式，推动财务管理全面转型升级。在共享财务高效合规的基础上，重点发挥业务财务及战略财务的价值，进行深入的经营分析，驱动运营业绩，实现决策支持、风险管控等。

3. 建设管理会计体系，实现价值创造

管理会计是财务部门与业务部门都在使用的重要工具。管理会计体系需要融合财务数据、业务数据、内部数据、外部数据，为多维管理与分析提供支撑。同时，企业需强化数据资产与数据治理管理，构建公司级数据平台，统筹开展数据整合，利用大数据技术，构建智能化、服务化、市场化的应用体系，贯穿产品、客户、风险与管理。

作为企业管理转型升级的重要途径，财务数字化转型的核心目标是以"数据驱动"为主线，基于业财融合和深入场景两大原则推动转型构建"价值创造型"财务，即基于数字技术的融合应用，使财务在基础交易核算职能的基础上扩展支撑战略、辅助决策、赋能业务、防控风险、精益管理、卓越运营、提质增效、合规监管等职能，推动乃至引领企业的价值创造职能。而世界一流财务管理强调"支撑战略、支持决策、服务业务、创造价值、防控风险"的功能作用，与财务数字化的目标相一致。如图 6-1 所示为世界一流财务管理体系的基本构架。

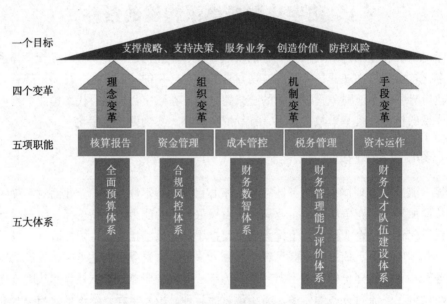

图 6-1　世界一流财务管理体系的基本构架

6.1.2　核心标准统一性

目前，构建世界一流财务管理体系成为业内关注热点，在越来越多的企业开始思考和探索财务转型的有效路径之时，越来越多的困惑也随之产生：如何定义世界一流财务管理体系？怎样规划世界一流财务管理体系的构建路径？构建世界一流财务管理体系应从何处切入？财务如何实现数字化、信息化、自动化、智能化的协同发展？企业应推动哪些数字技术与财务管理的融合？世界一流财务管理应在哪些关键场景中展现价值？

财务数字化带来四大管理能力提升，契合世界一流财务管理体系的"12 字标准"，可以有效回答上述问题。

1. 记录价值

展现全景化记录能力,重点契合"规范""集约"。财务数字化转型塑造业务过程全景化记录的能力。传统财务核算仅能事后真实记录结果信息,而财务数字化转型推动业财一体化,实现"事前、事中、事后"流程全景化数据记录、业财多视角、全过程价值信息留存。

2. 反映价值

展现实时化洞察能力,重点契合"精益""高效"。财务数字化转型助力价值风险实时化洞察。系统可以对业务动态过程进行实时捕获,通过数字化控制中心实时规则校验并反馈到财务端,通过数字化策略中心洞察经营风险并反馈到决策端,实现由"人找数"到"数找人"的转变,利用 AI 技术主动推送分析报告,充分预警风险及异常信息,逐步提升财务管理中及时、准确、高质量的监督与分析决策能力。

3. 守护价值

展现主动性防御能力,重点契合"稳健"。依靠财务数字化转型提升财务守护价值的能力。传统财务守护价值的职能体现在"事后、人工、被动"的风险防控过程,难以应对复杂多变的市场环境。财务数字化转型通过风险要素识别、风险预警预判、风控模型分析、风控策略推荐,构建"事前、事中,智能,主动"的风险防御机制,全方位守护企业价值。

4. 创造价值

展现前瞻性规划、模型化决策、全过程管控能力,重点契合"智慧"。财务数字化转型促使财务职能重心向价值创造转移。财务人员将更多精力投入企业的价值链与业务循环拓展高附加值工作,利用数字化工具前瞻性规划、模型化决策、全过程管控等能力——如市场机遇洞察、资源配置建议、策略营销支持、税务筹划、精益成本等,构建"价值创造型"财务,实现世界一流财务管理。图 16-2 所示为财务数字化带来四大能力提升。

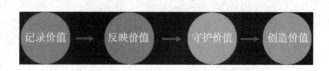

图 6-2 财务数字化带来四大能力提升

6.1.3 数字化财务体系构建的路径

采用何种路径推动财务数字化转型,由此构建一流财务管理体系,这是困扰众多企业的关键问题。对于不同规模、不同性质的企业,推动财务数字化转型的路径也不尽相同,总体来讲,财务数字化体系构建有五大切入路径:从总体规划切入、从数据治理和数据中台切入、从决策分析和管理会计切入、从财务共享和业财一体化切入以及从业务场景切入。

1. 以总体规划为切入点,分步实施

作为企业内部的一个系统性工程,在很多企业,不同层级的管理者对财务数字化的路径难以达成一致。对此,以总体规划为切入点,基于规划分步实施,对众多企业而言是经济效益最高的普遍选择。

总体规划分步实施的财务数字化推进路径,上承财务战略、转型目标、管控模式,下启落地策略、需求管理、实施运维,贯穿战略解码、目标分析、顶层设计、转型方案、产品选型、落地实施六大阶段。咨询方案可包括总体蓝图设计、应用场景设计和技术应用设计,覆盖基于数字化业务场景之上的系统平台、业务流程规划方案,以及组织人员、数据治理等必要的转型体系,以保障财务数字化转型战略目标实现、财务能力重塑、管理模式创新、先进技术落地。

2. 以数据治理和数据中台为切入点,自下而上推进

财务数字化需夯实企业数据基础,为上层数字化应用提供保障。企业数据治理水平低下通常体现在元数据,数据来源去向及责任界定不明、数据属性及计算逻辑不清;主数据名称、维度、分类结构等定义不统一或缺失,维护不规范或不及时;交易数据如数据一致性、正确性、时效性、完整性不能满足业务或管理需求等层面,进而导致数据价值难以挖掘,数字化应用实施难、废弃率高、收效甚微,甚至对数字化转型战略产生质疑或对战略推进失去信心。因此,企业通过业财数据治理,搭建数据中台,集成全域数据,贯通企业所有内外部信息,沉淀为企业数据资产、精细化数据运营和数据管控,进而拓展数据智能、数据服务场景应用,形成企业数据化经营核心驱动力,是一条可行的路径。图 6-3 为财务数字化体系构建的五大切入点。

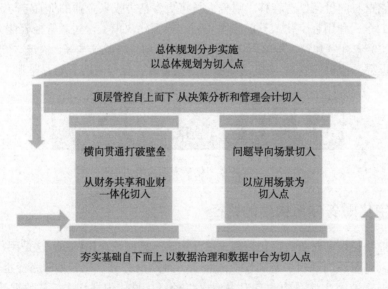

图 6-3 财务数字化体系构建的五大切入点

3. 从决策分析和管理会计切入,自上而下推进

财务数字化转型的重要价值体现在敏捷响应决策层、业务侧领导的经营管理诉求,全面预算管理与经营管理报表体系建设是恰当的切入点。财务数字化建设可从企业决策层的管理诉求及外部机构的监管要求出发，首先实现决策分析一张屏，经营管理全域可视，全面预算统筹资源等效果，使决策层、业务侧领导看得见、看得快、看得准，使企业经营更加敏捷高效。通过这些顶层管理可视化数字化带来的优化需求，在高层领导的支持下，自上而下地推进财务数字化转型的各项工作，便于统筹规划和成本经济性的平衡，以及获得企业各级各部门的有力配合，这一切入点较适合国有企业和大型民营企业。

4. 从应用场景切入，高效实施

在财务数字化视角下，企业经营可分解为业务场景的叠加。立足场景、问题导向是数字化建设速赢见效的重要手段。一方面，基于场景的财务数字化，可以借助低代码平台快速建设模型工具、灵活响应业务需求，具备建设周期短、初始投入低等特点，可根据场景变化不断迭代应对，助力企业高效运营；另一方面，基于场景的数字化工具直接下沉至作业流程中具体的操作环节，消除跨流程或流程中跨角色、跨环节的衔接障碍，从而能够针对部门特点、业务特点，以问题为导向展开场景建模。从而能够在瞬息万变的市场环境中，基于不同部门或者不同业务的具体特点进行情景模拟和数据测算。这一路径尤其适合信息化基础相对薄弱、数字化预算有限的中小规模企业。

6.2 财务共享支撑财务管理体系

财务数字化转型的核心目标之一在于打通数据、流程在不同组织间的协同障碍以及不同系统间的信息壁垒，而财务共享与业财一体化是恰当的切入点。基于业财一体化诉求优化再造业务流程、系统平台及会计核算体系，兼顾前瞻性和落地性，逐步统一财务基础作业标准，建立组织间、系统间的信息高效传递机制，推动数据、制度、流程的标准化管理，从而整体加强组织、流程、数据、技术、人才等要素统筹、协同创新和管理张力，推动财务管理体系建设高标准起步、高水平设计、高质量建设、高效率运行。

视频 6.2　财务共享支撑财务管理体系

6.2.1　财务共享思想支撑财务管理体系

企业应结合自身发展战略、运作阶段以及行业特色和业务侧重，在基于财务共享模式下，重新设计财务组织架构、职能边界及运营管理制度，打造战略财务、经营财务、业务财务、共享财务"四维一体"的协同管理模式，这就需要首先变革原有的财务管理理念。

1. 管理理念支撑

《意见》提到的推动四大变革中，首当其冲的便是推动财务管理理念变革。由于财务共享模式不仅仅是简单的业务流程再造，还会对传统的管理模式与财务人员的工作模式带来一定冲击，更重视理念再造，并通过理念变革助推世界一流财务管理体系建设。在建立财务共享服务中心的过程中，需要管理层的高度关注和全力支持，不断地将共享模式在各层级各部门进行多轮宣传贯彻和培训，完成理念在企业内部的贯彻与落实。如图 6-4 所示为

财务共享支撑世界一流财务管理体系建设，四项核心要素支撑世界一流财务管理体系。

图 6-4　财务共享支撑世界一流财务管理体系建设

2. 管理职能支撑

世界一流财务管理体系建设需要完成对传统财务职能的变革。财务共享服务模式便是通过对传统财务管理职能的重新规划，利用专业化分工、标准化作业来获取基础会计作业的规模化效益，因此可以为世界一流财务管理体系建设提供职能支撑。

财务共享服务模式将形成"专业财务、战略财务、业务财务、共享财务"的新职能结构；专业财务在专业化领域发挥财务管理职能；战略财务在集团层面发挥控制和管理职能；业务财务深入参与到各业务单元中，对业务单位提供各类支持；共享财务以核算职能为主，释放并整合财务核心能力，为专业财务、战略财务和业务财务提供数据支撑服务。

3. 管理团队支撑

《意见》还提出了完善面向未来的财务人才队伍建设体系要求。而财务共享可以在一定程度上满足这一要求，为世界一流财务管理体系建设提供人才支撑。按照"专业化分工"原则，采用财务共享服务模式的企业集团将打破组织壁垒，通过设置专业岗位，标准化地处理各组织的财务会计工作，而以组织为单位的传统财务会计业务处理模式将被重塑。财务共享使更多的财务人员从繁杂的事务性工作中解放出来，进一步推动企业完善多层次财务人才培养培训体系，加强中高端财务人才队伍建设，提高中高级财务人才占比，推动财务人才结构从金字塔型向纺锤形转变。

4. 业财数据支撑

世界一流财务管理体系建设需要高质量数据支撑，财务共享集合全域数据包括业务专业数据、共享数据以及社会化数据，通过数据清理、构建算法和分析模型，实现不同管理视图的数据指标分析结果展示，通过应用神经网络或者机器学习等智能化技术进行数据挖掘和处理，实现预测与预警。财务共享打通业财数据通道，掌握及时、真实的全量数据，为未来的战略分析、管理决策及数字化转型提供重要数据基础。

6.2.2　构建数字化财务体系的场景

《意见》明确提出了创建一流财务管理体系的五项职能，即核算报告、资金管理、成本管控、税务管理和资本运作；五大体系，即全面预算管理体系、合规风控体系、财务数智体系、财务管理能力评价体系、财务人才队伍建设体系。基于对上述内容的分析和梳理，结合财务管理的具体应用场景，企业应站在数据驱动和价值创造的角度。推动财务数字化的关键在于实现以下七大关键应用场景的数字化转型，这七大场景也是创建世界一流财务管理体系需要重点关注的七大着力领域。

1. 全面预算管理

动态、轻量、集约、赋能是预算管理统领企业战略落地的新模式，预算的数字化管理是提升企业整体数字化转型的重要起点和突破口，也是财务数字化的重要应用场景，完善纵横贯通的全面预算管理体系是世界一流财务管理体系的重要组成部分。

在多变的市场环境和数字化时代，相较于传统预算，完善纵横贯通的全面预算管理体系呈现以下特点：

一是预算定位从管控型向赋能型发展；从静态目标管理向动态运营指导转变。从预算内容来讲，年度预算模型和滚动预算模型向轻量化转变，从追求预算体系的整体化到追求经营预算的精细化，预算控制从"零散型"向"集约型"转变。数据、场景、智能成为预算的主旋律，数据驱动成为预算的新主线场景化预算赋能业务发展，智能预测使预算更有力量。

二是预算技术体系从产品化到平台化，数据中台成为重塑预算的核心，AI技术成为预算进阶的标配。

2. 精益化的成本管理

对于企业的数字化成本管理而言，成本管理的精益、动态、实时、自动是实现其目标的关键。伴随着数字技术而来的最根本的改变就是实现了"现实中的万物"和"虚拟的互联网"的整合，从而实现人与物之间的信息高效、智能的沟通，并为精益化成本管理被企业更深入的应用提供了可能。具体来说：

首先，物联网能够为成本管理提供及时、完整、可靠的数据基础。

其次，物联网使得生产成本的计算线上留痕并且可追溯，也使得生产成本的计算结果更科学、更合理，并且能够确保财务人员准确掌握生产线上各作业环节的资源消耗，实现对生产成本的动态核算和实时管理。

最后，物联网实现了成本管理工作的自动化。从物联网获得的数据可以与RPA技术相结合，进一步延展以实现自动化流程，实现数据赋能业务以及降本增效。

3. 管理报告与经营分析的新模式

管理报告与经营分析的智能化、场景化、业务化应用，将是未来管理会计形成深层价值的方式和路径。管理会计报告的本质是对数据分析应用的结果进行展示，智能技术的应用可以使系统具备智能化、敏捷化的快速建模能力，支持基于智能数据研发开展在线数据建模、基于智能算法进行统一画像和构建公共数据模型。在此基础上管理会计报告和数据分析应用将逐步实现智能化、业务化和场景化。

数字化时代的管理会计报告系统在数据展示方面具备多维度、可视化、定制化的鲜明特点。借助后台的多维数据模型，系统可以为数据分析人员提供更灵活的自助数据分析功能。分析人员既可以通过拖拉或者单击等快速操作在数据模型中对数据进行快速的多维度分析并输出分析报告；也可以利用语音或者文字交互，采用类搜索引擎的方式向系统提问，系统接收问题并进行整句改写和语义识别后在后台数据库中执行数据检索，并以适当的方式向提问人员呈现。

4. 多维度完成合并报表

依据合规、自动、敏捷、多维、场景拓宽等维度，实现合并报表工作的有效性与科学性。合并报表作为向使用者提供集团财务状况，经营成果的重要参考依据，不但承载着公司的核心数据，还是财务管理对外输出的窗口，也是对内管理的重要工具。创建世界一流的财务管理体系必然首先从关注合并报表开始，而在财务的数字化转型过程中，合并报表往往就成了首先需要取得突破的重要一环。

财务数字化转型对合并报表出具的准确与合规性、自动化水平与时效性、清晰透明与可追溯提出了更高的要求。在数字化转型的背景下，未来数据需要被更加充分地挖掘和利用，场景将进一步拓宽，从主要满足对外披露要求到更需要满足内部管理要求，产品部署架构以及多元化业务需求也更注重敏捷化。

5. 基于融合思想的财务共享

管财融合、业财融合、数财融合是财务数字化转型的突破口，财务共享中心在世界一流财务管理体系中的地位无可替代。一方面，它能够助力企业打通和整合业务和财务的流程和数据，实现交易透明化、流程自动化和数据真实化；另一方面，它能够支撑管理实现赋能决策，使企业能够从交易源头实时获取业财数据并开展数据分析，实现业务风险管控和业务发展支撑。

随着新技术在财务领域的深入应用，企业的财务处理和管理流程逐步实现智能化、自动化。自动化使大量人员获得解放，可以从"事务性"工作转向"管理型"工作；智能化则为财务共享中心开展数据分析和数据应用赋能。财务共享中心逐渐从服务于企业内部基于财务制度、财务准则的流程，扩张到服务于更多的业务伙伴，创造业务价值。在数字化时代，业务与财务的深度融合以及智能技术的深入应用，能够实现职能的大跃迁，不仅具备自动化核算能力，推动"会计无人工厂"从想象变为现实，还能开展高价值的财务分析、经营决策、预算管理、风险管控等服务。

6. 司库管理功能拓展性

基于高效运营、智能化风控、全品种投融资管理、多维立体可视等业务目标的司库管理，成为企业财务数字化转型的功能拓展流线。作为资金管理的升级，司库管理正在由企业后台支撑部门负责资金价值保护的角色，逐步升级为企业集团内或者金融机构内负责资金价值创造的职能。

现代企业司库管理的重心和主要任务已经转变为以价值创造为目标的资金高效运营和金融资源统筹，追求专业化和价值最大化，为支撑公司业务战略和财务目标提供必要的资金和信息支持，并能够从财务和运营中识别风险，以更加全局乃至全球的视野管理企业和监控企业现金流。

在数字化驱动下，新一代信息技术不断成熟，在司库管理领域的应用场景逐渐拓展，借助 OCR、RPA、NLP 等替代人工的技术提升资金高效高质量运营，运用互联网+、云技术、大数据、AI 等智能技术实现前瞻性预测分析及监控预警等需求，帮助企业打造集高效运营服务、智能化风控、全品种投融资管理、多维立体可视的司库管理体系，为企业创造价值。

7. 立体化税务管理

数字化背景下的财税管理，会逐渐形成共享化、一体化、智能化趋向。与其他场景主要基于企业自身需要转型不同，税务管理的数字化转型不仅来自企业内部的效率和效益需求，还来自企业外部的监管压力。随着金税四期工程的开启，企业税务管理的重心由"以票算税"转变为"以数管税"，以自动化、共享化、智能化为特征的"智慧税务数字化管理"成为数字化时代世界一流财务管理体系的标配，是财务全面数字化转型的必然结果。立体化税务管理的特点有：

（1）自动化。立足于企业内部的税务管理信息系统，实现全部涉税业务的线上化和自动化处理，降低涉税风险，提高整体税务筹划能力，为企业创造价值。

（2）共享化。通过整合企业内外部的资源，实现内通外联；通过网络化的平台，实现税务管理从分散到集约的转变，从而达到税务资源配置的帕累托最优。

（3）智能化。语音识别、OCR、语义识别、知识图谱等人工智能技术和云计算、大数据等技术相结合将推动税务管理模式的创新，大幅度提升企业的税务管理效率，提高企业的税务风险管控能力。

6.3　企业视角的财务数字化体系建设

在财务数字化体系构建的实践中，大部分企业还未完成实现从财务信息化向财务数字化的跨越，财务系统多处在提升处理效率的阶段，距离《纲要》提出的视角助力价值创造还有一定的距离。如何建设以企业价值创造为目标的财务数字化系统，探索实现财务职能转型的突破路径，成为企业关注的问题之一。

视频 6.3　企业战略视角的数字化财务体系建设

鉴于国家对于财务数字化的规划设计以及行业对于财务数字化的期待，从财务信息化向财务数字化转型的重要性、面临的挑战、问题的产生原因、实际建设建议等方面进行探讨。以期能引起各级企业对于财务数字化建设的重视，从企业战略和顶层设计的高度认识财务信息化建设，通过财务信息化建设推动整个企业的数字化建设，对于规划建设本企业财务数字化体系的，也给出了具体的建议和参考案例。如图 6-5 所示为基于数据平台的数字化管理体系建构模型。

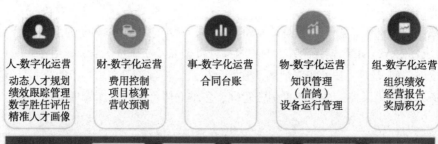

图 6-5 基于数据平台的数字化管理体系建构模型

6.3.1 财务数字化体系建设的要求

企业期望财务系统能在价值管理上发挥更重大的作用,而不仅仅是效率的提升和成本的降低,根据全球知名调研咨询机构 IDC 数据,90%的受访者表示,财务的数字化创新变革会为企业带来显著的成本节约和绩效提升。财务信息化需要向财务数字化转型,从而支撑财务职能的转型,而当前大多数企业已经实施的财务信息化可以看作是财务数字化的必要基础,信息化是支撑,数字化的关键是赋能。数字化时代,要求实现财务、IT 与业务的融合,用融合所产生的结构化的数据驱动业务、整合资源、智能化决策。

1. 统一的财务数据标准

一个通过财务信息系统出具的分录信息是很难用来去作企业管理的决策的,我们需要制定统一的财务数据标准,统筹规划、制定和实施覆盖会计信息系统输入、处理和输出等环节的会计数据标准,让财务数据转变为统一的结构化数据,为后续的应用打下基础。

如财务指标是指企业总结和评价财务状况和经营成果的相对指标,中国《企业财务通则》中为企业规定的三种财务指标为:偿债能力指标,包括资产负债率、流动比率、速动比率;营运能力指标,包括应收账款周转率、存货周转率;盈利能力指标,包括资本金利润率、销售利润率(营业收入利税率)、成本费用利润率等。

2. 需要前置业务与财务数据一致

财务数据只有与业务数据以及其他企业管理数据相结合,才能给企业带来决策的价值,因此,不能将财务数据独立化处理,而是要从企业的商业模式基础出发,统一财务数据和业务数据的类型。比如,如果企业商业模式的基础是产品,那么企业所有数据包括财务数据都要能指向产品,未来才有分析和决策的价值。

一般先由财务部门牵头与业务部门细化、明确各个核算数据的统计口径,在系统中定义好每个字段的含义。财务人员需从财务角度与业务人员达成一致:业务部门需将哪些数据传递给财务部门,如记录、存档什么数据,这些数据对应的字段名称是什么,这些字段对应哪些会计科目。比如收入项目：事先明确业务部门销售收入的确认规则：即什么条件下可以确认为含税收入、税率是多少、含税收入与不含税收入如何换算、结算方式、开票金额、收付款金额等信息以及什么时间把数据推送给会计记账。会计记账所需要的数据即客户名称、含税收入、税率、不含税收入、成本、费用等。但是，业务系统需独立记录与含税收入、税率、不含税收入、成本、费用等相关的其他各种客户或供应商的详细信息。

3. 需要一体化、智能化的数字平台

数字化典型的特征是在线化、实时化、可视化，依据单纯的财务数据很难作出正确的管理决策，因此需要有一体化的数字平台储存、分析和输出数据资产。企业打造一体化数字平台，全面整合企业内部信息系统，强化全流程数据贯通，加快全价值链业务协同，形成数据驱动的智能决策能力，提升企业整体运行效率和产业链上下游协同效率。同时，面对海量数据，智能化的处理才能实现实时化的数据处理和展示。

6.3.2 企业财务数字化体系应用

在数字化技术平台助力数据价值挖掘中，对数据治理、数据价值链、数字化应用场景、数字化技术平台以及保障体系等组成要素深度认知十分重要。这有利于进一步对财务数字化应用场景中的财务会计数字化与管理会计数字化两个层次进行解析，帮助财务团队可以更加深入理解数字化时代下财务全新的职能体系与工作方式。

1. "4×4"财务数字化应用场景矩阵

随着数据价值体系的不断成熟，企业从数据中挖掘的价值持续提升，财务职能实现了优化与拓展，企业将形成全新的财务数字化应用场景。如图6-6所示为"4×4"财务数字化应用场景矩阵（FDASM，Financial Digital Application Scenarios Matrix），就是对财务领域数字化应用场景进行的归纳总结，由"4横"与"4纵"共同构成。"4横"为数字化财务的四种工作方式：操作记录、规则计算、统计分析、模型算法；"4纵"为数字化财务职能的四个层次：财务会计、管理会计、业务支持与决策支持。

1）数字化财务的四种工作方式

在数字化财务的四种工作方式中，操作记录类工作是对业务及其产生的数据进行处理记录；规则计算类工作是根据明确规定的规则执行计算过程；统计分析类工作是根据统计特征与逻辑关系对数据进行分析；模型算法类工作是基于大量内外部数据，通过构建算法在没有明确规则、关系模糊、因素多变的场景中探寻潜在数据价值。

以税务管理为例，进项认证与纳税申报是操作记录类工作，纳税计算是规则计算类工作，税务分析是统计分析类工作，税务风险评估则属于模型算法类工作。

2）数字化财务职能的四个层次

在数字化财务职能的四个层次中，财务会计是财务的基础职能，包括会计核算、资金管理、税务管理与报表出具；管理会计是财务发挥管理职能的关键，包括预算管理、绩效管理、成本管理、风险管理、投融资管理等；业务支持是财务与业务流程产生交互时，对业务管理提供的支持职能，包括从研发、采购到产品、营销、交付到回款等全周期的业务

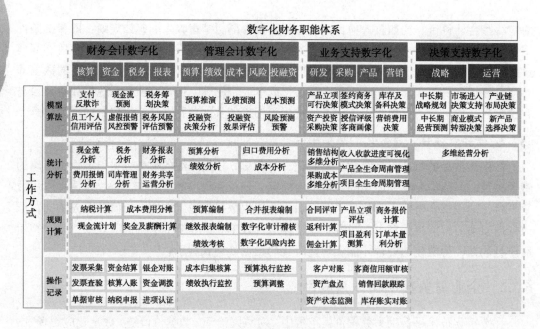

图 6-6 "4×4" 财务数字化应用场景矩阵

价值链深度支持;决策支持是指企业层面的战略布局以及运营管理,构建企业经营价值体系,为战略规划、执行控制到结果评价提供支持。

围绕数字化时代下全新的职能体系与工作方式,财务数字化正以新兴技术应用加速财务会计的质效提升,以数据科学思维激发数据活力,重新定义管理会计价值,深度融合业财一体化运营,科学驱动经营管理决策。

2. 技术赋能财务会计数字化

财务会计数字化是在财务基础业务中,通过自动化、智能化技术的应用,提升财务工作质量与效率,同时,扩大数据采集范围并提高数据采集时效,为更深入的数字化应用提供数据基础。

自动化、智能化技术在财务领域应用热力图,将财务业务分为八个主要流程,橙色代表自动化技术的应用点,绿色代表智能化技术的应用点。自动化技术以应用程序接口(Application Programming Interface,API)和机器人流程自动化(Robotic Process Automation,RPA)为代表,能够基于明确规则,根据流程导向,高效精准地实现信息自动采集,使操作自动完成,例如在税务核算中,利用 RPA 可以实现纳税申报自动化;智能化技术则以大数据、人工智能为代表,能够模拟人的感官、理解和思考学习能力,对复杂多变的场景作出反馈,深度应用于数据的采集与处理,如利用光学字符识别(Optical Character Recognition,OCR)技术实现发票信息的智能采集。

技术平台是财务数字化落地实施的核心要素,是构建一流财务体系的逻辑起点和技术基础,支撑着数据治理与数据价值链的过程实现,帮助企业提高数据质量,释放数据价值。如图 6-7 所示为财务自动化智能化热力图。

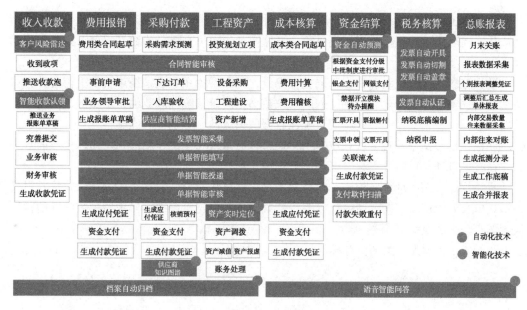

图 6-7 财务自动化智能化热力图

场景一：智慧费用报销。

传统的费用报销流程主要基于发票信息的手工采集查验、纸质单据的线下流转与人工审核。智慧费用报销实践引入 OCR 技术、语音识别技术、RPA 等自动化与智能化技术，致力于将费用报销各流程环节打造得更加合理高效，具体表现为智慧费用报销"五部曲"。

智慧采集。发票智慧采集可以直接获取电子发票或采用票据切分分类+OCR 智能识别的整体解决方案，实现各类纸质发票及通用票据的精准切分分类以及快速识别输出，通过对接税务局系统实现发票的自动查验。

智慧填单。通过自动关联商旅订单等内外部信息，同时将差旅标准、借款要求、内控规则等规则信息内嵌系统，依托语音识别技术实现备注信息的语音输入，进而使"零手工输入"成为可能。

智慧审核。智慧审核将可配置的审核规则内嵌系统，针对前端智能采集获取的结构化数据，利用机器学习的规则库以及规则引擎进行全方位智能审核。

智慧支付。银企互联系统接受资金支付指令后，通过调用支付请求 API 发起付款请求指令，生成银行可识别的文件，自动完成付款，极大提升了资金支付效率。

智慧入账。单据通过会计引擎按照统一的会计核算规则，基于交易信息，自动生成会计分录、输出会计凭证，并自动流转至会计核算系统，避免了人工造成的失误，也降低了财务运营成本。

场景二：智慧纳税计算。

传统纳税计算多为人工算税，由于税务数据缺乏统一、全面信息化的管理，且数据提取、核对难度大，因此数据加工效率低、错误频发，存在很大的税务管理风险，申报时效性也无法得到保障。

智慧纳税计算，面向不同企业场景（企业类型、所属行业等），根据纳税计算逻辑需求自动从企业各系统中提取数据，针对不同税种，自动精准完成纳税计算和纳税申报表的填列，从而提高质效，把控税务核算风险。具体实现步骤可主要分为数据追溯、采集与自动计算。

数据追溯，全面联动。根据不同企业场景，判断纳税企业在纳税申报表上需要计算、填列的纳税项目，从而全面追溯所需的纳税数据，同时，统一规范纳税数据的数据名称、数据类型、业务含义、校验规则等，确保数据的一致性、准确性、完整性。

明确纳税数据分布在哪些系统当中，通过打通系统间连接，精准锁定所需提取的数据并支持接口自动化抓取导入，以联动多数据源实现随需灵活取数。

算法构建，精准计算。构建纳税计算的全流程算法模型，包括字段间逻辑算法与对应关系，以及表间逻辑规则。通过配置算法公式固化底层逻辑规则，实现纳税数据到纳税申报表的自动生成及灵活调整。

如图 6-8 所示为智慧纳税计算。

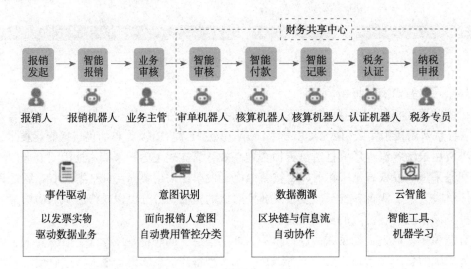

图 6-8　智慧纳税计算

3. 协同助力管理会计数字化

管理会计数字化是利用数字化手段实现对管理活动的合理及准确量化，通过系统性的规划、控制、评价与决策过程，发挥管理职能并提升管理效能。但是以往一方面，数字技术布局不充分，数据没有实现广泛采集及高质效运营；另一方面，财务人员缺少可以驾驭数据的能力与思维，使得管理会计的效能发挥非常有限。

DT 时代下，管理会计的价值可以得到更大发挥，传统的"表哥""表姐"在算力、算法的赋能下将成为企业的"超算中心"。财务可以在预算管理、绩效管理、成本管理、风险管理、投融资管理等多项管理会计活动中，利用数字化手段优化规划、控制、评价与决策过程，进而实现管理创造价值这一根本目标。

场景：预算管理及绩效管理数字化

预算管理是根据对未来企业经营情况的预测，对企业资源进行规划与分配；绩效管理则是在经营预测下设定经营目标，对所分配资源产生的效益进行评价与控制，以实现激励与提升。预算管理与绩效管理需要在绩效考核这一环节进行衔接，并在数据思维的引领下相互配合协作，引导企业各级组织准确利用现有资源以实现战略目标。

预算管理数字化以战略导向为原则，实现系统间的全面联动以及多源数据的灵活调用，构建敏捷反馈、动态调整、全周期闭环的预算管理机制，主要分为目标规划、预算编制与推演、预算执行与控制、分析报告与绩效考核四个环节。

1）目标规划

目标规划是预算管理承接战略的重要环节。从战略目标出发，搭建经营预测体系，通过预测模型构建及算法应用实现更为精准的短期、中期及长期预测，确定经营策略，引领资源最优配置。

2）预算编制与推演

全面梳理预算指标体系、预算编制规则，逐层自动计算及汇总，同时，根据业务逻辑，将经营过程抽象成业务模型，通过不断模拟经营过程，利用机器学习技术反复进行预算模型推演与训练，构建最优预算模型，实现预算精细化、科学化自动编制。

3）预算执行与控制

在预算执行过程中，将预算计划嵌入采购平台、合同管理系统、费用管理系统等前端平台，以在订单下达时就触发预算控制，将预算控制移至事前，简化传统控制程序，提升控制效率。同时，建立自动化预警机制，实时跟踪预算执行进度，实现刚柔并重的预算控制。

4）分析报告与绩效考核

通过对预算数据和实际执行数据的自动抓取、数据计算逻辑配置以及数据指标体系构建，自动出具预算分析报告，为绩效考核提供可靠依据，保证预算目标有效实现，发挥评价与激励作用。

绩效考核是预算管理的终点，也是绩效管理的核心。在数字化绩效管理过程中，从目标规划到绩效计划制订，同样以战略目标为起点，通过建立预测体系，进行规则推演，构建起适应多业务线的绩效模型，而后基于自动抽取、处理、加工后的数据，计算绩效考核结果。同时，从绩效考核出发形成评价、激励、改善的即时反馈机制，通过持续不断的业务管理循环过程实现目标导向的业绩改善。如图6-9所示为数字化预算管理与绩效管理模型。

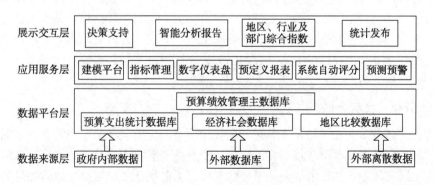

图6-9　预算管理与绩效管理数字化

6.4　财务数字化体系底层逻辑

企业财务活动本身是一个蕴含复杂信息的管理系统，连接着企业财务组织职能、文化、人才、业务流程等，需要从理念、组织文化、数据服务等方面进行更新和升级，构建数字化财务管理体系，需要首先打通各职能部门的数据通道，建设企业数据资产的全过程管理，通过教育培训方式促使财务人员转变管理观念，并营造转型文化、体系思维，以文化基础让员工主动融入和参与到数字化转型进程中，同时利用互联网、云计算等智能化技术建立财务数字化服务体系，采集、分析和处理财务数据，以制定最优实施方案。

视频 6.4　企业战略视角的数字化财务体系建设模式

6.4.1　建设模式中底层逻辑要素

未来财务数字化体系应以自动化、数字化、智能化为方向，以运营赋能化、技术数智化、业务自动化和作业管理化为转型路径，在构建中不断发现新问题，在运行中找到新的价值点。

1. 架构设计方面

财务数字化体系架构设计需要考虑其整体性与系统性，否则难以发挥协同作用。在企业的实际运行中，管理活动往往分散在财务部门内部不同的中心，基于各功能模块进行财务信息化系统建设，造成财务系统烟囱林立，无法协同发挥作用。此外，即使财务系统与业务系统进行了对接，也大多集中在业务与财务核算和报账系统的对接，忽视了业务系统与财务其他系统的交互。

从整体上看，由于缺乏顶层的系统架构设计，往往造成财务系统内部各自独立，财务系统与业务系统衔接不充分，财务系统在企业的整体 IT 系统中的定位缺失或者不明确。

2. 数据治理方面

企业带有共性的问题是数据治理难度大，无法实现监控、分析和反馈。所以，要想发挥财务的价值创造功能，实现数据的实时监控、分析和反馈至关重要。目前我国很多企业的数据管理水平仍处于发展阶段，虽然在一定意义上来说财务数据相较其他数据更加的结构化，但是由于非财务数据过于复杂，需要花费较大的成本方可实现业务和用户数据质量的提升，而与业务和用户数据无法结合的财务数据则很难实现数据分析的深度，也就很难对决策产生直接的帮助。

3. 业务间切合度方面

目前，大多数公司业务活动多元化倾向较为明显，主营业务与非主营业务之间仍需加强协调，业务复杂多变，财务信息化的建设与各业务不契合也为公司经营带来风险。公司发展中为了防范风险，往往采取业务多样化策略，而前端业务的复杂性也对财务管理水平提出了更高的要求。

不同的业务类别对资源分配、绩效评价、资金管理等的要求不一致，而财务信息化建设需要契合各业务特点，从而设置相应的财务管理流程和标准，这就对财务系统的顶层设计、兼容性、灵活性还有个性化改造提出了比较高的要求。

6.4.2 财务数字化体系规划的价值实现

财务数字化体系规划团队应该对体系构建中产生的动因深度挖掘，同时以企业战略发展目标为导向，对财务数字化体系产生的实际价值进行系统评价，促进企业效能最大化目标的实现，财务数字化体系价值实现的主要途径是：

1. 强化自主化开发能力

要想实现财务系统各模块数据的共享以及财务数据和业务数据的协同，进而推进财务数字化建设，事前的系统架构设计、事中的安全监控运维以及事后的数据处理和预警，缺一不可。而前述工作是对企业自主研发管理能力的很高要求和考验，目前小型企业大多采用采购外部 SAAS 服务，较少具备自身的研发团队；而大中型企业中，自主化开发往往集中于业务系统的建设，导致很难根据企业管理的目标和要求去自主定制建设财务体系和获取管理所需数据，进而进行分析和决策。所以为保证价值实现，需要进一步强化企业自主化研发能力。

2. 跨界项目化文化建设

导致财务信息化工作很难向纵深发展的关键原因之一是缺乏跨专业的团队建设，这也是项目化文化建设内容之一。有的财务内部各个职能模块间专业性差异较大，大部分财务人员只聚焦在核算、预算、绩效、资金、经营分析、税务或者资产管理等财务某一专业领域中，缺乏跨业融合的思想意识和文化氛围，缺少跨财务专业且具备协同视角的核心团队。而作为具备跨财务专业视角的财务部门主管，需要拉近具体的流程和操作距离，由此才能提出详尽的系统建设需求方案。

3. 战略协同与安全体系构建

由于部分企业系统建设未能与企业战略相协同，缺乏健全的数据安全治理体系，对数字化财务管理的目标达成有一定负面影响。财务系统若想达到价值创造的目标，需与企业的战略和业务管理特点充分结合和统一，才能使各业务与财务信息化的建设相契合。比如互联网企业更多的是以产品为基础进行管理，而快消行业是划分至商品及渠道，服务类企业则更加倾向于按照服务内容和对象进行管理。传统财务管理中普遍以"部门"为对象进行流程制定和管理，往往不能契合企业战略要求和行业特点。而此种"契合"需体现在财务数字化的建设中，否则后续数据的获取和分析将无从谈起。

6.4.3 基于体系构建的财务数据治理

DT 时代下财务变革就是财务数字化，它是通过对财务会计、管理会计、业务支持、决策支持等不同财务职能下数字化应用场景，展示了 DT 时代下数据所蕴含的巨大潜力和无限价值。然而,数据价值能否得到充分释放与数据的质量息息相关。企业必须首先开展数据治理工作,通过数据治理以实现企业财务数据可见、可懂、可用、可运营,为深入的财务数据分析和应用提供良好的数据基础。

1. 数据治理概念

目前,许多机构都提出了数据治理的定义,但各界尚未形成一个标准、统一的定义。

国际数据治理研究所(The Data Governance Institute,DGI)认为,数据治理是包含信息相关过程的决策权及责任制的体系,按照达成共识的模型执行,模型明确"在什么时间和情况下、用什么方式、由谁、用哪些信息、采取哪些行动"。

国际数据管理协会(Data Management Association,DAMA)认为,数据治理不仅是一种框架的规范,还是一个可以被实践的职能模块,是对数据资产管理行使权力、控制和共享决策的系列活动,如规划、监测和执行。

我国国家标准《信息技术大数据术语》(GB/T 35295—2017)中对数据治理的定义是,"对数据进行处置、格式化和规范化的过程",并强调数据治理是数据和数据系统管理的基本要素,涉及数据全生存周期管理,无论数据是处于静态、动态、未完成状态还是交易状态。

综合分析上述观点可以发现,数据治理强调标准、规范和流程的设定,它不仅关注技术,还关注组织中与数据相关事务的决策权及相关职责的分配。

2. 数据治理的缘由

由于技术的快速发展和信息化的普及,目前企业已经能够积累大量数据,然而数据量大并不意味着数据的价值密度大,也不意味着数据能够直接被应用,或能够直接作为资产为企业带来经济价值。企业数字化体系建设不完善或是"先建设后治理",以及制度、标准、技术等方面的欠缺都可能导致企业数据存在诸多问题。财务人员作为企业数据的采集者和使用者,在日常财务管理工作中,常会面对很多财务数据,如图6-10所示为财务的损益表中三项要素的相关数据结构。

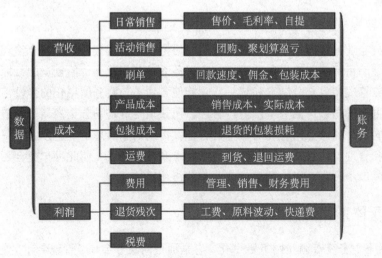

图6-10 财务相关数据结构

1）克服数据流通存孤岛

在业务、财务数字化体系建设时，企业应考虑各系统间的集成关系，建立数据共享制度和共享标准，财务系统能及时接收业务系统传输过来的数据，业财数据流通顺畅。财务人员也能及时获取原始数据，利用被加工过的数据进行报表编制和分析。

2）数据标准不一致

数据标准是指数据的命名、定义、结构和取值的规则。业财系统在数据的命名、编码上的差异，以及业财不同的管理需求和视角导致数据指标选择、指标定义、统计口径、记录规范不同，造成企业整体数据标准不统一，难以实现数据跨部门的共享和复用。

3）数据质量难保障

在财务工作中，数据录入的及时性、准确性、完整性和规范性都直接影响财务工作的推进效率和质量。部分数据需要通过纸质文档记录或线下手工采集，容易造成数据录入和后续维护权责不清晰，有大量重复记录或数据缺失问题，数据质量难以保证，使用和分析需求难以满足。可以说，数据质量直接影响数据分析的有效性，低质量的数据会导致具有误导性的分析结果。

4）主数据管理缺失

主数据是企业核心业务的承载对象，是企业信息化的基础，是用来描述、存储核心业务的实体。在企业中主数据经常被称为"公共数据"，包括客户、供应商、科目、员工、组织主数据等，它们在各个系统中被重复、共享使用，是企业信息化战略与管理的必要前提。通常企业会以项目制或项目管理的形式推进体系化建设。在主数据层面信息系统的实施过程中，由于没有统一的主数据标准、各项目主数据相互独立，所以主数据录入不及时或重复录入、维护的权责不清晰、不同系统中同一主数据不一致。大部分主数据问题只能在事后发现，这将对财务工作效率和数据分析的有效性造成很大的影响。

5）消除数据安全隐患

随着企业数据开放和共享程度的深化，数据安全问题至关重要，安全是价值实现的前提。从数据生命周期安全的角度来看，企业数据在采集、传输、存储、处理、交换和删除的各个环节都面临不同程度的安全隐患，来自外部的攻击、内部人员利用机密数据非法牟利、数据意外丢失等安全问题不可忽视。

3. 数据治理的内容

要走出上述数据治理的困境，企业就需要逐步构建起完善的财务数据治理体系，强化数据治理体系顶层设计。

DAMA、DGI、IBM 等国内外机构基于自身的理论和实践经验提出了相关的数据治理体系。我国国家标准《信息技术大数据术语》中强调数据治理是数据和数据系统管理的基本要素，涉及数据全生命周期管理；《信息技术服务治理 第 5 部分：数据治理规范》也提出面向数据价值实现的治理目标，明确数据治理的顶层设计、数据治理环境、数据治理域和数据治理过程四大部分。

所以，数据治理体系以主数据、元数据、数据质量、数据安全、数据标准、数据生命周期等内容为核心，涵盖数字化治理机制、数字化治理对象和数字化治理应用等方面，助力企业实现数据可见、可懂、可用、可运营,保障财务数字化转型健康发展,驱动财务数字化转型价值最大化。如图 6-11 所示,数据治理体系框架中就包括管理域、数据治理目标、过程域、治理域以及数据治理目标。

数据治理体系搭建

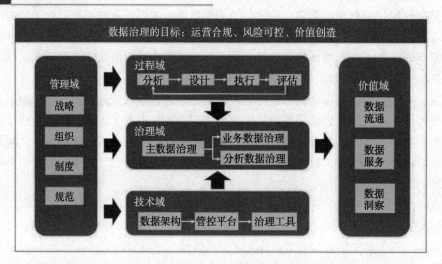

图 6-11 数据治理体系框架

1)数据治理的主体

企业在推进数据治理项目时常见的误区是认为数据治理是技术部门的事。然而数据问题产生的原因往往来自非技术部门,如数据责任不明确、同一数据有多个来源,导致同一数据字段在不同系统中的记录标准不统一、数据不一致等问题,单从技术角度难以解决。数据治理有助于提升数据质量,提升业务部门和财务部门数据分析的有效性,因此数据治理项目可以由技术部门牵头,其他各个部门通力合作完成。

财务部门应成为企业数据治理工作的有力推动者。如果不进行数据治理,财务部门会面对很多与数据相关的问题,无法转型为企业的大数据中心。因此,财务部门应积极主导或者协同其他部门深入推进数据治理工作,同时确保财务部门的数据治理方案不脱离企业整体的数据治理战略。

2)数据治理的过程

数据治理是一项周期较长且较为复杂的工程,涉及组织、制度、流程、标准等多方面的管理,涵盖了数据标准、数据质量、数据架构、数据安全等多方面的内容。数据治理需要依照企业性质、管理模式、业务特点的实际情况制定个性化的治理规划。对于财务数据治理而言,可以从管控层面和执行层面着手,如图 6-12 所示为财务数据治理方案模型。

(1)管控层面。第一,根据企业数据战略目标,制订财务部门数据使用计划;第二,持续完善财务数据治理制度,保障数据治理工作规范运行;第三,设立权责明确的财务数据治理组织，指导各项数据治理职能的执行；第四，建立有效的沟通与协商机制，提升跨部门及部门内部数据治理能力。

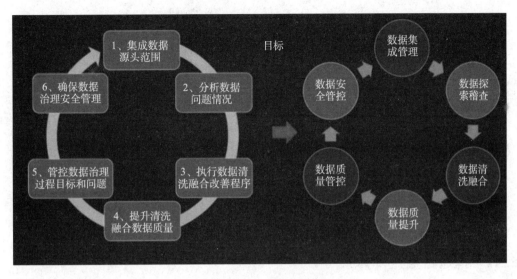

图 6-12　财务数据治理方案

（2）执行层面。在执行层面可以通过数据的"盘、规、治、用"支持良好的"数据生态"，全面提升数据质量。

第一，盘点财务数据资源。财务部门盘点与财务数据相关的系统、流程，厘清各方数据需求，摸清现有数据的真实状况。

第二，建立统一数据标准规范。财务与各部门共同推进业财数据指标库梳理，制定主数据标准，实现业财数据贯通。

第三，基于 PDCA 循环持续改进数据质量。计划阶段，分析数据质量问题原因并制定解决方案；执行阶段，各部门共同合作解决关键问题；检查阶段，持续监控数据质量，总结方案执行结果；处理阶段，总结质量检查结果，定位未解决的数据问题以开始下一个循环。

第四，推进数据治理平台规划与建设。财务部门配合建立企业整体层面的数据治理平台，实现企业数据在各系统的调用，设置数据校验规则，保障数据质量持续提升。

6.5　财务数据价值体系构建

在数智化时代背景下，数据正逐步成为企业提升竞争力的核心资产，如何在超体量的数据中洞察有价值的信息，以数据标准化技术来构建根植于业务的数据价值体系，是构建一流数字化财务体系的重要环节。图 6-13 所示为技术演进财务数字化体系构建递进过程。

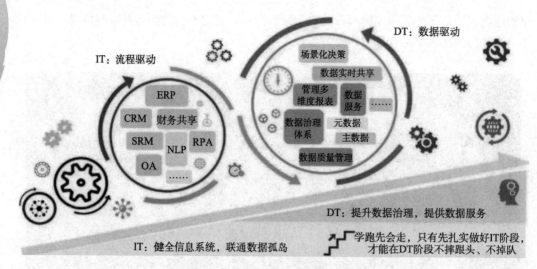

6-13 技术推进数字化体系构建

6.5.1 构建数据矩阵体系

随着"大智云移物链"的发展,数据作为企业核心资产正逐渐从幕后走向台前。目前,在企业精细化管理的驱动下,业财融合成为企业财务发展的新常态。如何通过对数据进行有效整合和分析,提升对业务的洞察力,助力科学决策,在企业高质量发展需求下,会对数据提出更高的要求。

1. 有价值数据场景维度

一是围绕企业财务管理的目标——企业价值最大化,如企业增长、盈利、效率、风险控制等指标。

二是围绕企业战略转型的关键指标,如向服务转型的企业关注服务占收入比等。

三是围绕企业价值链的特定经营场景的决策分析,如销售环节,对于新产品定价决策分析,采购环节,如何选择最优供应商的决策等。

此时,数据分析体系显得尤为重要。数智化时代,通过业务数字化积累的数据更多,而企业缺乏的是数据价值分析体系。一套完善的多维数据分析体系将极大发挥数据价值。图 6-14 为转型背景下的财务数据体系。

2. 有价值数据的维度要求

企业财务数据分析结果的目的是给公司战略决策提供参考,不能仅限于眼前利益,要服务公司战略、为长远利益实现提供数据支持。

这就要求在财务数据获取的及时性、多维度和精细度方面有一些必要的技术作为支撑。传统财务核算重财务会计轻管理会计。管理会计数据源都是基于财务口径的核算信息进行加工处理,核算维度和颗粒度、时效性和准确性都无法满足管理口径的要求。

在云计算、大数据、人工智能等新技术的加持下,新一代基于事项的智能核算系统的出现将彻底改变过去的核算状态,它将直接对接业务系统和各类社会化数据源,只要业务

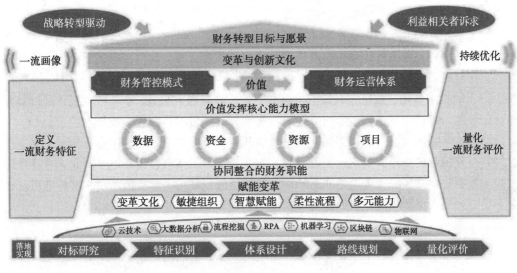

图 6-14 转型背景下的财务数据体系

一发生，系统就能实时提供体现业务原始的多维精细核算信息，以满足管理会计的数据要求。

3. 财务数据矩阵

财务数据矩阵主要是指财务事务处理期间所使用的成本/费率矩阵，用于确定成本和开单费率或付费费率。由此可以创建用于人工、材料、设备和支出资源类型的成本和费率矩阵。可以在系统级别、实体级别和投资级别建立默认矩阵。CA Clarity PPM 首先在投资级别查找并应用矩阵，其次在实体级别，最后在系统级别。也可以在实体级别或系统级别设置默认费率位置，如果矩阵无法匹配，则可以在创建事务时手动输入成本和费率。

6.5.2 财务数据价值体现

从企业需求度来看，财务数据更多透露着业务属性，可以促使管理层透过财务看清业务。例如，应收账款属于财务业务数据，企业通过对应收账款余额已经不能满足分析和监控的要求，它们会将应收账款按照金额、项目类别、项目状态等因素进行表示，结合财务数据进行综合分析延展。

1. 数据标准赋能价值最大化

标准化是科学管理的先决条件，对于数据而言也同样如此。当前，财务共享中心已在集团企业先试先行，通过财务管理模式创新推进业财融合，对业务、财务核算、资金管理、税务核算和电子档案等进行一体化融合。

（1）数据标准化。如何构建有效的数据价值分析体系，实现由财务结果向业务的追根溯源分析，数据标准化将是基础和前提。在数据标准化的前提下，数据将极具穿透性。数据标准化包括企业主数据的标准化和分析指标的标准化。主数据标准化如产品、客户、供应商、渠道等。分析指标的标准化需要企业统一定义从财务类指标到相关业务类指标，以及指标的分析维度、分析频率、数据源等。

（2）数据共享化。财务共享是实现业财融合的基础，共享不仅包含财务数据，还包含对人力资源、补充业务等信息进行数据整合应用，在建立统一数据标准的前提下，将数据进行纵深打通。

（3）数据中台化。数字化时代下，数据中台被越来越多的集团企业所重视，通过数据移动、转换，数据中台在数据方面进行统一管理，数据价值得到进一步释放。

总之，从技术层面看，数据移动技术能够从业务端读取全量经济信息，相较于财务信息，非财务信息对企业决策支持更胜一筹。企业搭建第四张报表核心是要研究企业商业模式，体现商业模式核心竞争力的非财务指标，如反应互联网平台价值的活跃客户数可能比企业的三大报表更能体现企业的价值。

2. 财务人助推数据价值

首先，企业要建立从集团到各级责任单位的不同层级的数据体系，实现数据自下而上汇聚、自上而下穿透；其次，要将财务指标与相关的业务类指标进行整合，在构建完成"自上而下穿透、从财务到业务穿透"的数据体系的基础上，再通过数字化技术，进行数据整合和可视化展现，让数据说话，从人找数据转为数据找人。比如，通过数据中台技术实现企业异构系统的数据采集和数据质量管理，通过智能分析技术可以实时、可视化、多维度进行数据钻取分析和灵活自助分析。

只有利用新技术把资金预测和计划做准确，才能实现资金和金融资源的有效配置和合理运用，动态管控业务活动发生和控制资金预算的执行，从年、月、周、日等多个时间维度保障企业经营的持续稳健发展。

这些数据对企业战略来说具有前瞻性。通过数据对未来行业走势进行预测是数据价值的具体体现之一。从整个企业的经营管理角度来看，企业要制定战略方向和中长期目标，制定年度计划和预算，并通过管理报告进行分析、跟踪。管理报告不仅限于企业自身经营数据，还必须与宏观环境、行业发展等关联数据进行结合，建立统一的分析体系，基于统一的分析平台，实现高效经营决策。无论是数据矩阵还是数据标准化，都是为实现数据"会说话"的前期作准备。

6.5.3　企业财务数字化体系构建

财务信息化向财务数字化体系构建，主要从架构设计、数据治理和解决业务复杂性等方面建设，最终建设以价值创造为目标的财务数字化体系，构建的主要方式有：

1. 搞好顶层设计

从企业战略出发，财务的价值创造是基于对于预算、绩效、资金、投融资等活动的管理，财务数字化建设既不是简单的财务部门的事情，也不仅仅是信息化部门的工作。对企业而言，需要从企业战略出发，协同业务管理、制度设计、内控流程、资源管理等各个方面的目标行动，站在整个公司的角度做好顶层设计，建立整体的架构设计。

以某互联网科技公司为例，首先公司给出了建设财务数字化体系的参考，并从做好顶层设计，同时与企业实际结合，通过新技术应用以及加强自有开发科技队伍和复合型财务队伍建设，进而对加强财务数字化建设给出了科学建议。

2. 夯实底层运营基础

从企业运营实际出发，如运营资金管理是指维持企业正常经营所需的资金，通过流动资产减去流动负债计算得出。战略运营资金管理是指根据企业战略目标制订企业资金使用计划，确保在实现企业战略目标过程中，有足够的资金维持企业运营，因此，战略运营资金管理对于战略财务管理体系构建起到了重要作用。

1）现金管理体系

现金包括企业各类现金、银行存款和电子货币等，现金是具有较高变现能力的非营利资产，现金管理就是在现金流动性和收益性中找到平衡，充分利用好企业资金且保证安全，确保企业经济效益最大化。现金管理一般采用银行业务集中法和邮政信箱法来快速回收现金，并利用现金流的浮游量或汇票付款的方式延迟现金支付，这样可以让企业短时间获得大量现金流，用于投资、融资等经济活动。

2）应收账款管理体系

应收账款是指企业在销售过程中为了提高交易速度而向买方提供的分期付款、赊销等交易方式形成的款项。应收账款管理则是通过一定的财务管理和企业管理手段使得应收账款能够及时保质保量的收回，成为企业的流动资金，实现企业的正常运转。

企业应收账款管理主要包括以下内容：

一是对客户的信誉度进行评价，确定可以销账的客户，确定分期付款日期，对客户的信誉度的分析主要包括客户的成立时间、企业性质、注册资本、所属银行、供应商评价记录、履约记录和被诉讼情况等。

二是对应收账款的回款日期进行分析，跟踪客户的资信情况，诸如客户的管理层的重大人员变化、账户频繁的交易行为等，并定期对客户的应收账款时间进行分析，计算不同时期应收账款的比例，根据比例和以往经验分析目前的账务风险，查找潜在危险源，将不同逾期客户进行分类，实施不同的催收手段，按照分期付款合同进行催收。

三是制定企业信用制度，必要时可设置赊销额度进行有效控制，通过一些优惠政策鼓励客户提前还款，让应收账款及时趁早变现。

四是当客户逾期付款时，通过法律手段维护企业的合法权益。

五是制定坏账处理办法，及时清理长期逾期付款客户，更新客户档案信息，总结经验教训，制定符合企业实际情况的应收账款管理办法，将企业经济损失降至最低。

3）存货管理

存货是企业生产经营中持有的将要出售的商品或是正在生产过程中的产品等，企业存货关系到企业生产经营和财务管理的成效，良好的存货管理能够促进企业生产和销售，及时回笼资金，节约库存成本和生产成本，并且能够及时满足客户的订单需求，稳定增加客户源，为企业扩大生产规模和销量奠定基础。

但是存货量增加也会增加仓管成本，占用企业大量流动资金，如果销售与存货管理不到位，就会出现商品滞销问题，商品可能要降价销售才能快速回笼资金，避免资金链断裂，这样企业就会亏本。所以，存货管理的关键在于平衡存货收益和存货成本之间的关系，充分利用存货管理降低存货成本，增加存货收益。

3. 重视团队技财组合

要重视自有开发能力的科技队伍以及复合型技财团队的建设，才能实现能懂、会建、可使用的数字化管理能力。同时，要完善内部管理机制，建立跨财务、业务、信息化以及大数据部门的跨部门合作团队，共同推进企业的财务数字化以及企业数字化转型。

未来跨学科深度融合的项目团队将更有实用价值。团队要站在集团战略的高度，提升端对端的数据梳理能力。同时，成员要有深度运用驾驭数据的能力，包括对数据的分析能力，特定应用场景下的分析能力。团队如善用信息化工具，将获得事半功倍的体验。在数智化背景下，团队要善于利用"大智云移物链"等信息化技术，从事务流程中脱离出来，向高价值管理方向拓展，提升团队综合素质，洞察数据背后的价值。

 案例分析

京都薇薇搭建智能财务体系平台　促进企业迈入数字化管理时代

日前，京都薇薇搭建完成集团化管控财务平台，助力市场不断地开辟新业务，从强管控、融业务、智数据、接战略等几个层面构建和增强总部资金管控和运作能力，支撑京都薇薇全面进入数字化转型。财务安全不仅是企业经营过程中的一项重要工作内容，也是企业的生命线。随着市场经济的不断发展，美容行业的竞争也不断加快，京都薇薇要想在竞争日趋激烈的市场经济中站稳脚跟，加强财务管理，保障财务安全是一项必要任务。

为全面提升公司财务管理水平，京都薇薇紧跟智能时代浪潮，与"尔美科技"进行深度合作，应用搭建集团化管控财务平台。在此平台上，京都薇薇利用智能技术，规避了过往财务管理工作存在的限制，降低了人为失误可能存在的损失，依托数智化的财务管理平台，使得财务数据的一致性、有效性、准确性得到了保障，全方位提高了财务管理工作效率。

传统财务管理常存在流程复杂、准确率低、时效性差等问题。京都薇薇搭建集团化管控财务平台后，通过移动端审批、智能化票据识别、无纸化报销和高效支付流程等大量标准化业务由系统统一处理，不仅优化了流程，将费用管理化繁为简，还进一步提升了资金的业务反应和创新驱动力、风险防控能力，大力提升价值创造能力。财务数字化平台，通过云计算的方式对数据进行充分挖掘，为企业的未来发展明确方向，提高企业的科学性决策，提高企业财务管理专业程度，进一步降低财务风险，加强企业对财务风险管理的前瞻性。

在此平台的赋能下，京都薇薇总部落实了数据标准化和流程规范化，发挥系统横向集成、纵向贯通的优势，实现人、财、物等核心业务的集约化、标准化管理，全面提升和完善现有财务信息系统的支撑能力。有效地推动了企业财务管理的进步，帮助企业提高并改善财务预测、财务计划的能力，使得企业财务管理工作更加科学合理，进一步增强企业综合竞争力。

问题：

1. 京都薇薇搭建完成集团化管控财务平台的作用是什么？

2. 京都薇薇利用智能技术解决了哪些财务管理中的问题？该公司的安全措施是什么？

3. 京都薇薇在传统财务管理的问题什么？搭建集团化管控财务平台后在哪些方面产生实质效果？

4. 平台的赋能京都薇薇总部实现了哪些数字化管理成效？如何理解财务平台对企业综合竞争力产生的作用？

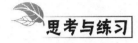
思考与练习

1. 从政策层面看，财务数字化体系构建的路径是什么？
2. 财务共享对财务数字化体系构建有何支撑作用？
3. 企业财务数字化实现的主要瓶颈问题是什么？
4. 数据处理对财务体系构建的作用是什么？根据数据处理过程来说明。
5. 技财能力融合的团队对数字化财务体系构建有何重要意义？结合你了解的情况加以具体阐述。

第7章 数字化财务风险控制

1. 了解财务风险控制的概念和特点,熟悉数字化背景下财务风险控制体系构建的意义、风控重点以及实施具体策略;
2. 熟悉数字技术与财务风险控制的内在关系与赋能机制。

引导案例

京东理财曾出现漏洞

2022年,京东金融爆出消息,京东金融与盛京银行联合发行信用卡。发行申请超过19万件,仅两个月的交易量就超过2亿。虽然数据显示,京东金融背后的力量非常强大,但更多的网民仍然持观望态度,那么到底发生了什么呢?让我们来了解一下。

2022年9月,一些网友在京东金融里存了一些钱,尝试京东理财基金。因此,当系统升级时,资产被清除。当时,网友们纷纷炸了锅,不仅客服电话一直很忙,在线咨询机器人的回复也是随机的。幸运的是,几分钟后恢复了正常。真是出了一身冷汗。事实上,资产清算不仅发生在京东金融,以前也发生在微信金融中。一段时间以来,人们对这两种金融产品产生了一些怀疑。

所谓的"白条事件"发生在2017年。一名大学生发现了京东白条的漏洞,和其他人一起从京东盗窃了110万元。当时,这名姓王的大学生发现了白条的漏洞。由于当时的白条没有实名制,他们通过出售京东白条购买的商品获利。最后,那个收集京东羊毛的人被判10年有期徒刑。京东金融还表示,京东白条被盗刷被查出后,不需要偿还。

有人想问一下京东的金融利率。京东金融贷款的利率一般情况下,日利率在0.03%到0.095%之间,信用良好。贷款的利息大约是每天4元。目前没有佣金。所以如果你急需用钱,你可以选择京东帮助你。

很多人认为由于京东的漏洞,是否意味着京东的财务风险会特别高。事实上,这句话并不总是对的。刘强东认为,京东的问题主要是技术问题,与经济金融风险关系不大。而在短时间内修复就能体现京东金融背后的资金实力。因此,我们应该客观地比较其理财产品。如果真的适合你,你仍然可以投资。当然,如果您对此有不同意见,欢迎留言讨论。

(资料来源:https://baijiahao.baidu.com/s?id=1659703279794675623&wfr=spider&for=pc)

视频7.1 风险防控

在信息技术不断推进的背景下，我国经济社会发展取得了举世瞩目的成就，企业为经济社会的整体发展作出了不可磨灭的重要贡献。但是，由于新冠疫情冲击等原因，我国各类企业也面临着愈加复杂的发展环境，拓展生存与发展空间变得更加困难。财务风险是企业生产经营过程中必须面对的风险，企业财务风险控制工作直接关系到企业的长期稳定发展。

7.1 企业财务风险控制概述

财务风险是企业在财务管理过程中必须面对的一个现实问题，财务风险是客观存在的，企业管理者对财务风险只有采取有效措施来降低风险，而不可能完全消除风险。我们可以通过对企业财务风险类型分析，从中找出不同财务风险产生的具体原因，并试图探寻出解决各类财务风险的有效方法。

7.1.1 应对数字化背景下企业财务风险

目前大数据背景下，企业中潜伏的财务危机可通过统计分析方式揭示其规律，从而提供给企业有效的风险管理根据，有利于保障企业健全的可持续发展。

1. 掌握数字化财务风险规律

财务是一个企业的重要经济命脉。企业加强对财务风险危害的剖析和防范，维持正常经济活动的秩序，对风险状态进行较为清晰的掌控，有利于制定和施行配套的财政风险防范措施。企业如要有效地实现数字化背景下的财务风险控制，就必须对数字化以及财务风险的变化规律有一个较为清晰的认识。

同时，及时应对当前企业财务风险带来的多样化挑战，要与传统财务活动相辅相成、互相促进，加速财务数字化转型进程。促进企业风控系统的稳定和发展，更好地为实体经济服务，全力发挥财务为整个社会服务的本质功能。

2. 充分利用数字技术化解风险

企业财务风险是指企业的资金流转过程受到很多可控及不可控因素的影响，在这些较为复杂的因素的干扰下，企业的生产经营过程可能存在着发生经济损失的可能。而数字化背景下，叠加数字技术渗透与共享资源整合，财务风险呈现的形式与控制方式也会发生较大的变化。

近年来，企业紧紧围绕国家"十四五"发展规划和国际化、信息化的发展战略，以"风险管控+业财融合+精细化管理"为目标，以"科技+数据+场景"为驱动，依靠内生动力进行系统整合，通过全面深化财务数字化技术赋能管理会计，切实推进业财融合，防范财务风险，支持经营决策，服务战略发展，促进财务转型和职能转变，全面提升管理能级。

3. 引入粗糙集理论

1982年，以波兰数学家Pawlak为代表的研究者首次提出了粗糙集理论。粗糙集理论不仅为信息科学和认知科学提供了新的科学逻辑和研究方法，而且为智能信息处理提供了有效的处理技术。在数字化背景下，企业财务风险评估过程中，引入粗糙集理论，可以很好地弥补其他传统风险评估方法的缺点。利用粗糙集对数据的强大处理功能，结合定量分析与定性分析，减少定性分析中存在的分类主观性，使得对企业的风险评估更加全面，也更加符合实际意义。

基于粗糙集理论的企业全面风险评价模型具有很好的预警能力。实验准确率超过85.7%，验证了所建立模型的可行性，具有较强的现实意义。模型的不足方面：在使用粗糙集约简功能进行属性约简运算时，计算量较大，需要进一步寻求更优的约简算法，提高约简运算速度。

数字技术的发展成就了计算机和互联网，为企业的财务风险控制工作带来了诸多便利，但在广泛应用各种财务数据后，企业的财务风险也随之增多起来。财务环境的多变性十分不利于企业推进财务工作，因此企业就需要建立起符合大数据发展趋势的财务风险预警系统。

7.1.2 企业财务风险控制特征与原因

在愈加复杂的环境下，企业为了在激烈的市场中提升自身核心竞争力，就必须进一步建立和完善内部控制体系，提升对财务风险的控制能力，为企业实现生产经营利润最大化这一根本目标提供保障。实践中，企业发生财务风险的原因是多种多样的，不合理的融资方式选择、内部控制体系的不健全等因素都会使得企业发生财务风险的可能性增加。

1. 财务风险的基本特征

财务风险是企业在财务管理过程中必须面对的一个现实问题，财务风险是客观存在的，企业管理者对财务风险只有采取有效措施来降低风险，而不可能完全消除风险。

（1）客观存在性。现代企业发展过程中，参与市场经济活动必然要承担相应的财务风险，尤其是在当前愈加复杂的经济社会发展形势下，国有企业都面临着财务风险。因此，针对财务风险的客观存在性，企业必须基于长期发展的角度，对自身的生产经营过程进行评估，以便为财务风险控制与防范提供基础依据，进而在最大限度上降低发生财务风险的可能性。

（2）全面性。值得注意的是，财务风险的发生不仅与财务管理活动直接相关，风险还存在于企业所有的生产经营环节中。而且由于现代企业所开展的业务的复杂性不断提高，非生产经营活动也随之增加，任何一个环节的失误都可能引发企业的财务风险，给企业发展造成损失。

（3）不确定性。当前，受到国际贸易摩擦愈加频繁等因素的干扰，企业经营环境中蕴含着更多的不确定性因素。在这种情况下，由于外界环境中不确定性因素的增加，使得企业的财务管理活动具有更多的不确定性，发生财务风险的可能性大大提升。企业已经对财务风险进行了一定的防范，但是由于经济环境中的不确定性因素增加，企业发生财务风险的可能性还是存在和不可测的。

（4）收益和损失性。对于现代企业经营来说，开展任何一项经济活动都可能存在正负两种收益，体现出利益与风险共存的特点。这意味着企业财务风险具有较强的两面性，企业所面临的财务风险具有一定的收益性同时也会相应地具有损失性，企业越来越认识到，若不能对财务风险进行有效控制，则可能为企业发展带来更大的损失。

2. 企业财务风险存在原因

随着后疫情时代以及全球经济下行压力增大，我国企业面临的经济环境具有更多的不确定性，企业财务风险产生也有着多种因素的作用，不同企业财务风险形成的具体原因也不尽相同。财务风险存在于企业生产活动中的每一个环节，归结起来，有以下几个方面的原因。

1）宏观环境适应能力降低

企业财务管理宏观环境的复杂性是企业产生财务风险的主要外部原因。财务管理的宏观环境包括经济环境、法律环境、市场环境、社会文化环境、资源环境等因素，这些因素虽存在企业之外，但对企业财务管理产生重大的影响。宏观环境的变化对企业来说是难以准确预见和无法改变的，宏观环境的不利变化必然给企业带来财务风险。财务管理的环境具有复杂性和多变性，外部环境多样化可能为企业带来某种机会，也可能使企业面临某种威胁。

目前，由于机构设置不尽合理、管理人员素质不高、财务管理规章制度不够健全、管理基础工作不够完善等原因，导致企业财务管理系统缺乏对外部环境的适应能力和应变能力，具体表现为对外部环境的不利变化不能进行科学的预见，反应滞后，措施不力，由此产生了财务风险。

2）国家政策的变化带来的融资风险

一般而言，由于企业生产经营不稳定。一国经济或金融政策的变化，都有可能对中小企业生产经营、市场环境和融资形式产生一定的影响。如实行差额准备金制度使直接面向中小企业服务的商业银行信贷收紧，中小企业的资金供给首先受阻，融资风险陡增，中小企业也因无法得到急需资金而被迫停产或收缩经营规模。

企业资金来源无非是自有资金和对外融资两种方式。在各种融资方式中，银行信贷又是重要的资金来源，但是银行在国家金融政策以及自身体制不健全等情况的影响下，普遍对中小企业贷款积极性不高，贷款难度加大，增加了企业的财务风险。

①企业以负债筹入的资金，当合同利率固定时，市场利率的下降会使企业按合同水平支付较高的利息；当合同采用浮动利率时，利率的上升使企业付息压力加大，都会加大企业的财务风险。

②如果企业采用外币融资，那么浮动利率的变化也会导致企业产生财务风险。

3）企业内部原因

（1）企业财务人员的风险意识淡薄。传统的财务管理活动中，财务人员主观认为只要合理利用企业的各项资金就不会产生财务风险，没有意识到财务风险是客观存在的，这是导致财务风险产生的重要原因。

（2）企业财务决策缺乏科学性。目前，我国的财务决策也普遍存在着经验决策和主观决策的现象，尤其表现在固定资产投资中，企业在分析投资项目的可行性过程中，未能科学判断投资的内外部环境以及对未来现金流量产生的影响，从而造成投资失误，项目预期收益无法实现，产生巨大的财务风险。

（3）企业存货和应收账款管理机制不健全。目前，企业的流动资产比例普遍偏低，即便是在流动资产中，存货的比重相对较大，甚至有一部分超储积压商品。由于存货的变现能力较低，大量的存货不仅增加了企业的管理费用，也降低了流动资金的比重，不利于企业的资金周转。同时，长期持有存货还要承担因存货市场价格下跌而产生损失的风险。

企业为增加产品的市场占有率，经常会采用应收账款方式销售产品，但在收回应收账款的过程中，一方面，债务人长期占用本企业资金，影响本企业资金的流动性；另一方面，对客户的信用水平和经营状况不够了解，造成大量应收账款不能收回，形成坏账损失。

4）企业财务管理内部控制制度不健全

企业内部控制制度的建立目的就是为督促各项资金的合理使用，以产生更大的经济效益。目前，虽然部分企业的内部控制制度与企业财务管理制度整合在一起，但是未能有效地对财务资金的投资和收回情况进行监管，内部控制制度难以见效，必然造成财务风险的加剧。

7.1.3 企业财务风险控制的必要性

数字技术在财务管理的数字化实施中的作用举足轻重，财务信息系统需要数据作支撑，数据在企业风险管理中的作用越来越重要。财务风险作为企业经营活动的非预期现象，客观地存在于企业经营的全过程，成为企业管理活动不可回避的核心问题，财务风险控制就成为企业长期性的工作。

1. 提升生产经营中的财务管理规范性

企业加强财务风险控制有助于提升市场风险的识别能力，现代企业的财务风险控制工作包括对内和对外两个主要方向。一方面，企业必须根据内部生产经营情况建立和完善内部控制体系，提高整体财务风险管理和控制能力；另一方面，由于企业外部生产经营环境的变化会带来企业产品与服务需求等方面的变化，因此企业必须根据外部环境变化加强财务风险管理与控制工作，提升生产经营中的财务管理规范性。

要不断完善内部管理，促进管理层乃至整个企业风险防范意识的提升，才能保证企业稳定经营，并在变化多端的外部市场环境中始终保持竞争力，企业在采购、生产、销售、融资各个环节都要精准把控相关财务风险。

2. 提升企业内部资源流通过程中安全性

企业加强财务风险管理工作能够有效地提升企业内部资源流通过程中的安全性，企业加强财务风险控制有利于其识别企业战略风险。企业能否根据所面临的市场风险进而加强财务风险控制，直接关系到企业能否及时有效地应对企业整体战略风险。现代企业所制定的长期发展战略必须是动态可调整的，只有这样才能根据企业内部生产经营情况以及外部经营环境的变化及时对战略进行调整。

同时，利用人工智能、大数据及时发现市场需求变化，甄别相关风险信息，从而提高企业的应变能力，降低财务风险。企业还需要及时关注有关数字化转型政策的变化，利用好政策优惠并防范相关的法律风险。

3. 有助于企业识别财务管理风险

在开展财务风险控制工作时，企业制定有效的财务风险控制体制。在这种情况下，企业加强财务风险控制体制建设，将有助于企业识别财务管理风险。从二者关系来看，财务管理风险是整体财务风险的一部分，但是财务管理风险的控制又是财务风险控制中的核心环节。企业要不断完善企业信息系统，只有捕捉到关键风险点数据，才能及时有效地对有关财务风险作出预判。在数字化转型过程中，要充分利用数字技术带来的优势，重视识别出的风险点，及时作出判断、采取措施。图 7-1 为生产企业财务风险识别的内容，包括从投标阶段开始的四个阶段。

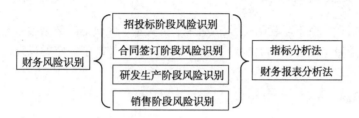

图 7-1　生产企业财务风险识别的内容

4. 提升企业整体财务风险意识

企业需要不断提升企业内部财务工作人员的整体财务风险防控意识，才能最大限度地为企业财务管理控制工作提供保障与动力。具体来说，通过提高产品研发、市场开发等环节中的财务风险防控能力，才能使得企业内部整体的财务体系保持高度的合规性与敏感性，减少潜在的财务管理风险发生的可能性。在这种情况下，使得财务管理部门成为生产经营活动的保障部门，这就需要管理层和财务人员具备风险管理意识，高度重视有关财务指标的波动，利用数字技术分析指标波动的原因，以便及时梳理风险管理程序。图 7-2 为财务风险类型图。作为企业财务人员，要针对不同来源的财务风险，采取不同的应对策略加以控制。

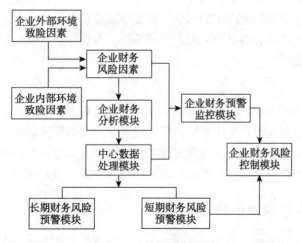

图 7-2　财务风险类型图

7.2 财务风险控制重点

越来越多的企业决定通过提升企业整体财务管理水平,进而提升财务风险的控制防范能力。同时,企业在风险控制过程中,也注意到财务风控的组织建设对企业财务风险水平降低、企业的潜在经济损失减少具有重大意义。

7.2.1 企业资金管理风险

视频7.2 风险防控重点

数字经济时代,由于互联网+、人工智能、大数据、区块链等数字技术与企业管理深度融合,在给企业带来收益的同时也给企业财务管理活动带来了一定的风险,以资金管理为例,主要体现在以下几个方面:

1. 筹资风险

筹资风险指的是由于资金供需市场、宏观经济环境的变化,企业筹集资金给财务成果带来的不确定性。筹资风险主要包括利率风险、再融资风险、财务杠杆效应、汇率风险、购买力风险等。利率风险是指由于金融市场金融资产的波动而导致筹资成本的变动;再融资风险是指由于金融市场上金融工具品种、融资方式的变动,导致企业再次融资产生不确定性,或企业本身筹资结构的不合理导致再融资产生困难;财务杠杆效应是指由于企业使用杠杆融资给利益相关者的利益带来的不确定性;汇率风险是指由于汇率变动引起的企业外汇业务成果的不确定性;购买力风险是指由于币值的变动给筹资带来的影响。

2. 投资风险

投资风险指企业投入一定资金后,因市场需求变化而影响最终收益与预期收益偏离的风险。企业对外投资主要有直接投资和证券投资两种形式。在我国,根据公司法的规定,股东拥有企业股权的25%以上应该视为直接投资。证券投资主要有股票投资和债券投资两种形式。股票投资是风险共担、利益共享的投资形式;债券投资与被投资企业的财务活动没有直接关系,只是定期收取固定的利息,所面临的是被投资者无力偿还债务的风险。投资风险主要包括利率风险、再投资风险、汇率风险、通货膨胀风险、金融衍生工具风险、道德风险、违约风险等。

3. 流动性风险

流动性风险是指企业资产不能正常和确定性地转移现金,或企业债务和付现责任不能正常履行的可能性。从这个意义上来说,可以把企业的流动性风险从企业的变现力和偿付能力两方面分析与评价。如果是企业支付能力和偿债能力发生问题,就称为现金不足及现金不能清偿风险。因企业资产不能确定性地转移现金而发生的问题则称为变现力风险。

7.2.2 企业经营与负债风险

一般企业都是负债经营,企业负债经营运用得当就能实现利润最大化,运用不当则会带来较大的财务风险，管理者应提高对资本结构、财务风险、负债经营的认知水平，结合企业实际情况建立切实可行的资金管理制度，优化资本结构，把控经营规模，严格规避负债经营的风险，充分发挥其积极作用。

从我国企业实际工作效果来看，很多企业财务风险控制工作仍存在很多缺失与不足，为企业的生产经营埋下了一定的隐患。因此，探究企业生产经营过程中存在何种财务风险漏洞以及应采取何种手段提升财务风险控制能力成为一项重要课题。图 7-3 为财务风险矩阵，两个维度即经营风险与财务风险，可以通过组合形成不同情境下的决策模式，以此应对目前企业中出现的各种财务风险漏洞。

图 7-3　财务风险矩阵

1. 营业活动风险

经营风险又称营业风险，是指在企业的生产经营过程中，供、产、销各个环节不确定性因素的影响所导致企业资金运动的迟滞，产生企业价值的变动。经营风险主要包括采购风险、生产风险、存货变现风险、应收账款变现风险等。采购风险是指由于原材料市场供应商的变动而产生的供应不足的可能以及由于信用条件与付款方式的变动而导致实际付款期限与平均付款期的偏离；生产风险是指由于信息、能源、技术及人员的变动而导致生产工艺流程的变化，以及由于库存不足所导致的停工待料或销售迟滞的可能；存货变现风险是指由于产品市场变动而导致产品销售受阻的可能；应收账款变现风险是指由于赊销业务过多导致应收账款管理成本增大的可能，以及由于赊销政策的改变导致实际回收期与预期回收的偏离等。

2. 存货管理风险

企业保持一定量的存货对于其进行正常生产来说是至关重要的，但如何确定最优库存量是一个比较棘手的问题，存货太多会导致产品积压，占用企业资金，风险较高；存货太少又可能导致原材料供应不及时，影响企业的正常生产，严重时可能造成对客户的违约，影响企业的信誉。

3. 负债的额度风险

负债经营风险存在于筹资、债务及应收账款等各环节。企业向资本市场拆借一般只适于临时的资金周转，短期负债融资会带来较大的还款压力，若本时期内企业生产经营与财务状况不良，或资金运作不当、资金链断裂，债务到期不能及时偿付本息，就会增加企业负担，同时对企业信用造成不良影响。

如果企业对负债额度评估不合理，未能综合考虑自身的实力与经营水平，盲目选择上游企业的业务，并为此造成大量资金的再投入；若运作不当，负债经营的扩张增长不能有效控制，债务筹资难以获得预期收益，短期内资金回笼，使得企业现金流降低，无法偿还借债的本息；为不影响企业信誉与运营，只能额外借贷，加上企业应收账款规模逐渐增多，造成资金链困难加重，无法对债务尤其短期债务有效偿还。负债经营风险加剧，资金缺口加大，筹资的高息、债务偿还期限以及应收账款的不确定性等因素，都会给企业带来难以估量的财务风险，导致现金流不足，影响正常生产经营，引发资金链断裂等系列连锁反应，严重时可导致企业因负债过重而破产。

4. 杠杆误判风险

在筹资过程中，部分企业对负债经营杠杆负效应认识不足甚至忽视，运营过程中因负债金额不断增多而使财务风险逐步攀升，负债比值越大获取的收益越小，严重时可出现资本收益率低于负债利息率现象，造成企业的利益损失，给收益率本来就较低的中小企业带来难以估量的打击。企业财务杠杆系数越大，风险也就越大，负债经营所产生的高利息对企业造成了沉重的压力，债务成本使经营成本不断增加，资本收益率大幅降低，企业抗风险能力明显削弱，一旦市场行情变差或自身运营不善，巨大的财务压力会使企业资金链断裂、信誉受到极大冲击。

5. 负债融资风险

企业负债程度越高，财务风险也就越大。多数企业限于自身实力，对负债总额预算、负债方式选择、企业偿债能力、资金结构、后续资金来源等因素缺乏综合考虑。难以根据企业预期发展目标来准确预算负债金额、长短期借款构成比例、借款来源、商业信用等，一旦负债资金结构不合理，还款时间过于集中，就会引发财务危机。

企业过度负债融资会引发或加深经营管理者和股东之间的代理冲突，加上部分企业信用等级维护意识淡薄，使信用评级等级较低，再借款也会因前期坏账记录而提高利息，或附加其他苛刻条件，再筹资难度及风险加大，一旦债务风险无法化解，企业整体运转及资金的可持续性中断，生产经营和财务状况恶化，或短期资金运作不当，债务到期不能足额偿付本息，导致拖欠或坏账，就可能被迫低价拍卖或抵押，带来倒闭风险。

6. 信用融资风险

企业维护自身信用等级的意识淡薄，财务信息不实、信用不足，为融资带来明显阻碍。即使前期融资成功，一旦出现不按时还款的记录，就很有可能进入"黑名单"，在银行乃至其他金融机构难以再借贷，陷入信用危机与融资困难的恶性循环，使企业生产经营缺少足够资金，产生一系列不良影响，直接影响企业的生存状况。

企业对国家经济政策的应变能力差，抗风险能力弱，部分管理者缺乏风险意识，为追求利润最大化，往往会对资产状况及资产结构优劣缺乏客观、全面分析，盲目扩大负债规模，忽视资本结构的优化，以致资产负债率过高，偿债能力不足，财务风险持续增加。

7.2.3 企业财务风险的防控对策

企业只有顺应社会发展,增强风险意识与诚信等级,重视数字化技术应用及数字技术知识掌握,创新产品及经营理念,提升科技含量,逐步增强自身实力与应对财务风险的能力,才能得到更多资源的帮助,使负债经营真正起到提升企业竞争优势的作用,推动企业的可持续发展。

1. 企业财务经营风险的应对战略

财务风险控制工作主要由企业内部的财务部门承担。该部门不仅承担着企业日常会计核算等职能,在经济环境日益复杂的背景下,财务风险控制成为一项重要的工作内容。但是在数字化背景下,数据成为财务决策的主要依据,财务风险控制应该基于数字技术从战略角度来发现原因,提出解决系统风险问题的对策与方法。

1)建立抵抗资金风险的体系

企业应根据自身规模和环境,综合考虑资本成本、内外部环境、各项风险评估等因素,确定合理负债结构,重视生产经营中的风险因素,确定合理资产负债率,如欧洲规定资产负债率控制范围40%~50%,我国一般速动比率应控制在1∶1,流动比率控制在2∶1,资产负债率控制在30%左右为宜。合理使用负债资金,比如将资金主要用于购置固定资产,应通过加速折旧的方式尽快回收资金,避免因闲置、损耗、经营不善等因素引发投资无法回收;部分厂房、设备等可通过租赁方式获得,减少固定资产所占资金比例,提高企业资产的流动性。

2)加强内部管理,防控财务风险

部分企业内部机构设置较为简单,缺乏科学管理与监督。应着力建立健全财务风险控制机制,强化管理者、财务审计人员的风险意识,加强财务管理,提高财务信息的真实性、可靠性,结合企业运营实际状况及借款额度、偿还期限,制定合理的财务计划及资金预算安排。注重开源节流,做好企业成本管理,加大应收账款回收力度,必要时可采取法律手段清收,保证企业现金流,缓解融资负债经营所带来的高财务费用压力,在保障企业日常经营的同时,做到按时归还借款本息。

3)合理选择多渠道筹资方式

企业财务风险与资本市场密切相关,融资时需充分考虑利率变动等风险因素。尤其绝大多数中小企业限于自身规模,都无法通过发行股票、债券等方式筹集资金,而银行等金融机构放贷条件又较为严苛、手续繁杂,若出现企业现金流紧张等状况,还会面临核查不过或中途收贷等危机,致使企业资金流中断。民间资本借款期间不稳定、利率太高,极易引发企业财务风险。企业筹资方式可以内部留存积累、员工内部融资为首选,相比较外部融资来说成本低、风险小,企业可以将部分股权或分红回报员工,有利于稳定企业与员工之间的关系,也可以尝试其他多种融资渠道,比如选择互联网金融等,可降低融资风险带来的不利影响。

4)行之有效的资金管理制度

合理有效的资金管理对企业经营极为关键,企业应关注经济大环境及市场需求的变化,合理利用财务杠杆，准确预算负债标准及比率，控制负债额度，在向金融机构借款过程中，努力减低因本息、利率升高等因素所致的财务压力，保证融资额度在可控风险范围。企业内部应制定切实可行的资金管理制度，使企业资金核算能真实反映财务状况，加强日常资金运行的合理预算，严控资金流入及流出环节，节约开支，在保障自有资金基础上，选择负债融资的合适收益比例，有效抵御财务风险及融资机构抽贷所带来的经营风险，保证最终企业因负债经营能获得更多的收益，真正发挥财务杠杆的作用，促进企业的良性发展。

5）合理规划企业的负债额度

企业要保障负债结构合理，做好长、短期负债额度规划。若销售状况稳定，货款能及时回收，企业可选择短期借款；如果销售收入不稳，高额短期债务会使企业承受巨大风险，就应选择长期借款以保障正常的运营。在进行长期项目决策时，要综合运用净现值法、内含报酬率法等来分析未来收益水平与偿债能力，明晰可能的财务风险，规划合理的筹资结构，提高投入资本收益水平，保障债务到期时有能力偿还，实现企业运营的良性循环。如图7-4所示为财务的运营风险管理流程比较复杂的系统。

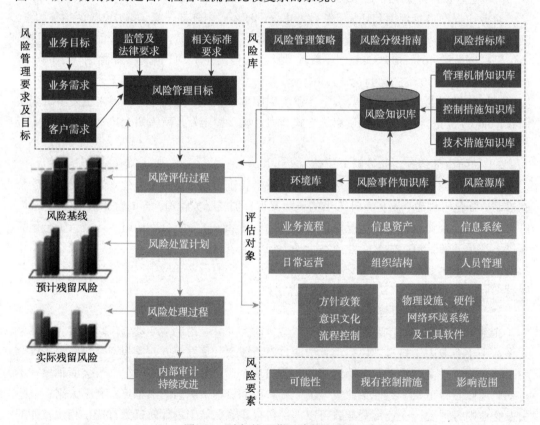

图 7-4 财务的运营风险管理流程

合理控制投产规模，优化采购机制及库存量，加强产成品营销，提升存货资金周转速度，充分利用延期支付的融资功能，维持较高的变现能力。同时选择合适方式按期提取一定比例的偿债基金，保障债务偿还能力，将风险系数降到最低。

6）日常的生产经营过程中定期分析

企业要在日常的生产经营过程中定期分析各种不稳定因素的状态，时时判断其引发财务风险的可能性；为了能够随时应对可能发生的财务风险，企业必须根据自身的发展现状制定出不同状况下的应对方案，而这需要将企业的财务风险控制体系做到尽可能地完善，提前制定出预防各种漏洞以及突发事件的解决办法。

2. 化解企业财务风险的主要方法

企业财务风险是客观存在的，因此完全消除财务风险是不可能的，也是不现实的。对于企业财务风险，只能采取尽可能的措施，将其影响降低到最低的程度。

1）化解筹资与投资风险

当企业的经营业务发生资金不足的困难时，可以采取发行股票、发行债券或银行借款等方式来筹集所需资本。

从风险防范的角度来看，投资风险主要应该通过控制投资期限、投资品种来降低。一般来说，投资期越长，风险就越大，因此企业应该尽量选择短期投资。而在进行证券投资的时候，应该采取分散投资的策略，选择若干种股票组成投资组合，通过组合中风险的相互抵消来降低风险。在对股票投资进行的风险分析中，可以采用β系数的分析方法或资本资产定价模型来确定不同证券组合的风险。β系数小于1，说明它的风险小于整个市场的平均风险，因而是风险较小的投资对象。

2）化解汇率风险的主要措施

（1）选择恰当合同货币。在有关对外贸易和借贷等经济交易中，选择何种货币作为计价货币直接关系到交易主体是否将承担汇率风险。为了避免汇率风险，企业应该争取使用本国货币作为合同货币，在出品、资本输出时使用硬通货，而在进口、资本输入时使用软通货。同时在合同中加列保值条款等措施。

（2）通过在金融市场进行保值操作。主要方法有现汇交易、期货交易、期汇交易、期权交易、借款与投资、利率—货币互换、外币票据贴现等。

（3）对于经济主体在资产负债表会计处理过程中产生的折算风险，一般是实行资产负债表保值来化解。这种方法要求在资产负债表上以各种功能货币表示的受险资产与受险负债的数额相等，从而使其折算风险头寸为零，只有这样，汇率变动才不致带来折算上的损失。

（4）经营多样化。在国际范围内分散其销售、生产地及原材料来源地，通过国际经营的多样化，当汇率出现变化时，管理部门可以通过比较不同地区生产、销售和成本的变化趋利避害，增加对汇率变化有利的分支机构的生产，而减少汇率变化不利的分支机构的生产。

（5）财务工具多样化。在多个金融市场以多种货币寻求资金的来源和资金去向，实行筹资多样化和投资多样化。这样在有的外币贬值、有的外币升值的情况下，公司就可以使绝大部分的外汇风险相互抵消，从而达到防范风险的目的。

3）化解流动性风险

企业流动性较强的资产主要包括现金、存货、应收账款等项目。防范流动性风险的目的是在保持资产流动性的前提下，实现利益的最大化。因此应该确定最优的现金持有量、最佳的库存量以及加快应收账款的回收等。我们都很清楚，持有现金有一个时间成本的问题，手中持有现金过多，显然会由于较高的资金占用而失去其他的获利机会，而持有现金太少，又会面临资金不能满足流动性需要的风险。因此企业应该确定一个最优的现金持有量，从而在防范流动性风险的前提下实现利益的最大化。

4）化解经营风险

在其他因素不变的情况下，市场对企业产品的需求越稳定，企业未来的经营收益就越确定，经营风险也就越小。因此企业在确定生产何种产品时，应先对产品市场做好调研，要生产适销对路的产品，销售价格是产品销售收入的决定因素之一，销售价格越稳定，销售收入就越稳定，企业未来的经营收益就越稳定，经营风险也就越小。

7.3 数字化财务风险控制体系构建

企业财务风险控制是一项系统性较强的工作，数字经济时代需要企业内部不同部门的积极配合，也包括供应链企业之间的资源赋能，更需要借助数字技术使得利益相关方协同合作，只有这样，企业才能有效地完成财务风险控制工作。

视频 7.3 财务风险控制体系

7.3.1 财务风险管理体制与机制构建

数字化背景下的财务风险管理，需要以企业创新性的组织模式与团队形态等机制作为基础，而制度建设、内控架构、团队模式对于财务风险控制作用不容低估。

1. 加强顶层设计

企业要发挥数字化系统的优势，需要从顶层设计上建立完善的体制机制，将企业的财务管理风险控制上升为一项重大企业战略，同时，不断加强风控的数字基础设施建设，推动企业财务风险控制数字化转型。通过数字技术应用解决系统间信息资源共享和协同合作问题，实现财务管理扁平化、财务数据可视化、财务信息传递高速化，实现风险控制高效化、服务精准化、决策科学化。

组织架构的设定将影响财务风险内控管理的质量和效率，需要对现有结构予以完善，保证职责分离的效果。但实际情况是事业单位领导将监督权、行政管理权、决策权等全权掌握，未能达到权力相互制约的效果。

因此，在设计组织结构的环节时，要将不相容的职权分离，做到权利相互制约，并设置对应的监督机制，在出现滥用权力的情况时及时制衡。成立委员会，统筹协调内部各部门，制定符合当前财务风险防范要求的制度，并与其他外部机构建立联系，提升组织结构的完整性。

企业在开展各项工作前，要基于组织架构，在董事会对项目活动研究分析后，给出决策意见，由其他部门对决策意见加以细化，设定符合部门职责的工作流程和权限。财务部门要与其他职能部门紧密配合，执行决策意见，与此同时，审计部门要完善本职工作内容，做好监察工作，保障各项工作的开展均在相应的内控制度中得以明示。

2. 设计制度保障体系

运用完善的数字经济时代财务制度是数字技术在财务管理中应用的前提和基础。随着数字技术的发展和普及，顾客的支付思维已经发生了深刻变化，与此同时，企业的财务管理模式也必须完善，在内控管理制度的完善方面要从基本制度和人力资源管理制度两个角度出发，强化管理效能。

在基本制度的完善方面，要明确规定管理办法细则。项目与活动资金量的规模将影响管理的难度，针对不同的项目要分类管理，设置对应的管理意见。例如，对于需要资金量较大的项目，要设定牵头组织，将其作为各项工作的协调部门，全面负责内控管理的各项活动。并成立专家组织，针对管理中的关键环节做好指导工作，运用横向协调的办法，联系其他部门与科室。

按照岗位责任制和终身责任制的模式规范项目负责人行为，作为事业单位开展项目的负责人，其拥有的权利作用范围较广，为降低财务风险，要求其对项目质量负责，并提出内控管理目标，以激发工作人员主观能动性的产出，使得内控管理更为贴合灵活性的特点。

3. 加大团队建设投入

人力资源是风险防范办法的实施主体，其专业水平的高低以及思想意识的层次将影响实际作用的效果，因而为满足新形势下事业单位内控管理的要求，应当就管理人员的专业能力和职业道德素养水平予以提高。

具体地说，在招聘阶段，要提升对实践经验和专业能力的侧重程度，可从组织管理和问题解决方面设置相应的考核问题，要求其对目前企业内控管理的要点和基本情况予以简述，判定是否能够精准把控目前财务风险防范的关键点和作用点。

加大人力资源方面的投入，与高校建立合作机制，引入高精尖核心人才，配合单位发展设计培训内容，开展定期培训的活动。要求培训人员及时更新管理模式，掌握当前管理方法的升级进展，为培训工作注入新鲜的血液，紧随国家发展趋势。

财务工作的完成主体是会计，其自身的能力和对岗位工作的认知程度将影响财务工作的进程，因而要设置专职会计岗位，并储备会计人才，依据项目规模和资金量的大小调配人员，避免出现人力资源的紧缺和浪费。

4. 强化内部控制流程

数字技术的应用安全是财务管理数字化转型中必须正视的问题。要强化内部控制，对于数字信息使用人员、操作人员、维护人员以及第三方服务商，必须制定严格、规范、可行的内部控制和岗位操作权限。

在内控管理制度的完善方面要从基本制度和人力资源管理制度两个角度出发，强化管理效能。在基本制度的完善方面，要明确规定管理办法细则。项目与活动资金量的规模将影响管理的难度，针对不同的项目要分类管理，设置对应的管理意见。

例如，对于需要资金量较大的项目，要通过设定牵头组织，将其作为各项工作的协调部门，全面负责内控管理的各项活动。组织专家团队，针对管理中的关键环节做好指导工作，运用横向协调的办法，联系其他部门与科处。按照岗位责任制和终身责任制的模式规范项目负责人行为，作为企业开展项目的负责人，其拥有的权利作用范围较广，为降低财务风险，要求其对项目质量负责，并提出内控管理目标，激发员工的主观能动性，使得内控管理更为贴合灵活性的特点。

按照"谁使用谁负责""谁操作谁担责""谁审批谁追责"的原则，从源头上禁止使用人员和操作人员修改原始数据。同时要建立内部控制预警机制，第一时间找到规章制度上的缺陷和漏洞，并及时完善和调整。通过健全有效的内部控制制度，对数字技术进行全时跟踪和动态反馈，构筑安全壁垒，保障财务管理数字化转型的顺利实施。

随着数字经济的发展，企业数字技术的应用可以为财务管理管理效率和财务管理质量带来极大的提升，但数字技术如果运用不当也会为财务管理带来很大风险。

5. 构建财务风险评估体系

风险评估体系的完整性受到基础框架和部门成员的限制，说明要成立专门的财务风险防范部门，直接负责管控财务风险，并设置资产、财务、审计等部门，形成风险管理闭环组织结构，由此开展风险管理和控制工作。

要求风险评估体系中的各部门人员具备高度的沟通和协调意识，能够识别业务风险，及时将自身的看法与其他成员和部门进行探讨，以此形成健全的协同控制框架。财务风险防范要将评估风险作为重要工作，通过衡量不同环节的风险等级，按照事先防范的原则，消除资金受损问题，按照风险隐患的指引方向给出对应的决策意见，采取必要的应对举措。

在实际防范和应对风险的工作中，要从立项环节出发，判定目前是否存有廉政和组织层面上的风险，设置专职部门，充分借助集体决策的办法，在重大项目实施前统筹规划，并与专家沟通，说明项目的具体内容和开展方向，由其给出客观的分析意见，根据可行性报告提出决策意见。包括两个视角和三个主线风控体系，重点放在基于战略目标的财务风控体系构建，如图 7-5 所示。

图 7-5 财务风控体系图

7.3.2 会计信息化风控体系构建

数字化时代企业要全面推进会计数字化体系建设，就要将会计数字化系统作为财会工作模式改革、业务流程优化调整的重要支撑，为实现业财融合打下基础，不断提高企业财务管理水平。

1. 建立一体化财务数智平台

在企业会计数字化体系建设中，要充分考虑财务风险防控的需求，进一步完善会计数字化系统的功能，通过构建财务数智平台、凭据电子化系统和商旅报销系统，实现对财务风险关键点的有效防控，从而发挥出财务数据的利用价值，提升企业财务风险防控水平。

1）财务自动核算

企业利用财务数智平台的前端业务模块自动生成采购、销售、收货、发货、提供服务等业务活动的会计凭证，促使财会工作重点由原本的核算工作向财务数据监控转变，有效地防控了财务核算差错风险。如物资采购部门登录到操作平台上录入采购数据，云端同步更新数据，生成会计凭证，平台容纳从采购建卡到报废清理的全部财务信息，并对企业资产自动编号，按月计提折旧，从而能够强化对企业资产全生命周期的闭环管控，防范资产流失风险。

2）应付账款管控

企业利用财务数智平台优化调整应付账款流程，实现对应付账款全生命周期的管控，具体管控流程为：在财务数智平台的合同管理系统中流转签批合同，将合同中的支付金额、期限等信息同步到企业 ERP 系统，生成企业采购订单。当临近付款期限时，系统自动向财务部门、业务部门发出双向提醒，并生成资金支付申请，由财务端审核申请，批准资金支付。通过加强应付账款信息化管控，能够帮助企业有计划地清理流动负债，防范企业现金风险。

3）费用支出全程管控

企业可以利用财务数智平台全程管控各项费用支出，在线审批费用支出申请，规避传统模式下财务人员代包代办的风险。在费用支付中，财务数智平台能够自动检验费用支出金额，避免出现费用重付、超付、误付风险。在平台审核超出预算部分的费用时，平台发出预警，由预算管理委员会对预算作出调整后才能执行审批程序，有助于企业强化预算支出管控。此外，在费用支付过程中，审批人员需要通过指纹、人脸识别等生物识别技术的身份认证后才能执行支付操作，能够起到防范财务舞弊事件的作用，保证企业资金使用安全。

4）建设凭据电子化系统

企业要重视人工智能技术在财务工作中的应用，运用光学字符识别技术（OCR）、机器学习技术建设凭证电子化系统，将凭证中的图像文字信息转化为结构化数据，为管理者决策提供科学依据。从企业财务风险防控层面来看，凭证电子化系统能够自动检查复核会计凭证、自动核算金额、自动价税分离、自动扫描增值税发票以及联结税务系统自动抵扣进项税额。图 7-6 为诺诺电子档案系统与财务系统，包括上述各个流程。

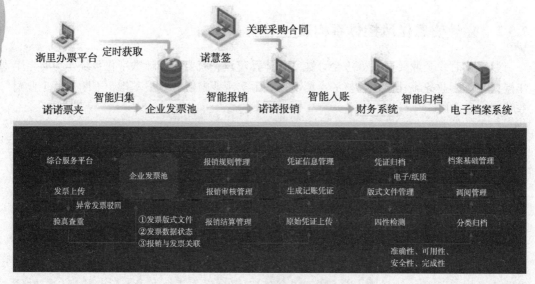

图 7-6 诺诺电子档案系统与财务系统

通过诺诺电子档案系统与财务系统、诺诺报销系统关联，实现报销单据、发票、记账凭证、合同、银行回单、流程审批单等档案文件及文件结构化数据、系统元数据全流程数字化归档，并结合内部档案管理规范实现档案线上化，降低了档案管理成本，提高了档案利用效率。

（1）填单报账管控。在企业财会工作中，发票填写是一项严谨的工作，关系到企业资金安全流动。但是，部分业务经办人员在处理报销业务时会发生发票信息填写错误的情况，增加了后续会计核算的复杂性，同时还可能给企业带来经济损失，使企业陷入制造虚假财务信息的窘境。而通过使用凭证电子化系统能够避免上述问题的发生，凭证电子化系统自动识别发票信息，减少业务部门报账错误风险，便于财务人员随时掌握费用支出情况，提高填单报账的准确性。

（2）财税风险管控。在传统的财会工作模式下，财务审核人员很难及时发现存在异常状况的发票，等到后期查账时才能发现问题，此时可能已经过了增值税专用发票抵扣期限，需对该发票进行财务处理，再完成相关核算项目的调整，易加重企业涉税风险。而建立凭证电子化系统后，能够将发票自动上传到云服务器，云服务器与国家税务系统连接，可以直接验证发票真伪，完成发票抵扣，有助于规避因财务核算失误带来的企业涉税风险。

（3）凭据电子档案管理。当前，大部分企业已经实现凭据线上审核，但是因凭证无法实现自动流转而导致线上、线下数据不一致的情况时有发生，增加了企业会计信息核算失误风险。而通过应用凭证电子化系统能够解决这一问题，该系统拥有业务凭据电子化处理程序，可借助 OCR 自动填写单据，完成会计原始凭证的影像上传，实现凭证影像资料线上流转。财务人员在审核凭证后，由系统自动匹配存档电子化单据，生成电子会计凭证，完成自动会计核算。

5）构建商旅报销系统

随着企业经营规模的扩大，企业在全国各地的跨区域业务活动逐步增多，业务人员需要出差完成业务洽谈工作，在这一过程中会涉及多项财务费用报销项目。在传统的商旅报销模式中，业务人员需要提前垫付出差资金，待出差回来后到财务部门提供相应单据，完成报销。这种报销模式很难对出差过程中产生差旅费用的实际情况进行跟踪审核，极易出现多报、超报问题，给企业带来经济损失。为解决上述问题，企业可以应用移动互联网技术建设商旅报销系统，为出差人员提供申请、预订、报销的一站式服务，实现对差旅费用的实时监控，有效防控企业财务风险。

（1）成本控制。企业利用商旅报销系统与国内正规旅行社的业务系统建立联系，与旅行社签订服务协议，由旅行社提供出差人员的费用结算服务，包括差旅人员吃、住、行的费用。旅行社定期与企业进行结算，详细列支报销事项，精确到个人的各项费用支出。同时，商旅报销系统提供差旅服务预订，根据不同业务、不同出差人员职位，确定相应的差旅标准，根据差旅标准安排出差人员的各项活动支出，有助于企业强化差旅成本管控。

（2）资金风险防控。商旅报销系统分为内网与外网两个客户端，外网为移动端，即商旅 App。商旅 App 提供费用申请、订票、业务审核等服务，内网控制中心负责查询统计费用报销情况，结算期间费用，辅助差旅预算支出决策。出差人员登录到商旅 App 后，向商旅运营商申请费用支付，商旅运营商垫付相关费用，当出差人员完成任务返回后，商旅运营商与企业财务部门统一办理费用结算。在商旅 App 的支持下，差旅人员费用支出完全由线上支付完成，无须使用现金结算，能够避免资金支付错误风险，实现资金支付透明化管理。

2. 完善会计信息化保障体系

企业在建成会计信息化系统后，应进一步完善会计信息化环境下保障体系建设，为会计信息化系统运行提供良好环境，不断提高企业财会工作效率。具体策略如下。

（1）落实岗位责任制度。企业要结合会计信息化系统的运行需求，优化调整财会部门的岗位设置，明确各个岗位的职责，确保各岗位人员各司其职，形成相互监督、相互牵制、相互协作的关系。在会计信息化系统操作中，系统操作与审查审计业务、系统操作与系统维护业务要实现岗位分离，不得由一人身兼多职。

（2）加强系统安全控制。企业信息技术部门要加强对会计信息化系统的日常维护升级，及时更新杀毒软件，采用病毒入侵检测系统、防火墙等防护技术，维护企业内外网的安全运行环境，避免因网络攻击而导致会计系统运行故障。

（3）促进管理升级。在企业应用技术先进的会计数字化系统后，必须加强财会人员、业务人员团队建设，促进管理升级。使相关岗位人员掌握系统操作技能，提高财会人员信息素养，此外，在财会人员熟练操作系统后，还要引导财会人员将工作重心向财务分析、财务预测、财务决策、财务风险管控等工作内容转变，不断提高企业的财会工作水平。

3. 注重企业财会信息化体系的应用

企业会计数字化体系建设以大数据、云计算、人工智能等技术为支撑，将先进技术与财务业务流程相融合，能够实现对财务信息数据的全程智能化管控。在企业建成会计数字化系统后，系统集成财务信息、业务信息，从多角度开发智能分析财务业务信息，为企业管理层提供决策依据。图 7-7 就是以任务为导向的企业会计数字化风控体系构建图。

图 7-7 企业会计数字化风控体系

1) 防控会计数字失真风险

会计数字化体系中的财务数智系统属于智能化、交互性财务系统, 能够自动更新财务数据, 完成会计原始数据录入、会计凭证编制等工作, 规避人工操作差错风险, 保证财务分析数据来源的可靠性, 进而有助于防范企业会计数据失真。

就并账工作而言, 由于其将影响资金的规划与统筹效果, 因而为达到高效并账的效果, 真实反映出预算执行等财务会计数字的控制成果则需要完备的数据资料。

2) 防控财务舞弊风险

企业初期建设的会计电算化系统缺少与其他业务系统的链接, 导致会计电算化系统的数据联动性较差、数据更新慢, 很难使企业管理者通过会计电算化系统掌握物资采购、费用报销、资产管理等方面的全流程信息, 在财务数据传递不畅的情况下, 易滋生财务舞弊风险。而企业在建成会计数字化系统后, 能够借助系统完成财务自动核算、信息多端共享、付款全程管控、资产生命周期管理等工作, 形成对企业各项财务活动的闭环管理, 有助于防范相关人员的财务舞弊风险。

如财务合同控制, 要在订立环节保证各部门人员到场后才能分析合同中的各项条款。要求资产、审计、财务、预算部门人员依照部门职责就设计、采购、施工和工程清单等项目进行研判, 确定各项条款是否科学严谨, 细化各阶段工作的期限、质保金比例和付款形式, 规范每个环节的实施计划。明确变更项目的审批流程, 避免出现程序不规范的问题。

3) 防控关键业务环节风险

企业会计数字化体系将企业所有财务数据、业务数据都纳入管控范围内, 为管理会计提供了操作平台。企业各项财务数据不再需要会计人员手工录入, 而是在业务活动时进行一次性录用, 之后对业务数据标准化处理生成财务数据, 完成账务处理。会计数字化系统的财务数据包括每个业务流程节点的数据信息, 能够实现对业务流程的跟踪管控, 有效规避采购环节、库存管理环节、资产处置环节、支付账款环节的财务风险,帮助企业构建起集事前预测、事中监控和事后评价于一体的财务风险防控体系。

一体化财务数智平台是基于业财融合模式,借助先进的数字技术对企业业务全流程信息数据进行统一管理的智能化平台。财务数智平台可以集成企业价值链上的各项业务,将企业财务、物资、设备、工程等管理数据都纳入平台管控范围内,实现对企业经济业务的全程管控。财务数智平台依托大数据、云计算技术,满足企业在线财务处理需求,能够实现多客户端财务数据的同步录入。

7.4 企业集团财务风险防控分析

目前,由于企业集团的思维惯性,对短期业绩关注度高,忽略了内部控制系统的重要性,由此导致企业集团的财务风险概率会更高。企业集团为技术创新、升级改造、开发新产品及销售产品提供金融服务,建立了强大的财务实力。应从财务管理的实际出发,将企业集团的经营活动与财务公司紧密结合起来。

视频 7.4 企业集团财务风险

7.4.1 企业集团财务风险防控概述

财务风险对企业集团财务公司很容易造成巨大损失。因此,要改善财务公司的风险管理,保证集团运营的稳定,就必须从财务公司内部管理中改善企业集团的财务风险,才能应对未知局面。

1. 企业集团财务公司应对财务金融风险

财务风险主要是指企业集团金融公司在发展过程中所面临的财务风险,如市场风险、投资风险等。在交易过程中,金融机构之间交易出现特定情况,可能产生一定的影响。企业集团的金融公司在投资过程中也可能产生投资风险。金融风险种类繁多,受群体影响的财务公司也有所不同。

对企业而言,个别商品存在瑕疵,会造成较小的资本可控损失,对企业集团和财务公司不会产生不利影响。但是,也不能忽视此类金融风险可能让集团财务公司陷入危险,往往会导致集团财务公司的经营出现重大问题,对企业集团以及财务公司的生存和发展造成威胁,引起经济秩序混乱。企业集团财务公司更为紧迫的是改进管理方法,提高金融风险应对能力,避免金融风险,确保市场发展的稳定。

2. 某企业集团财务公司财务金融风险分析

财务公司是企业集团为提高资金使用效率和加强资金集中管理,持续帮助企业集团责任担当,为扩大经营规模满足资金需求而设立的子公司。随着企业集团财务公司模式持续创新,在经济发展过程中也不断进行着金融创新,各种衍生金融商品来源日益多样化,作为特别公司的金融部门,企业集团的金融公司开发了投资、结算、贷款、债务等业务,这种业务拓展对金融部门的经济活动收益影响很大。尽管目的是建立强大而稳定的财政支持企业集团,但如果财务公司管理不善,就不可避免地对财务公司乃至企业集团的整体发展构成系统性威胁，从而产生负面效应。

1）流动性风险

流动性风险主要是指在集团金融业务经营过程中，对资本资源的错误或不当分配的一种风险，是集团财务公司在选择短期民间借贷时对风险流动性预估不足，面临集中支付时，有可能引发流动性风险。

2）市场风险

顾名思义，市场风险就是在市场经济的具体变化中，如利率和汇率的变化在市场交易中所引起的风险，主要是企业集团国内财务公司常见的信用风险。因此，集团财务公司不能以有效的契约为基础承担应兑义务，从而给企业造成一定的损失。虽然短期内可能不会对企业造成实质的伤害，但长期来看必将影响集团业务的良性循环。

3）非主营业务风险

在我国经济持续快速发展以及数字经济的广泛推动下，集团附属型金融公司数量也从最初的几家发展到现在的 250 多家。在实践中，由于受资金管理、成本等因素的影响，独立金融公司的成立有利于集团的发展，但也会面临各种财务风险。集团金融机构不仅要提供企业信贷业务，还要提供证券投资、保险等服务，因此，这些风险分散的范围非常广。

例如，上市公司集团金融公司需要提供流通金融、客户贷款、租赁等多种金融服务，其流通具有多方面的特点，因此，集团金融公司面临着各种各样的金融风险，分布广泛。另外，企业集团金融公司的财务风险集中程度较高，主要业务是贷款处理，根据有关国家的政策法规，该业务受到一定限制。

因为政策和监管都直接影响到金融业务，企业集团的金融风险具有一定的政策特征，国家金融政策对金融企业的业务也有重要影响，同时，集团所属行业更会有影响。在金融业务产业危机下，金融业务的财务风险也随之增加。如图 7-8 所示为企业集团财务公司金融风险系统图。

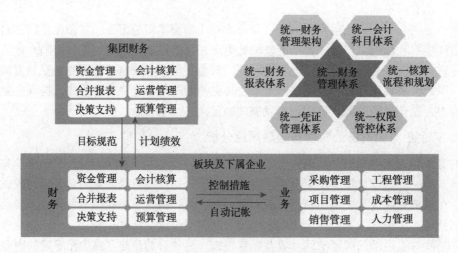

图 7-8　企业集团财务公司金融风险系统图

3. 企业集团财务公司财务风险管理的特点

集团金融公司财务风险高度集中于服务对象，鉴于集团金融公司的特殊性及相关政府法律、政策的制约因素，集团金融公司主要为相关会员单位提供内部信用与结算服务。在服务目标方面，集团金融公司的财务风险分布相对集中。在风险防控在企业层面上，集团金融公司面临的财务风险也比较大。如果集团业务范围很广，除企业存款及贷款外，还提供证券投资、保险代理、集团内金融等金融服务。经营范围广，存在着资金不足、财务欺诈、结算失误等诸多方面问题，会造成巨大的财务风险。其特点主要体现在以下几个方面。

（1）系统性。企业集团财务公司需要注重风险管理工作的系统性，在风险管理体系中设计整体风险防控措施，建立风险防控系统框架，更好地管理财务企业的金融风险。

利用现代化治理理念，将内部控制管理的作用充分地发挥出来，建立全面的系统化监控防线。首先，建立一线的岗位责任制度；其次，发挥相关部门和岗位的监督制约作用；最后，通过内控监督部门监督反馈各岗位和各部门的各项业务。落实授权授信管理工作，严格落实职责分离制度。在企业集团财务公司中需要重视风控部门，利用各种风控管理措施，使财务公司的金融风险管理水平不断提高。

（2）拓展性。企业集团财务公司在未来发展过程中，需要在传统业务基础上结合集团上下游的产业链业务，进一步拓展业务范围，将财务公司的平台资源优势充分地发挥出来，进一步提高企业集团财务公司的金融风险抵抗能力。企业集团财务公司需要积极寻找合作的机会，主动学习商业银行风险防控体系和产品设计等方面的理论知识，深入研究金融市场的特点，确定各个隐藏的风险点，根据自身发展特点确定适应自身发展的产品。企业集团财务公司要改善薪酬体系，吸引更多专业的金融人才，例如风控人员和投资人员，建立专属的投资团队，完善风控体系。

（3）规范性。企业集团财务公司要重视建立风险管理制度的工作，根据内控程序，要严格落实止盈止损制度的止盈线和止损线标准。明确财务公司各个岗位的职责，建立止盈止损的审批权限，将问责制度落实到实际工作当中。确定内部审计部门的作用，使财务公司各部门的职责更加细化，在企业集团财务公司内部建立各部门的信息沟通制度，可以使信息传递速度极大的提升，各个成员企业建立管理信息的高效传递机制，这样可以提供高质量的信息，保证企业集团财务公司金融风险管理的准确性。

（4）人文性。企业集团财务公司在实际运营的时候，要建立风险管理文化，让企业集团的每个工作人员充分认识金融风险管理的重要性，在企业内部积极宣传全员风险意识和风险观念，这样才可以在企业内部形成良好的金融风险管理文化，在所有员工内部建立共同的价值观。明确内部控制标准，在业务层次设置系统流程，建立相关操作的详细手册，动态监控实际操作，在事后需要进行严格的考核，保证企业员工可以深入了解风险管理工作的重要性，最终可以自觉融入金融风险防范工作当中。因为企业集团财务公司金融风险管理涉及很多方面的知识，所以企业集团财务公司需要高素质的风险管理人员。这些管理人才要熟悉财务和管理以及金融运作等方面的知识，财务企业需要利用薪资待遇等方式吸引更多的复合型人才,保障风险管理效果。

(5)技术性。企业集团财务公司需要创新金融风险管理工作手段,利用先进的风险管理工具,通过数据收集量化分析各个风险,建立风险预警机制,实时监控风险。企业集团财务公司属于非银行金融机构,相关的金融业务和银行具有很大的相似性,因此企业集团财务公司金融风险管理可以学习银行的工作经验,根据自身业务需求建立信息系统,统筹风险管理工作。共享财务公司和成员企业的信息,各个企业通过信息沟通,可以综合分析公司的风险,进而建立完善的风险管理信息系统和风险整合系统。财务公司要充分了解成员企业的财务运行状况以及业务类型,根据结汇风险,提前预约内部结汇,并且要根据结汇的具体时间及时上报,找准最佳结汇时机,提高财务公司利润。

总之,集团金融公司财务风险受到诸多因素影响。如团体化金融公司在经营过程中,政府的相关法律和行业环境对企业集团所表征的财务风险产生影响。有关国内法律及相关财务方针也直接影响集团金融公司的整体运作过程,因此,实际操作过程中存在较大的政策风险。与此同时,集团所在行业的营业损益对金融公司的发展也有一定的影响。产业危机及其他相关问题,如大规模亏损或持续亏损使集团金融公司面临更大的财务风险。

7.4.2 数字化技术下的财务风险管控

财务管理是企业各个部门经营的交汇点,也是各种各样业务数据、经营信息的交汇点,因此,集团财务风险管控担负着重要的集团财务调控角色。财务数字化建设可以使财务风险控制趋于统一性和标准化,借助风险防控共享平台,可以实现更深层次的风险数据共享。

1. 实现财务在线数字化预警监督

随着数字时代的发展,集团公司管理越发依赖信息数字系统,财务监督职能更加注重"用数字说话"和"管数字风险"两方面,将"数字化管理""数智化分析""运营指数量化""监控预警""大数据监督"等应用在财务监督领域,已经成为集团公司履行财务监督职责的重要手段。集团公司将以加强财务业务监督职能为目标,从法规政策、业务流程、集团公司财务制度等提炼出一套统一标准的预警体系和监督规则,构建以事前预警、事中提醒、事后分析的业务全过程监督体系,并出具定期业务监督报告及重大异常事项通报,及时帮助企业管理者实时洞察、识别风险,实现财务实时监督全面落地。

(1)建立财务在线监督体系。建立健全集团公司财务在线监督体系,以财务相关法规制度为依据,梳理形成一套政策全涵盖、业财全链条、资金全流程的指标体系和规则体系,建设包含业务规则、预警指标在内的体系内容,形成点线面三位一体的财务专项监督模型,夯实财务监控基础管理,为后续的财务监督及指标预警提供体系基础。

(2)财务在线监督。利用信息化手段,结合沉淀到数据湖/数据仓库的财务数据按需自动扫描业务规则清单中的在线监督规则,及时对预先设置的责任主体出具相关提醒(门户/邮件/报告),揭示财务管理业务处理中的薄弱环节或问题疑点,并及时预警。针对重大异常业务的发生,由系统自动推送,邀请相关人员及时介入。

经济持续发展带来的财务开发模式也变得复杂多样，随之而来的金融风险与过去相比有了较大的变化，但这仍然只是简单的监管层面，面对今天复杂的经济发展形势，仅仅依靠监管来应对金融风险是不够的。

（3）财务在线指标预警与监督报告。依托预警指标体系及预警模型，以数据集成为主，异常原因说明手工填报为辅的指标数据收集模式，通过设置监测预警策略，自动预警指标异常，掌控财务运行态势，反应迅速、应对得力。并提供管理可视图，支持相关管理者及专班对财务监督体系、业务控制情况、监控预警结果等进行查询分析，整体掌握财务管理情况。

提供在线稽核报告功能，支持公司及各下级单位根据系统内置的报告模板，自动生成管理报告，同时支持将定稿后的报告发布给相关管理者查阅。

企业财务管理部门引进先进的财务管理数据管理系统，能更好地开展各种管理活动，确保经济效益，提高综合实力，全面提升核心竞争力。数据时代的到来，给企业带来了新的发展机遇。

2. 强化数字化基础建设

数字基础是数字技术成功和安全应用的前提，也是数字化转型成功与否的关键。如果企业在数字经济时代不加快、加紧完善数字基础，将会导致内部信息传递不畅、财务核算不及时，甚至出现财务信息外泄、查询困难以及更新不及时、信息自动化程度不高、手工操作过多等问题。这些情况将会导致集团财务管理效率整体低下，将会出现"支付结算信息化、快速化，账务核算和财务信息传递迟滞化"等现象。

（1）利用数字技术作为支撑。数字技术为企业财务信息系统的转型升级提供了有力支撑，有利于企业对财务风险数据加以收集和分析，提高风险防范的准确性和水平。要推动数字技术深度融入企业发展中，积极探索财务风险防范的途径，提高数据挖掘和分析的效率，及时把握大数据反映的风险点，制定相关的风险措施，如完善企业财务预测、决策机制，对现有的财务信息系统进行持续地维护和不断的升级，使企业各项数据都能纳入财务管理的流程中，不断提升企业竞争力。

（2）加强部门间数据信息交流。在数字经济时代下，财务管理的数字化转型过程中，不仅仅是财务部门内部的变革，同时也需要人事部门、运营部门、营销部门、研发部门等各个部门的相互配合和支持，以及相互间的信息共享、信息传递和信息交流，因而，企业在运用数字技术进行数字化转型的过程中，需要加强各部门配合协调，及时传递信息，降低企业在运营过程中出现整体失调的重大风险，给数字财务管理带来很大收益。

（3）建立数字化风控团队。管理团队建设作为基础性的工作，随着各种技术的发展赋予更多的数字化内容，集团公司财务管理团队是财务活动的执行者和实践者，在企业财务管理活动中起重要作用。财务风控管理团队的专业素质、专业能力、财务知识是其日常工作的反映，并影响到财务风控工作的质量。大数据时代的到来对企业财务风控管理提出了新的挑战，对财务风控管理团队的要求也越来越高。因为更多的财务活动需要依靠综合分析，基于数字化的财务风控软件和高级风控工作方法才能有效执行。

7.4.3 生产环节的风险预警

企业对生产环节的财务管理应当着重建立一系列生产财务预警指标,结合指标来更好地管理生产活动,保障生产正常、有序开展,提高企业的生产效率。

1. 从财务管理角度出发

企业可以建立的生产活动财务预警指标,主要包括单位原材料消耗的差异率、单位人工价格差异率、单位能源消耗差异率、包装物的消耗费用、固定费用差异、单位损耗数量、生产责任事故造成的损失价值等。在资金管理方面,企业的资金流入流出环节存在着较大的风险,如果没有足够的现金流量,企业很可能会发生资金链断裂的情况,最终将引发公司财务危机。市场因素可能会导致销售收入未能达到预期,从而现金不能正常流出,因此在生产原料的采购方面、人工成本支出方面,就会引起赊账购买以及付款拖延情况,反过来又影响企业的产品销售,企业就会面临着资金的周转困难,导致公司出现财务危机。

2. 从生产管理角度出发

选择合适的财务预警指标后,企业可以结合具体生产历史数据以及内外部影响因素,确定不同预警指标的标准值区间,然后结合生产经营活动的开展,由财务部门综合采用比较分析法、作业成本法等方法来分析生产过程中各项指标的合理性,实现对生产环节的动态财务监督。

另外,在运营方面,企业的资源配置不合理,加上运营效率过低等都会导致生产销售存在风险,债务债权转换存在风险。比如,在日常运营阶段,企业由于需要生产原料采购等,资产会随之增加或减少,任何一个环节出现障碍都对企业整体的发展进程产生影响。而且企业的生产经营决策的各个环节都更加多元化,企业的各个环节出现问题都会触发更大的风险可能性。

3. 从生产财务风险预警出发

当生产环节一些财务指标达到预警阈值之后,财务部门能够更好地定位异常指标所在之处,分析其异常的原因,结合实际情况来判断是否存在生产财务风险,进而调整财务指标区间或者调整生产计划方案,保障企业生产环节的财务安全。企业内部供应链具有资金运转、原料生产、信息流动等诸多方面便捷的优势,也有着生产性财务的风险。若想提升企业的综合实力,实现利益、效益最大化,必须建立准确、科学的生产财务风险预警制度,同时对生产经营的各个环节严加把控,以求能够把企业的风险最小化。

数据技术可以依托刷脸识别、自动辨认账号、检测操作人的IP地址等技术,核对操作人的身份信息等。当操作人并非本人时,往往违背了权责分离的要求,使财务舞弊的风险提高,系统此时应及时发出财务风险预警。企业往往为了效率的考虑,除了在某些关键流程无法跳过外,部分流程会先在线下做完,再去线上确认。通过核对流程遵从的完整性和及时性,可及时量化企业的内控风险。

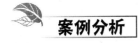

加强保险公司营运资金风险控制体系建设

为防止保险公司营运资金管理出现各种问题，应完善保险公司营运资金管理的风险评估体系，特别是在现金控制、银行存款控制、现金流量控制、保险公司营运资金的资金转移控制和费用支付控制等方面，要系统、全面地选择营运资金风险评估指标，对可能出现的风险问题进行分级。对于高概率、高风险水平的营运资金风险问题，应提前制定风险应对管理策略。

完善保险公司营运资金管理信息系统建设。为了提高保险公司营运资金管理的效率和水平，还应重视保险公司营运资金管理信息系统的建设。在营运资金管理信息系统的功能上，重点关注资金规划、资金分配、资金结算、资金监控、银企接口、资金业务、财务接口、系统管理、报表管理。通过保险公司营运资金管理信息系统，加强保险公司资产管控能力，促进营运资金信息资源共享，防范营运资金风险，有效利用资本资源，提高保险公司的资金管理效率和盈利能力。加强保险公司营运资金的内部控制和监督管理。对保险公司来说，要加强对其内部管辖的各类资金和账户的监督管理，从保险公司的资产负债匹配、内部资本流动性和偿付能力等方面加强监控和报告。

同时，进一步明确保险公司内部合规部和风险管理部的职责，确保严格落实岗位职责和权限，加强财务授权审批，实行不相容的离职后制度，尽可能防范资金违规风险。此外，要充分发挥内部审计的作用，通过内部审计及时发现影响保险公司营运资金内部控制有效性的各种问题，制定整改意见和措施，促进保险公司营运资金管理水平的提高。

完善保险公司营运资金管理信息系统建设。为了提高保险公司营运资金管理的效率和水平，还应重视保险公司营运资金管理信息系统的建设。在营运资金管理信息系统的功能上，重点关注资金规划、资金分配、资金结算、资金监控、银企接口、资金业务、财务接口、系统管理、报表管理。通过保险公司营运资金管理信息系统，加强保险公司资产管控能力，促进营运资金信息资源共享，防范营运资金风险，有效利用资本资源，提高保险公司的资金管理效率和盈利能力。

（资料来源：https://baijiahao.baidu.com/s?id=1726624041877961733&wfr=spider&for=pc）

问题：

1. 保险公司营运资金管理的风险评估的主要内容是什么？
2. 据你了解保险公司可能出现的风险问题主要有哪些？该公司的防范措施是什么？
3. 资金管理信息系统建设重点关注什么？营运资金管理信息系统的主要作用体现在哪些方面？
4. 数字化财务防控体系中的内部合规部和风险管理部职责各是什么？

思考与练习

1. 财务风险控制理论主要内容是什么？数字化背景下有何新的特点？

2. 财务风险控制的体系构建的重点是什么？
3. 基于数字技术的风险控制基本策略是什么？
4. 财务数字平台对提高风险控制水平的作用是什么？
5. 企业集团财务风险控制的创新思路和核心理念是什么？
6. 数字技术应用背景下生产环节的风险预警控制如何实施？

第8章 数字财务供应链与供应链金融

1. 了解供应链思想在财务数字化领域中应用意义和价值空间,熟知数字财务供应链的核心理念和工作原理;

2. 理解财务供应链与数字供应链的关联与价值延伸;熟悉数字化财务供应链的应用范围与场景。

RISE with SAP,成长型企业数字化转型ERP上云之路

自2015年以来SAP就推出了基于内存计算数据库SAP HANA的下一代智能ERP——SAP S/4HANA,目前已服务全球超过10 000家的客户。SAP S/4HANA在满足企业数字经济时代大批量数据快速处理的同时,全面融合人工智能、机器学习等全新的数字化技术,赋能企业业务流程,提升企业运营效率,实现企业运营状况的实时管控,全面支撑企业的运营决策。

2021年,为加速企业构建以新一代智能ERP为核心的数字化平台,SAP推出了RISE with SAP,提供包括云端SAP S/4HANA等在内的智能解决方案,以及一系列帮助客户实现数字化转型的工具和服务,帮助企业客户将ERP安全、快速地迁移到云端SAP S/4HANA。在实现企业经营管理目标的同时,充分利用云计算的优势,满足客户当下需求,支持企业未来发展,降低企业IT运营风险,提升企业运营韧性,降低IT总体投入成本。

本次成长型企业数字化转型工作坊,上海景同数字化转型专家携手SAP专家顾问团队,与现场50多位受邀参会的SAP重点客户企业高管一起,以实战模拟体验、实践案例分享、互动讨论等多种形式,深入探讨了SAP S/4HANA如何助力成长型企业通过云转型实现业务流程创新,积极拥抱云时代。

会上,SAP中国资深方案架构师付凡重点介绍了SAP S/4HANA与ECC的内在差异,以及SAP S/4HANA对企业客户的实施价值。较SAP ECC相比,SAP S/4HANA具备更加丰富、实时的分析和洞察能力,在采购、生产、研发、财务、服务、资产管理、跨行业、跨业务线等业务层面,数据存取量可减少10倍、分析和报告生成速度提高1 800倍、各环节流程步骤减少4倍,更加实时高效。ECC界面侧重操作流程视角,而S/4HANA Cloud界面更侧重管理流程视角,在操作性更加友好的同时,更能有效支撑企业管理层经营决策。

(资料来源:http://www.ciotimes.com/IT/206825.html)

目前,由于我国内外部环境双重作用,使得国内企业的机遇与危机并存,财务管理创新则是其生存与发展的必经之路,而引进供应链思维,推动财务管理模式的创新也是企业的一次积极探索,同样是数字化财务管理价值拓展的新渠道和新模式。目前,企业为了获得差异化竞争优势和降低营运成本,越来越多的优质企业率先全权管理整条供应链,包括整个供应链的信息管理及单据和数据,从而让 FSC(财务供应链)作用提升到更高层次,并成为一个巨大商机的领域。

8.1 财务供应链概述

当前,我们正处于一个前所未有的不确定性和波动性的时代,企业的首要任务是迅速优化自身的资金结构和财务流程,而财务管理的核心问题就是复杂性与多变性,数字化供应链模式是应对当前问题的理性选择。

视频 8.1 财务供应链

在财务管理中引进供应链思维,能够丰富财务管理的技术内涵,实现企业财务信息资源共享,真正提高财务管理的效率。借助供应链,企业可以安全透明的方式管理从订购至结算的购买和财务交易活动流程,从而优化现金流,更好地管理企业的营运资金,提高资金利用率。

8.1.1 财务供应链概念

财务供应链(Financial Supply Chain,FSC)并非一个新概念,它是由供应链管理系统(SCM)的物流管理向现金流管理的一种延伸,相比供应链 SCM 的减少库存、降低成本的价值目标,FSC 的核心思想则体现在营运资本及支付流程的管理,财务供应链应该是继 ERP 之后的下一个重要经营模式。

1. 财务供应链本质

财务供应链其本质是财务管理与供应链管理的整合,由于越来越多的企业着手探索改善营运资本管理、减少成本的方法,在这种形式下,不仅对这些企业,而且对其的供应商来说,财务供应链已成为一片包含巨大商机的领域。

财务供应链是同实体供应链相平行的,代表从客户初始订单、交易协调到最后付款等一系列和现金流量相关的交易活动,也是决定企业经营成败的关键因素之一。在全球采购与生产外包的背景下,财务供应链管理也应运而生。财务供应链管理本质是对供应链货币现金的管理,其核心是财务管理与供应链管理的整合。

一个完善的财务供应链管理系统,不仅能够使企业现金流更加透明和健康,而且能够帮助供应商实现资金自助管理,降低发票处理以及对账调节的成本,改进期末结算,消除重复付款现象等。

2. 财务供应链产生的背景

基于 FSC 和 ERP 财务管理模块的不同,伴随着信息技术的应用以及网络经济模式的演进,FSC 会成为下一个创新经营模式。众所周知,ERP 在过去三十多年来,一直是企业信息化转型的驱动力和主力军,助力大量企业有效管理生产资源,显著减少了库存、节省了储备成本。而且还通过财务管理模块,在一定程度上提高企业内部财务管理的自动化水平。

（1）全球采购与外包。在全球采购与外包帮助企业缩减产品成本的同时，通常也会削弱供应链的资金使用效率。例如，在新兴市场国家投资建设新厂房、购买新设备通常需要承担更高的资金成本。此外，库存成本也逐步被转嫁给处于供应链上游的供应商，使供应链上的资金成本剧增。与此同时，全球运营迫使投产准备阶段时间延长，营运成本的增加幅度相当于产品价格的30%。全球采购与外包还会削弱企业对财务供应链的控制能力，从而影响股东权益、削弱竞争优势及带来新的经营风险。

随着采购和生产的全球化，投产准备阶段的延长、多个供应链参与者的介入、增值税、关税、交付延误、供应链中断、安全法规等因素都使资金流和现金管理变得更加复杂，因此，财务供应链的重要性也愈显突出。对于那些实施全球采购和生产外包战略的企业来说，利用全球供应链可视性来控制和优化资金流是他们维系供应链运转的根本所在。

（2）供应链所有权的转变。从传统的角度讲，企业为了获得差异化竞争优势和降低运营成本，都会选择全权掌管整条供应链。事实上，掌握供应链的所有权确实是实现无缝信息流的唯一途径。此外，企业还能借助供应链的所有权来全盘控制经营活动。

在过去，虽然企业可能借助这种方法取得了成功，但是也存在一些不足。首先，掌握供应链的所有权往往意味着大量的资金投资。企业必须在采购、基础设施建设、营运等方面注入大量的资金；其次，或许这也是尤为重要的一点，这种经营模式迫使企业不得不分摊一些资源来支持一些非核心的业务职能，这些职能往往不是企业所擅长的或具有领先优势的业务职能。

高端信息技术不仅为企业提供获取全球信息的途径，还为企业提供了解全球运营状况的供应链可视性，最终，这两个因素也使企业对供应链所有权的看法逐步发生了改变。例如，Internet能以相对低的成本来提供无缝的信息流，因此，企业不必再将整条供应链自己独占。相反地，他们完全可以将那些非核心的职能外包给供应链上的其他合作伙伴，从而提升整条供应链的竞争优势。

（3）业务流程愈加复杂。随着全球采购和生产外包的盛行，企业内部的财务交易活动的数量将逐步减少。与此同时，企业与外部供应链伙伴的交易活动却日益剧增。

在针对经营体系的分析中，企业需要意识到这么一个问题——全球采购和生产外包将使价值转换流程更加复杂。例如，企业间财务交易活动的数量增多、速度加快、复杂性也将大幅度提高。其中，企业要想实现资金支付活动的标准化以及实时跟踪是非常困难的事情。

但是在现实操作中，企业与企业之间的财务往来管理上仍然是人工完成，即使有部分电子采购平台，还是无法实现付款流程自动化，加之高昂的对账结算成本、重复付款现象、发票处理成本、应付应收账款信息不确定等现状或痼疾，严重导致企业现金流管理的风险重重。图8-1就是典型的财务供应链流程，包括从供应商到消费者的全链条。

在上述背景下，FSC应运而生，它能进一步改善跨国企业最核心部门的工作效率，将有望成为ERP之后的下一个重要的企业经营模式。同时，一些金融服务公司迅速推出财务供应链服务职能，将财务供应链的理念引入对现金的管理，"财务供应链管理"便应运而生。

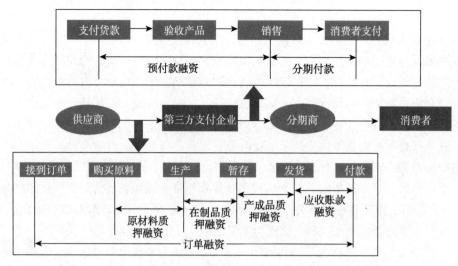

图 8-1 典型的财务供应链流程

3. 财务供应链管理的主要理念与目标

财务供应链是决定企业经营成败的关键因素之一。随着全球采购与生产外包的兴起，财务供应链的重要性也被提升到更高的层次。

财务供应链管理的主要目标是降低营运资本、改进营运资本管理、提高库存的透明度和加强服务的水平等。供应链财务管理可以将原本核算型财务目标向价值创造型财务目标转变，不仅是对供应链节点企业的财务信息的记录和整合，而且通过各企业财务信息，为供应链节点企业的经营提供更加精准的决策参考，实现减少财务风险、增加价值创造的目的。

供应链财务管理的基本理念是物流和财务活动之间密切整合和信息交换，以达到成本节约和为股东创造价值的目的。因此，企业有必要在供应链思维的引导下，优化采购、生产和销售三个基本供应链环节的财务管理，使得财务管理在企业内部覆盖全面，帮助企业降低生产经营成本，最终实现可持续发展。

4. 财务供应链的价值体现

企业财务的供应链是在企业内部建立科学合适的管理模式，一方面可以提高企业的经营组织能力，另一方面可以提高企业各部门的工作效率，最终可以降低企业的成本从而提高企业的竞争力。但是需要对企业财务供应链的价值进行思考，对于大部分企业而言，是针对企业内部的，供应链的出现是企业向外扩展的表现，推动了企业的财务管控发展。财务供应链管理的主要价值范围是：

1）运作的控制和检验

生产运作控制是指对生产运作全过程进行监督、检查、调查和控制。它是生产与运作管理的重要职能之一，是实现生产运作主生产计划和生产作业计划的手段。主生产计划和生产作业计划仅仅作为生产运作过程事前的"预测性"安排，在计划执行过程中，注定会出现一些预想不到的情况，管理者必须及时监督、检查、发现偏差，并进行必要的调节和校正，也就是对生产系统实行实时控制，以确保计划的实现。

对于传统行业来说，跨界是为了进行产业升级，协同是为了进行生态延展。供应链、产业链，其"链"上企业主要是"买卖关系"和"交易对手"，而随着技术发展和产业组织模式升级，"链"上企业形成了网络协同关系，通过分工和协作以及各自能力的相互赋能，提升整个链条的核心竞争能力。

2）财务供应链的决策与战略的支持

国际化企业更需要实施财务供应链管理，其原因在于全球采购与生产外包有助于缩减运作成本和适应变化无常的市场环境，这一点已经得到众多企业的认可。全球采购与生产外包为企业节省大量的资金，例如厂房、设备、营运等方面资金投入由品牌持有者和OEM厂商逐步转移到海外的业务伙伴。虽然这种优点是不可否认的，但是供应链的主导企业也需要对全球采购与生产外包进行理性的评估。尤其是企业必须面对离岸制造给财务供应链带来的隐性成本和风险。

（1）综合分析供应链所处的外部市场环境和企业战略定位。协同制定与市场环境相适应、与供应链战略协调一致的财务管理体系和运行机制；企业应站在更高视角来看SCM是对财务管理的作用，本质上是降低原料或服务的库存；而FSC是对现金的管理，本质上则是减少企业需求储备的现金数量。

（2）基于供应链业务与财务数据的共享和整合。协同制订资金使用计划，监控分析供应链资金使用情况，精准评价资金使用绩效；所以考虑FSC的核心价值关键点有两个：一是能够准确地预见现金的来源（流入）和使用（支出）；二是数字化基本技术是否在供应链环节实现。

（3）创新供应链金融合作模式。按需引入金融机构、平台服务商等供应链合作伙伴，基于供应链全链条业务实时运营数据优化供应链资金使用与管理，实现供应链价值增值。企业应依托供应链数字化管理平台，与供应链合作伙伴构建财务一体化管理体系，开展财务协同管理，创新供应链金融合作模式。

3）企业日常财务的交易

网络是企业之间互联互通的主要方式，也是支撑业务流程线上化的基础设施，再加上专用发票电子化、税款计算、电子付款及现金管理方面的流程自动化等条件充分。

如商业银行与平台企业的深度合作，连接赋能，互为平台、互为流量，共同服务平台上的企业和用户，深挖潜力实现规模效应和乘数效应。这促使商业银行从原来单一化、产品化的服务供给转向多元化、场景化的服务供给，从原来的单一获客模式转向适应生态链、产业链的批量获客方式，而互联网公司则依托服务平台从用户端将服务延伸至银行的支付、融资、风控等核心业务。

8.1.2 财务供应链管理的优势

从管理理论上分析，一方面，物流信息可以从相关的物流供应链中获取，那么，现金信息也可以从相关的财务供应链中获取，增加现金的来源和使用的透明度，从而降低现金管理的不稳定性，最终达到降低企业总成本的目的。

另一方面，资金属于企业稀缺资源，一个企业拥有的资金是有限的，然而企业外部融资又相对非常困难,弥补资金缺口便成为急需解决的问题。企业管理者和决策者希望能及时追踪和分析企业的支出、成本、收益的来源,以便降低企业的库存现金,提高企业的运营管理,最终降低产品成本。

1. 能够丰富财务管理的技术内涵

当下面临越来越严峻的市场竞争态势,企业也在积极探索财务管理模式的创新路径。将供应链思维应用在企业财务管理中,要求立足企业生产经营的实际情况,构建基于供应链的财务管理系统,将财务管理与企业供应链网络有效结合,通过信息化的方式开展全面动态的财务管理,丰富财务管理的技术内涵。通过创新和完善财务供应链管理系统,还能够畅通企业各部门之间信息共享、传递的渠道,提高信息利用率,使得各部门收集到的财务信息更加准确且真实,最终达到整体的财务管理目标。

2. 能够实现企业财务信息资源共享

在严峻的经济形势下,企业财务管理工作也迎来了前所未有的机遇,同时面临着巨大挑战。如果沿用传统的核算型财务管理模式,不仅难以提升财务管理的效率,也无法整合优化各项业务资源,财务管理工作会持续保持低效的状态。而将供应链思维应用到财务管理中,能够借助先进的信息技术手段构建全新的财务管理模式,进而实现企业内部财务信息资源共享。这种方式将使企业在制定不同业务流程、不同部门的财务方案时,避免了割裂与其他环节和部门的联系,而是综合考虑各方需求,制订更加合理的财务方案,降低生产经营风险。

3. 将供应链思维优势运用于财务管理

在企业财务管理中应用供应链思维还具有几点其他方面的优势。

(1)使得企业内部的财务信息更加灵活,信息传递更加高效及时。在供应链思维引导下,企业财务管理对于信息的收集将全面覆盖到供应链各个环节。

(2)推动企业实现财务信息化。供应链思维要求财务管理涉及各业务环节,有利于促进企业加快财务信息化建设。

(3)帮助企业创新财务管理模式。在供应链思维引领下,企业的财务管理需要将重点从原先的核算投放到资金管理上,在这样的需求下,企业也会不断创新,构建基于供应链新的企业财务管理模式。

目前,FSC推进的时机早已成熟。根据对标杆企业客户的实践经验考察,FSC不仅能提供端到端的自动化解决方案,实现数据的准确、迅速和透明,而且FSC还可以有效打通企业与企业之间业务系统壁垒,以及满足复杂严苛场景下多主体之间的对账结算自动化等业务场景。

8.1.3 财务供应链思想的实现

数字技术将财务供应链运营中各经济单位和业务、资产和活动连接成一个互动互信的数字网络,形成"赋能链",这是建立数字信用的基础,也是财务供应链能持续发展的关键。同时以财务供应链为抓手，倒逼传统产业链价值链资金链整体数字化，有利于企业数字化的破局，最终以财促产，以产促财，通过数字化实现企业和数字的互促发展，构建可持续发展的财务供应链内部生态圈。

1. 在企业内部构建管理与控制体系

灵活运用供应链思维创新财务管理模式的前提是：企业必须重视内部财务管理环境的建设，具体表现为企业内部管理体系和内部控制体系的完善。在内部管理方面，企业应当结合自身性质以及实际管理需求，选用适当的管理体系，提高内部管理的效率，尤其是要格外注重信息系统在内部管理中的使用，大力建设内部管理的信息平台如 OA 办公系统、银企直连系统、ERP 财务管理系统等。

以银企直连系统为例，企业可以设置专门的资金管理中心，与合作银行对接，银企直连系统中完成现金的收付结算，减少人为因素对企业资金的影响。就内部控制方面，企业应当加大内控力度，将内控与财务管理相联系，使得内控覆盖面更加广泛全面，真正深入到每个部门每个业务环节，结合财务指标实现对各业务部门和环节的动态监督，保障企业财务安全。

2. 实现财务管理流程数字化

实现财务流程的数字化，也是供应链思维在企业财务管理中的应用。借助先进的供应链信息共享平台技术，通过实现财务流程的数字化、自动化，企业可以提供日常应付账款和应收账款的准确数据信息，进而消除付款链的风险，改善企业的信贷决策，使得财务管理更加透明高效，进而吸引更多外部投资者投资，拓宽企业的外部融资渠道，实现现金的优化管理。同时，数字化和快速化的财务管理运作模式还能够优化整个财务流程。

以支付流程为例，实现自动数字化支付之后，支付情况会在信息系统中实时、动态地反馈给管理人员。也就是说，实现财务流程的自动化能够帮助企业在更短时间内调动一切可利用资金，提高企业内部资源利用的效率，同时还能够帮助企业结合自身收支情况以及外部市场变动等数字信息，预测未来资金流向，以更好地防范潜在资金风险，保障财务安全。

3. 建立系统整体的思维模式

供应链思维本身就是一种立足整体的系统思维，将供应链思维融入财务管理中，就要求财务管理从企业整体发展的战略角度出发，整合供应链上的所有财务管理需求，实现对企业内部财务的统一管理。因此一切财务管理的方法和行为都应当立足企业的发展战略，制定全局性的、动态的财务管理方案，提高财务管理的效率。

同时，在供应链思维的引领下，企业的财务管理还应当结合上下游的具体需求来开展财务管理的合作，尽可能满足各方利益，降低企业生产的经营成本。如可以建设供应商管理系统，在系统中录入各类供应商的信息数据，当与之合作时，结合其信用资质等情况，与之洽谈交易方式，适当地增加企业内部应付账款，保持现金的流动性。

视频 8.2 财务供应链应用

8.2 财务供应链的应用策略

财务供应链思维落地的重要一环是应用策略,对企业内部管理来说,大致可以将企业的财务管理策略按照供应链流程分为采购环节、生产环节以及销售环节,在此基础上,供应链可以对内外财务管理的过程进行优化完善,以提高供应链财务管理的效率和质量。

8.2.1 实现采购环节的全面管理

企业在采购环节的财务管理涉及付款条件、库存、风险和成本等方向,应当做到参与采购付款条件确定、参与采购库存管理、参与采购风险控制以及参与采购成本分析。具体做法如下:

1. 参与采购付款条件确定

采购付款条件不仅决定了企业资金筹集和使用的实践,还能够通过赊账等延迟付款方式来降低企业资金成本。财务部门应当主动与采购部门协调配合,建立完善的供应商档案,实现对供应商的分类付款和管理。如可以结合战略同盟关系以及供应商质量,对供应商按照重要等级进行逐级分类,结合具体的采购任务选择合适的供应商来进行物品采购,避免或者减少资金浪费现象,提高企业的利息收入。在采购库存管理上,较高的库存不仅会大量占用企业的流动资金,而且会对资金流动和使用效率造成负面影响。

2. 按需采购模式的实施

采购活动既是 ERP 的起点,也是企业整个供应链运作的起点,对后续供应链运作的效能与质量至关重要。对于企业来说,应当按需采购,减少库存囤积,实现资源的优化配置。财务部门可以利用 ERP 技术等对采购流程数据进行全面监督和管理,控制采购部门的采购内容和采购时间,尽可能使其更加合理化和科学化。

3. 采购风险控制

采购过程中,企业面临的供应链风险主要来自供应商的信用风险以及采购人员的道德风险。如当发生供应商的信用风险时,其供货的质量、效率以及预付账款的安全性都会受到负面影响,容易导致企业的采购成本增加。因此财务管理中应当对采购业务建立严格的审批制度和采购标准,要求采购业务符合规范,减少采购过程中的风险。

4. 采购成本分析

财务部门可以对所采购产品或服务的成本进行核算,并且对成本构成进行全面分析,进而更好地帮助企业了解和判断所生产产品的实际情况,一旦发现采购异常或者不合理,就可以及时进行财务预警。通过采购成本分析,更好地实现企业价值增值和价值最大化。

8.2.2 以客户为中心的销售财务

企业在销售环节的财务管理,应当充分利用供应链理念并且加强对应收账款的管理。

在供应链理念的引领下,企业应当重新定义和开展销售环节的财务管理,将符合客户需求作为一切管理活动开展的前提和出发点。

将企业放置在产业供应链中,为企业提供原材料的是上游的供应商,而下游则是为企业带来收入的客户,目标客户是个人或者公司,将企业的业务区分为 TO B 或是 TO C。与客户合作的规模以及客户的数量决定了企业整体的收入以及市场占有率。在进行收入分析的过程中,除了分析收入的趋势以及收入的结构,还可以围绕客户增加一系列的财务指标,进行以客户为中心的财务分析。

哪些客户可以长期稳定地合作?哪些客户愿意付出更高的价格?流失的客户是什么原因?弄清楚这些问题,可以更好地分析企业目前存在的问题,给企业进一步的发展带来指引。具体应当做到以下几点:

1. 主动整理终端客户的信息

从财务核算和财务分析的角度来看,客户是收入核算和分析的最小颗粒度,如果再进一步细化到项目,在没有信息化系统的赋能下,很难进行有效的财务分析。

(1)客户数量。我们可以先看客户的数量,客户的数量越多,意味着给企业带来的收入越多。同时客户数量可以分为存量和增量,存量就是前期已经有稳定合作的客户数量,增量是新增的客户数量。存量大且稳定,意味着可以给企业带来稳定并且具有一定规模的收入,是企业收入的基本盘。新增数量大,意味着企业收入增长的金额也大,如果后续能够想办法将这些增量转化为存量,也就是让新增的客户和企业形成稳定的合作,那么企业收入的基本盘会进一步扩大,将提升企业整体的收入水平和竞争力。

(2)客户规模。客户本身的规模大,但是与企业合作的规模小,可能是客户本身没有需求或者是企业提供的产品或是服务相对于竞品公司没有竞争力,所以客户只进行了少量的采购。客户本身规模大,但与企业合作的规模由大变小,这种通常是客户流失的前兆。造成客户流失的原因有很多种,例如客户需要的这项产品或是服务由外采变成了内部解决,还可能是由于竞品公司压低价格把客户抢走等。

客户按照与企业合作金额的大小,可以划分为大、中、小客户,依据这个划分,客户还可以进一步划分为客户本身的规模以及和企业合作的规模。

(3)客户分布。客户的数量和规模综合起来会形成客户的分布。大客户的数量最少但是提供了更多的收入,中等客户和小客户的数量较多但是能够提供的收入有限,这两类客户中不乏有与企业合作量小的大客户以及具有高速成长性的客户,这些后续都有可能向着大客户进行转换。另外一种客户分布是地理上的区域分布,基于地域上的差异来分析客户偏好,从而更好地进行推广,提升客户数量和合作金额,进而增加企业的收入。

(4)客户服务。为客户提供较好的个性化服务,进而建立良好的顾客关系。首先,需要对客户人群进行分类和分析,并且结合重要客户的需求情况进行产品的设计和生产;其次,需要与客户之间建立良好的合作关系,帮助企业赢得客户、赢得市场,增强市场竞争力;最后,为客户提供个性化的服务,让客户参与到方案设计中,对产品设计过程和制作过程提出意见,并且响应客户意见,为其提供全方位的个性化服务。

2. 使供应链成为专门为客户制定的生产线

基于现代企业大规模定制的生产理念，供应链管理理念能够改变企业原先的内部活动环节，实现供应链一体化的销售管理模式。

（1）定制前的需求分析。企业如果能够借助供应链源头需求分析以及数据收集等环节，直接从产品的设计环节入手，根据客户的需求对产品进行设计，并且与客户沟通联系，使之参与到产品的设计和生产过程，进而更加满意企业的产品，帮助企业提高经营收益，实现价值增值。

（2）客户规模相关指标分析。从客户规模的角度，主要关心每个客户给企业带来的收入和利润。根据企业的情况，将客户按照收入规模划分为大客户、中客户、小客户。不同规模的客户给企业带来的利润贡献是不同的。首先可以看客户毛利率，会发现大客户贡献的毛利率可能比中客户还要低，所以大客户的存在主要是为了维持企业收入规模，而企业利润的来源主要在于中小客户。大客户因为自身的规模以及在产业链中的地位，具有相对较高的话语权，并且选择下游供应商时可选范围更大，所以具有较强势的议价权，想要达成合作，需要企业让渡更多的利益，所以毛利率整体较低甚至没有利润。合作谈判时企业所让渡的利益，就是给予客户的折扣或是折让，这类折扣折让比例，是影响毛利率的重要因素，也是需要关注的指标。

（3）客户的账期。客户规模的不同还会影响企业给予客户的账期，对于大客户，因为需要争取合作以及基于客户本身的信用背书，所以企业愿意给出更宽松的账期，同时对于中小客户，因为客户本身的不稳定，企业能够接收的账期较短甚至部分小公司需要支付预付款来保证合作的进行。企业针对不同规模客户可以给予的最长账期需要根据企业的资金情况进行测算，最重要的是需要保证企业的现金流稳定。

3. 全周期控制金融风险

全流程、全要素、全周期管理是财务供应链思想的核心，基于此可以在现金流控制上体现出财务供应链的优势和作用。如在应收账款管理方面，企业应当详细规定销售、贷款等的回收流程，并且对自身所需要的现金流资金进行合理维系，提高企业在销售市场的占有率，形成竞争优势，同时还要重视对赊销款项的回收，避免坏账、漏账。具体可以通过加强票据管理、健全应收账款管理制度、坏账准备金制度以及加强对客户偿债能力评价来开展应收账款管理，尽可能使得企业应收账款被控制在合理范围，确保上下游资金流的及时顺畅。

视频 8.3　财务供应链协调

8.3　财务供应链的协同、路径与流程

财务供应链管理并不仅仅是财务活动及财务管理的资金问题，同时还必须包括采购等生产流程。成功的财务供应链管理流程中，还应包含应收及应付款项、风险、计算机信息技术及合规管理。在整个供应链中，包括上游原料供应商、第三方物流供应商及金融企业合作方共同努力，才能实现可持续的商业利益。

8.3.1 财务供应链协同

财务供应链构建就是强调对运营资金的整体管理，以及各经营主体财务业务环节的高度协同。在企业数字化转型的过程中，财务供应链协同可以有效融合业财，贯通数字化闭环，"打破壁垒"实现上下游协同，无论是对企业财务流程管理、资金优化管理，还是疏通供应链、产业链升级，都会起到事半功倍的效果。

财务供应链协同就是指从采购到付款（P2P）全过程与资金流动有关的各方利益相关者，通过数字化协同完成的交易活动。如构建"财务供应链协同平台"，就能通过平台将核心企业与供应商的采购、结算、财务等系统打通，利用信息化技术，构建线上化、自动化、智能化的结算协同平台，实现采购、协同数字化管理，增强供应链企业的互动沟通，达到降本增效目的。

同时，企业可以利用智能识别、自动化等技术，构建三单匹配的数字化操作流程与中心企业协同管理的运作系统，财务协同应用可以涵盖采购、物流、招投标、查询等场景，实现全生命周期的协同，财务供应链协同实施的主要动因是：

1. 现金票据管理问题

相比供应链管理系统对物流信息的整合来降低原料和服务的库存，财务供应链协同则是对现金信息的管理。比如准确预见现金的流入和支出，从而降低现金预备量的库存，优化现金流管理。现金信息不全面、不透明是财务供应链实施的首要动因，其目的就是要改善现金流不良状况，保证企业财务安全。

对账不再依靠人工电话、邮件沟通，系统打通了企业与其上下游从订单到发票的全链路数据，通过平台共享数据业务记录，实现多方在线对账，及时了解进度，避免开错票，帮助企业降低税务风险和人工成本。系统能对应付发票的集中管理，包括发票的录入、影像管理、合规校验和最后的归集。当发票完成合规校验，将自动与订单、收货单等单据进行自动化的二三单匹配，并能自动生成应付结账单与自动勾选认证，实现应付全流程的高度自动化处理，大幅提升效率。

因此，企业非常有必要实施财务供应链协同，建立外部的数字化协同机制，来弥补传统 ERP 对财务管理缺陷，从而获取更加全面的"现金信息"，提高库存（应收和应付）的透明度，改善运资本的管理。

2. 挖掘成本缩减的潜力

资金流、物流、信息流三流合一是供应链构建的前提，也是实现供应链价值的作用点。目前，企业还在探索和采用供应链分析、价值链分析，或者成本动因分析，寻找成本缩减的机会。虽然这些方式能够避免供应链某个环节的变化从而导致整个价值链成本增加、效率下降，但是反复运用这些成本控制工具，成本缩减的潜力空间则无法更多扩展。

信息流、物流和资金流"三流"是供应链的核心。在传统的企业供应链管理模式，三个"流"之间互动和协同程度不高，企业内部资源与外部资源也衔接补偿。而三流内部不打通，外部协同就难以实现，企业财务供应链的效率自然越来越低，难以实现业务高效。所以，实施财务供应链协同能有效整合资金流、信息流和物资流，从而支撑进一步挖掘成本缩减的潜力。另外,财务供应链可以支持集中管理供应商,并可共享供应商档案、合同等信息,支持各部门间协同维护。同时,可以实现动态监控供应商风险、异常状态及时预警、自动化供应商绩效分析等协同动作。

3. 降低业务流程风险

财务供应链协同不仅能将现金流更加透明和健康,而且能帮助供应商实现自助管理,降低发票处理以及对账调节的成本,改进期末结算,消除重复付款等现象。企业在日常经营过程中,通过打通业务和财务的断点,特别是在发票协同、对账结算、资金管理等关键环节,让运营资金过程可视化,帮助确定需要重点关注的领域,以保持流动性和盈利能力。财务供应链协同既是弥补 ERP(企业资源计划)对企业外部财务流程管理的不足,也是衔接 SRM(供应商关系管理)、CRM(客户关系管理)系统对上下游财务协同的必要环节。

企业建立财务供应链协同管理新模式,由割裂式业务管理向供应链电子化、协同化、自动化转变,赋能业务升级,进而推动企业商业模式的创新。

总之,借助于财务供应链协同解决方案,企业将核心企业与供应链上下游要素进行衔接,实现信息流、物流和资金流的数字化升级。同时,还能与采购系统、报销系统、收货系统、核算系统等企业内部系统打通,打破信息孤岛,构建企业内外部的财务智慧协同,为企业决策提供支撑,提高市场竞争力。所以,企业应该站在整体管理供应链的视角去实施财务规划,由此才能真正获得差异化的竞争优势和降低营运成本,以及全盘控制企业的经营活动。

8.3.2 财务供应链的实施

在全球采购与生产外包背景下,财务供应链有助于缩减企业运作成本,适应变化无常的国内外市场环境。尤其是实施全球采购与生产外包,可为企业节省大量的资金,例如厂房、设备、营运等方面资金投入,由品牌持有者和 OEM 厂商逐步转移到海外的业务伙伴。虽然这种优点是不可否认的,但是供应链的主导企业也需要对全球采购与生产外包进行理性的评估。

1. 优化营运资本管理

企业借助数据技术,以安全透明的方式管理订单、对账、发票、结算、支付等重要流程,从而获取更全面的现金信息,提高现金"来源"和"使用"的透明度,以此降低现金管理的不稳定性,最终降低企业总成本。尤其在全球采购与外包的背景下,财务供应链可以帮助企业缩减产品成本,但同时也会削弱供应链的资金使用效率。例如,在新兴市场国家投资建设新厂房、购买新设备通常需要承担更高的资金成本。此外,库存成本也逐步被转嫁给处于供应链上游的供应商,这使供应链上的资金成本剧增。与此同时,全球运营迫使运营周期延长,营运成本的增加幅度相当于产品价格的 30%。全球采购与外包还会削弱企业对财务供应链的控制能力,从而影响股东权益、削弱竞争优势及带来新的经营风险,这些都将成为实施中需要考量的重要因素。

2. 提升协同效率

基于数字化技术的财务供应链协同能有效弥补传统 ERP 对企业外部流程管理的缺陷,

加强企业与企业之间的财务往来和协同效率,从而摆脱单据交换的沟通成本、发票处理成本、重复付款、信息不确定等痼疾,并且实现全流程的自动化、线上化,加速结算周期。

可以看到,企业现金储备在某些方面与库存非常类似,如果对其来源及其使用缺乏预见性,就会导致库存和现金储备增多,以此应对结算周期的波动性。但如果从相关供应链获取信息并加以管理,就可以减少不确定性,对库存来说就是原料与服务供应链,对现金来说就是财务供应链。

据估计,《财富》前1000家公司的现金储备成本高达900亿美元。虽然电子采购几秒钟之内就可以完成,货物次日即可发送,但资金流动仍然需要几个月的时间。事实上,很多重大的电子采购行为还没有完全实现付款流程的自动化。

3. 构建数字化网络

财务供应链协同不仅能通过"发票协同"建立上下游的弱连接关系,而且向上延伸至"合同协同""订单协同""对账协同"等场景,或向下扩展到"付款协同",都可以进一步稳固供应链内外的协作关系,从而打破企业与企业之间的数据壁垒,推进构建数字化供应链协同网络、供应链采购协同技术、跨ERP集成能力,以及机器学习、人工智能OCR技术。其服务领域涵盖了企业供应链从采购到支付各个节点的数字化协同,以企业间交易的"关键环节""核心单据"为切入点构建强关联的协同网络,以FSCM的方式达到"业票税一体化"以及企业在业务需求、产品供应上的双角色之间的自由转化。图8-2为财务供应链数字化网络。

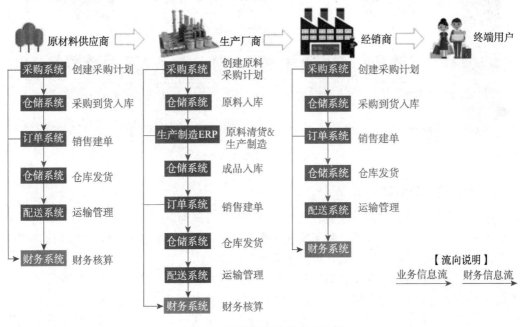

图8-2 财务供应链数字化网络

8.3.3 财务供应链的流程

根据大量企业服务市场的经验以及前沿技术能力,财务供应链有效实施的FSC系统大致上应该遵循三个流程：

1. 实现无纸化办公

从目前企业自动化解决方案来看，遇到的最大障碍是大部分流程仍然是无纸化问题，所以财务供应链的自动化解决方案必须从无纸化入手。如中科迅联建议企业使用 OCR 技术录入纸质发票，积极探索电子发票的自动化流程，以打通线上核对、审批等全流程的自动化。如使用 OCR 技术替代繁重的数据录入工作；电子发票按购物订单进行核对、传递以便批准更容易，并能通过标准的工作流系统一路传递下去，从而留出时间处理各种例外情况。当无法利用 OCR 技术时，则需要加强例外管理的人工手段。图 8-3 为财务供应链的流程，核心就是实现无纸化办公。

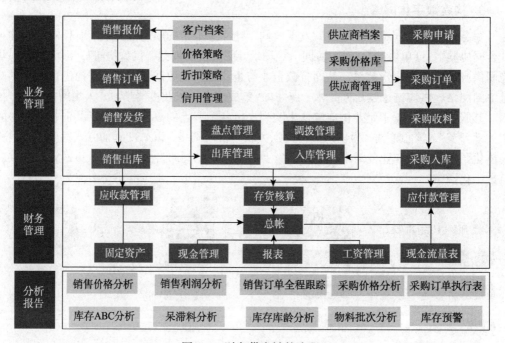

图 8-3　财务供应链的流程

2. 财务结算自动化

电子付款虽然能控制付款流程，但是不能缩短结算周期，这就需要企业关注端到端的应付/应收账款自动化解决方案，除了实现发票自动化、合规性管理外，还要考虑协同对账、动态折扣等功能，以此来综合提高运营效率带来的效益。

如人工付款改为电子付款之后，就可以完全控制付款流程，从而能随时随地付款。电子付款不一定能够缩短付款周期，如果客户想维持 30 天的付款时间，完全可以在最后一天付款。不过因为有了电子付款，企业可以通过谈判，为客户提供各种优惠条件来缩短付款周期。这里需要澄清的一大误解是，有人认为，纸张流程造成固有期限的延误可以带来一定的好处。但其实对于大多数企业来说，运营效率提高所带来的效益，加上能够随意安排的付款日期，大大补偿了浮动收入带来的任何损失。另外，自动数字化技术还使得利用支出控制来优化现金头寸变得更为可行。

3. 自动化流动资金管理

财务流程的自动化势必会密切财务供应链各个部门之间的联系，从而排除付款链的不确定性。如此一来，企业就能利用应付账款和应收账款的准确信息，优化现金管理、改善信贷决策，以及赋能供应链金融获取新的增长点，并有机会寻求外部融资渠道，例如代理融通等。

根据公开资料，某外资企业实施了财务供应链管理系统后，85%的交易不再需要数据录入，发票受理成本降低了50%以上，每笔流动资金业务减少成本近10万元。最重要的是整体运营成本减少了30%，有效改善了交易和付款条件，减少了对支持多个付款系统IT资源的需求。

8.3.4 财务供应链的创新

一家著名的国际供应链管理公司曾对财务供应链做过一个调查。调查显示的主要结果有：供应链对企业的成功至关重要的是供应链运作是否与公司战略保持一致，同时对供应链的重要性和其实际价值是否存在认识上的差距。由于部分企业财务供应链目标控制不完整，主要的目标运营成本控制和客户服务未落地，导致公司进行财务供应链的变革存在很大的难度，由此可以看出进一步提高供应链创新能力对企业业务成功实现目标的意义。

1. 财务供应链创新的基本模式

当前企业普遍采用"供应链分析—价值链分析—作业链分析—成本动因分析"的流程模式，以此来寻找成本缩减的机会，这一模式在成本的缩减过程中可以起到的作用有限，易于导致供应链某个环节的僵化，引起整个价值链成本增加、效率下降。

但是，整合资金流、信息流和物资流的财务管理，能进一步挖掘成本缩减的潜力，包括财务总监、会计、采购总监及物流经理在内，必须树立财务供应链管理创新思想即营运资本及支付流程的整合式系统化管理。同样重要的还有加强对整个供应链的信息管理以及支持这些流程的单据与数据管理，如采购订单、提前发货通知、发票及付款审批。

图8-4为某出口企业的财务供应链一体化平台，其中各环节都会设计具有自身业务特点的处理模式。

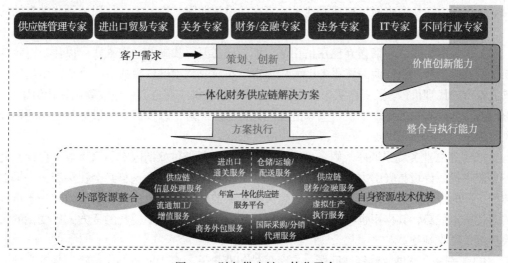

图8-4 财务供应链一体化平台

2. 财务供应链创新的切入点

实行营运资本的有效管理，可从低成本地区直接购入货物加上充分利用日益可得的科技所带来的效益，比如有些外向型企业越来越多的公司摒弃信用证并开始转向赊销账户（Open Account）方式交易，同时，适应国际贸易惯例与流程不断发生着重大变革的现实。

（1）协作降低成本。人们逐渐意识到与供应商通力合作，帮助他们提升效率、降低成本，可以带来更多的利益。在这种情形下，过去对抗性的"购买者推动"的成本管理模式逐渐被取代。买家的商业逻辑非常简单：我们会帮你降低成本，但同时希望你以更低的单价或改善的服务来回报我们。

（2）考虑成本分摊。商业逻辑也被运用于对营运资本的管理。财务管理者应该清楚，虽然延长对供应商的付款期限会在短期内增加营运资本，但从长远来看，供应商会以更高的价格把额外的成本转回给企业。

（3）合作降本避险。在买家公司内部，财务、财政及采购团队需展开合作。这样不仅能降低营运成本，同时也是在提升在整个供应链价值，也是一种以供应商为基础的营运资本管理方式。买家公司希望其供应商可以以更低的成本融资，以保证有充足的货源供应，确保企业自身长期健康有序的运营。如果迫使供应商以高利息借贷只会适得其反，不仅增加了供应商成本，还会危及整个供应链效益。同时，供应商资金流动性的破坏会增加整个供应链中的风险，对供应链内各方皆为不利。

3. 财务供应链创新面对的问题

财务供应链创新计划中一个明显的问题根源：供应商及买家对各自商业的利益诉求。供应商希望尽快拿到货款，缩短应收账款回收天数。而买家考虑的则是尽可能地推迟付款，延长其应付账款天数。银行则使用结构性金融产品，在这两者之间寻求平衡点，并达到多赢的效果。解决供应链创新问题的关键是：

（1）充分发挥信用证的作用。信用证作为传统的融资方式之一，供应商能通过信用证获得运输前及运输后的融资。因为在出示信用证后，可以快速地兑换票据，便可以确保有稳定的变现力，从而也能更加慷慨地延长买家的付款期限。换言之，信用证是非常有效的供应商营运资本来源。

如果买家希望供应商摒弃使用信用证，那么就需要寻找新的融资方式。以往，应收款项融资及赊销账户供应商融资服务已大量出现。在应收款项融资模式下，供应商角色转换成为银行的代理机构，负责向买家收取到期款项，并且供应商也会将应收款项转让给银行。而银行将考虑买家的付款记录、买家潜在的无力偿还风险，以及买家与供应商之间的稀释风险历史记录之后，以现行贴现率来购买应收账款。

（2）建立业务优先顺序及财务供应链管理计划。延长付款期限对买家企业、会计及财务总监来说或许极具吸引力，但有可能会遭到买家的拒绝，因为这势必会让买家失去提前结算折扣的优惠。假使提前结算折扣远远大于买家的融资或资金成本，那么即使处于再好的营运资本优势，其作用也将大打折扣。另外，应引起注意的是，新融资方式下变化的风险环境及税收制度。

（3）关注全球供应链韧性问题。在全球外包背景下，由于财务供应链管理将绝大部分注意力放在低成本采购、合同制造、离岸外包、管理服务及外购方面，供应链的风险管理便日趋复杂。相比起本地区域性供应链来说，跨境及全球供应链则隐含更巨大的风险，如瓶颈、中断及未知费用风险等。

由禁运、欺诈、洗钱、恐怖活动及经济波动引起的所有供应链中断，都增加了全球供应链的风险性。随着买家、供应商及银行在赊销账户环境中可以更便捷地进行融资，财务供应链的风险性也正经历着权变。

（4）有效利用税务供应链。税务供应链管理已成为很多会计及管理顾问公司的主打产品，应纳入广义的财务供应链管理计划范畴。很多在全球范围内进行采购及生产的跨国企业希望通过重整供应链流程及各种责任来更好地管理其纳税责任，从而实现关税、企业及增值税负的统筹组合。

（5）兼顾各方利益。即使理解了财务供应链管理复杂的动态结构及大型经销商或买家客户日渐复杂及苛刻的要求，也只是解决问题的开始。通过协调各方关系，不仅可以改善供应链中的交易管理程序、减少供应链中的成本，而且能够保证供应链融资，并使供应链风险降低。

8.4 在跨业背景下的财务供应链

财务供应链是同实体供应链相平行、相互驱动，形成从客户初始订单、交易协调到最后付款等一系列和现金流量相关的交易活动，也是决定企业经营成败的关键因素之一。在全球采购与生产外包的背景下，财务供应链管理也应运而生。财务供应链旨在强调对运营资金的整体管理和优化。

视频 8.4　财务供应链

8.4.1　跨业财务供应链管理的内容

财务供应链管理主要是以对供应链货币现金的管理为起点，其本质是财务管理与供应链管理的整合。而完善的财务供应链管理系统，不仅能够使企业现金流更加透明和健康，还能帮助供应商实现自助管理，降低发票处理以及对账调节的成本，改进期末结算，消除重复付款等现象。

1. 跨业供应链财务管理的目标协同

供应链各个企业之间，实施跨企业财务管理的主要动因是为了实现供应链上的目标协同，对供应链各个企业之间的财务信息进行整合，不仅可以实现财务管理效率的整体提升，还能为供应链各节点企业提供更多利益。

从目的上来看，跨业财务管理只能作为过程和手段，对供应链各个企业的财务信息进行收集和集中管理是为了提升各协作企业的财务管理效能，以达到降本增效的目的。同时，使用数字技术、不断创新财务信息管理手段，对供应链节点企业财务信息实现信息共享，促进信息及资源互补，可以有针对性地调整企业内部供需计划，从而降低交易成本，提升供应链的价值。

2. 构建数字化供应链财务管理平台

企业数字化供应链平台构建方式可以采取以下几种。第一，将企业财务管理信息统一委托给专业、可信的财务咨询机构，并依托其建立第三方的财务管理平台；第二，第三方财务咨询机构可通过定制服务，降低企业之间的交易成本，提升供应链的运行效率及供应链的整体价值；第三，依据第三方财务咨询机构供应链各个节点企业之间的特点，可定制研发服务，推出有针对性的财务管理服务产品，提升企业财务管理专业性，以减少成本；第四，第三方财务咨询机构还可以提供业财税一体化系统的开发服务，提升供应链企业信息流动效率，助力供应链价值的整体提升；第五，对于监管性问题，可由供应链节点企业共同组成管理监督机构，以企业财务人员共同入驻的形式形成有效监督，并定期向企业汇报相关情况。

对于第二种平台搭建形式，即供应链企业内部自建平台，可通过以下步骤来实施：首先，供应链节点核心企业应承担引领作用，其余企业共同参与，通过构建跨企业财务管理平台管理办公室，承担财务信息的运营和管理工作，按照不同供应链的实际需求，可从各个企业之间选取不同数量的财务管理人员联合办公；其次，对于平台的监督工作，可聘请专业的第三方财务核查企业入驻监督组织，或安排供应链中平台外的企业选派监督人员，形成定期核查、定期汇报制度。

3. 跨业财务管理的业务流程设计

首先，规范原始单据的数据录入流程。原始单据的录入规范化是有效实施跨企业财务管理业务流程的基础，规范化的录入流程可最大化减少原始单据数据的重复录入，提升跨企业财务管理效率。通过跨企业财务管理平台，可对各企业交易进行自动化记账，形成快捷有效的数据对接，减少重复的财务数据，形成数据审核一站式流程。除此之外，跨企业财务管理平台还可以对各个企业应税额度进行自动计算和申报，减少税务劳动成本，规范企业税务申报流程。

其次，规范档案管理流程。通过跨企业财务管理的平台对企业交易记录自动生成凭证，形成会计档案，对档案的管理采取规范化的流程，可用以下方法来实施：对于纸质化的财务档案数据统一进行扫描，并将扫描数据上传至档案数据库；或者依据交易发生时间对产生的票据进行自动分类和归档，将相关数据自动上传至记账凭证池；也可以利用大数据、云端技术对记账凭证进行分析，对于合格的财务信息自动生成电子签章并集中管理，而对于不合规的财务数据，则将其统计整理后提交给相关企业，完善后再行上传。

8.4.2 跨业财务供应链运行机制

企业在基于供应链数字化下制定财务管理模式数字化转型战略时，需要具备前瞻性、创新性、实用性的意识，分析企业所在区域外部环境及市场发展规律，明确数字化转型方向，设计出数字化转型乃至财务供应链运行机制创新。图 8-5 为跨业财务供应链运行图，要求管理部门遵循顶层设计原则，对企业阶段性生产经营建设需求及建设情况进行全面分析，确保制定出的财务管理数字化供应链战略更好地应对跨业业务拓展的需要，能够更加符合目前行业供应链推进的实际情况。制定符合供应链现代化的财务管理运营机制，着重关注数字化管理结构、数字化管理组织的流程调整。

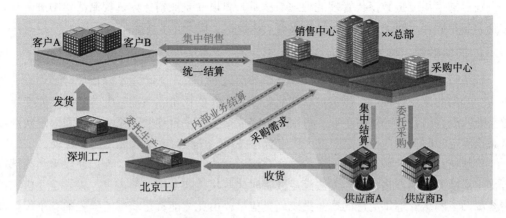

图 8-5　跨业财务供应链运行图

1. 构建财务信息追溯机制

首先，应构建企业财务信息来源点的追溯机制。只有了解交易数据信息的源头，才可以有效地对企业具体的交易情况进行分析和确认。追溯手段主要有内部原始单据的追溯以及外部原始单据的追溯两种形式。从内部来看，可对企业产品出入库数据、企业利润分配等财务信息进行追溯；从外部来看，主要是从企业之间的交易凭证入手予以追溯。其次，应构建企业财务信息最终点的追溯机制，该机制主要是依据相关财务信息的最终获取者，结合供应链节点企业财务信息数据，通过分析预测为企业提供决策参考。

2. 完善跨业财务管理利益分配机制

首先，对于剩余收益的界定，可采用传统的界定方式，即预算成本减去采用跨企业财务管理的实际成本即可认定为剩余收益；其次，对于剩余收益的分配，按剩余收益的固定收益。如 8%的剩余收益用于跨企业财务管理平台的运营及维护，将剩余收益的 80%作为最终剩余收益分配给各企业，剩余的 12%剩余收益则作为风险应对预留金，用于企业调进调出的成本费用或者供应链波动的费用抵留。

3. 规范供应链节点企业的进出机制

跨企业财务管理模式实施应遵循平等、自愿、等价、有偿原则。对于供应链节点企业的加入，主要为两类，以是否为初创节点企业为划分依据，前者通过签署合作协议的方式加入，后者则需要提前向管理机构提出申请，半数以上的企业同意后再签署合作协议加入。对于供应链节点企业的退出机制，可分为主动退出和被动退出两种形式。如果供应链节点企业因业务范围变化而退出供应链，或因其他影响财务管理正常实施的事项可申请主动退出。主动退出应提交正式的申请，待管理机构关闭终端、结清剩余收益后予以退出。如果供应链节点企业是违反合作协议而遭到清退，需严格按照合作协议内容，经管理机构审议后办理跨企业财务管理清退工作。

8.4.3　跨业财务供应链实施的基础

通过推广供应链数字化管理的理念与技术，可以在企业财务内部控制活动中进一步优化企业业务流程，控制企业组织经营成本，从根本上提升企业综合财务管控水平。

1. 区块链端口技术的应用

区块链技术下的交易端口设计，具有财务信息的汇总与上传功能。供应链节点企业均有一个专属的区块链端口，该端口具有信息发布、智能比价、供需匹配等功能，便于上下游企业匹配自己合适的供需企业。每次双方完成交易，平台均会记录，待累积固定次数或者超出固定时间，平台可判定双方为稳定合作关系，并将双方纳入优先推荐列表。

区块链技术将区域或行业的资源整合在链条之内，形成聚合力。而以往仅聚焦内部或者提出局部的解决方案，已经无法满足数字时代区块链技术推进的需求。主导企业应该站在全局乃至网络管理供应链的视角去规划供应链，由此才能真正获得差异化的竞争优势和降低营运成本，以及全盘控制企业的经营活动。跨企业财务管理系统可通过区块链技术对财务数据进行系统分析与长效预测，并将相关结果通过区块链端口反馈给各个企业，便于企业及时调整生产动态，形成中长期的决策参考。

2. 利用大数据建立信息发布平台

平台具有数据信息传送优势，供应商可以将相关产品或服务通过平台进行发布，利用大数据技术进行智能匹配，将产品优先推荐给有潜在需求的企业，企业有意向就可收集更加详细的产品信息和报价信息，所有记录均会被平台记录并永久保存。

数据平台通过打通业务和财务的断点，特别是在发票协同、对账结算、资金管理等关键环节，让企业运营资金过程可视化。帮助企业财务管理确定需要重点关注的领域，以保持流动性和盈利能力。

财务管理信息化平台具有高效、便捷、规范的特征，基于此，跨企业财务管理模式应构建完善的财务管理信息化系统。首先，跨企业财务管理要进一步加大对信息化系统的投入与完善，积极与其他同类型企业进行对标，及时发现财务管理中的漏洞，通过不断优化与完善，保障跨企业财务管理模式满足供应链各节点企业的切实需求；其次，要进一步优化供应链节点企业内部的财务信息化流程。通过制定完善内部组织架构、规范财务信息流程，确保财务信息有效、安全运行。

3. 智能技术的应用与模式拓展

基于数字化构建的财务供应链，应充分融合智能技术，在各节点位置处生成汇集大量虚拟企业群，并围绕虚拟产业群产生虚拟集群，增强供应链整体响应能力。图 8-6 为腾讯区块链模式的数字化供应链，涉及供应链上下游的多方利益群体，形成虚拟化企业群。

供应链既是企业财务的控制特定对象，又是企业实施现代化管理的手段，涉及企业生产经营乃至行业经营的全过程，有利于协调各经济组织、各生产环节的利益冲突，切实优化企业行业结构，形成一个动态、虚拟的网络体系，为构建起更加专项可行的企业财务供应链管理机制奠定坚实的基础。

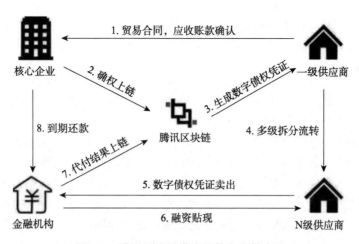

图 8-6 腾讯区块链模式的数字化供应链

同时，通过供应链节点企业内部选拔、外部招聘、与高校合作等形式培养现代数据化人才，以适应跨企业财务管理模式运行团队需求。

跨业财务供应链管理应该比传统财务管理更加动态、更加精准。借助功能完善的计算机软件及硬件技术，可视化展现出供应链各参与方的需求及交易全过程信息，从而密切企业及消费者之间的关联度，也为跨业财务供应链管理模式的有效安全实施提供保障。

跨企业财务管理模式主要是针对供应链企业之间的业务进行开展，只有推进技术背景下的业财融合，才能更好地让跨企业财务管理模式得以有效实施。在具体实践中，可利用大数据技术促进企业的业财融合。例如，将企业业务系统中的采销与研发模块对接到财务系统中，那么业务变动均可以在财务系统中有清晰的体现，同时利用区块链端口将业财信息上传到跨企业财务管理系统。

8.5 基于财务优化的供应链金融

伴随数字技术的成熟与推广，供应链金融涉足的领域越来越广，其业务范围也越来越大。数字技术为供应链金融带来了新的活力，数字化的去中心化思维以及直接面向客户的方式，加上互联网获取数字信息的低成本性，使得供应链金融正在迭代推进。

数字技术也使行业的核心企业竞争日益激烈，供应链的高效稳定成为核心企业目前追求的最大目标。数字技术与供应链金融的结合由此而生，二者的结合对于企业的可持续发展产生了有利影响。同时，运用数字技术平台，可以实现信息的整合，将数字系统收集到的信息数据进行分配共享，大大提高了供应链金融的运行效率，也保障了资金的安全。

视频 8.5 财务优化的供应链金融

8.5.1 供应链金融的产生背景

供应链金融的产生与发展，与外部的政策支持以及内部的创新有因果关系，目前我国供应链金融进入了最好的发展机遇期，企业会结合自身的特征和优势，紧紧把握这样的机遇，促进财务金融业务数字化，实现"十四五"期间的高质量发展。

1. 宏观环境背景

从某种意义上讲，供应链金融是适应国际贸易新形势的产物，是在新的国际贸易背景下对新型组织间关系的有益探索。

（1）国际贸易的全球化趋势催生新的贸易融资模式。在经济全球化以及区域化并行的背景下，生产分工也呈现出全球化区域化的趋势。产品的研发、设计、加工、装配、销售越来越突破国家和地区的限制，实现了全球化或区域性大生产。产品的价值链可以由不同国家或地区的不同企业分工完成，每家企业都成了全球化或区域性生产链条上的一环。生产领域的国际分工必然导致贸易领域的全球化或区域性。随着科学技术的不断进步以及疫情之后各国对外开放程度的不断提高，流通领域中跨国交易的广度、深度和规模都在不断加强。贸易领域的全球化或区域性推动了世界市场的进一步完善，国际贸易开始从地区性的互惠互利向多边贸易体制转变，统一的全球化或区域性的大市场正在逐步形成，国际贸易的全球化趋势在客观上也带来了金融的全球化或区域性。

金融的全球化促使资金资源在世界范围内重新配置，使资本流向效益更高的国家和地区。与此同时，通过资本市场、金融机构、货币体系、金融政策与法律等金融要素的进一步同质化，全球金融市场日趋一体化或区域性。就目前的趋势来看，生产链和供应链在全球化或区域性的背景下联系日趋紧密，生产链的全球化或区域性必然要求供应链金融服务的全球化或区域性。以此为基础，国际贸易的全球化或区域性趋势必然要求金融市场以供应链为中心提供更为灵活、成本更低、效率更高、风险可控的金融产品和融资模式。供应链金融正是在这种背景下应运而生的。

（2）中小企业贸易融资需求急待供应链金融的支撑。随着中国加入WTO，越来越多的中小企业开始进入全球产业分工链条之中。但是，由于缺乏资金，很多中小企业在成长道路上举步维艰，不堪重负。这在很大程度上限制了中小企业进入国际市场、提升竞争实力的机会。中小企业贷款难的问题一直是个亟待解决的棘手问题。从融资渠道来看，大多数中小企业主要采用的是内源性融资模式。然而，由于大多数中小企业属劳动密集型企业，利润率水平不高，企业自身的资本积累能力不足，内源性融资在很大程度上无法满足扩大再生产、提高企业竞争力的客观要求。而从外源性融资方式来看，由于国内股票市场的准入门槛很高，很多中小企业受注册资本和公司股本总额的限制，根本无法进入主板市场。可以说，我国绝大多数的中小企业还无法进入公开的证券市场进行融资，这在很大程度上限制了中小企业的发展。

迄今为止，银行信贷是中小企业最主要的融资渠道。但是，中小企业很难从商业银行那里获得贷款，而商业银行又苦于中小企业条件不足而惜贷、惧贷，这就造成了银企间关系上的信用隔阂。要突破这种隔阂，就必须寻求新的融资模式。目前来看，供应链融资模式是解决这一问题最好的可尝试的方式之一。

（3）商业银行的发展以及金融业态的多样化需要新的业务生长点和利润来源。商业银行作为金融体系中的重要一环，目前也面临着商业模式创新的必要，客观上推动了供应链金融的产生。目前，我国商业银行的利润来源主要是存贷利差。在我国的商业银行体系中，存贷差收入占了银行主营业务收入的绝大部分，平均在80%左右。而国外发达国家的商业银行一半以上的利润来源是中间业务收入。所谓中间业务，就是银行为客户办理各种委托代理业务。银行作为信用关系的中间人，既不是债务人，也不是债权人，它只提供金融服务，受托处理各类业务并从中抽取一定的服务费用和佣金。从中不难发现，国内商业银行的利润来源十分单一。更重要的是，随着资本市场的不断开放，存贷利差的规模正在不断缩小，商业银行的盈利水平正在进一步缩水。

从宏观金融环境来看，随着国内投融资体制的深入改革和金融深化，越来越多的非银行融资形式应运而生，一些实力雄厚的大型公司客户能够自行发行股票和债券进行直接融资。这在很大程度上造成了通常所说的"金融脱媒"现象，也就是金融活动越来越不依赖于银行，银行在融资市场中的份额越来越小。如果商业银行还以传统的存贷利差作为单一的收入来源，那么不仅盈利水平会持续下滑，而且传统盈利模式造成的路径依赖会进一步限制经营模式的结构性转变。

2. 微观环境

供应链是一个复杂的经营和管理过程，其中涉及许多企业间的协调和交互活动，这些协调交互活动的状况直接影响到供应链的服务水平、服务质量和实际成效。在一般的供应链运营中，加工企业需要从原料企业购买原材料，将其加工成零件，然后出售给部件供应商，部件供应商生产部件后销售给产成品企业，产成品企业再将其生产的产成品出售给分销商和零售商，后者最终将商品出售给消费者。

资金流动能满足企业任何时刻的支付需求，企业支出和收入的资金发生在不同的时刻，这就产生了资金缺口。在企业下达订单与接收货物之间存在着资金缺口，一旦下游企业出现资金困难就很难采购到所需要的原料或产品；在接受存货和形成产品销售之间存在着资金上的压力，因为库存管理活动需要资金支持并产生库存持有成本；在销售产品和下游客户支付现金之间也存在一定程度的资金缺口，形成所谓的应收账款；在支付现金和实际接受现金之间产生了现金转换周期，从而对上游企业产生资金上的压力，因为如果不能及时获得资金，就可能对企业的现金流产生不利影响，使正常的生产经营活动出现困难。

企业资金运营状况从销售和贸易的视角看，是为了缓解上述经营各阶段出现的资金缺口问题，供应链渠道中的参与企业往往会采用良好的支付条件或者各类物流管理手段。但是这些手段的有效运用为企业带来了巨大挑战，并且其成效往往取决于买卖双方的规模和力量的均衡。比如，当大型企业将自己的原材料或产品销售给小型企业时，往往会因为弹性支付产生信用、账单、收集和坏账等相应的代价。特别是在全球跨境贸易中，还会涉及报关、风险管理和其他各类复杂活动所产生的成本。同样地，当中小型企业将货物或产品销售给大型客户时，虽然运作成本较低，但是由于客户会拖延现金支付，导致中小企业产生较为严重的现金流问题。

如果买卖双方在一个共同确定的框架下，由供应商承担在下游企业仓库中的库存管理和代价，直到所供应的产品被下游客户使用时才进行所有权转移。这种合作性物流管理就能为交易双方带来收益。一方面，减少了下游客户的资金积压，保障了及时供货；另一方面，有利于供应商合理规划生产，避免呆库、死库，还能及时了解客户信息。然而对上游供应商而言，库存不仅占了资金，而且凭此获得融资较为困难，其原因在于商业银行难以对无法监控的库存进行贷款融资。正是因为上述状况，使得在传统的供应链运作过程中，产生了一系列的资金问题。因此，如果不能有效地解决资金流与商流、物流和信息流的整合问题，供应链就会难以为继，这是供应链金融产生的微观基础。

所以，供应链金融应运而生，逐渐深入企业要创新发展的领域，帮助企业提升了竞争力，中小企业出现了新的可获得资金的方式。

3. 供应链金融产生的条件

基于互联网平台上的海量数据信息，企业可以利用这些技术信息实现新的供应链金融价值，之前无法解决的中小企业融资难问题，也可以借助数字技术得以缓解。

核心企业作为供应链金融服务的关键点，在供应链上有着较高的地位，如果大量的核心企业愿意参与供应链金融服务，那么对上下游中小企业来说也是难得的好机会，这不仅可以使中小企业获得资金支持，供应链上的核心企业自身也可以得到新的利润。供应链金融不仅可对产业链进行重新塑造，还可以将产业链上核心企业的信用通过供应链金融服务传递给上下游企业，增强供应链系统的流动性。

总的来说，供应链上的主导企业在行业内领先、有很强的竞争力并且规模较大，在供应链上有着很高的行业地位和聚合力，但是，供应链对于上下游企业的要求也更加严格，例如在交货时间、价格等方面要求更高。

目前，上下游企业一般是中小企业，本身就存在一定的劣势，例如融资困难、融资渠道过少，所以会造成资金压力较大，供应链就有了不稳定性，可能会造成失衡；从供应链内部来讲，供应链资金流动困难的原因是上下游的中小企业融资能力差，资金的流动很容易成为问题，而供应链上的主导企业对资金可能存在的风险有一定的抗拒心理。

目前，我国供应链金融的应用范围在逐渐拓展，供应链金融模式也应该进入创新期，数字技术的渗透给供应链金融带来了新的发展机遇。

8.5.2 供应链金融概念

美国哥伦比亚大学的霍夫曼教授于 2005 年提出了一个具有代表性的定义，认为供应链金融是供应链中包括外部服务提供者在内的两个以上的组织，通过计划、执行和控制金融资源在组织之间的流动，以共同创造价值的一种途径。

1. 供应链金融内涵

供应链金融从字面上理解是供应链与金融两个领域结合出的创新，是一种融资活动，链上的主导企业是资金往来的关键，起着很大的作用，传统的融资活动是以固定资产为抵押物的模式，而供应链金融中企业向金融机构抵押的是应付账款、预付账款和存货等流动资产，而不是固定资产。

供应链金融（Supply Chain Finance，SCF）是商业银行信贷业务的一个专业领域（银行层面），也是企业尤其是中小企业的一种融资渠道（企业层面）。指银行向客户（核心企业）提供融资和其他结算、理财服务，同时向这些客户的供应商提供贷款及时收达的便利，或者向其分销商提供预付款代付及存货融资服务。简单地说，就是银行将核心企业和上下游企业联系在一起提供灵活运用的金融产品和服务的一种融资模式。

以上定义与传统的保理业务及货押业务，特别是动产及货权抵/质押授信业务非常接近。但又有明显区别，即保理和货押只是简单的贸易融资产品，而供应链金融是核心企业与银行间达成的协议，是一种面向供应链所有成员企业的系统性融资规划。

2. 供应链金融风控功能

供应链是否有风险也取决于链上主导企业的风险程度。在供应链金融中，金融机构的作用就是将链上的主导企业、上下游企业和其他企业连接成一个整体，将链上的资金合理分派到链上的各个企业，并提出具有针对性的融资方案使资金得以有效运用，提高供应链运行的整体效率。

如果供应链上的主导企业愿意将自己的部分资金投入到上下游的中小企业中去，同时为了避免资金存在风险而让金融机构有效监管主导企业与其上下游企业的资金往来，那么金融机构所发挥的作用就是可以很好地利用资金，将供应链上的资金合理安排，扩展金融业务，这就产生了供应链金融。

在供应链金融模式下，对于核心企业来说，供应链上的相关企业依然能为其分担资金风险；对于核心企业的上下游企业而言，则可以在核心企业的信用支持下，以较低的成本顺利地获取贷款额度；而对于P2P等资金供应方，通过与核心头部企业的合作，可以掌握供应链条上的完整资金流、物流和信息流等核心数据，从而把单个企业不可控的风险转化为供应链整体可控的风险，进而更有效地控制自身的金融风险。

3. 供应链金融作用

供应链金融的出现，把实体经济和金融问题有机结合起来，尤其是中小企业对资金的需求得到了满足，降低了金融机构存在的风险，节约了推广业务的成本，提升了机构的运营效率，业务的范围也得到了一定的扩张，这使得金融机构在服务中小企业的同时也发展了自身业务，也在更大程度上激发了国内市场经济发展活力。

2016年2月，中国人民银行等八部委印发《关于金融支持工业稳增长调结构增效益的若干意见》（简称《若干意见》）。在《若干意见》中，提到了两点与供应链金融有关的内容。

第一，大力发展应收账款融资。推动更多供应链加入应收账款质押融资服务平台，支持商业银行进一步扩大应收账款质押融资规模。

第二，探索推进产融对接融合。探索开展企业集团财务公司延伸产业链金融服务试点。支持大企业设立产业创投基金，为产业链上下游创业者提供资金支持。

未来，在国家支持政策的放开和"互联网+"浪潮的推动下，包括商业银行、核心企业、物流企业、供应链协作企业、电商平台和P2P平台等在内的各方参与主体，将利用自身的优势，在供应链金融领域展开充分的合作和竞争。目前，我国的供应链金融领域已经产生多样化的业务模式和创新服务类型，从而成为我国产业结构优化调整和国民经济发展转型的重要抓手，我国的供应链金融有望迎来发展的黄金时期。图8-7为供应链金融业务流程。

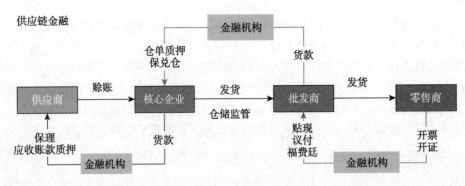

图 8-7 供应链金融业务流程

8.5.3 供应链金融的核心价值

企业开展供应链金融业务，不仅能实现融资、风控等目的，还能改善链上企业的财务状况，主要体现在以下几个方面。

1. 加速资金流转

供应链金融的价值之一是提高资产的流动性，从而提高资产的流转效率，实现"转就是赚"的收益。

为此，我们可以从企业供应链的角度出发，考察企业的现金循环周期，它衡量的是企业投入的资金在多少天内转一个圈，如此循环若干次形成企业的年营收。如 G 企业 2010 年至 2020 年的真实财务数据，10 年来该企业现金循环周期的情况如图 8-8 所示。

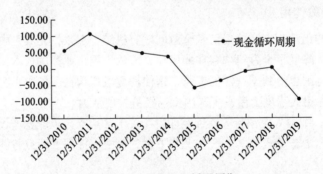

图 8-8 G 企业现金循环周期

在过去 10 年的时间里，G 企业的现金循环周期一直处于下降的趋势中，尤其 2015 年直接下降到-60 天，大幅低于前一年的 37 天。这说明 2015 年 G 企业对上下游企业的资金占用达 60 天，仅仅"货币现金"一项过去 10 年 G 企业平均货币现金是 675 亿，按照活期利率年化 0.3%计算，60 天的收益可达 3 328.76 万元。通过降低现金循环周期，无疑可以提高该核心企业的价值。而其后，G 企业参与了银监会当年在全国开展的企业集团财务公司延伸产业链金融服务的试点工作，它在试点之后的一年左右时间里为其上下游企业客户节约了财务费用 2 400 多万元，同时也加快了资金周转速度。

2. 节约运营成本

为核心企业节约了运营成本，同时，通过供应链金融项目为上下游客户节约了大量的财务费用。供应链上的核心企业一般来说对其上下游企业具有相当程度的影响力，且一般具有良好的主体信用评级，能够获得低成本的高授信额度，或者企业本身能够产生丰富的现金流并形成资金沉淀。从金融系统获得较高的信用额度来看，积累的授信经常有较大份额的余额未得到有效的使用。借助供应链金融，核心企业可以将这部分闲置的授信流转给上下游的中小微企业，为其提供企业融资服务，提高闲置授信的利用效率。

例如，某核心企业的资金成本为5%，参与其产业链上下游的中小微企业的融资成本为12%左右，通过供应链金融模式，核心企业将在金融机构的信用余额流转给上下游中小微企业，金融机构据此向中小微企业提供融资，综合成本为8%。核心企业基于对供应链上下游的交易信息和数据的把握，向银行提供风控信息，银行基于上述信息和核心企业的信用，向供应链上目标中小微企业提供融资。3%的利息差额由核心企业和银行分润，如图8-9所示。

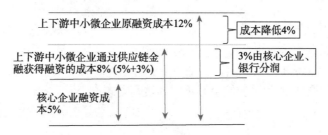

图8-9 核心企业+银行供应链金融模式

3. 降低中小微企业融资信用风险

供应链金融中的核心企业、金融机构、中小微企业通过供应链金融模式，实现了三方受益，提高了核心企业闲置授信的使用效率。

另外，对于资金积累充裕的核心企业，能够实现独立开展供应链金融业务而不需要引入银行等金融机构。如向中小微企业提供融资服务费收益是融资额的8%，同时这笔融资的存款利息所得或者其他投资回报，即机会成本低于8%，这样的供应链金融项目对核心企业就是经济上可行、可持续。图8-10为核心企业主导的供应链金融。

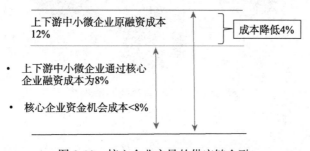

图8-10 核心企业主导的供应链金融

上述供应链金融模式中，三方参与者——核心企业、上下游中小微企业、银行都获得相应的收益，同时提高了核心企业沉淀下来的资金使用效率。

但是，如果中小企业违约，主导企业与其合作的贸易关系就会受到影响，也会对中小企业造成不良的影响，所以，从自身利益角度出发，中小企业不会轻易违约。而金融机构对主导企业与上下游中小企业的服务也可以降低主导企业的融资成本，即用较小的成本就可以得到长期稳定的资源。

对中小企业而言，金融机构会进行供应链金融服务，这样可以降低信用风险，将中小企业本身存在的信用风险问题转变为整个供应链的风险。一般来说，银行大量服务于大客户的特性会造成较大的贷款风险，供应链金融为银行等金融机构带来了很多中小企业，改善了对大客户的过度依赖。

所以，供应链金融的出现不仅放宽了对中小企业融资的限制，使中小企业的市场得到扩张，而且也能够使金融机构实现差异化的竞争，得以推广更多的金融服务，降低了贷款风险。

8.5.4 供应链金融具体运作方式

数字化背景下，供应链上的主导企业经常会与下游的中小企业进行金融交易，也很了解中小企业的信用状况等，由此也开发出众多的供应链金融模式。金融机构以不同的金融模式、实际发生的业务作为连接点，将主导企业与上下游的中小企业连接起来，将它们的利益捆绑在一起。图 8-11 为供应链金融不同的运作方式。

图 8-11　供应链金融的运作方式

1. 预付类融资

预付类融资发生在采购阶段，供应商在承诺回购的前提下，融资企业向银行申请以卖方在银行指定仓库的既定仓单质押的贷款额度，并由银行控制其提货权为条件。

上游企业愿意承诺回购，主导企业会在中小企业融资时为其提供一定的保证，并且会将银行要求的仓单拿去作为凭证，对市场也是一种保护，降低了金融机构的信贷风险，保障了资金的安全。

预付类融资主要有两种业务模式：一种是金融机构采用代采模式给下游企业融资，下游企业向主导企业预付部分采购款，主导企业发送货物给银行要求的仓库，仓储监管方再按照银行的指示放货给需要资金的下游企业，这就是先款后货融资。图8-12就是预付类融资的业务模式。

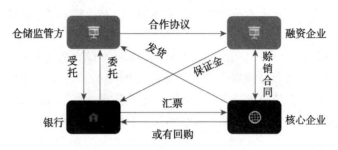

图8-12　预付类融资业务模式

另一种是主导企业本身承担了保管货物的职责，不再特意指定仓储保管企业，直接按照金融机构的指示放货给融资的下游企业，这就是保税仓融资。

这种模式可以使下游的中小企业的资金得以灵活周转，用一次销售货物取得的收入去支付下一次要预付的采购款，主导企业也可以使自己的资金链不中断的同时，扩大销售的数量，金融机构也能很好地控制资金的信用风险，三方合作使供应链得以顺畅流通。

2. 存货类融资

存货类融资是指融资企业将自己的存货向金融机构质押，主要应用于商品的制造周期和销售周期，发生在生产的运营阶段，同时需要借助第三方物流公司监管质押商品，有仓单质押融资和存货质押融资这两种方式。如图8-13为存款融资业务模式。

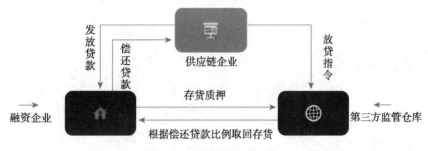

图8-13　存款融资业务模式

（1）仓单质押融资。是指将仓单质押给银行，仓单质押融资适用对象是拥有未消化的库存或是既需要囤货又需要资金周转的企业，融资企业将自己拥有的存货交给第三方物流企业作为凭证监管。

然后物流企业会开具仓单给融资企业，融资企业就可以拿着仓单向银行申请借款，待银行审核融资企业的信用状况以及存货的价值后会提供一定的资金。

实际生活中，我国很少使用仓单是因为我国的仓单机制还不是很成熟，所以仓单的使用和流通范围受到一定的限制。

（2）存货质押融资。指融资企业可以在从上游进货到销售出货的过程中质押给银行已经存在且拥有货权的货物，交给第三方物流进行管理以取得银行信任的融资方式。

存货质押融资一般分为静态质押融资和动态质押融资两种。静态质押融资的货物在交给第三方物流企业后，不得提取或易货，只有等到质押结束付清了全部账款后再提取与款项相符的货物。

静态质押融资的商品往往有明确的库存时间，如换季的商品或某些特定节日才需要的商品。动态质押则是指银行会设置一个质押的商品价值最低值，超出部分可以进行置换来弥补价值，也可以在最低值以上出库部分商品。动态质押的灵活性很强，可以在很小的范围内影响企业的正常经营活动，但是同时也增加了监督成本和风险。

3. 应收账款融资

应收账款融资业务主要发生在产品的销售回款周期，在这一阶段上游中小企业为了销售更多的原材料或者商品，会采用赊销的这种方式。

但是收不回货款又会导致资金短缺以至于后续的原材料采购与生产直接停滞，资金也会断裂，使得上游中小企业承受着巨大的资金流动性差的压力，所以应收账款融资模式的出现就是由赊销行为产生的。

在应收账款模式下，首先，要确保债权人经营状况良好，有一定的资产基础，而且可以明确提供给金融机构本企业真实的财务状况以及应收账款债务人的基本信息、账户等。

其次，也会依据应收账款债权人提供的信息对应收账款债务人进行严格的审查，确保其具有良好的信用，财务状况也处于健康阶段。

最后，银行一般会要求融资方设置一个只接收应收账款的特定账户，确保金融机构明确知道融资方会将这些应收账款用于偿还贷款，以减轻金融机构的贷款风险。图8-14就是企业应收账款的融资模式。

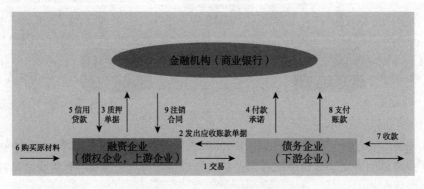

图8-14 应收账款融资模式

应收账款融资模式主要有三种，应收账款质押融资是融资方作为应收账款的债权方将应收账款质押给银行等金融机构；应收账款保理是融资方作为应收账款的债权方将应收账款的债权卖给银行，让银行收回买方未付的账款，收账的风险也将由银行承担；应收账款证券化是指将稳定的应收账款转换为流通证券的一种融资方式。

4. 线上供应链金融

线上供应链金融是公司金融的新领域，是金融业与基于供应链管理的实体产业之间通过信息化、数字化协同合作协同发展的供应链金融新趋势，包括在线融资交易、在线支付交易、在线电子商务交易和在线物流与供应链管理等多个业务环节，是集成交易性金融创新产品，可实现通过提高风险控制能力基础上的低成本、高效率、高效益和集约化经营目标。

通过线上供应链金融的对接嵌入，供应链协同电子商务得以完整实现"商流—资金流—物流—信息流"的所有功能的在线提供和在线使用。它是针对一笔一笔的交易为单位来进行的融资服务，是围绕供应链上下游企业之间的交易进行的，具有封闭性、自偿性和连续性特征。图8-15为线上供应链金融业务流程。

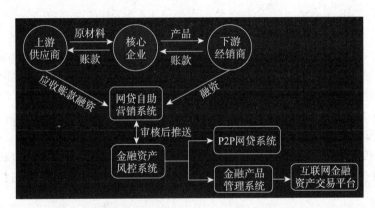

图8-15 线上供应链金融业务流程

平安银行是全国最早开展线上供应链金融业务的商业银行。根据深发展的理念，通过银行服务平台与供应链协同电子商务平台、物流仓储管理平台无缝衔接，提供在线融资、结算、理财等综合金融服务，实现供应链服务和管理的整体电子化。也就是说线上供应链金融是把物化的资金流转化为在线的数据，无缝地接入电子商务平台，将供应链企业之间交易所引发的商流、资金流、物流和信息流展现在多方共用的网络平台之上，接入平台的参与主体可以实时授权共享这些信息，从而实现了对供应链管理的电子化和信息化，商业银行可以据此提供更有针对性的金融融资服务。

线上供应链金融的特点：

（1）融资线上化。线上供应链金融使得融资、赎货和还款等行为全部通过网银线上实现。通过商业银行提供的在线服务平台可以实现自主在线融资申请、在线还款、在线结算、在线转保证金、在线质押申请等。图8-15为线上供应链金融业务流程。

（2）信息服务实时共享。线上供应链金融实现融资在整个过程中的信息授权共享、实时操控等。融资、还款等活动都可以在线实现，交易过程中的信息全程共享。

（3）业务规范线上化。线上供应链融资最大的优点是能减少实际融资活动中的人为因素以及运营活动的不规范。目前，对于企业客户身份的认证和识别是采用数字签名技术，该技术也大大促进了业务规范线上化。

怡亚通的供应链金融

2018年深圳国资委下属企业深圳市投资控股有限公司，战略入股深圳市怡亚通供应链股份有限公司，以18.3%的股比成为后者的控股股东，届时怡亚通营收刚刚迈上700亿大关。

作为一家第三方供应链管理服务公司，怡亚通基础业务是为国内外的厂商提供代采服务，从而获得服务费收益。2010年怡亚通启动"380分销平台"，为家电、日化、酒饮等近十大类品牌搭建高覆盖的分销渠道，解决各大品牌供应链管理的问题，同时实现自身营收的增长。

怡亚通于2010年启动"380分销平台"，当年即实现营收60.54亿，比前一年大涨129%，此后保持年化31.98%的高速增长到2019年营收720.25亿元。

通过"380分销平台"怡亚通沉淀了大规模的资金流量，考虑到企业与品牌供应商、下游客户之间的结算账期，在企业账户这个大池子里形成了一个超百亿的资金池。如果维持60天的应付账期，那么留存在资金池里的资金，简单估计可以获得500万的资金利息收益。同时，规模庞大的流动资金为向银行申请融资支持提供了增信手段。这也是怡亚通的负债率已经超过80%，依然可以从银行借款的原因。

通过"380分销平台"实现营收规模增长，获得银行信贷支持，同时怡亚通通过公司债券进行融资的成本也逐年降低，尤其是获得深投控入股当年，债券融资成本大幅下降有1.2个百分点。

怡亚通借助供应链服务增大营收规模，用真实的贸易现金流支持其获得更多的融资，维持其高负债情况下的持续经营；从深投控的角度来说，怡亚通的供应链模式也是其战略投资的价值所在，同时以巨量的贸易、资金流量为基础，实现更多的创新发展。

（资料来源：https://baijiahao.baidu.com/s?id=1683480013873681285&wfr=spider&for=pc）

问题：

1. 怡亚通的"380分销平台"服务对象以及服务内容是什么？
2. "380分销平台"怡亚通沉淀了大规模的资金流量会产生什么样的杠杆效应？
3. 怡亚通借助供应链服务增大营收规模的主要途径和方式？如何理解怡亚通的供应链模式的战略意义？

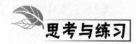

1. 财务供应链思想的核心是什么？产生的背景条件如何？

2. 财务供应链实现其价值的主要路径是什么？
3. 财务供应链与数字供应链的关系如何？如何理解财务供应链的价值实现方式？
4. 什么是供应链金融？产生的背景条件是什么？供应链金融基础模式主要包括哪些？
5. 线上供应链金融产生的背景、含义和特点是什么？请画出流程图加以详细说明。
6. 供应链金融具体运作方式包括哪些？请具体说明并画图加以梳理。

扩展阅读　　即测即练

自学自测　　扫描此码

第9章 数字技术赋能财务管理

1. 了解数字技术与数字化财务管理的关系，以及技术赋能的模式与途径；
2. 掌握以数字技术为基础的数字财务体系构建基础及模式，理解数字技术对财务管理价值提升的作用，熟知基本的数字财务管理技术软件；
3. 理解主要数字技术的原理与架构以及应用场景。

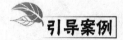

中影股份全面推进财务数字化建设

政策的驱动让财务系统的数字化建设按下"加速键"，电子会计档案是企业财税数字化建设的重要一环，低碳无纸化时代，不具备电子档案管理能力的企业将面临合规的风险甚至税局的关注。这表明，电子会计档案系统的建设已经成为企业的刚需。

作为"第一家登陆A股市场，业务涵盖电影、剧集制片；国产与进口电影宣传发行，衍生品经营；影院投资建设、院线经营管理；电影科技研发，影视设备生产、销售和技术服务；电影制作、票务平台和融资租赁服务等众多领域"的集团型电影国企，中国电影顺应时局，从2018年起就全面推进了财务数字化建设的工作。

中影股份先期重点搭建财务网络结算管理平台，通过本地部署的方式建设核算系统和资金结算系统，经过两年多的努力，中影股份财务核算和资金结算信息一体化建设已基本实现股份及下属分子公司的纵向覆盖。

依托产业布局和发展规划，根据国家财税制度和《关于规范电子会计凭证报销入账归档的通知》（财会〔2020〕6号）规定，中影股份计划在财务系统部署区域内本地搭建收支结算中台和电子会计档案系统。以期通过系统的集成，最终实现数据流、资金流、影像流、核算流的相互协调、相互统一，股份公司及所属分子公司在费控报销、资金支付、财务核算、财务档案实现标准化、流程化、数据化、规范化。

"实现财务档案采集、存档、归档、利用的电子化管理标准；通过数字化手段实现财务档案相关制度标准化、规范化落地执行。"这是中影股份对于电子会计档案系统建设提出的要求，也是企业面向未来、全面实现财务数字化转型的关键。

凭借"支持本地化部署和定制化开发、与企业业财一体化建设体系深度融合"的优势，百望云在众多供应商中脱颖而出，成为中影股份电子会计档案系统建设的最佳拍档。

针对中影股份对现存会计档案管理提出的具体需求，双方制定了从低到高，从降本增效到增值赋能的建设路径。具体来说，先以核算系统、报销系统、资金系统中的原始凭证、记账凭证、银行回单以及会计账簿、财务报告、其他会计资料作为归档范围，百望云为中影股份建设"财务电子档案管理系统"和"影像管理中台"，完成档案电子化归集、报销、入账、归档、存储、借阅、查看、交接、销毁的全生命周期管理。然后，中影股份将系统推广实施至集团上下各分子公司，搭建集团电子会计档案资源数据库，打破信息孤岛，沉淀数据资产，为管理决策增值赋能，助力财务管理的信息化转型。

（资料来源：http://finance.sina.com.cn/jjxw/2021-10-14/doc-iktzqtyu1385780.shtml）

进入 21 世纪以来，随着数字技术的成熟与发展，人类社会正在步入数字经济时代，数字技术已经实现了对社会经济生活的全方位渗透，并成为经济增长的新型驱动力。在"大智移云物链"（大数据、人工智能、移动互联网、云计算、区块链）等为代表的数字技术支持下，越来越多的企业走上了数字化之路。

视频 9.1　数字技术

9.1　数字技术概述

数字技术带来的财务变革，重塑社会组织的财务职能和价值创造，并以业务财务、战略财务、共享财务来创建数字财务智能技术生态系统。

9.1.1　数字技术概念

在数字化时代，人与人的交互是以 Internet 媒体为介质的，在企业管理活动中，充分利用互联网，设备也会被组织成设备网络由数据中心统一管理，人们可以不受时空限制，用任何设备获得所需的信息。数字化时代向我们提出很多的挑战。随着计算机技术、通信技术、网络技术的推广与应用，越来越要求计算机更灵敏、更方便、更实用，这就使得计算机嵌入式技术逐渐成熟，数字技术由此融入了经济活动中。

1. 数字技术

数字技术从狭义上来说是一项与电子计算机紧密联系的一种现代技术，它将日常生活中可以接收到的信息，包括图片、文字、声音、视频等通过一定方式转化为计算机能够"读懂"的二进制编码，以"0"和"1"的形式表现出来，再进行运算、加工、存储、传送、传播、还原，从而实现通过计算机等设备对信息进行分析和利用。从这个角度来说，网络安全、通信技术、数控技术等都属于数字技术的范畴。

广义上的概念则是指由云计算、大数据、人工智能、区块链、物联网、移动互联网等为代表的新一代数字化革命所产生的数字技术。还有诸如包括接入技术、芯片技术、嵌入式操作系统、中间件技术、应用软件、工具软件、信息资源建设以及服务等，图 9-1 为数字技术基本框架，包括人工智能、云计算、大数据、物联网、区块链等核心技术。

2. 数字技术的价值

数字技术是多种数字化技术的总称，包括区块链、大数据、云计算人工智能技术等，数字技术应用的最大优势是能够大幅提高整体经济效率。数字技术可以构建一个更加直接

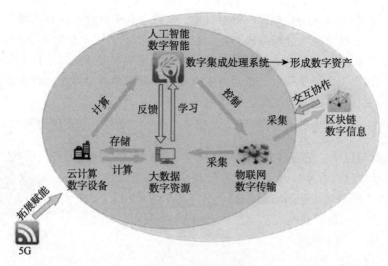

图 9-1　数字技术框架

高效的网络,打破过去企业和企业之间、个人和个人之间、人和物之间的平面连接。而平面连接或者构架的问题是接点多、效率低。社会组织通过数字化技术,未来将建立起立体的、折叠的、交互式的架构。在此架构中,可以直接实现点对点、端对端的交互式连接,省去中间节点,进一步提高效率。此外,辅之以区块链为基础的数学算法建立数字信任,将使得经济运行实现更低成本、更高效率,带动社会的迅速发展。

同时,数字技术中的云计算能够提供更强大的网络服务;大数据在其中负责数据存储、处理分析和信息挖取;区块链是分布式账本,负责数据记录与维护;物联网包含各种传感器,能够生产大量数据并传输;移动互联网通过无线接入设备访问互联网,能实现移动终端之间的数据交换;而人工智能技术是数字智能,各大数字技术构成了一个相互融合又分别进步的有机生态整体。所以,数字带来了新一轮包括财务管理在内的管理模式变革。

(1) 运营核心的转变。在互联网行业过去的四轮变革中,始终将流量的引入作为主要营销目的与评判指标。而数字经济时代,关键指标的提取已不仅限于日活量和新客转化量,人群运营成为新的营销核心,重点以提高品类增长为其主要方向。

过去:GMV = 流量 × 转化率 × 客单价;现在:GMV = 人 × 商品力。

以"人""品"为核心,围绕品类增长的渗透力、价格力、复购力以及新品带来的高速增长,根据大数据指数选定适配的落地场景,将客户贴上数字标签并实施定向推送,根据关键运营指标检测结果并对标行业水平,制订修正迭代递进方案,沉淀后充分挖掘数据资产的价值,测试高命中率机会点并根据测试结果进行运营策划,在提高 GMV 的同时大幅降低市场成本。

(2) 优化企业组织管理流程。数字技术的渗入将对垂直的层级化管理进行优化,形成标准化信息资源库、各子单位与部门链条化、业务流程闭环化、数据资源化,提高企业的单元效能,形成泛在、及时、准确的信息交互方式,大幅降低沟通、审核、监督、决策等运作成本,从而简化内部管理流程手续,全面实现信息化、数字化管理,提高内部运作效率,延长产品的商业生命周期。

（3）异业助力，实现共赢。对于实体企业而言，产业壁垒始终是行业互联互通中无法消除的最大障碍，但数字技术的高渗透性会将产业边界模糊化，高度聚合分类推算可真正实现不同行业的企业间互补与优化，双向甚至多向拓宽企业营销渠道以提升企业效能。

（4）激活企业资本市场的生命力。完善的企业数字化架构的建立，可使得金融机构对企业的偿债能力以及长短期获利等数据随时在线获得，在提高信用力的同时大大降低时间和搜证成本，而产业资本与数字资本的融合，可提高企业内在价值和核心竞争力，促进企业提早进入资本市场且长期稳定地发展下去。

（5）数据价值发现与企业裂变。互联网的四轮变革催生出当今对数据分析的需求，在数据量日益剧增的环境下，数字技术的飞速发展和广泛应用势必加剧企业发展的不均衡化，率先充分开发挖掘出数据价值的企业，将占领行业新高地成为自身行业与数字技术融合后的头部玩家，加之网络用户的心理特点、行为习惯和社群裂变效果产生马太效应，头部玩家持续性的低成本自行强化，累积至触发点后，行业结构很可能走向赢家垄断市场的局面。

3. 数字技术的演进路径

我们可以把数字技术的演进路径概括为连接（A）、分析（B）、智能（C）三个阶段。

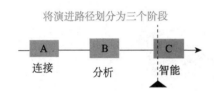

图 9-2　数字技术演进路径的三个阶段
（资料来源：Kotlin 开发者社区）

如图 9-2 所示，在数字化进程的方方面面，数字技术的演进均遵循着上图的三个过程。以优化决策为例：

第一步，在"连接"阶段，出现了互联网、线上服务、移动应用等技术，实现人与人、物体与物体的连接。

第二步，在"分析"阶段，随着大数据、云计算等技术上线，数字技术以其连接、分析、智能的演进路径，改变着传统的时间和空间建设模式，不断推动着企业的数字化转型，在改变企业运营方式的同时也在重塑世界经济面貌，带动人类社会生产方式变革、生产关系再造、经济结构重组和生活方式的巨变。各行业的企业逐渐成为"数字原生代"的一员，全球经济也将因此进入数字经济时代，同时，相互连接的数据有了更好的工具进行处理和分析。

第三步，"智能"阶段，随着人工智能、财务机器人（RPA）技术的出现，数字技术开始具备自主分析数据的能力。

4. 数字技术的迭代

曾鸣在《智能商业》中提出过关于产业发展的"三浪叠加"理论：因为全球市场发展在当代达到了绝无仅有的速度，所以经常会出现前后不同代际的商业模式并行发展的情况。

与此类似，数字技术变革或许同样在经历"多浪叠加"的过程。从产业链上游计算机硬件的更新换代，到基础通信技术的不断升级，再到人工智能、区块链等一系列新概念的提出和成熟。在多线并行中，浪潮前端的数字技术已经不知不觉间开始在社会各方面崭露头角，"多浪叠加"的过程具体表现在以下三个过程。

（1）数字转换。数字转换最早出现在 1954 年，是指利用数字技术将信息由模拟格式

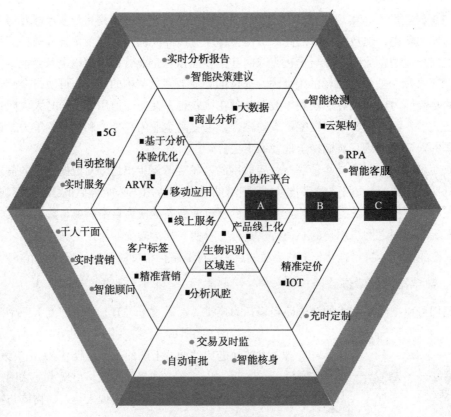

图 9-3　数字技术价值实现雷达图
（资料来源：Kotlin 开发者社区）

转化为数字格式的过程。这个过程类似于将草稿纸上计算转移到计算机运算，主要利用了计算机的计算能力、低错误率、工作时间长等优点。

（2）数字化。数字化于 20 世纪 90 年代在行业与企业中取得了较大的发展，它指的是数字技术应用到业务流程中并帮助企业（组织）实现管理优化的过程，主要聚焦于数字技术对业务流程的集成优化和提升。这个阶段的代表是企业 ERP 系统，作为企业管理软件的主流之一，起着缩短物资周转周期、提高企业计划管理水准、实现管理层对信息的实时查询和监控等作用。

（3）数字化转型。数字化转型的概念最早由 IBM 公司于 2012 年提出，强调了应用新一代数字技术，包括云计算、大数据、人工智能等重塑客户价值主张和增强客户的交互与协作。当前，在技术突破、数字要素涌现的背景下，客户个性化定制的需求日益增长，长尾效应不断增强，对企业的经营效率、产品质量、个性化定制能力等提出了更高的要求。在该阶段，企业需要根据自身数字化能力和发展战略，关注新一代信息技术、数字要素等技术的发展和市场环境的转变，制定契合企业的发展数字化转型战略，进而加强企业的新型数字化能力，获取与同类企业相比的可持续竞争优势。

未来，在数字化生态系统下，企业能够以更快的速度交换信息，降低交易成本，减少运营中的摩擦，并不断扩大企业边界，从而实现数字化生态系统逐步取代传统的企业生态。

目前，越来越多的互联网企业正在构建属于自己的生态链，随着数字技术与实体经济的深度融合，数字经济时代已经来临，图9-4为技术企业数字化转型过程的生态体系构建基本模型。

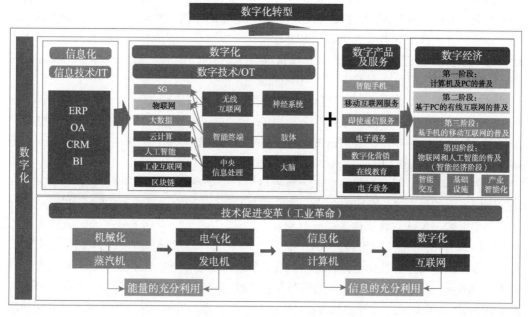

图9-4　数字化转型过程

5. 数字技术的发展阶段

从1946年第一台电子计算机发明开始，数字技术经历了计算机、互联网和新一代信息技术三个阶段。

（1）计算机阶段（1946年至20世纪70年代）。在第二次世界大战中，同盟国为满足快速计算的需要，在艾伦·图灵和冯·诺依曼的指导下研发电子计算机。1943年，英国发明了第一台可编程的电子计算机——巨人计算机以破译德军密码；同年，美国为完成火炮弹道运算，开始研制可编程的通用计算机ENIAC。1946年2月14日，宾夕法尼亚大学宣布，该机器诞生，标志着数字时代的来临。

从1946年电子计算机的发明到20世纪70年代，是数字技术发展的第一阶段，主要是计算机驱动，贝尔实验室、施乐帕克研究中心、IBM、仙童半导体公司、德州仪器、英特尔、通用电气是当时无可争议的风云公司。

（2）互联网阶段（1969年—2015年）。计算机是"二战"的产物，而互联网是冷战的产物。1969年10月29日，由美国国防部高级研究计划局（ARPA）组建的阿帕网（ARPANET）第一期工程投入使用，阿帕网的诞生，标志着数字技术进入以互联网为主的发展阶段。

阿帕网早期采用的是网络控制协议（NCP），该协议只能用于同构环境，难以满足越来越多的计算机网络接入需求。因此，高级研究计划局信息处理技术办公室（IPTO）的罗伯特·卡恩（Robert Kahn）和斯坦福大学的温特·瑟夫（Vint Cerf）开始研究下一代通信协议。

1973 年，两人开发了传输控制协议（TCP）；1974 年，两人联合发表题为《关于分组交换的网络通信协议》的论文，正式提出 TCP/IP 协议。1983 年 1 月 1 日，高级研究计划局决定淘汰 NCP 协议，由 TCP/IP 取而代之。从此，阿帕网迅速成长为一个全球互连的网络。1983 年 1 月 1 日也被很多人认为是互联网的官方生日，罗伯特·卡恩和温特·瑟夫也被誉为"互联网之父"。温特·瑟夫在 1974 年论文"Specification of Internet Transmission Control Program"中首次书面使用了"Internet"。

1989 年 3 月，欧洲核子研究中心（CERN）的英国工程师蒂姆·伯纳斯-李（Tim Berners-Lee）提交了《信息管理：建议书》（Information Management: A Proposal）。这是一份关于万维网的项目开发计划，标志着互联网进入了万维网时代。1991 年，全球第一个网站诞生，网址为 http://info.cern.ch。蒂姆因此被称为"互联网之父"。

1993 年 4 月 30 日，CERN 宣布万维网对所有人免费开放，万维网由此迅速普及。同年，美国提出信息高速公路战略。1994 年 4 月 20 日，我国全功能接入国际互联网。据此，互联网浪潮席卷全球，数字化生存渐行渐近。

（3）新一代信息技术阶段（2016 年至今）。新一代信息技术阶段是以集成应用为主，是数字技术加速与经济社会全方位深度融合的阶段。从整个数字技术发展史来看，把 2016 年作为迈入新一代信息技术阶段的时间较具标志性意义——2016 年是计算机发明 70 周年、人工智能提出 60 周年、光纤通信提出 50 周年、微处理器发明 45 周年、量子计算机提出 35 周年、电子商务提出 20 周年、云计算提出 10 周年。2016 年，我国印发了《国家信息化发展战略纲要》，成功举办 G20 杭州峰会，大会发布了全球第一个由多国领导人共同签署的数字经济文件——《二十国集团数字经济发展与合作倡议》。一个计算无处不在、软件定义一切、网络包容万物、连接随手可及、宽带永无止境、智慧点亮未来的时代已经来临，数字革命进入了融合深化的新时代，人类站到了换代发展的新起点。

9.1.2　数字经济与数字技术

数字经济是以可编码可解析的数据、知识和信息为关键生产要素，以数字技术变革为核心生产力，以现代互联网络为主要载体，将数字技术与实体经济相互融合，不断提高传统产业数字化和智能化水平的新型经济形态。

1. 对数字经济的理解

经济学概念的数字经济是指人类通过大数据，即数字化的知识与信息的识别—选择—过滤—存储—使用，引导、实现资源的快速优化配置与再生、实现经济高质量发展的经济形态。数字经济可以从两个方面理解。一方面是数字产业化，即信息产业化，具体包括电信行业、电子信息制造业、软件和信息技术服务业等。另一方面是产业数字化，即传统行业的数字化革新，通过将数字技术运用于各行各业从而实现生产质量和运行效率的提升。

数字经济的两个方面相辅相成、缺一不可。图 9-5 为数字经济的构成，涉及三大产业。数字产业化是数字经济的重要基础，没有数字产业化的发展，就无法实现产业数字化，更不会形成数字经济。而产业数字化是数字经济的核心动力目标，通过数字技术在传统行业上的具体应用来推动行业的发展。

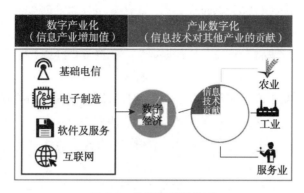

图 9-5　数字经济的构成

数字经济是继农业经济、工业经济之后的主要经济形态，是以数据资源为关键要素、以现代信息网络为主要载体，以信息通信技术融合应用、全要素数字化转型为重要推动力，促进公平与效率更加统一的新经济形态。数字经济通过不断升级的网络基础设施与智能机等信息工具以及互联网—云计算—区块链—物联网等信息技术，人类处理大数据的数量、质量和速度的能力不断增强，推动了人类经济形态由工业经济向信息经济—知识经济—智慧经济形态转化，极大地降低社会交易成本，提高资源优化配置效率，提高产品、企业、产业附加值，推动社会生产力的快速发展，同时为落后国家后来居上实现超越性发展提供了技术基础。

数字经济也称智能经济，是工业 4.0 或后工业经济的本质特征，是信息经济—知识经济—智慧经济的核心要素。正是得益于数字经济提供的历史机遇，中国才得以在许多领域实现超越性发展。

2. 数字经济的目标

数字经济最终目的就是通过产业数字化实现社会效率的提高，让数字技术为经济发展服务。图 9-6 为数字经济的目标构成。党的十九届四中全会报告第一次把"数据"归为参与分配的生产要素，象征着以数据为关键要素的数字经济即将进入产业化阶段。

图 9-6　数字经济的目标构成

数据被称为新时代的石油。早在我国宋朝时期，沈括在《梦溪笔谈》里面就提到了"石油"一词，但直到现代有了提炼技术，石油才对人类社会产生深远的影响。同样地，企业不是没有数据，而是没有数据提炼加工技术，无法利用数据来创造新的竞争优势。数字技术使得人与人、人与物、物与物的互联互通得以实现，数据量呈现指数型增长；基于数据的新产品、新模式、新体验不断涌现，数据成为企业最重要的资产，成为数字经济时代的"石油"。对数字经济的目标描述如下：

（1）实现共同富裕。数字经济时代的公平正义，不仅是人类的美好价值追求，也是社会主义的本质要求。共同富裕是社会主义公平正义的内在要求，社会组织要立足于时代发展，把社会主义本质、公平正义和共同富裕有机结合起来。数字经济时代的共同富裕与社会主义本质具有内在的统一性，两者是不可分割的统一体。

（2）兑现普惠性。从经济数字化的普惠性视角出发，可清晰地阐述数字经济的内涵与本质特征。数字经济的发展有助于传统农业的数字化改造，驱动农业由供给、增产、小规模经营导向转向需求、提质、适度规模导向，推动产业质量及生产方式变革，促进农村经济提质增效，实现家庭收入增长。

（3）呈现新经济。数字经济是创造社会财富的新经济形态，将持续赋能经济实现高质量发展。在数字经济时代，社会生产过程中的生产、流通、分配和消费四个环节正在实现数字化变革。其中，数字生产力为经济高质量发展提供了新动力，数字流通力提升了资本周转与价值实现的效率，数字分配力的普惠效应可以优化收入分配结构，数字消费力将助推产业转型升级，进一步扩大内需。

3. 数字经济与数字技术

数字技术是数字经济发展的基础。由数字技术衍生而来的数字经济作为一种新的经济形态，有助于经济增长和高质量发展转型，也正成为全球产业变革的核心要素。数字经济作为一个内涵比较宽泛的概念，凡是直接或间接利用数据来引导资源发挥作用，推动生产力发展的经济形态都可以纳入其范畴。在技术层面，包括大数据、云计算、物联网、区块链、人工智能、5G通信等新兴技术。在应用层面，"新零售""新制造"等都是其典型代表。

据毕马威预测，2030年数字经济占我国国内生产总值将达到77%。数字经济即将成为我国整体经济的重要组成部分，增长速度十分迅速，已成为我国经济增长的动力引擎。

数字经济是数字技术作用与社会经济活动的必然结果。数字经济的本质在于信息化。信息化是由计算机与互联网等生产工具的革命所引起的工业经济转向信息经济的一种社会经济过程。具体来说，信息化包括信息技术的产业化、传统产业的信息化、基础设施的信息化、生活方式的信息化等内容。信息产业化与产业信息化，即信息的生产和应用这两大方面是其中的关键。信息生产要求发展一系列高新信息技术及产业，既涉及微电子产品、通信器材和设施、计算机软硬件、网络设备的制造等领域，又涉及信息和数据的采集、处理、存储等领域；信息技术在经济领域的应用主要表现在用信息技术改造和提升农业、工业、服务业等传统产业上。

9.1.3 数字技术对财务的影响

财务是衡量所有企业经营成果的重要方面，财务数字化一直被认为是企业数字化转型的重要突破口。随着数字化进程的推进，各行各业正在不断拓宽数字技术的应用范围，新一波数字化浪潮已经到来。数字化的三股推动力到2030年或可转变并创造10%～45%的行业总收入，提升效率、生产力以及中国企业的全球竞争力。

1. 技术背景下的财务数据系统的变革

作为企业信息管理的核心部门，财务需要在数字化技术装备下，成为企业的"数字神经系统"，帮助企业及其利益相关者之间建立更广泛的数字化连接，实现数据传递与处理的全面在线、实时互联，完成从价值守护到价值创造再到增值共享的"蝶变"追溯财务活动的发展历程，技术进步引发了作为企业核心的财务数据系统的数次变革。

第一次变革是计算机的出现，将传统的手工记账会计转变到计算机上，逐步实现了电算化会计。

第二次变革是互联网的出现，使得财务流程和组织模式发生重大变化，财务可以远程操作，促进了财务共享服务中心运作模式的产生，推进了企业流程再造、业财融合的趋势。

第三次变革则是随着移动互联网和数字技术的崛起，未来财务已进入一个"大智移云物链"的时代，即大数据、人工智能、移动互联网、云计算、物联网和区块链、5G等技术的交融渗透，再加上财务机器人、财务云、电子发票云、税务云、资产云等各类落地场景的大力推进，带来了财务的第三次飞跃，促使传统财务模式即将被智能化的数字财务彻底颠覆。

2. 财务数据技术与手段的变革

基于核心商业语言，在众多的数据类型中，财务数据作为最古老的数据资源之一，不仅体量庞大，而且已经拥有了成熟规则和逻辑体系。因此，财务技术变革走向对企业和经济来说具有重要意义。财务部门是目前企业最大的数据部门，随着所掌握的数据愈加丰富，会对企业决策起到更强的支持作用。财务工作者也将继续利用财务数据的优势，为企业管理和发展寻求最佳解决方案。

财务管理活动历经了会计电算化、财务信息化到财务数字化直至财务智能化等多个阶段。每个时期财务业务的发展水平与管控要求，业财融合的深度与广度，信息技术的难点和落地路径都各具特点，对企业管理效能以及资源利用程度都有实质性影响，数字化转型升级的磨砺也让财务数字化管理体系在数字技术的加持下日臻完善。图9-7为技术推动下的财务手段变革，经历了从流程再造、业财融合、数据治理到智能化应用四个阶段。

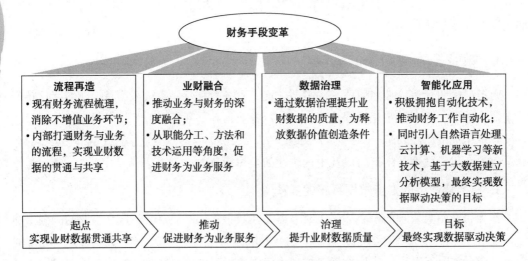

图 9-7 技术推动下的财务手段变革

3. 财务数据在数字经济下价值演变

一方面，在数字经济时代，财务数据不再仅局限于报表中的一个个枯燥的数字，而是通过先进的数字技术能够囊括诸如宏观经济、组织行为、供应商生产、消费者偏好等企业运营全方面的数据。有了这样一个全面的数据体系，财务数据除了能衡量企业历史业绩之外，还能为企业决策提供更大支持，图 9-8 为数字技术下的财务流程重构。另一方面，产生财务数据的财务工作也在发生变革，财务工作的自动化、智能化、数字化将赋予财务数据更旺盛的生命力。

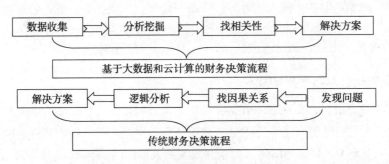

图 9-8 数字技术下的财务流程重构

从图 9-9 我们可以很直观地了解财务跨越历史和未来的三大过程：从过去的算盘和账本到会计电算化，实现了从 0 到 1 的突破；从电算化到 ERP，实现 1 到 N 的突破；而从 ERP 到财务云，实现了从 N 到无穷大的突破，财务活动随着以数字技术为代表的科技进步就进入了数据平台未来智能世界。企业内部与外部的交互均以客观数据为基础，将财务全景化分析手段、丰富的应用模型、严谨的假设条件与驱动因子结合业务部门对市场趋势、竞争对手、地域、客群等外部因素的判断，实现更为精准的业务预测、盈利测算和创新产品定价及分润机制设计，以数据服务企业的战略决策、业务创新以及流程驱动的管理变革。

随着数据与业务场景的不断交融，业务场景将逐步实现数据自动运转和智能优化，进而推动企业进入智能化和数字化的阶段。

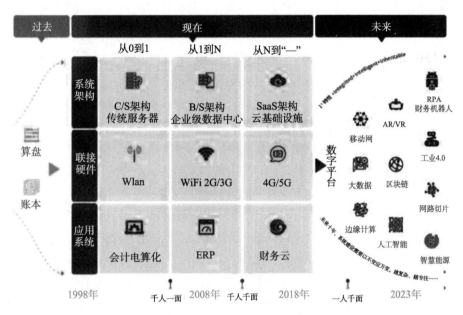

图 9-9　财务工具变迁的三个阶段

（资料来源：中兴新云·财务云）

9.1.4　数字技术在财务活动中的运用

财务数字化是企业数字化的核心基础，没有财务部门的数字化，企业的数字化也无从谈起。财务形式的演变也是随着技术变革而逐步发生的，而数字财务的兴起同样是一个基于数字技术下财务革命的过程，从信息化到工业化的再造，再到自动化、智能化转型提升，最后形成数字化生态价值系统，层层递进。

以技术为原动力，财务部门可以搭建财务数字平台、重塑财务工作流程、优化财务决策模式，升级财务管理服务水平，提供有价值的数据分析报告，在企业新业务的布局和价值创造上发挥更大的影响力。

1. 自动化手段与工具，重塑财务工作流程

当前，财务信息收集及财务核算"上游"的数字化、智能化报账工作刻不容缓。一方面，需要将分散于各地的基础财务业务集中起来，进行专业分工和流程再造，并构建覆盖全业务流程的财务信息系统，实现对财务信息的快速处理和实时共享；另一方面，要打造专业的 COE 团队，重新改造设计出更符合机器人运行和管理的流程，实现从数据断点的手工作业到基于规则的端到端的全流程数字化。

为此，首先需要完成财务体系的改造，创建财务元数据，逐步做到财务数字化。其次，数字财务是将分散于各部门的基础财务业务集中起来，进行专业分工和流程再造，实现对财务信息的快速处理和实时共享的财务工业化，使用工作流引擎构建系统内自动化、API构建开放系统间集成，以及财务机器人等自动化工具构建封闭异构系统的连接，实现财务自动化。

2. 数据分析＋人工智能，优化财务决策模式

在实现企业价值创造的过程中，决策作为管理的重心，需要综合大量的数据并通过模型和算法支持。财务部门可以利用高级分析技术对规模巨大的数据进行分析，根据可视化分析和数据挖掘结果作出预测性的判断，以获得数据驱动的业务洞察。同时应用机器学习与人工智能从海量数据中快速并准确地挖掘数据内部特征和规律，根据模型进行精准预测，并进行持续的自我优化。原先经验式的传统决策模式将逐步向智能辅助甚至人工智能主导的新决策模式发展转变，从而有效地帮助决策者制定合理的经营策略，最终成为整个管理决策体系的核心和灵魂。

数字财务利用云计算、大数据等技术，为财务提供场景化的智能应用，提升财务相关工作的效率，将企业内部的小数据集转化为大数据中心，再借助业务分析、风险预警的相关模型和工具，为管理者提供前瞻性的战略支持、深入价值链的业务支持以及高效的企业风险预警体系，进而形成以财务云"数字神经系统"为核心的生态系统，实现财务数字的智能化场景。

数字财务是一种新型的财务管理模式，它基于先进的财务管理理论和方法，利用真实、完整、实时的数据作为基础，通过人和机器的有机合作形成智能系统辅助企业的财务管理活动，不断扩大可应用的范围，逐步取代部分人类财务专家的活动。

3. 中台架构＋微服务，升级财务管理服务

通过财务中台的映射微服务，建立规则转换中心，将千差万别的"业务语言"转换为统一的"财务语言"，就可以实现业务系统和后台系统之间的数据对接和传递，并实现对数据从加工到服务输出的全链条管理。财务中台给企业带来的是多方的收益，不仅助力企业智能化、敏捷转型，还提高了企业的综合效益，包括推动业财融合、强化数据应用、实现降本增效、助力转型升级、提升智能化程序。例如，未来财务共享服务中心可以从会计核算向业务前端延伸，为企业提供拓展性服务，从而进化成财务中台，实现从业务端采集数据到财务端加工、分析的全面在线、实时互联，并进一步推动财务自动化、数字化的发展。

"大智移云物链"时代的到来，互联网思维和"互联网＋"对人们的思维和行动方式的改变，对社会商业模式和企业管理方式都产生了极大的影响，如图9-10所示。如何提升财务管理水平、实现财务转型，既是企业转型的关键环节，也是企业核心竞争力之所在。财务转型是财务战略、职能定位、组织结构、人力资源、操作流程和信息技术等方面的全方位转变，是一个动态持续的优化过程。

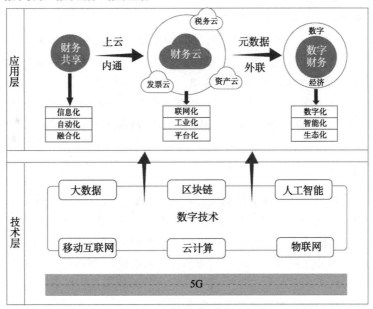

图 9-10 数字技术与数字财务及数字经济关联图

9.1.5 智能生态体系中的数字财务

在未来数字财务的智能生态体系中,数字生态系统犹如自然生态体系中的一个个生物个体,有着自身内部的循环生态结构,也离不开外部的联通与共享,以此获取持续迭代的能量。整个智能生态体系由无数企事业单位数字生态系统组成,通过基础云系统内通外联,又都作为不可或缺的部分共同支撑着智能生态系统,相辅相成,应运为一。

1. 内通外联

内通外联成为智能生态系统的管理新模式,企业想要完成财务转型,成功地由信息化、自动化、智能化、数字化四步走向数字神经网络,内通外联是解决之道,也是当今信息技术最主要的特质;当把组织的管理、经营等行为由线下搬到线上,再把各组织相同的经营管理活动合并和连通,就变得简单高效,并逐步走向智能化。

"内通外连"是当今数字技术时代主要特征之一,当把组织的管理、经营等行为由线下搬到线上,再把各组织相同的经营管理活动合并和连通,企业行为就变得更加高效,并走向智能,从而构成数字化技术生态系统。

(1)内通,指的是企业内的集团层面,将各个部门与业务、不同资源与信息统筹管理起来,形成统一的可复制式模式。财务部门本身就具有两大优势,一是财务部门是原初的大数据中心;二是财务部门天生中立,所以报的数据非常客观真实。财务部门要充分运用这些优势,转化成企业的"总参谋部"。

如果仅提供会计报表,那财务部门只是"倒后镜",在企业中很难有较高的地位;当财务部门能够实施展示企业经营状况,包括合同、收入、库存、采购、收款、费用开支和预算执行情况,财务部门就会成为"仪表盘",能够得到管理者的关注。而形成的统一模式也能够让不同企业间共享沟通,为外联打好基础。

(2)外联,顾名思义,便是将企业对外的触角与外部的供应商、合作商、代理商以及客户、政府部门、金融机构联系起来。对于财务部门来说,外联要求财务部门更进一步,让财务能够与外部进行互联,以不同的视角、更加高远的切入点提供内部无法连接的宏观走势、行业信息,类似于百度电子地图那样高屋建瓴地告诉管理者接下来怎么走,成为企业的"导航仪",这样财务部门的意见才更会得到重视和采纳,从而实现财务职能化的转型。

2. 生态协同

内通外联的管理离不开具体业务的智能实施。智能生态系统下应运而生的业务新模式是将企业的采购、物流、生产、管理、销售、决策高效一体化,形成生态圈内的协同效应,将内通外联在业务新模式下发挥出最大作用,如图9-11所示。生态协同成为智能生态系统的业务新模式。从对外客户开始,未来的销售业务将线上线下共存,既能线下实体体验,又将线上平台便捷购买与定制加以精准营销,完成智能化全系统的新销售模式;再通过客户订单传到内部管理业务,智能生态系统将采用智能交易平台实现客户订单、人财物等基础资源、企业内部信息管理、外部生态伙伴的实施协同,支持企业扁平化、自动、去中间式高效组织准备;接着具体的生产业务将大量应用物联网、人工智能,实现生产自动化、因需而变,实现柔性制造,海量大数据自动优化生产,加以合作、外包、代加工等外联效应,进一步形成库存,通过物流流入客户群体中去。

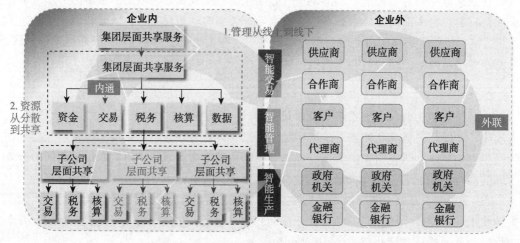

图 9-11 企业内外的数字财务协同机制

在业务新模式的循环过程中,决策都融汇在每一项业务中,用数据驱动业务决策,基于工业大数据、交易大数据、生态大数据生成管理驾驶舱,给予三维立体智慧业务决策实时的建议。生态圈的伙伴们共同创造出生态圈大数据,又相互受益于生态圈,实现智能生态系统业务新模式下的共享、共赢与共创,如图9-12所示。

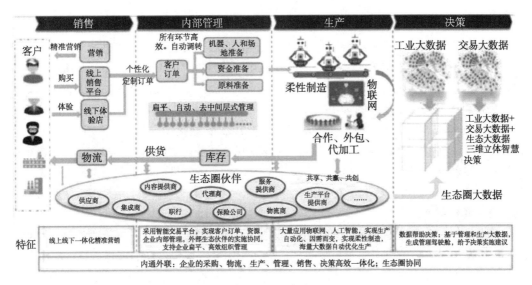

图 9-12　智能生态系统的业务新模式

9.2　数字技术推进与拓展

以信息技术为代表的新一轮科技和产业革命正在萌发，技术拓展了经济与金融的边界。云计算、大数据、人工智能、物联网、区块链等技术集群崛起，在商业活动和金融创新领域中渗透并日益深入，正在快速改变着企业的业务经营与商业模式，商业、金融、财务、财资活动的边界也在不断拓展。

视频 9.2　数字技术推进与拓展

9.2.1　数字技术对行业的颠覆性影响

数字技术引发的变革，颠覆和重塑了很多行业的运营模式。工业时代，企业以 IT 技术为核心实现数字化，促使数据进行流动以及在线化。互联网时代，数据的流动与共享，推动着商业流程跨越企业边界，编织着全新的生态网络与价值网络。物联网时代，从技术创新来看，所有的智能终端都将植入智能芯片，智能计算、认知计算、网络计算、边缘计算、量子计算将大行其道。

1. 数字技术主导市场

进入数字化时代，数据将主导未来市场竞争。数据正成为企业数字化发展过程中的新资本形式，新一代人工智能技术尤其依赖数据的数量与质量。

（1）数据获取成为核心竞争力。数据作为未来的新生产资料，数据资源获取和应用能力将是企业核心竞争力。同时，这也将变革企业的生产方式、管理行为和商业模式。人工智能进化速度极快，尤其是随着机器学习、深度学习、高级认知分析、机器人流程自动化（RPA）和自动机器人程序等的深度应用。

第 9 章　数字技术赋能财务管理

就像当年工业革命时机械生产颠覆了工厂一样,"人工+机器"可能改变今天的工作场所。早在荷马著名的《伊利亚特》史诗中,人类就开始梦想让机器人或机械工人为自己服务。虽然无法确定莱昂纳多·达芬奇是否真的试图建造他在 1495 年左右绘制的机械骑士,但是在不同的文化和时代里,我们都可以看到很多人类试图创造机器人的记录,无论是纯粹作为娱乐还是出于更实际的理由。

(2)支付方式变革成为全球经济增长引擎。2022 年版全球支付报告分析了全球 41 个特定的国家/地区现有和未来的支付趋势,全球支付方式偏好继续由现金和信用卡向数字钱包转移,从线上和销售点(POS)总交易额来看,数字钱包目前是全球的主流支付方式。数字钱包在 2021 年占全球电子商务总交易额的近一半(49%),预计至 2025 年将占电子商务总交易额的 53%。

在中国,数字钱包的增长将延续上升趋势,预计至 2025 年将占电子商务总交易额的 86%。可以预见,全球电子商务市场呈现出更多使用数字钱包这样的支付工具。

(3)激发流通领域的革命。超级应用是将购物、社交、出行、银行等业务集中在一个应用程序中,我国的电子商务市场和全球其他任何国家或地区都不同,在这一市场,线上市场、超级应用程序及小程序占据主导地位,推动消费者更广泛地使用数字支付和移动钱包。

当消费者进入这一个平台之后,经过了一些安全认证,就可以非常容易地使用移动的支付工具,获得更好的服务体验。以往超级应用大多局限于本地市场,但是现在他们正在着力在其他区域市场进行本土化扩张,以复制自身的成功。以支付宝和微信为代表的超级应用正在加速国际化进程,未来 10 年内将有望成为真正的全球化超级应用。

2. 数字技术驱动学习

进入数字化时代,数据科学、机器学习、深度学习、认知分析、机器人流程自动化(RPA)等机器智能技术不断融入企业财务管理工作中,不断释放人力资源价值,追求人的"更有价值"的体现。

(1)"技术+内容"的教育。麦肯锡全球研究院(MGI)最新报告《数字时代的中国:打造具有全球竞争力的新经济》指出,随着数字化进程的推进,各行各业正在不断拓宽数字技术的应用范围,新一波数字化浪潮已经到来。数字化的三股推动力——去中介化(Disintermediation,以数字化技术消除中介)、分散化(Disaggregation,将大量资产分解并重新包装成细化服务)和非物质化(Dematerialization,将实物虚拟化,如 3D 打印、虚拟现实等)到 2030 年或可转变并创造 10%~45%的行业总收入,提升效率、生产力以及我国企业的全球竞争力。

IDC 报告预计,到 2023 年,全球 1000 强企业中的 73%和我国 1000 强企业的 50%将把数字化转型作为企业的战略核心之一。尤其在财务端,企业数字化转型的需求更加迫切。而在安永 2017 年的《首席财务官的 DNA》调查中,58%的财务主管认为"数字化"是颠覆首席财务官角色的四大力量之一。

(2)"职业+技能"的教育。同时,我国持续加大对职业教育的政策支持力度,2022 年 5 月 1 日,新《职业教育法》正式实施,职业教育再次迎来新的发展利好。与此同时,在新一轮科技革命的带动下,数字经济蓬勃发展,衍生了层出不穷的新产业、新业态、新商业模式，众多新职业、新工种、新岗位不断涌现，成为吸纳就业、扩展创业的新渠道。新职业背后蕴含无数的市场机遇，也让新职业在线教育成为一个新的竞争领域。《腾讯2022新职业教育洞察白皮书》显示，新职业教育行业的现有学员体量约3亿人。预计未来一年，新职业教育行业市场学员规模将近4亿人。

3. 数字技术重构价值链

全球价值链作为经济全球化发展的重要载体，变革和重塑全球价值链新业态是推动未来经济全球化发展的关键。习近平总书记强调指出：世界经济正加速向以网络信息技术产业为重要内容的经济活动转变。在新一轮科技革命和产业变革中，推动传统价值链向数字价值链转型，有助于克服传统全球价值链的诸多不足，对形成兼顾效率、安全与公平的经济全球化新范式具有重要意义。

（1）数据驱动商业决策，创新商业模式。数字化趋势已成为颠覆性力量，企业需要重新审视数字化战略。企业以客户为中心的每一个关键旅程，都正在通过构建应用场景和计算机算法高度融合的数字化生态，进行模式创新和流程再造，重新定义未来智能商业。

（2）技术重构生产关系，创新组织结构。随着商业模式发生变化，组织结构的创新也迫在眉睫，例如企业是平台化模式，就要求设计相对应的分布式组织结构。同时，技术的提升使得工作效率大幅提升，个人的自我驱动意识和创新能力逐渐激发，组织和人的关系将基于数字化得以重构、连接与交互，从而形成数字化的组织形态、数字化的虚拟团队。

（3）工具提升运营效率，创新运营方式。商业模式的成功离不开有效的运营管理，组织结构的改变也是为了提升运营效能。在传统运营模式下，企业普遍面临两大痛点：客户需求难以捕捉；流程运转速度迟缓。数字化工具恰恰能够帮助企业解决这些问题，形成数字化运营平台，打通数据、客户和运营，重塑各个环节，升级客户体验，提升运营效率。

未来企业要适应市场的变化，除了对内进行自我改革和升级外，还要对外进行生态链接与合作，利用区块链等技术构建数字化交易链、供应链和价值链，重构产业生态各节点企业之间的交互方式和资源组织方式，优化产业生态价值的共创与分配机制，最终实现增值共享。

（4）交易链数字化。在日益复杂化的商业世界中，交易参与方包含了多个生产商、供应商、服务提供商、客户、监管机构以及税务机构等，可以将涉及多个交易主体的多个交易事项整合至一个交易平台，并积累成可信的交易型数据化资产，然后基于可视化的大数据，对交易"事前、事中、事后"的全流程进行分析改善，从而提升交易效率。通过交易过程数据上链存证，有效保证交易合规和防控交易风险，从而建立各交易方互信互利的生态圈。

（5）供应链数字化。供应链是连接和完成整个生产和交易的必要支持。通过数字化的过程，可以让多个参与方共享交易、应收、应付等数据，让整个供应链全部连通起来，实现全环节的协作、可视化，从而改变传统供应链低效率的运转模式，最后基于数据流的链式实时结算，可以在销售瞬间完成价值分配，实现供应链企业群体获益。

（6）价值链数字化。价值链是供应链上各个节点增值的连接点。通过收集在供应链运行过程中生产的数据进行统计分析，或者同竞争对手的同类数据进行对比分析，然后得出自己这条链中各环节在运行中的竞争力价值，帮助管理者提高本链在同行业中的竞争优势。同时，通过区分价值链上行为的增值与否，减少非增值活动，从而降低时间、机器、人员和资本的成本。

4. 数字技术重构全球价值链

数字全球价值链优势明显，数字全球价值链以全球价值链的数字技术赋能为基础，改变了传统全球价值链的参与形态，同时新技术拓展了全球价值链的参与主体和覆盖范围，展现出巨大的优势。除了高效的供应链体系、规模效应和竞争效应，数字全球价值链还具有进一步提升经济效率的独特优势。

（1）成本节约效应。数字技术高度渗透于组织研发、设计、生产与销售以及品牌运营等环节，节省了各环节的交易成本。同时，互联网平台对减少甚至消除地理距离、语言文化等诸多成本作用明显。

（2）产业深度融合效应。数字技术不仅加速了产业和地区协同，还促进了模块化与集成化的产业链分解，衍生出全新的创新生态，提高了产业附加值和经济效率。

（3）交易扩大效应。数字技术能够提高贸易便利化水平和全球产业分工的灵活性，进而扩大价值链交易规模，促进效率提升。

快速发展的数字化技术正在不断解构现有经济格局，重构行业价值链，这将驱动形成更具全球竞争力的中国新经济，并催生出更多充满活力的中国企业。数据作为数字经济 2.0 的核心生产资料和生产要素，价值体现需要利用支撑层的技术群落来实现：从数据端（App 或智能终端）产生，通过网络传输到云端，在云端的大数据平台上进行存储、处理、共享和分析，通过深度学习人工智能等相关算法实现数据在不同业务场景的应用价值。

在数字经济 2.0 的运行过程中，"数据+算法+结果"的运作方式日益成为主流，并最终趋向于一个"智能化"的形态。而数据智能与网络协同是智能商业的双螺旋 DNA，数据智能是通过算法对海量数据进行处理，完成机器决策，网络协同即传统的线性结构被重组开放的网状协同。

9.2.2 数据技术赋能财务成为中枢

从"互联网"到"物联网"，数据赋能财务成为神经中枢，从"互联网"到"物联网"，万物皆可产生数据。自 2000 年以来，随着智能手机和移动互联网的普及，移动互联网的数据产生量已超过 PC 互联网。随着物联网技术的不断应用，使得万物皆可数据化，物联网将成为数据产生的最大源头，数据的来源将不仅限于人，还包含智能工业等。人工智能兴起，将赋能物联网，引领物联网向智能网发展，催生新的数字价值。

1. 大数据、智能制造为企业提供了创新条件

大数据使企业真正把物流、信息流、资金流、商流很好地融合起来，更好地发挥财务与金融的价值。对财务工作而言，借助于智能物联网，将各类数据汇集起来，包括财务数据、资金数据、产品数据、运营数据、价值链数据、外部数据，通过智能数据分析，可以帮助 CEO&CFO 开展经营决策，包括商业机会洞察、业务模式设计、项目选择和优先排序、动态现金流模拟、绩效推动要素分析和资本分配优化。在未来 5~10 年内，随着企业互联网化和数据积累，财务管理部门可以实现从职能部门演变成服务部门乃至关键业务服务部门的质变，并处于战略决策和神经中枢、大数据中心的核心位置。

2. 技术赋能企业财务决策升维

（1）"数据中心"到"机器智能"。在未来的智能时代，数据将是必须的生产资料，未来的竞争也必然是数据主导型的竞争。对数据进行专业化处理，通过"加工"实现数据的"增值"，正是财务管理部门发挥数据挖掘、分析能力的时机。财务管理者通过专业训练和长久积累，能够将自己对数据的敏感性和数据分析的核心技能应用到企业的数据管理和分析中。同时，借助大数据技术和机器智能，以及充足的计算能力将全面释放数据的价值，提升财务支持决策效能。

（2）智能预测性风控。基于大数据与机器学习模型的风控，打通了跨行业业务场景数据，通过模型综合量化评价客户风险，识别特定模式，预测客户申请、交易、回款过程中的欺诈和坏账可能性，形成审批决策，及时预测风险并采取干预措施。预测性风控已成为人工智能技术在财务业务以及金融行业应用最为广泛的场景。

（3）智能交易策略。人工智能为量化交易带来了新的机遇，与程序化交易、高频交易不同的是，智能交易的关键在于自主学习、推理和决策。除了传统交易数据外，人工智能引入自然语言处理分析、深度学习、神经演化、分布式计算用于预测市场趋势。AI 机器决策具有一致性和逻辑性，获取和处理投研信息范围广、内容全，可减少人为疏漏和失误，避免决策中心理性波动的影响，利用不断自我改进的模型和全市场内的产品充分分散风险。

3. 生态赋能财务平台搭建

"链式发展"到"网络协同"为行业乃至区域财务平台赋能，传统供应链由生产或服务要素的各供应方、生产方、物流方和销售方或服务提供方等一系列企业组成。其要点是生产或服务要素依次通过"链"中的每个企业，逐步变成产品或服务，再通过流通配送（物流）交付给最终用户。以往，"链"上企业主要是"买卖关系"和"交易对手"，而随着技术发展和产业组织模式升级，"链"上企业形成网络协同关系，通过分工和协作，实现商流、物流、信息流和资金流四流合一，进而提升整个链条的核心竞争能力，优化供给侧结构和产业组织方式，提升整个产业链效能。

随着数字化技术飞速发展，尤其是互联网、物联网的发展，正在颠覆传统的产业链和财务管理模式。简化和自动化成为常态，智能与洞察成为关键性能力。数字化财务和智能财务平台通过应用人工智能、物联网、机器人流程自动化、区块链和协作网络等技术，打造智能预测、自动化报告和交易、前瞻性生态伙伴管理，助力企业降低成本和管控风险，并发掘新价值来源，将财务部门打造成企业新的价值创造中心和赋能平台。

数字技术让企业愈加深入、细致、前瞻地了解客户成为可能。未来，数字平台的规则将会从由人驱动发展变为由机器驱动发展，其目标将变成数据可视、可用和可取，提供数字服务，而非仅仅处理数据。以人机协同为主要生产和服务方式，虽然人工智能不可能代替人类智能，但人类在一定程度上的"机器化"、机器在一定程度上的"人类化"，仍将同时进行，并使人机协同的生产方式越来越主流化。

9.2.3 数字财务的智能生态价值

在当前以连接为特征的信息数字化时代，万物的互联打破了原本界限分明的商业关系，行业边界趋于模糊，企业竞争与合作范围也无限扩大，我们进入了一个"无疆界"的竞合时代。在这样的背景下，疏于连接的企业即使核心竞争力再强大，也可能面临被边缘化的危险。要在新的环境下生存和发展，企业需撬动自己所在的商业生态圈价值。

经济组织的任何投入都要有回报，才能产生源源不断的价值。数字财务的智能生态体系亦是如此，只有让财务在其中创造出超乎体系建设投入的价值，才能吸引更多投入，进一步发展技术，融合技术，也吸引更多企事业加入其中，共同完善。

1. 智能生态圈的动力机制

只要形成了生态圈的雏形，就能对集团生态圈形成强大推动力，构成价值吸附效应，吸附周边游离资源进入生态圈，进而形成良性循环，逐渐壮大。智能生态圈的动力机制主要由三大要素形成：流量效应、金融服务、投资吸收。

（1）流量效应。智能生态圈的首要推动力便是规模流量效应。流量经济，是指经济领域中各种依靠要素或生产物的流动带来经济效益与发展经济存在形态的总称。在智能生态圈中，多方面的融合带动了上下游企业、相关服务商的加入，吸附性地将物质循环流动起来，通过推动和促进资金、技术、人才等要素的相互流动，产生经济效益，从而使各区域间协同发展。

（2）金融服务。数字化使得资本的投向更加精准，在智能生态圈吸附相关实际经济体的同时，银行、保险等金融机构也都被吸附进来，提供相应的金融服务，也谋取着新的时代属于自己的巨大利益，图9-13以集团为核心的数字化投资价值吸附效应就是流量、金融服务与投资三者之间在数字化背景下形成的吸附效应。在智能化的生态圈中，财务数字化给予了这些金融服务更好的可视化衡量准则，共享化的数据也增加了真实性，保障了监管，从而降低了风险系数。在金融服务的推动作用下，基础的物质循环能够资本化，更加便捷地进行价值流动。

（3）投资吸收。在金融机构的加持下，投资成为智能生态圈最重要的推动力。没有投资，就没有新科技的发展与推广，没有企业的转型与升级，也就没有创造新价值的机会。在信息交换的过程中，投资可以不断发掘机会，风险投资家们的头脑与资金投入推动着数字化、智能化的一步步前进，创造了数字财务的今天与未来。

图 9-13 集团为核心的数字化投资价值吸附效应

2. 黏性增长的发展特征

智能生态系统的黏性增长是其发展特征,数字化智能平台带来的快速增长源于对生态利益群体的巨大黏性,这一特征让生态圈能够呈几何倍快速增长。

对于已有的存量客户与合作伙伴来说,数字财务的智能生态系统将现有的生态圈合作伙伴都整体导入平台,实现了一体化的目标;进而,在寻找客户、寻找供应商等方面大幅降低了交易成本,也更加方便快捷,提升了交易的效率;下一步业务模式上的创新更是将各项线上线下的专业服务一体化整合到平台上,提升了服务品质。成本的降低、商务效率的提升,加上业务的创新给整个生态系统带来共同盈利的空间,带动所有合作伙伴共赢、共创。

对于潜在的新客户与未来的合作伙伴来说,数字化平台提供了大量的新商机,赋予了对方在平台上找到优质对标的客户,同时也大幅度降低了交易成本,在享受平台整合的各类服务便利便捷的同时,风险共担的模式让企业更加平稳的进行自身价值的快速增长。

黏性增长的发展特征不仅能够形成简单的规模效应,而且是智能生态系统的模式下留存率与活跃度共同持续提升的重要保证。从而给生态系统带来了源源不断的生机活力,又反哺滋养着生态圈中的组织各个环节。

9.3 大数据赋能财务智能化

大数据不仅提高了企业财务管理的数据处理效率,而且借助大数据及相关技术,可以对财务数据进行快速、准确收录和处理,使得人工处理的流程减少,提升企业财务从业人员的工作效率;企业通过对数据的全面分析,可以更准确了解企业的经营现状,为企业的未来发展作出有效的规划;可以通过数据分析结果对企业未来发展遇到的风险进行有效预测,从而规避、解决相关风险。

视频 9.3 大数据赋能财务智慧化

9.3.1 大数据赋能财务职能活动

计算机、互联网、区块链等现代科技的相互融合，衍生出很多的新兴技术，数字化背景之下，大数据借助云计算等科技实现了对海量的、杂乱的数据的处理和高效利用，各行各业对数据的进一步整理、优化，使得数据为企业创造了更多的价值。企业可以充分利用大数据提供的便利，科学地掌握数据信息，优化企业的财务管理工作，实现各部门的信息共通，实现财务的一体化管理，提高企业的决策能力和竞争力。

1. 赋能财务分析

企业财务管理借助大数据技术，使得财务分析结果进行多方位的展示，实现企业之间各部门之间的数据互通，并且对数据进行有效的分析和深度的挖掘，使得企业财务管理分析的数据范围得到有效的扩展，而分析结果更加符合企业的实际经营情况，并且可以通过大数据相关方面技术，使之可视化呈现，从而加强企业各部门之间的配合工作。

2. 赋能财务决策

大数据融合企业财务管理，可以提高企业决策的科学性。财务人员可根据收集到企业内部各部门之间、企业外部同行或者市场各方面的多种类型的数据进行分析处理。因数据体量庞大，因而参考价值和预测价值极高，可以为自身企业的决策提供有效的数据依据，有利于企业的发展目标快速实现，提升企业的核心竞争力。

3. 拓展财务管理范围

借助大数据的企业财务管理，企业财务人员可以通过利用企业全方位的数据分析结果，参与到企业决策方面的制定和执行之中，企业财务管理可灵活运用大数据技术，在做好自身本职会计核算的同时，全程参与到企业各项经营业务之中，进而使得企业财务管理的数据分析更加真实和准确。

4. 全面掌控内外数据

大数据结合企业财务管理工作，可以全面、系统地分析企业内外部的数据信息，为企业财务管理的优化提供依据，并且也使得企业的财务会计人员思考管理会计方向转型，有效提高财务人员的工作能力，使财务管理人员更加灵活地运用信息技术对企业数据进行分析和应用，为企业决策、管理提供价值参照。

9.3.2 大数据赋能智慧会计

数字化时代最显著的特征是现代信息技术的推进与普及，并被广泛地融合运用于会计领域。会计信息的产生逐步从人工处理转变为半自动化、自动化的计算机处理，而在网络和移动互联技术的发展下，会计信息的传递和获取是随时随地的。

会计信息技术的运用给会计信息的产生和使用带来了根本性的变化，会计信息的产生、重复、机械的产生越来越少，运用也越来越重要，为会计的发展提供了广阔的空间，从而产生了财务共享、业财融合、区块链财务、会计大数据分析、智能财务等新的财管概念。

在此期间,现代信息技术与会计学的结合对传统会计工作的扩展和扩展效应得到体现,显示出数字化对会计创新的引导作用。

1. 大数据技术与会计业务的融合发展

随着第四次工业革命的推进,以及人工智能、自动化、物联网、区块链和第五代移动通信技术(5G)等新兴技术的发展与广泛普及,我国从会计准则日益国际趋同的方向考虑,推进了财务智能化的进程。现代智能信息技术为各类管理活动提供了一个统一的信息采集与存储、处理与传递的环境,将数据驱动、场景驱动、云端可视纳入智能财务管理体系,会计数字化系统应运而生。

企业通过应用新技术,推动财务管理从信息化向数字化、共享化及智能化发展,推进财务共享向多业务领域延伸,形成企业数字数据管理中心,实现企业数字化转型目标。在这一阶段,顺应时代进步和科技发展对财务层面和企业管理创新的驱动转型,搭建智能财务赋能目标的新型财务共享模式,把价值创造和数字化管理、智能共享化作为企业会计智能的首要任务。由于计算机技术广泛地运用于会计工作,人们的信息处理能力得到了极大提高,从过去的人工核算变成了电脑,从而使手工核算与现代信息技术初步结合,也就是会计电算化。虽然只是一种简单的模拟手工记账,却开创了一条新的会计改革之路。

大数据技术能够精准地模拟人工记账,使会员摆脱了传统的烦琐、机械的工作之后,逐渐将会计工作的重心转移到了管理、决策支持等高层的经营活动中,如图9-14所示,对会计报表的编制、外部编制是基础性工作,对事前预测、事中控制、事后分析的全面管理成为重点工作。

图9-14 大数据赋能财务会计业务流程重构

2. 大数据技术引领会计工作转型

现代资讯科技与会计学的结合,使企业能够随时随地获取个人财务信息。这种变革必将引导会计工作走向新的发展。从集中核算到财务分享,再到业财合一,会计电算化是电脑和会计相结合的产物,而集中核算是网络技术和会计的结合。会计集中核算是把会计工作集中到总公司的一个单位,不会对原来的会计程序和准则产生很大的影响。

在信息技术飞速发展的今天，以"大智移云"技术为支撑，将会计集中核算模式转变为财务共享服务。财务共享服务是利用现代资讯科技，将业务资料与财务资料进行集中处理，使财务业务不断标准化、流程化、自动化，大大提高了财务管理的效率，并逐渐实现规范化、流程化、集中化，从而达到了降低成本、提高质量、提高效率、控制风险的目的，为公司的发展战略提供支撑。而 RPA 财务机器人技术的运用，进一步促进了企业财务管理的发展，为企业和企业的资金整合以及战略决策提供了有力的数据支持。

3. 以创造价值为目的数字化会计

传统时代的会计信息以纸张为主要载体，其传播与利用都被限制在一定的范围内。信息社会，得数据者得天下，数据已经成为企业的重要资产，也是财务部门实现价值创造的重要基础。持续的数字化创新使会计人员脱离了传统的会计工作，而数据分析与战略决策、业务与财务相结合的方式，使企业能够更好地分析和解决问题，从而达到了创造价值的目的。

管理会计体系需要融合财务数据、业务数据、内部数据、外部数据，为多维管理与分析提供支撑。同时，企业需强化数据资产与数据治理管理，构建公司级数据平台，统筹开展数据整合，利用大数据技术，构建智能化、服务化、市场化的应用体系，贯穿产品、客户、风险与管理。

9.3.3 大数据赋能会计业务转型

大数据、人工智能、移动互联网和云计算等新兴技术引领会计业务方式变革，会计人员可以更快更好地采集数据、加工数据和分析数据，实现会计工作的重心由信息生成转移到信息利用上来，更加凸显管理会计、财务管理、财务分析等重要性。面对互联网上海量的数据，如何将它们转换成有用的信息将是未来会计工作的重心。

1. 会计信息数字化、标准化

要做到会计活动顺利转型，必须先把会计信息数字化、标准化。会计资讯的数字化自电脑与会计学的结合开始就已展开，电子档案、电子发票等科技手段的使用，也使其在企业管理活动中得以推广。会计信息规范化主要有语义规范化和格式规范化：国际上的会计标准趋同化能够解决会计报表的语义规范化问题，XBRL 就是一种标准化的会计报表表达方式。

虽然 XBRL 已经实施了很多年，具有一定的优越性，但至今仍不能得到广泛应用，主要原因在于它的技术壁垒太高，无法实现对报表前端的数据支撑，即原始业务数据的规范化，这将对会计信息规范化的进程造成极大的阻碍。

2. 运用会计信息进行决策支持和经营

各利益相关者运用会计信息进行决策支持和经营，并以充分、可靠的会计资料为依托，从而将区块链、电子发票等技术应用于会计领域。基于网络的区块链技术，已成功地将信息实现分布式管理，其分布的链式存储特点使得交易双方无须担忧数据伪造，简化了交易流程，节省了交易费用，提高了会计信息的真实性。

基于上述两个因素，可以使会计信息价值得到更好的体现，业财融合平台可以为会计信息的分析提供依据，而大数据和数据挖掘技术是会计信息价值的有效呈现。各种分析方法和模型的出现，为企业融资、投资、预测、决策等提供了有力的支撑。

3. 会计与资讯科技互动

在传统的资讯科技时代，会计与资讯科技的发展是相互促进的，而在数字科技成熟的当下，数字技术为企业打破了围墙。数字科技丰富了数字来源，标准化地解决了会计数字的歧义，区块链技术使虚假会计信息难以隐秘，智能化降低了会计信息的产生和获取的难度，大数据和数据挖掘技术让会计工作者拥有了一双慧眼。在现代信息技术的引导下，会计工作将彻底打破企业的壁垒，实现与外部的联系，并通过商业活动来推动财务的运作。

基于业财结合、财务大数据分析和应用为核心的新型财务管理模式，将逐步发展成为完全依赖于财务机器人来进行基本的会计业务处理，使会计和管理会计走向整合，财务会计创造价值的功能更为突出。

9.4 数字化财务管理信息系统

伴随着财务管理数字化转型，企业财务管理系统也需进行系统化、精细化、信息化转换，以增强对业务决策的支持能力，聚焦价值创造。当前，财务管理信息系统需扭转定位偏向于传统核算财务的倾向，以满足经营决策对财务数据的前端需求。通过数字化转型，企业逐步建立业财一体化与财务数字化的财务信息系统。

视频 9.4　财务信息管理系统

9.4.1 数字化财务管理信息系统的作用

企业应以财务集市数据为基础，首先构建财务数字化转型平台，实现多维、全要素核算管理、事前预算管理、事中分析管理、事后绩效评估的财务管理信息系统。财务信息系统在企业数字化建设，特别是在财务管理的数字化转型中具有举足轻重的作用。财务信息系统需要数据作支撑，数据在企业管理中的作用越来越重要。未来财务转型应该借助数字技术驱动，图 9-15 为技术驱动下的未来财务转型职能架构。

1. 加强企业信息化管理

传统财务管理过程中，财务人员主要面临信息量庞大、运算难度大等一系列问题，需要多次运算和制作财务报表，容易造成核算时效性差、误差大等问题，对财务管理工作效率造成了十分不利的影响。

不断完善企业财务信息系统。企业只有捕捉到关键风险点数据，才能及时有效地对有关财务管理问题作出预判。在数字化转型过程中，充分利用数字技术带来的优势，对于识别出的风险点要足够重视，及时作出判断、采取措施。同时，不断完善内部信息化管理，

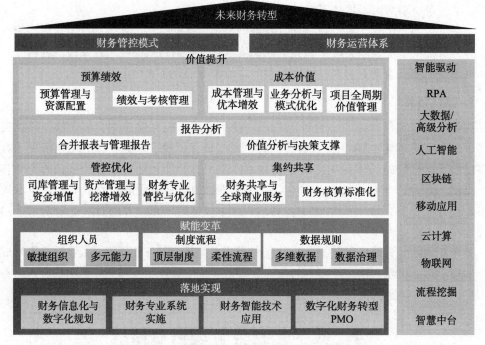

图9-15 技术驱动下的未来财务转型职能架构

促进管理层乃至整个企业信息交互意识,保证企业稳定经营,并在变化多端的外部市场环境中始终保持竞争力。企业在采购、生产、销售、融资各个环节都要获取精准信息数据,这就需要管理层和财务人员具备信息管理能力和数据驾驭能力,高度重视有关指标的数据波动,找到数字技术分析指标波动的原因,以便及时梳理管理程序,实现信息化管理。

在财务管理过程中,加强大数据技术的应用,可以大大增强获取与计算企业信息数据的能力,既能实现人力、物力及财力资源的有效节省,又能提高财务数据的准确度,这对财务管理工作来说是极其有利的。财务管理工作中,合理引入大数据技术,完善信息系统,建立健全企业管理体系,充分发挥财务管理的作用。不断扩大数据源,收集与整合数据信息,使企业财务数据实现有效传递,降低企业管理成本,改善财务管理状况,进而提高企业效益水平。

2. 提高财务管理工作效率

在传统的财务管理工作模式下,由于工作量庞大,工作内容繁杂,需要大量的人力、物力及财力资源进行维持才能顺利进行。对于企业财务管理而言,具体的应用功能模块紧缺,多个模块只能进行财务记账,却无法进行直接结算,难以有效满足实际工作需求。而将大数据技术引入其中并融入相关信息技术工具,可推进企业财务管理改革。依托"云管理"技术,基于企业自身实际,对互联网技术、企业财务信息以及云计算技术进行有机融合,建立企业专属"云会计"平台,促进企业运转,并合理规避各种风险,既能使资金管理效率得到提升,财务信息也能及时进行共享。

具体来说,财务人员不仅要做好会计核算等工作,而且需要具备数字化转型的相关知识和技能，利用数字技术系统动态地分析企业财务数据的变化，促进数字技术与财务管理的深度融合，为管理层决策提供必要的支持。管理人员仅仅拥有管理技能已然不能适应数字经济对素质的要求，要通过数字技术与企业管理深度融合，洞察企业面临的各种投资机会，加强财务价值发现的能力，使企业在市场竞争中抢占先机。

3. 提升财务数据的应用价值

在以往的财务管理工作中，一个会计期间财务数据的处理往往需要耗费较长的时间，造成时效性较差，无法准确充分地反映企业财务状况。大数据环境下，构建财务管理信息系统，利用大数据技术对财务管理数据加以处理，可以有效规避财务风险，减少财务损失，为企业财产提供安全保证，也能大幅缩短工作时长，提高数据处理效率与精准度，及时有效地反映企业财务状况，提高数据的时效性，此举财务数据的应用价值也能得以增强，为企业管理层作出正确决策提供有利依据。

数字技术为企业财务信息系统的转型升级提供了有力支撑，可助力企业对财务价值增值数据加以收集和分析，提高风险价值发现的精准性和水平。管理层要推动数字技术深度融入企业发展中，积极探索财务价值提升的途径，提升数据挖掘和分析的效率，及时把握大数据反映出的价值点，制定相关的价值挖掘与创造模式，如完善企业财务价值构成、价值形成的决策机制，对现有的财务信息系统进行持续的维护和不断的升级，使企业各项数据都能纳入财务管理价值增值的流程中，不断提升企业竞争力。

4. 帮助企业科学预测风险

在企业生产经营过程中，注重风险预测，可以防止其决策与正确方向偏离，克服企业运转滞后现象，有效阻止企业进入破产清算。在大数据环境下，就能运用大数据技术，合理预测各种风险，如技术风险、客观风险等，并提前规避风险，使企业正常运营。

数字化转型有利于数字技术与企业业务、管理活动的深度融合，促进技术和管理的升级改造，进而提升企业的核心竞争力，使企业在日趋激烈的市场竞争中保持甚至是提升市场地位。企业数字化管理的能力是决定企业生存与发展的重要因素。财务风险防范在企业保持稳定的运营系统中地位越发重要，有利于企业最大限度地降低环境变化带来的成本和损失，为生产经营提供必要的保障。因此，企业必须紧抓数字化建设带来的契机，及时识别财务风险，尽早对财务风险进行规划和防范。

9.4.2 数字化财务信息系统应用的策略

数字化经济的发展，打破了传统的时间和空间上的限制，使得信息更加透明、经济活动更加高效、互联互通更加随时随地。现代化企业运营作为国家经济活动的重要组成部分，应当尽早布局企业的数字化转型工作，借助大数据、物联网、人工智能等技术对企业的管理模式进行改造。

1. 优化财务管理系统

大数据环境下，应加快完善财务管理信息化体制。在财务管理过程中，企业会面临海量的信息数据，这些数据多种多样，如果采用传统的财务管理模式，难以满足企业工作需求，但是对于财务信息管理系统而言，有着独特的优势。大数据时代到来以后，企业实现了快速经营与发展，使得企业财务管理工作压力增加并产生大量的数据信息，这就需要耗费更多的时间进行数据分析。

而由于部分企业财务管理信息系统发展较晚，尚不够成熟，在应用财务管理系统信息化程度不高的业务时，技术方面会出现问题。这些企业往往倾向于采用传统的方法，使财务管理系统存在漏洞，如果系统开发者没有全面分析所有的运营方式并设计出相关的财务管理系统，也可能会出现一些系统无法解决的特殊问题。

所以，企业应从自身实际情况出发，构建完善的财务管理信息化体制，对财务管理系统进行合理优化，使其更加准确高效，系统功能得到显著改善。

2. 加强企业财务信息管理的整合

任何企业的经营发展离不开资金流，内部各部门工作活动的开展都需要预算支持，因此，企业各部门金融信息的流通尤为关键，加强企业财务信息管理整合已成必然趋势。推动内部金融信息的整合，在对企业各部门活动支出进行监督管理时，可利用横向对比发现费用支出中存在的问题，不仅能避免出现金融漏洞，也能避免企业内部资金分配出现分歧，使企业内部资金得到充分利用。

对于企业会计部门而言，可以依托数据信息共享平台以及财务信息系统，实时掌握各部门运营活动的财务资金信息数据，提高企业资金资源利用效率。大数据环境下，很多企业使用财务管理信息系统时，仅发挥其数据收集与存储的功能，却忽略了其财务管理信息系统的数据整合与计算功能，未能充分发挥系统的智能化与自动化优势。部分企业进行财务管理时，虽都努力将信息系统与传统的管理模式结合到一起，但应用不够全面，功能也没有得到完全开发，导致其应用效果不尽如人意。

实际应用过程中，因为财务管理信息系统构成复杂，对软硬件设备的要求比较高，所以，很多企业为了减小成本支出，购买了一些版本落后的系统，导致系统运行效率较低，系统漏洞较大，无法保障其安全性，必然影响到企业财务管理工作的开展。

3. 合理选用财务管理软件

财务管理软件是实现财务数字化的重要工具和手段。当前，国内财务管理软件市场不断规范成熟，各种软件迭代开发，功能各异。由于部分企业内部财务管理活动缺乏规范，未能基于自身状况选用相应的财务管理软件，限制了财务管理效率的提升，对企业正常运营造成不利影响。因此，企业如果要进行财务管理软件的开发，就要分析自身需求，考虑企业自身实际与发展战略，选用合适的财务管理软件。如果进行财务管理软件开发，应深入挖掘数据库，发挥当前信息技术优势，从自身发展实际出发，有针对性地进行财务管理设计，加强财务管理工作和其他业务的相互融合，使数据能够实现实时共享。

财务管理软件是否完善受开发人员素质影响较大，这就意味着企业要注重开发人员素质的提升，研究过程中充分考虑个体行为、社会行为以及组织行为等内容，并根据自身需要选用适当的财务管理软件，比如说，中小企业适合选用用友软件，其他企业可考虑选用金蝶、安易等软件品牌的产品。

对于财务管理信息系统而言，不可避免地会存在一些不安全因素，比如，利用网络能够使企业信息数据相互流通，还可能受到网络病毒的侵袭，威胁企业财产安全。所以，在企业业务运作过程中，财务会计信息的安全性尤为重要，财务信息安全问题的存在，势必会影响到企业经营管理活动以及资产安全。为保障企业财务管理信息系统的安全，就需要构建一套完善的企业制度，不断完善财务管理信息系统，为财务会计营造一个合法完善的网络环境。

4. 积极开展动态化财务监督

在传统的财务工作模式下，基本采用的是先支付后记账的方法，使得记账误差或漏洞较大，财务管理效用状况不佳。为彻底扭转这种状况，企业需要加强对大数据技术的应用，促进其与财务管理信息系统的融合，及时转变原有的工作模式。利用网络技术进行记账，本着"账实相符"的原则，网络平台能查询到记账痕迹，对财务流通过程进行严格监督，这样一来，不法分子就难以监守自盗，财务数据也能实现有效联通，既能防止资金超支，也能避免"资金在途"问题，系统一旦监测到该类问题，就会发出提醒，以保证其能够得到及时处理。

数字化背景下，合理构建财务管理信息系统，可以实现信息化管理，促进财务管理工作效率提升，规避风险，保证企业财务战略目标的顺利实现。但在财务管理信息系统应用过程中，仍然存在数据分析的时效性不足、应用不够全面、缺乏财务管理专业人才等问题。因此有必要采取必要措施加以完善，如制定财务管理信息化体制、整合企业财务信息管理、实施动态化财务监督等，使大数据技术的作用与优势发挥出来，进而推动企业业务良性循环。

9.4.3 云计算与财务云

财务云将企业财务共享的作业管理模式与云计算、大数据、移动互联网等数字技术有效融合，实现财务共享服务、财务管理、资金管理三合一，建立集中、统一的企业财务云中心，支持多终端接入模式，实现"核算、报账、资金、决策"在全集团内的协同应用。

财务云将作为企业的大数据中心，对企业内外部大量、多结构、多来源、分布式的数据进行挖掘、处理与分析，释放数据价值，为财务实现联网化、工业化、平台化打下基础，推动企业走向数字化时代。企业若要更好地采用信息化管理，就必须协调各部门进行云上的财务运作，财务云主要优势在于：

1. 保存信息的标准化

在云计算模式下，软件将准确计算和管理所有输入信息，并使每个物料清单满足标准化要求，更好地完成客户的需求。在使用云计算时，物料清单将形成一个固定的标准。在生产和销售过程中，为企业提供了极大的便利，确保各部门能够有效地按照要求工作，避免费时费力。此外，系统将保存现有信息并形成标准模板。当销售部门下订单时，如果输入错误，计算机将得到改进，避免企业经济损失。

2. 财务订单流程信息化

在云计算的使用中，企业的流程信息被输入系统中，包括客户信息、财务、订单、运输和交易方式、售后担保等。现在，企业的所有业务都将通过系统传输，各个部门的业务将形成一个独立的业务范围。然后各部门将完成的工作移交给下一个部门，建立良好的交接模式，逐步审核，形成固定流程，使每个环节都能严格有序地进行。在网络系统环境下，订单将在业务过程中自动生成，降低了运营风险。该系统对发货过程进行实时管理，不断更新货物的数据信息，减轻库存和采购部门的工作压力。

3. 客户信息数字化

企业资源规划系统需要建立客户信息系统，企业应改变传统的客户信息保存方式，对客户信息进行有序梳理，并对客户进行分级。应该从业务交易程度、交易金额大小、新老客户等方面对客户进行有序分类。云计算中的企业资源规划系统也随之更新，方便了解相关客户所有信息的查询，包括订单信息、财务账户等信息，提高了工作效率。客户信息信息化有效地提高了业务效率，节约了人力、物力。

云计算以低成本、高效率在企业财务管理信息化中发挥着重要作用。对于企业来说，云计算在财务管理中扮演着重要角色，是企业跟随经济信息化发展的最佳方式。企业需要根据自身的发展需求应用云计算，并在实践中不断创造满足自身发展需求的云计算服务。顺应数字经济需要，在企业工作中科学地运用云计算工作模式，提高工作效率，为企业带来更好的发展前景。

案例分析

财务管理价值不断扩展 加速发展财务数字化技术

2022年11月6日，在第四届中国国际进口博览会期间，毕马威举办"数智交响"发布会及首场活动"智慧财务"论坛。毕马威中国管理咨询服务主管合伙人刘建刚在发布会上表示，财务管理作为企业价值的重要表达者和守护者，在企业运营中发挥不可或缺的重要作用。在内外部挑战和机遇并存的今天，财务管理体现和创造的价值不断扩展，加速发展的财务数字化技术，将会使财务管理不仅限于提供及时、准确的会计数据信息。

刘建刚进一步解释，一方面，迅速变化的市场、多元复杂的业务、快速精准的风险预判及其他多种因素促使业务部门向财务人员寻求帮助，财务管理需要在运营层面上协助各部门形成基于价值提升的专业见解；另一方面，财务管理为企业管理层提供基于价值驱动的战略决策支持，帮助企业提升管理水平、提高业务反应速度，从而在根本上提升企业核心竞争力，是细化企业战略方向和增长目标并助力其落地的有效抓手和保障。

在业内人士看来，当前数字化浪潮风起云涌，企业作为数字经济时代的微观主体，必须利用数字技术完成自我升级改造，以便提高效率、增强能力和获取利润。这不仅是企业转型升级的重要方向，也为企业弯道超车成为行业黑马提供了机遇。

（资料来源：https://baijiahao.baidu.com/s?id=1715832165106598320&wfr=spider&for=pc）

问题：

1. 数字经济背景下，财务管理如何实现企业价值的表达者和守护者功能？
2. 数字化财务管理如何实现业务财务融合目标的？

3. 数字化如何实现"细化企业战略方向"的目标?"数字技术完成自我升级改造"的成果是什么?为什么这一成果是企业数字化转型升级的方向?

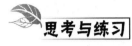
思考与练习

1. 数字技术在智能生态体系构建中扮演什么角色?有何特点?
2. 数字技术对财务管理相关业务的颠覆重要性体现在哪些方面?
3. 如何理解数据技术赋能财务成为神经中枢?
4. 大数据技术赋能会计业务转型的路径是什么?
5. 大数据赋能会计活动、降低财务风险的作用主要体现在哪里?
6. 财务管理数字化转型背景下,财务云的主要优势是什么?

第10章 智能化财务

1. 了解智能技术作用下的智能化财务演化历史、逻辑过程以及技术路线，掌握不同的智能化技术对智能财务系统形成的作用；

2. 理解智能化财务的本质以及智能财务价值实现过程；熟悉智能财务与企业数字化战略的关系。

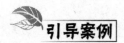

兴澄特钢数字化与工业化融合升级

BM 帮助财务主管使用有利于集中、透明、敏捷操作的智能工作流来推动增长、降低风险、管理成本以及改善客户和员工体验。通过在财务工作流程中构建更智能的端到端流程，企业可充分利用自身数据的力量，赋能员工从事更高价值的工作，增强现有系统的功能，并利用最先进的技术完成转型。

夯实企业数字化转型基础，Cyclone RPA 赋能兴澄特钢数字化与工业化融合升级。

兴澄特钢具备年产 690 万吨特殊钢的生产能力，为全球 60 多个国家和地区的用户提供多规格、多品种、高品质的特殊钢产品及整体服务方案。此次弘玑 Cyclone 帮助兴澄特钢运用 RPA 作为推动企业数字化转型的关键技术之一，消除重复劳动，帮助企业降本增效。

财务部项目痛点

兴澄特钢财务部在产品盈利分析报告、人工三单两个业务流程中需要耗费业务人员大量的工作时间：

产品盈利分析报告：业务人员每月都要耗费一周时间进行数据的分发、收集和整理，在完成初步的报表编制后还需要誊写到 Word 版的报告中，并处理对应的图表编制和相关排版工作。这一部分的工作内容耗时费力，且会导致报告出具时间受月末结账时间的影响产生延迟。

人工三单：在该业务流程中，业务人员需要日常去系统重复下载 180 多个文件并整理成凭证导入模板，然后导入 SAP 系统，该工作在下载文件的过程中非常耗时且重复。

引入 CycloneRPA

在兴澄特钢自动化项目中，弘玑 Cyclone 梳理了客户财务部典型业务流程，并完成流程中的 Cyclone RPA 智能机器人与业务系统的适配。在第一阶段工作中，将引导业务部门挖掘更多的可以适用的业务场景。

（资料来源：https://baijiahao.baidu.com/s?id=1748362301158944352&wfr=spider&for=pc）

智慧化财务是在财务数字化的基础上发展而成的，通过运用全新的数字技术为企业管理活动赋能，从根本上提升了财务信息的质量、提高财务工作效率、降低财务工作成本、强化了财务合规能力和价值创造能力，以此促进企业财务在管理控制和决策支持方面为目标的新型财务管理体系的构建。

视频 10.1　智能化财务

10.1　智能化财务概述

智能财务是一门新兴的交叉融合性学科，其行业发展的方向和路径目前虽存在明显的不确定性，仅仅局限于 RPA、知识图谱、神经网络、模式识别、机器学习等方面，但是从学术层面看，其应用进展仍有巨大空间。而未来智能技术在财务领域也会有重大的应用突破。

10.1.1　智能技术与财务管理模式

目前，人工智能技术在人机博弈、决策支持、模式识别、风险诊断、自然语言理解等应用领域得到了较大的突破，社会开始对人工智能的前景拥有希望，特别是机器人流程自动化（Robotic Process Automation，RPA）在财务和税务领域的成功试水，使"智能财务"这个名词频繁进入行业人士的视野。

根据业内的普遍认识，我国的财务管理已经历了从电算化到信息化直至智能化的发展阶段。

1. 财务管理电算化阶段

从 1979 年起我国财务管理开始实施电算化，特点是用小型数据库和简单的计算机软件取代部分人工会计核算工作，初步实现了从工资核算、固定资产核算、成本核算等单项核算到账务处理的计算机辅助处理的转变。电算化阶段的财务软件和财务人员的工作基本上是分离的，从本质上看信息技术并没有改变财务处理的流程和基本的组织结构，只是用软件实现了部分处理环节的自动化。

2. 财务管理的信息化阶段

20 世纪 90 年代，ERP 的诞生和计算机网络的普及使财务管理进入了信息化阶段，企业开始利用强大的数据处理能力和网络传输能力将业务管理和财务管理进行了初步整合，开始实现对业财信息的快速处理和实时共享、财务信息的跨时空处理和利用，逐步实现了财务管理从核算型向管理型的转变。财务信息化强调人机工作的协调与配合，信息技术已成为财务管理流程乃至业务管理流程的优化和再造工具。

3. 财务管理的数字化阶段

自 2005 年以来，财务共享服务模式在中国逐步普及，财务信息化的进程在光学字符识别（Optical Character Recognition，OCR）、移动通信、云计算和大数据等技术的大力推动下获得了突破性进展。尽管如此,处于财务信息化阶段的财务共享服务,仅借助标准化和流程化为财务转型提供数据基础、管理基础和组织基础,主要针对的是财务会计流程的信息化处理,并未实现业务活动流程、财务会计流程和管理会计流程的全面智能化。

4. 财务管理的智能化阶段

进入 2010 年以后,由于人工智能技术的突破性进展,不仅有结合高性能计算能力和大数据分析技术的出现,而且将沉寂已久的机器推理、专家系统、模式识别、机器人等技术赋予了很多新的应用场景,还对基于神经网络和遗传算法的机器学习进行了深入的研究,提出了新一代人工智能的发展目标。

在财务领域,随着大智移云物等信息技术的出现和逐渐成熟,财务管理面临着新的机会和挑战,财务预测决策、财务风险管控以及财务成本管理等有了更先进的算法、模型工具。数据处理技术可以汇集更全面的数据,商业智能和专家系统能够综合不同专家的意见,移动计算可以帮助财务人员随时随地完成管理工作,财务机器人可以实现财务管理活动的自动化操作,现代系统集成技术可以消除业务、财务和税务等之间长期形成的信息和管理壁垒。

由此可见,以人工智能为代表的新一代信息技术的发展给财务管理带来了新的发展契机,正在使财务从信息化向智能化方向转变,如图 10-1 所示。

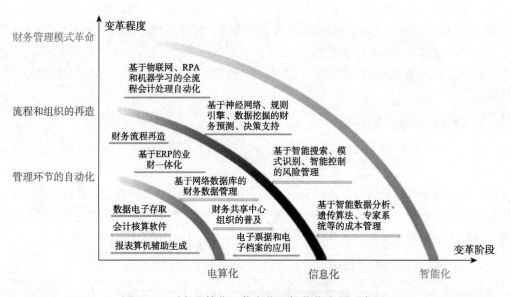

图 10-1 财务电算化、信息化、智能化发展示意图

相较于财务信息化阶段注重财务和业务信息的整合以及信息的快速处理和实时共享,智能化阶段则更注重企业各类信息处理的效率、效益和智能化的程度,如利用物联网、RPA 和机器学习、专家系统等技术实现财务处理的全流程自动化,以降低成本、提高效率、减少差错;基于神经网络、规则引擎、数据挖掘等技术自动实现财务预测、决策的深度支持,以提升其科学性和实时性,这一阶段再造的不仅是流程和组织,还会在更高层面上对企业管理模式和管理理念及管理哲学进行再造。

10.1.2 智能财务内涵与优势

参照智能制造、智能金融、智能教学等提法，行业专家在一些论坛和媒体上提出了"智能财务"这个新的名词，预示着财务管理模式进入一个新的发展阶段。

智能财务不仅是财务流程中部分环节的自动化、某个财务流程的整体优化和再造，而且是财务管理模式、甚至是财务管理理念的革命性变化，它借助人机深度融合的方式来共同实现前所未有的新型财务管理功能。

1. 智能财务内涵

百度百科中的诠释：财务智能属于商务智能的一种，主要指利用人工智能技术与大量企业电子化财务数据，为传统财务分析模型设立计算机模型，从而得出对企业经营分析的诊断报告。

参照业界的一般理解，我们可以把智能财务定义如下：智能财务是一种新型的财务管理模式，它基于先进的财务管理理论、工具和方法，借助于智能机器（包括智能软件和智能硬件）和人类财务专家共同组成的人机一体化混合智能系统，通过人和机器的有机合作，完成企业复杂的财务管理活动，并在管理中不断扩大、延伸和逐步取代部分人类财务专家的活动。

所以，智能财务是一种业务活动、财务会计活动和管理会计活动全功能、全流程智能化的管理模式。智能财务主要表现为以数据发现、智能决策和智能行动为核心的智能管理系统，可以帮助决策层进行智能判断、策略生成和策略选择。

2. 智能财务的优势

相较于传统的纯人工财务、电算化财务和初期数字化财务，智能财务在信息处理方面有着显著的优势：它可以借助模式识别、专家系统、神经网络等技术，自动、快速、精确、连续地处理财务管理工作，帮助财务人员释放从事常规性工作的精力，去从事更需社交洞察能力、谈判交涉能力和创造性思维的工作；智能财务还可以借助全面而非抽样的数据处理方式，自动地对财务活动进行风险评估和合规审查，通过自动研判处理逻辑、寻找差错线索和按规追究责任，最大限度地保障企业的财务安全。下面以报销为例介绍智能财务特点。

（1）支持双平台报销。智能财务系统支持手机端和电脑端双平台运行，双平台上信息与数据实现同步共享。相较于网上预约报账系统，智能财务系统凸显优势在于支持手机端报销，不再局限于局域网，报销人可以随时随地通过手机拍照上传票据进行报销业务申请，审批人可随时随地进行在线审批，具有时效性强、灵活、操作方便等优势。

（2）网上签批智能报销。系统实行网上签批，全部审批流程在线上流转。对于跨区域多厂区的企业财务管理模式，网上签批更是提供了巨大的便利性。网上签批还支持附件上传、审批进度查询、审批意见反馈等多种功能，手机终端的便携性更是提高了业务审批的效率，切实实现了"让数据多跑路，员工少跑腿"的财务服务目标，提升了报销体验。

（3）系统智能识别、智能填报报销。对票据拍照或上传后，系统基于大数据的票据池能够自动进行智能识别，获得票据全票面信息。例如，系统可智能识别车票的乘坐人、车次、乘坐日期时间、出差地点、金额等信息，还能智能识别票据类型、开票日期、开票抬头、对方单位、开票金额等信息。票据智能识别后，系统会根据识别的票据信息和系统内置的票据内容与会计科目的勾稽关系，自动匹配会计科目。

（4）查验预警报销。在智能预约填报时，系统会根据报销业务类型提示报销人提供辅助证据，报销人按照系统预设的程序补充相应说明或上传附件即可。智能财务系统对于票据还能够进行智能化预警审核，系统与国家税务发票查验平台相关联，票据拍照或上传后，系统能够自动进行增值税发票真伪查询验证和电子发票的重复报销认证、自动提示预警。过期票、发票抬头错误的票据系统会自动查验警示。

（5）档案电子化存储。在完成报销后，系统能够自动将上传的电子票据和附件与相关凭证进行关联，形成电子档案。全面实现档案资料电子化存储后，可通过智能报销系统查询报销历史记录及调取相应的票据、附件图片，无须再到财务部门或档案馆进行现场查询，方便进行审计。

3. 智能财务的本质探索

智能财务属于全新的思维与技术的拓展领域，无论当前智能财务如何定义，它的内涵和外延一定会随着时间的变化而变化，其本质属性依旧是社会属性与自然技术属性的结合。

（1）技术赋能。智能财务是建立在云计算、大数据、人工智能等新技术的基础上，并结合企业互联网模式下的财务转型升级与创新发展的实践而产生的新形态，通过大数据技术进行建模与分析，利用人工智能的技术提供智能化服务，为企业财务转型赋能，帮助企业打造高效规范的财务管理流程，从而有效促进企业财务转型。

（2）价值重构。智能财务的本质是利用智能技术对财务管理的流程进行重构，智能财务研究和应用是对应用场景的关注。作为人工智能在管理中应用的重要分支，智能财务研究和应用呈现了迅速发展的态势。

（3）多维高效。智能财务未来将产生三个维度：一是财务流程更加自动化；二是财务场景更加智能化；三是数据、技术、模型相结合的财务数据化。而智能财务的本质是基于数据和模型实现高质量决策，说明认知智能是人工智能未来的发展方向，认知智能与管理会计融合，让企业更便捷地获取数据、洞察数据，进行更高效的决策。

智能财务的体系架构也需随着技术和应用发展的变化而不断地调整，我们只有不断跟踪智能技术、财务理论、企业实践的发展，抓住每一个探索智能财务理论和应用的机会，在不断试错中优化和演进，才能将智能财务的发展引向成功的彼岸。

10.2　智能化财务与财务战略

财务数字化转型是智能财务实现的基石，为智能财务的实现奠定了重要的数据基础、组织基础和技术基础。随着数字技术的应用，连接、协同数据中台的理念不断植入财务共享服务中心，尤其是当财务机器人不断应用于财务共享时，财务共享服务的效率得到进一步提升，成为智能财务的应用雏形。

视频 10.2　智能化财务与财务战略

10.2.1 智能财务架构与机制

智能财务的基本架构中应包含相关技术层级、核心管理内容、信息处理部件要素及它们之间的逻辑关系。当前，与智能财务发展相关的信息技术有：模式识别（影像识别、语音识别、生物识别等），专家系统，神经网络，知识图谱，机器人，遗传算法，自然语言理解，云计算，大数据处理和智能移动通信等。

1. 智能财务的基本层次

数字化、数智化正成为新一轮全球生产力革命的核心力量。数字化智能时代给企业的财务工作带来影响，具体而言，数字化、数智化从财务对象、组织形式、方式方法等三个方面给财务工作带来了巨大变化，财务管理需要从"核算反应型"向"智能决策型"转变，从"管理控制型"向"决策支持型"转变。

由此，智能财务金字塔涵盖三个层面：第一，基于业财深度一体化的智能财务共享平台，这是智能财务的基础底层逻辑；第二，基于商业智能BI的智能管理会计平台，这是智能财务的核心；第三，基于人工智能的智能财务平台，这代表智能财务的深度发展。

2. 智能财务的基本架构

智慧财务的基本架构包含广义架构和狭义架构两部分。

（1）广义的智能财务架构。应该包含智能财务发展生态的各个方面。如智能财务的应用主体（企业或行政事业单位等）、政府主管部门、行业组织、智能财务发展的供应链等方面。对智能财务而言，尽管智能化的进程主要由应用主体的内在发展动力所驱动，但外部环境也起着非常重要的推动作用（图10-2）。

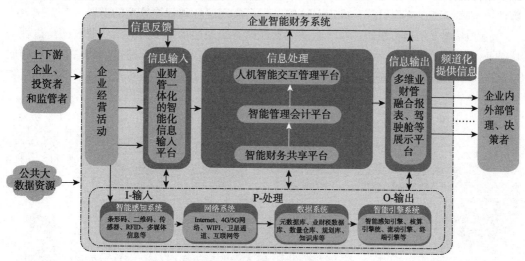

图10-2 智能财务的基本架构

在外部环境中，政府主管部门包括财政、审计、税务、海关、证监等部门，将通过法规、标准、规范、准则、指引等来指导、协调、管理和推动企业智能财务的发展；行业组织包括准政府组织、一般行业管理组织、学术组织和民间团体等，主要通过组织专业技术人员研究知识体系、收集最佳实践、传播相关技能等方式来引导和影响企业；智能财务发展供应链包括与智能财务相关的软硬件系统供应商、咨询机构、培训机构、外包服务机构等，主要提供企业所需的软件、硬件、数据、信息、智能、人才等方面的服务。经济技术环境则指影响企业实施智能财务发展的信息技术、法律环境、公共数据资源等，是激发或阻碍企业智能财务发展的力量。

（2）狭义的智能财务架构。主要用于描述智能财务应用主体即企业内部的智能财务各组成部件之间的逻辑关系。

3. 智能财务系统运行机制

财务数字化转型是企业在财务领域运用云计算、大数据等技术来重构财务组合和再造业务流程运行机制，提升财务数据质量和财务运营效率，更好地赋能财务、支持管理、辅助经营和支撑决策。

（1）系统底层运行机制。由于智能财务需要借助智能机器和人类财务专家共同组成人机一体化智能管理系统，因此位于底层的智能感知系统、网络通信系统、数据管理系统和通用智能引擎是必不可少的。

智能感知系统可以利用条码、射频识别（Radio Frequency Identification，RFID）、传感器、OCR 等技术客观地感知企业内部经营活动和外部环境，自动完成数据的收集工作；网络系统则通过物联网、互联网、移动互联网以及卫星通信网络等实现数据的传递和共享；数据管理系统则用于存储企业智能管理所需的元数据、业财管交易处理数据，以及规则库、方法库、模型库、知识图谱等，在数据仓库和数据挖掘等商业智能（Business Intelligence，BI）组件的支持下，为应用层的数据智能处理提供基础；智能引擎系统则通过公共的智能部件（核算引擎、流程引擎、推理引擎等）满足应用层各种智能处理的需要。

（2）系统上层运行机制。位于上层的智能财务应用层描述了财务信息处理的全过程：从企业经营活动到业财管统一信息输入平台，再经过信息处理后，通过公共信息报告和展示平台送达企业内外管理者和决策者。所有这些信息处理过程都需要借助底层的智能引擎系统自动完成。

如在图10-3中，输入信息不仅来源于单位对外的经营管理活动，还来源于对外部大数

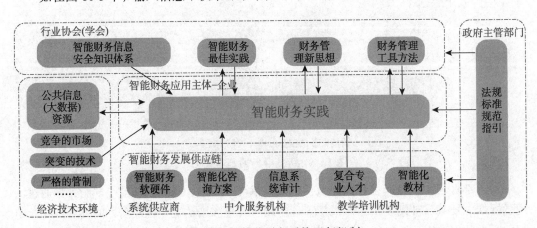

图 10-3　智能化财务系统运行机制

据资源的自动爬取。智能信息输入平台是企业的统一信息输入平台，它通过人机合作的模式，将机器客观采集到的信息和人类主观感知到的信息结合起来，按照财务信息处理的要求完成信息的输入。在信息输出方面，企业将通过底层的各种智能引擎，把机器的运算结果和人的价值判断相互匹配，动态、实时、频道化、多种形式地展示业财管融合报表信息，以满足企业内外部管理决策者的需求。

（3）系统中层运行机制。在中间的信息处理环节，财务信息处理方式将体现为三个层次：核算层、管理层和决策层。

①智能核算型财务管理平台。是相对较早的智能财务系统，主要依赖智能感知、RPA、专家系统等技术智能地完成财务核算工作。

②智能管理型财务管理平台。是发展到中期的智能财务系统。它在核算型财务管理平台的基础上，逐步演变成基于大数据处理、商业智能、神经网络、机器学习等技术的智能管理会计综合平台，即智能财务从以处理交易性活动为主发展到处理更多高价值的管理会计活动。

③智能战略型财务管理平台。是智能财务发展到成熟阶段的产物。它在智能核算、智能管理平台的基础上，将智能财务的核心功能发展到智能决策领域；它是人机高度融合的智能处理平台，即财务管理中出现的智能活动，如分析、推理、判断、构思和决策等，将由以计算机为主的人机融合系统共同来完成，并且随着发展的深入，系统将不断扩大、延伸和逐步取代部分财务专家在财务管理中的活动。

4. 财务管理模式变革

新技术的不断涌现不仅改变着企业的商业模式和市场竞争模式，也推动着财务管理模式的变革，让财务工作更加简洁高效。

在新技术的支撑下，未来的财务工作将达到"智慧"的高度，即采取智慧财务模式，而不是简单的自动化流程或者智能化流程。智慧财务颠覆了传统业务和财务流程，打破了企业间的物理壁垒，从而打造出有利于价值提升的一体化模式，并将适应新的商业模式和市场竞争模式，为企业的创新变革提供新的动能，满足企业的各种财务管理需求。构建财务数字化管理体系是一个长期的过程，企业要结合自身的战略目标、运营管理模式，并遵循"统一规划、统一标准、分级管理、分步实施"的指导方针，构建适合企业自身发展的路径与方法。通常建议分成三个阶段逐步推进财务数字化转型。如图10-4所示为智能化推进财务转型的步骤。

（1）在线化。主要体现为信息流、影像流、实物流的在线交互。通过应用新兴数字信息技术建设财务信息管理系统，贯通业财链路，提供高效的生产数据，并将线下的财务管理流程搬到线上，实现在线化、自动化核算，实时监控财务运行情况和资金流向，同时根据需要开展实时、敏捷的财务分析，实现事前、事中管控，助力经营决策、风险管控，提升财务管理效率。

（2）协同化。主要体现在业务财务协同、产业上下游协同、社会化协同方面。在业财融合的基础上，以价值创造为目标，高效发挥财务数据价值，使财务会计、管理会计、税

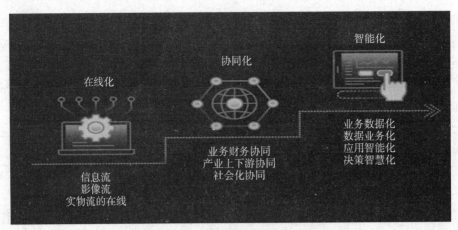

图 10-4 智能化推进财务转型的三个步骤

务会计、社会会计等走向融合统一,满足不同会计核算的需要,并通过建设供应链金融、产业链协同等应用,打造互联互通、协同共享的生态体系,推动企业内外部各方主体、各类资源要素聚合发展,实现价值共生、生态共赢。

(3)智能化。基于在线化、协同化的基础,全面应用"云大物移智链"等新技术,特别是人工智能技术支撑下的财务管理模式创新,提升财务作业的智能化程度,全面实现业务数据化、数据业务化、应用智能化、决策智慧化,推动财务管理走向业务型、战略型财务,全面提升财务对战略决策的支持能力。

同时,企业借助智联网技术收集汇总海量数据,大数据和云计算技术能从海量数据中提取罕见的高价值信息,从而进行数据挖掘与模型分析;人工智能技术以海量数据为基础进行反复深度学习,为企业提供更好的财务服务和决策支持;人机交互让复杂的财务数据以自然语言等形式随时随地展现;区块链技术能解决数据存储不安全等问题。

10.2.2 智能化财务的价值实现

智能财务是将以人工智能为代表的新技术运用于财务工作,对传统财务工作进行模拟、延伸和拓展。以改善财务信息质量,提高财务工作效率,提升会计财务能力和价值创造能力。

1. 智能财务价值实现的层次

智能财务可以在不同层次上促进企业财务在管理控制和决策支持方面的作用发挥,通过财务的数字化转型推进企业整体的数字化转型进程。

1)财务层面

立足于业务驱动财务,借助智能财务会计共享平台,实现会计核算自动化、资金结算集中化自动化、资产盘点自动化、税务核算申报自动化和会计档案管理数字化。提升企业财务会计工作效率和信息质量,推动财务从核算型转向管理型。

2)业务层面

立足于管理规范业务,借助智能管理会计共享平台,实现税务评估智能化、预算编制分析自动化、预算控制前置化自动化、成本归集计算自动化、项目管理过程化。以更好支持业务开展，规范业务管理和强化过程管控，提升商业管控水平。

3）管理层面

立足于数据驱动管理，借助大数据分析应用平台，通过建立多维分析模型和数据挖掘模型，实现服务业务经营、精细协同管理、辅助决策支持和全面风险评估。促进商业数字化转型升级，推动企业高质量发展。

4）行业层面

立足于创新驱动发展，在智能财务建设和运营的过程中，形成可供行业参考的业务流程梳理方法及标准、单据附件梳理方法及标准、业财数据梳理方法及标准、信息系统梳理方法及结果、算法模型梳理方法及结果。这无疑将有助于巩固企业的优势地位，促进行业财务管理领域创新。

5）社会层面

企业如能立足于理论指导实践，就能在智能财务理论和方法研究过程中，形成可供所有企业参考的智能财务的内涵和外延、智能财务建设的具体框架、整体思路与可行路径，既丰富了智能财务的理论与方法，又可为企业智能财务建设实践提供切实指导和有益参考。促进企业财务管理水平和整体管理水平的提升，助力企业进行数字化转型或升级。

2. 智能化财务价值实现的途径

随着"大智移云物"技术的不断成熟与发展，自动化、人工智能等技术应用浪潮的兴起，大量新兴技术在财务领域得到了应用，进一步简化了财务日常工作流程，提升了员工体验，提高了财务工作的处理效率，将财务人力投入到更有价值和更具创造性的工作中并辅助决策的制定，促使财务管理水平与财务价值得到极大的提升。

1）基于业财融合的智能财务共享平台

众所周知，财务只有与业务真正融合才能发挥出价值创造的效力。然而，长期以来，企业财务体系的最大问题就在于与业务相脱节。业财融合在企业中获得成功落地的概率较低，这主要是因为业财融合需要将企业运营中的三大主要流程，即业务流程、会计核算流程和管理流程进行有机融合，建立基于业务驱动的财务一体化信息处理流程，使财务数据和业务数据融为一体，最大限度地实现数据共享，实时掌控经营状况。然而，在传统的企业管理体系下，业务流程、会计核算流程和管理流程各自为战，缺乏一种技术手段可以将其完全连接起来。

2）基于人工智能的企业智能财务平台

它是现代企业财务体系接受"互联网""云计算"等技术的全新理念和有力探索。互联网和"云"的核心思想是连接，共享的核心思想是开放。架构于互联网和"云"上的智能财务共享平台通过连接和数字化改造，实现了财务与业务的实时连带发生，颠覆了传统交易方式，免去了报销、报账流程，真正实现了业务财务的深度一体化。

具体而言，基于智能财务平台，企业可以搭建云端企业商城。利用电商化平台实现与供应商、客户之间的无缝对接，并借助发票电子化打通税务数据与交易的关联，回归以交易管理为核心的企业运营本质，重构传统财务处理流程，实现对员工日常消费以及大宗原材料采购的在线下单、支付，企业统一对账结算实现了交易透明化、流程自动化、数据真实化。

在智能财务平台体系下，大量不增值的审核、结账环节都经由系统自动化实时完成，财务人员只需事前做好管理控制、做好预算、设置好流程即可，可以从烦琐重复的劳动中解脱出来，聚焦在管理分析、风险监控识别等工作上面。

3）基于商业智能的智能管理会计平台

早在1996年，商业智能的概念已经被提出来，但长期以来受限于信息技术的发展，在企业中落地较为迟缓。而基于智能财务共享平台中大量实时记录的详细数据所形成的财务数据中心使企业可以获得及时、完整、真实的内外部基础数据，这为商业智能破解了最大的发展瓶颈。

商业智能（BI）是一套商业方面辅助决策的解决方案。它通过组建企业级数据仓库，得到企业数据的全局视图，在此基础上再利用合适的查询和分析工具、数据挖掘OLAP等工具对数据进行分析和处理，形成有用的信息。总体而言，商业智能拥有强大的建模能力、多维度的构架体系、专业的数据处理技术和灵活的技术特点，与财务管理对信息平台的要求吻合。

财务工作始于数据、止于数据，但财务并非只是数据的搬运工，而是数据的整合加工者。作为财务体系中负责价值创造的那部分，智能财务平台需要具备模型化、多视角、大数据和灵活性等特点。通过构建基于商业智能的智能财务管理平台，企业可以获得贴合不同用户需求的多维度、立体化的数据信息，对管理者的决策过程提供智能化支撑，如图10-5所示。

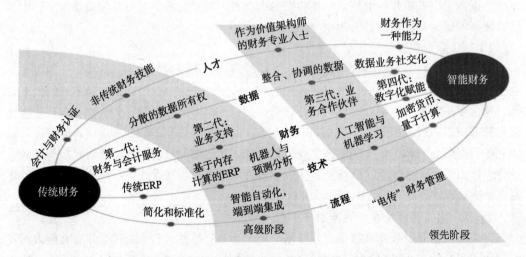

图10-5 传统财务与智能财务的技术衔接与阶段迭代

4）使用专家系统与神经网络

从AlphaGo"人机大战"开始，人工智能成为大众话题。人工智能正在逐步渗透到财务领域，已有两个技术已经影响到财务领域：一是专家系统，应用在记账凭证的处理、现金管理、存货管理、风险评估等领域；二是神经网络，应用在信用评估、预算管理、内部审计、破产预测等方面。

技术进步正在彻底地改变财务工作。企业应该早一步采用全新的财务思想构建起连通、集约、自动、高效的智能化财务体系，也便于早一步在激烈竞争的市场中取得优势；

5）未来智慧财务的发展方向

（1）强化RPA在财务管理中的纽带作用。提高企业处理结构化数据的效率，简化流程性工作，建设数据中台，推动数据资产化和业务赋能价值。

（2）完善财务共享中心。使得财务数字化建设趋于统一化和标准化。票是以数治财的核心媒介，向企业传导政府侧数字化影响。所以，管理模式升级倒逼财务体系重塑，数字化为财务变革助力。

同时，财务系统从底层资源能力到上层功能定制化的各方面都在面临新的挑战，企业再次聚焦财务数字化。而技术进步支撑数字化的实现，是复杂环境下的关键驱动力。数字化、数智化正成为新一轮全球生产力革命的核心力量。财务系统作为连接企业采购、生产、运营、销售等经营行为的枢纽，如何进行财务数字化转型对于企业应对数字化时代复杂多变环境至关重要。

财务管理向智能化财务管理转变是大势所趋，数字化进程将助力企业降本提效。现阶段的企业已然能够将财务与业务打通，对相关数据进行实时分析，还可与供应链上下联通，相关财务处理也在线上完成，显著提高了企业的生产交易与管理效率。

在企业管理领域，近年来，企业感受到人工智能技术发展带来的巨大机遇和挑战，从发展战略和商业模式的颠覆到组织架构和管理流程的再造，再到经营方式和组织文化的重塑，在信息技术高速推进的背景下，财务管理智能化变革已成为企业运营的常态。

10.3 战略视角的智能化财务

显然，要达到图10-5所描述的智能财务应用迭代状态不可能一蹴而就，企业智能财务未来进展如何，既与市场这只看不见的手有关，也需要政府这只看得见的手进行引导和干预。

10.3.1 政府实施的顶层设计

政府参与推动某项事业的方式、方法和程度，决定了该项事业的发展走势、范围和速度，甚至能决定发展的成败。在企业智能财务的发展过程中，政府可以选择"强制推行""政府引导与市场行为相结合""完全放任由市场决定"等策略，完成其战略意图。

视频10.3 战略视角的智能财务

1. 营造良好的智慧环境

我国的经济体制改革的成功经验已证明，完全的市场行为效率低下，同样地，在实施企业财务智能化转型中，政府不能失位缺位，要有所作为。同时也应该注意到，我国企业管理模式繁多，企业的管理水平参差不齐，各企业的智能财务进展程度与创新模式差异度较大，强制推行一个模式也不一定能适应企业发展的需求。因此，符合我国国情的智能财务发展路径应当是政府引导与市场行为相结合的方式，政府可以为企业发展智能财务营造一个良好环境，制定相关的支持政策，协调社会各方力量，帮助企业根据自身实际，分阶段、分系统，有计划、有步骤地实现智能财务发展目标。

政府在将财务智能化作为行业未来发展战略后，要根据区域经济未来发展目标适当投入资金，加强信息化基础设施建设，为企业采购数字终端、智能信息系统与智能财务管理机器人，为企业财务管理各个流程、各个环节都能形成紧密衔接的智能网络系统提供基础保障，以保证企业高效实现财务智能化转型。

政府要牵头，建立智能化立体化的培训体系，发挥高校人才培养主渠道作用，通过新文科建设以及专业课程改革，培养一批具有战略决策力的企业财务人员。如上海国家会计学院推出了大数据专业培养方向的全日制研究生项目，并成立了智能财务研究中心，旨在构筑高效开放的研究平台，打造具有引领性、示范性价值的理论研究成果和应用性产品。

2. 确定未来的发展方向

政府可以根据智能技术的发展动向，适时制定我国智能财务的发展规划和实施纲要，明确发展目标和各阶段的工作重点，加强对企业智能财务发展的引导和管理，促进企业智能财务事业的健康发展。

数字经济环境下的企业财务智能化转型必须与企业的未来发展战略紧密贴合，要将财务智能化建设作为一项重要战略列入企业的未来发展规划中，尤其要重视从近期规划、中期规划、远期规划的不同阶段融入财务智能化转型目标，从战略全局角度推进财务智能化转型。通过融入大数据技术打造智能化财务运营管理体系，在企业战略层面融入更多的智能化决策场景，使企业财务工作在不同战略周期可持续发展。

同时，在企业财务智能化发展战略的带动下，企业内部的财务职能也需要集成化建设，通过梳理标准化端口整合各类系统，打造覆盖企业各业务维度的数字网络系统，使企业内部各个部门能高效地进行资源共享，构建大数据环境下智能化财务管理模式，推进企业财务综合管理能力提升。

3. 政策支持与倾斜

政府还可选择代表性企业，给予适当的技术和政策支持，使它们能够在智能财务的发展方面作出标杆，成为智能财务方面的最佳实践范例。可通过论坛、报道、经验交流等形式对先进企业进行宣传，营造良好的社会舆论和实施环境，提升其影响力、辐射力和带头作用。

政府要全面重视数字资源的立体化整合，加大政策倾斜力度，构建跨业态的数字化智能化财务信息中心，以此推动企业通过构建业财联动的财务管理机制，优化经营管理各个流程、各个环节，保证财务信息资源全面收集与共享。政府也应当通过融资租赁、低息贷款等方式，支持企业依靠 RPA 和智慧化财务共享中心，实现财务资源高效管理。

10.3.2 数字生态的组织构成

这里所指的数字经济生态环境如图 10-6 所示，包括政府机构、行业协会、管理咨询机构、软件供应商和科研院所等。

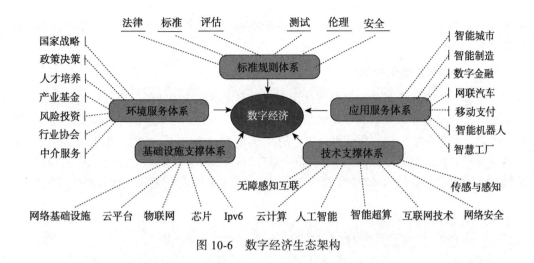

图 10-6 数字经济生态架构

1. 政府机构

在企业智能财务的发展进程中,政府的政策目标需要相应的社会服务机构支撑和市场化的手段来推动。政府可以协调行业协会、软件服务商、管理咨询机构、科研院校等力量,通过建立更为完善的社会服务体系来帮助企业实现智能财务的发展。

2. 管理咨询机构

可以帮助企业进行智能财务的诊断和分析;协助企业制定智能财务的总体规划;帮助企业进行相关软件、硬件以及系统集成方案的选型、实施和维护;帮助企业进行复合型人才的培养。为了实现这些职能,管理咨询机构自身需加强专业能力建设,加大对智能财务的研究力度,不断追踪和研究以人工智能为代表的信息技术发展趋势,深入企业进行实地调研。

3. 软件供应商

需抓住当前人工智能等技术发展的良好机遇,深入挖掘企业管理智能化发展的系统建设需求,不仅应借鉴国外智能系统的设计理念,还要考虑我国智能财务发展的实际情况,设计出真正适合中国国情的智能财务信息系统。

4. 科研院校

科研院校需在培养智能财务的复合型人才方面发挥重要作用,不断加强智能财务相关课程体系和师资队伍的建设,制定有效的人才培养方案,推动人工智能学科建设,改革与优化课程体系,不断更新教学内容,为学生创造更多接触企业智能财务的实践机会,提高新从业者的应用能力。

10.3.3 企业智能化财务的实施

企业的智能财务发展是一项逐步推进和持续改进的系统工程,不可能一蹴而就。企业作为智能财务的实施主体,可以借助政府的引导作用,协同多方社会力量,有计划、有步骤地完成智能财务的发展目标。在数字经济的环境下，财务智能化可以依靠数字虚拟空间逐步开展业务。

1. 制定财务智能化战略

由于企业中存在大量的财经数据使用者，需要提供高适用性的门户以检索、加工、运用数据，让海量企业数据富有驱动管理创新的能力。因此，在构建财务管理系统时，需要综合考量。在财务数智化的顶层设计中，用友提出"1-3-10-6-5"战略，作为大型企业明确实现企业数智化蓝图的目标，从而牵引企业财务数智化的转型规划和执行，如图10-7所示。结合最新的数智化的技术和特征，指引企业财务人在新的时期构建新一代的财务应用架构。

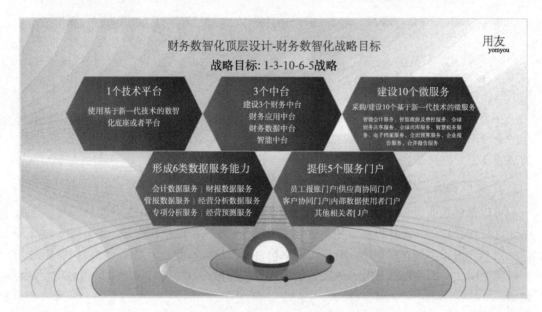

图 10-7　用友提出"1-3-10-6-5"战略架构图

搭建1个技术平台，构成新一代技术的数智化底座，在此之上建设"财务应用中台""财务数据中台""智能中台"3个财务中台。从基础的财务工作转向全面财务工作，分阶段搭建10个微服务，即覆盖智能会计服务、智能商旅及费控服务、财务共享服务、全球司库服务、智慧税务服务、电子档案服务、全面预算服务、企业报告服务、合并报告服务、大数据分析服务。

在数据服务能力方面，需要形成会计数据服务、财报数据服务、管报数据服务、经营分析数据服务、专项分析服务以及经营预测服务。为财经数据相关人提供的门户需建设员工报账门户、供应商协同门户、客户协同门户、内部数据使用者门户和其他相关者门户5个服务门户。由以上"1-3-10-6-5"战略的目标牵引大型企业财务数智化转型的全程规划和执行。

2. 财务数智化建设实施的方法论

在构建领先的新一代财务数智化应用架构以及确定系统部署内容之后，用友亦为大型企业提供了有效的财务数智化建设路径方法论——"531023"方法论。这其中最为重要的分别是"2、3",即新一代技术平台支撑和三大中台支撑构成的"两大支撑"以及流程数智化、管理可视化、管理智能化这"三个阶段"。数智化和管理改革的过程是循序渐进的,无法一蹴而就。在企业没有达成数智化之前,很多工作还在通过手工的方式推进,追求智能化等于纸上谈兵,因此遵循科学的方法路径逐步实现管理数智化是最好的选择。

财务智能化转型涉及十大财务管理领域,没有一个领域可以一次性完成数智化管理升级的全部动作。因此,各领域按照三个阶段进行了划分,如图10-8所示。

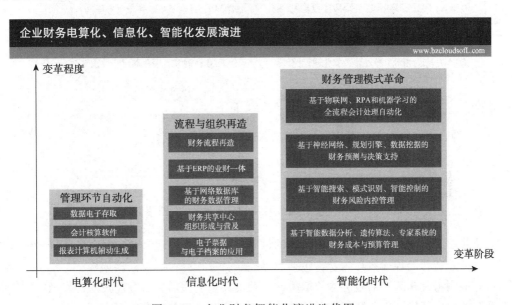

图10-8　企业财务智能化演进迭代图

在第一阶段需完成数据提质、管理增效:当前,国内约有80%的集团企业还未统一会计信息系统,系统相对分散,未形成标准化。那么在未来三年左右的时间,这些企业应专注于搭建可以统筹全集团的基础财务系统。

在第二阶段需完成实时企业、管理可视:从会计系统的搭建升级成丰富多维的管理会计系统是此阶段的目标,从而构建财务管理信息加工的能力。

在第三阶段需完成智能管控、智能决策:基于财会管会丰富的数据,通过企业海量的财经数据,以驱动企业财务管理升级。

3. 财务智能化路线设计实施方法

在管理变革的过程中,用友结合既往大量的实践经验,总结出财务数智化设计实施十步法,为企业财务管理者提供切实可行的财务智能化转型逻辑和方法规划。以"管理转型目标"为始,盘点并规划各项财务职能在未来5年至10年所要达到的管理水平,再分析目标职能的履行要求,诊断现有能力的偏差度,明确能力短板以及管理空间,至此均在对财务管理工作进行分析,防止偏离于管理之外纯粹探讨技术,数智化应服务于企业的管理诉求。

财务智能化设计实施需紧密围绕财务管理创新与升级要求。在明确能力短板和管理空间之后，识别出未来管理升级与工具手段的咬合点，匹配以最新的数字化手段和智能化工具，经过建设路线规划、分段建设实施，最终通过纠偏迭代实现转型目标。

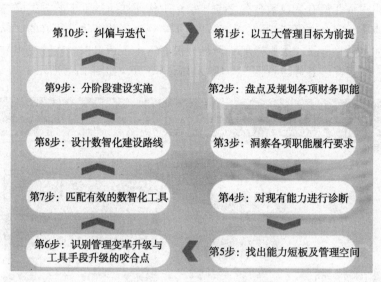

图 10-9　智能财务从规划设计到全流程十步法

十步法是从规划设计到全流程实践的整体方法体系，力促 CFO 以及财务管理者们聚焦了解财务数智化的顶层设计内容，包括总体战略目标、路径以及战略架构。

智能财务的未来发展趋势主要取决于企业的实际应用需求、智能技术的发展、智能财务系统的研发速度，以及智能财务相关政策、法规和文化的匹配度等方面。

10.3.4　智能化财务的推进动因

公司的财务部门对公司经营至关重要，小到日常开销支出，大到公司整体的战略投资，财务在其中都扮演着关键角色。但是，在人工智能浪潮的发展下，越来越多的财务部门工作人员，甚至是 CFO 层次，开始担心自己的工作会被人工智能替代。英国广播公司（BBC）联合剑桥大学做了一个未来 365 种职业被淘汰的概率统计，财务会计行业被机器人淘汰的概率是 97.6%，排在第三名。

1. 角色转换与职业道德养成

要在智能经济时代做好财务工作，需要 CFO 变身为企业的价值管理架构师。现在的 CFO 工作一方面像 CEO 一样具有高层管理者思维，另一方面是自身在业务层面需要更多的跟 CTO、CIO 们一起规划，实现角色与修养的融合创新。

新技术带来新变革的同时，也引发了新的思考。随着人工智能或者机器人地不断被应用于财务工作场景当中，使得未来财务的工作体系可能是一个混合模式。那么在混合模式下，企业该如何预防财务人员做假账，或者说如何做好从业人员的职业道德管理？在这样的混合模式下，无论是建立合作伙伴关系还是领导成功的团队，都不可能完全消除人为的监督因素，而且技术也无法考虑人性因素。很多普通人会觉得职业道德就是不做假账，但是事实上，会计师的职业道德范畴要比不做假账宽泛的多，其中就包括专业会计师的专业胜任能力。在 ACCA 近期的一项研究中，有超过八成的会计师认为，在不断演变的数字时代，强有力的道德、原则和行为习惯将变得越来越重要。

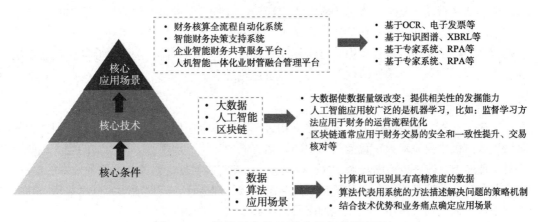

图 10-10　智能财务的技术升级与作用场景

2. 最大限度实现数据交换价值

经济学认为，交易的产生是因为信息不对称导致的成本差异实现的，合作方都在寻找管理边界。比如现有的合约，如果能够把所有的信息都明码标价，那么对精准的财务规划是有很大帮助的，所以有了数据以后，行业的融资和投资方式都会发生改变。

如企业使用腾讯投资京东智慧财务系统的主要原因是数据已经成为一种交换资料，数据的战略性互换，对于行业来讲会产生"一加一大于二"的效应，产生跨行业的合作效应。由此，数据的经济价值开始被重视和深挖，如消费数据、旅游数据、出国数据银行，当银行的数据达到足够数量时候，对金融企业的用户画像就更加精准，产业链上对用户的理财行为、理财产品的推荐带来非常显著的影响。比如中国移动记录了用户的地址、用了什么 App、上了什么网站以及阅读习惯等，这些信息无疑是很有价值的，但如何计量呢？所有的数据都是企业投入很多硬性的资源后才得以产生，并反过来让资源得到优化配置。

大数据最大的特点是可以无穷的进行记录，用视频、图片、语音的方式进行低成本的存储，当量足够大以后就可以发现其中的价值所在。而人工智能不是让机器人变得更聪明，而是通过大数据和算法以及概率，让特定的选择能够通过计算得到一个最优解，这个计算量是人脑所无法企及的。大数据思维对于传统的企业管理来说，需要变硬性的管理模式为弹性的、去中心化、理性的决策，是在倒逼企业的管理思维转型升级，是组织内的自我升级，从而为智能化财务价值实现扫清思想障碍。

3. 实现政府的数字化战略目标

随着大数据、人工智能、移动互联、云计算、物联网、区块链等新技术在财务工作中得到广泛关注和普及，智能财务、财务共享等理念以及财务机器人等自动化工具在我国"十三五"期间得到了广泛的应用。而在我国企业财务数字化工作取得巨大成效的同时，财政部下发的财务会计信息化"十四五"规划征求意见文件中，也提出了当前我国企业财务会计信息化面临行业发展水平不均衡、统一的会计数据标准缺失、对会计信息化相关数据资产和信息安全研究不足、尚缺乏社会合力推进会计信息化的氛围、人才培养存在短板六大挑战。

我国"十四五"规划期间实现智能财务目标，引领企业转型与高质量发展将成为行业关注的焦点和行动驱动力。作为国家政治、经济、科技发展的重要组成部分，财务会计行业的信息化、数字化、智能化近年来得到了飞速发展，新一代信息技术在会计行业得到了有效应用。电子支付、电子票据、电子档案等技术迈上了新台阶，业财融合得到信息系统的有力支撑，财务共享普遍迈向管理会计和智能化进程。

4. 形成智能财务的行业导向

未来的智能财务实践将向"大智移云物区"等新技术应用的高级阶段迈进，即强智能阶段。该阶段主要是对人工智能技术中的认知智能的运用，即模拟人类大脑的概念理解和逻辑推理能力，进一步形成概念、意识和观念。认知智能将促进财务共享服务效率的提升。企业财务智能化转型将涵盖业务活动、财务会计、管理会计、管理活动的全面共享，并将智能技术融入全面共享中，极大地提高了财务共享服务的效率。

在财政部发布的财务会计信息化"十四五"规划征求意见中，也提出了四项主要任务，具体为在输入环节加快制定、试点和推广电子凭证会计数据标准，统筹解决各种电子票据开具、入账和归档全流程的自动化、无纸化问题。

到"十四五"末期，将实现电子凭证会计数据标准及对主要电子票据和各类型单位的有效覆盖；在处理环节探索制定财务会计软件的底层会计数据标准，对会计核算系统的业务规则和技术标准进行规范，并在一定范围进行试点，以满足相关监管部门获取会计数据生产系统底层数据的需求；在输出环节推广实施基于企业会计准则通用分类标准的企业财务报表会计数据标准，统一企业向不同监管部门报送各种报表的会计数据，降低报送成本、提高报表信息质量，增强会计数据共享水平，提升监管效能；制定并实施各类会计信息交换亟须的其他数据标准，如小微企业融资会计数据增信数据标准、审计函证数据标准等，助力解决社会公共基础数据的标准不统一问题，发挥财会数据在资源配置中的应有作用。

10.4　智能化财务的核心技术

大数据、人工智能、移动互联网、云计算、物联网、区块链等正在重塑商业模式和财务模式，推动传统财务信息系统的智能化转型。智能财务技术实现了核算、结算、费用报销等基础财务工作的自动化和无人化。计划、决策、控制、评价等管理会计职能也逐渐与智能财务技术融合，同时，财务预测、策略评价、成本决策等也在智能财务技术的支持下不断创新。

视频10.4　智能财务核心技术

10.4.1　云计算技术概述

从用户角度来理解，云计算是将传统的租用物理服务器行为转换为向客户出租服务器，出租像云一样具有虚拟特性的虚拟机、软件平台和应用程序等计算资源的模式。如图 10-11 所示为云用户端与服务器群之间的服务关系。

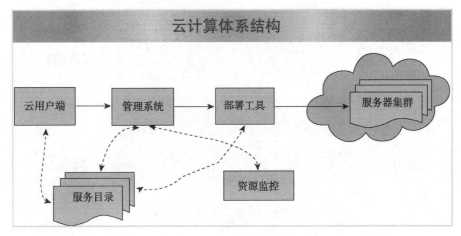

图 10-11　云计算体系结构

1. 云计算技术具有的特点

（1）计算资源集中化。云计算的资源就像放在统一的资源池中那样，被全部集中管理；即使在不明资源配置与部署的情况下，一旦客户有服务需求，云端依然可以随心所欲地调取虚拟化的一切计算资源，从而满足客户的指令需求。

（2）服务选择灵活性、自主性。在这种服务中，无论客户的服务需求还是索求行动均由客户自己按照意愿独立完成。用户在选择云计算服务时，完全可以根据本身业务量的大小来增加或减少服务需求，保证计算服务租用量和实际业务需求量始终保持动态的正向关系。云计算服务完全按照服务量来收费，基本做到费用精确无误。

（3）接入形式多样性。客户在接收云计算服务时，可以不限时间与空间，通过电脑和智能手机登录客户端方式尽情享受所需服务。

2. 云计算技术的模式

云计算服务就像一个金字塔的图层，自下而上分为三个层次，依次为基础设施即服务（Infrastructure as a Service，IaaS）、平台即服务（Platform as a Service，PaaS）和软件即服务（Software as a Service，SaaS），如图 10-12 所示。

（1）IaaS 模式——基础设施即服务。IaaS 模式包括基础设施的外包和按需租赁。为了对财务数据进行核算存储，企业财务部门的最佳选择便是转变思路，即利用云平台代替斥巨资购买基础设备，也就是说，企业可以利用云计算平台的形式来代替自建数据库，由此可以节省为基础设施所花费的大量人力和物力。企业也可以按需租赁 IaaS，即服务供应商将所需的基础设施提供给企业，企业通过付出相应的费用来换取所需的储存空间和计算需求。

（2）PaaS 模式——平台即服务。PaaS 模式是一种业务化定制的模式。这种平台的使用优点是有专门的 IT 技术工程师调控系统、处理数据、执行备份和保证数据的安全。因

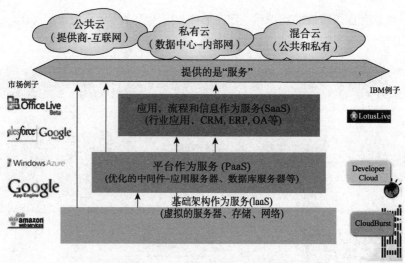

图 10-12　云计算金字塔层级图

此，在"平台即服务"的模式下，其主要定制者基本是企业用户和各种业务专家。

（3）SaaS 模式——软件即服务。这种云计算的模式比较特殊，只针对客户提供开发好的软件服务。采用该类模式提供和使用服务有两个环节，第一个环节需要服务供应商首先要在公开的服务器上把开发好的软件予以公开；第二个环节是根据企业和自己的实际需求选择、购买或租用相应的软件。

10.4.2　移动互联网技术

移动互联网是用户使用手机、PDA 或其他无线终端设备，通过 2G、3G、4G、5G 等移动通信网络或 WLAN 等无线网络来获取网络服务。移动互联网技术正在迅速发展，企业传统财务管理方式受其影响，机遇与挑战也随之而来。

1. 移动互联网技术特点

结合图 10-13 移动互联技术应用场景，我们可以总结出以下互联网技术的特点。

（1）便携性。便携性是移动互联网区别于传统互联网的重要特征。由于移动终端具有体积小、重量轻、便于随身携带的特点，用户可以随时随地使用移动互联网来获取信息，满足人们日常生活的各种需求，因此广受人们的青睐。

（2）时效性。在如今这样一个信息爆炸化时代，信息的及时性和有效性成为用户的迫切需求。移动互联网的便携性也使其具有良好的时效性。移动互联网打破了传统互联网的时间和空间限制，方便用户随时接收信息、处理信息。

（3）隐秘性。由于传统互联网的公开、透明和开放性，PC 端的用户信息很容易被黑客通过各种渠道收集，而移动终端一般由用户个人使用，不需要将个人设备上的信息共享给他人，用户对信息的掌控度更高，从而保证了移动互联网的隐私性。

（4）可定位性。可定位性是移动互联网的重要优势之一，这是传统互联网无法做到的。

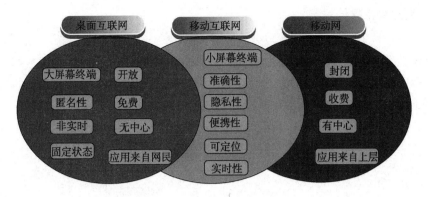

图 10-13　移动互联技术应用场景

无论用户身处何方,只要在移动网络范围内,随身携带的移动终端都可以为其提供位置服务。如今已被广泛应用于生活服务中,如地图导航、位置分享等。

2. 对财务管理智能化转型的作用

移动互联网技术正在迅速推广,企业传统财务管理方式受其影响,财务数字化智能化已经成为必然趋势。

(1)带动企业管理会计信息化。互联网+时代的到来,使得企业财务管理方式发生了重大改变,即由原先的会计纸质化向会计信息化方向转变,财务管理也从财务部门单方面掌握向多部门的财务共享转变,企业的产量、产品、顾客及结果等成本报告在财务共享平台上出现,并由其他部门一同"审核",改变了以往其他部门对财务部门的不信任。而有关公司的经营业绩、员工的绩效、各部门员工工资等都可在企业的 App 中查询到,这便是移动互联网对财务管理的转变,使企业管理会计信息化。

(2)转化企业财务管理的模式。企业在移动互联网的引导下,日常经营活动均能与计算机、手机联合,如银行业务可通过移动通信完成转账汇款业务、银企对账业务以及相关的投资、融资、利润分配等财务管理活动等。

根据工作方式特征来分,移动通信和互联网使企业的在线办公和移动办公等成为可能,且企业还能够处理电子货币、电子单据、网页数据等新介质,有效地打破了时间、空间限制,使企业财务管理效率大大提高、管理成本大大降低。

(3)给未来财务工作带来的挑战。移动互联网确实给企业财务管理带来了诸多方便,并有效帮助企业降低了经营成本和提高了管理效率。但企业如果想要更好地使用这种融合技术,就需要对传统财务管理人员进行必要的教育与培训,要求相关财务工作人员转变思维,并跟上移动互联网的发展步伐。

10.4.3　大数据挖掘技术

大数据挖掘通过分析大量数据来揭示有意义的新关系、趋势和模式,出现于 20 世纪 80 年代后期,在大数据和人工智能领域研究中有较高的研究意义和应用价值。

1. 大数据挖掘的思想

大数据挖掘需要数据库系统提供有效的存储、索引和查询处理支持。高性能（并行）计算技术在处理海量数据集方面是重要的。分布式技术也能帮助处理海量数据，并且当数据不能集中到一起处理时更是至关重要。图 10-14 为技术展示大数据挖掘具体流程与可呈现成果。

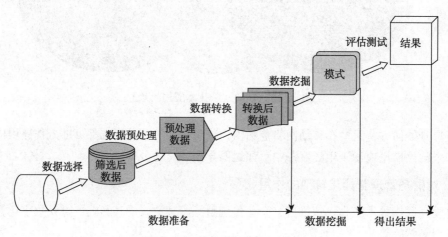

图 10-14　数据挖掘流程与成果

（1）统计学的抽样、估计和假设检验。
（2）人工智能、模式识别和机器学习的搜索算法、建模技术和学习理论。
（3）最优化、进化计算、信息论、信号处理、可视化和信息检索。

大数据挖掘通过高度自动化分析企业数据帮助企业作出归纳性的推理，从而挖掘潜在的模式，帮助决策者减少风险，调整市场策略，作出正确决策。

2. 大数据挖掘的三个阶段

（1）数据准备。指从相关的数据源中选取所需的数据并整合成用于大数据挖掘的数据集，包括规律寻找和规律表示。规律寻找，指用某种方法将数据集所含的规律找出来。规律表示，指尽可能以用户可理解的方式（如可视化）将找出的规律表示出来。

（2）数据挖掘。其任务有关联分析、聚类分析、分类分析、异常分析、特异群组分析和演变分析等。

（3）结果表达和解释。通过大数据挖掘发现的知识需要表达和专家解释，通常要考虑可用性、准确性和可理解性等指标来对结果进行评价。

机器学习、数理统计等方法是大数据挖掘进行知识学习的重要方法。大数据挖掘算法的好坏将直接影响到所发现知识的优劣。目前对大数据挖掘的应用也主要集中在算法及应用方面，其中关联分析法、人工神经元网络、决策树和遗传算法在大数据挖掘中应用很广泛。

3. 大数据挖掘在智能化财务中的典型应用

1）在企业盈利能力分析中的创新应用

企业盈利能力即企业获得利润的能力，是企业组织生产活动、销售活动及财务管理水平高低的全面体现，更是企业在激烈市场竞争中占据有利位置的有力保障。企业盈利能力所需分析的指标，具体包括销售净利率、销售毛利率、净资产收益率、资产收益率等。

企业依托数据挖掘技术，结合财务报表、凭证、账目等财务数据，挖掘出可计算以上指标的数据开展分析，获取企业盈利能力分析所需的结果，然后依据获取的结果结合企业今后的发展趋势评估，找出企业今后的盈利能力及其存在的不足，进而实现对数据挖掘技术在企业财务管理中的有效应用。

2）在企业投融资管理中的创新应用

在对企业投资管理分析过程中，应分析投资项目的科学可行性，需要引入各式各样的统计工具及模型。大数据挖掘可实时动态提供投资环境、行业相关运行状况等数据信息，利用该部分数据信息构建数据模型，切实挖掘出有助于企业投资决策的信息，为企业投资决策正确性、有效性提供有力保障。

企业通过引入大数据挖掘，依托回归分析模型等评估企业需求筹集资金量，还可依托挖掘出最理想的融资方式、融资渠道，尽可能让企业以最小的风险及成本筹集到需求的资金。

3）在企业财务管理中的创新应用

大数据挖掘在企业财务管理中可表现出一系列的优势：

（1）大数据挖掘所利用的基础数据，既涉及企业财务报表中的数据，又涉及非财务数据及其他的相关数据，诸如企业运营管理数据、企业客户管理数据等。

（2）既可采用钻取、旋转等方式对各项数据开展深入分析，又可对各项数据开展统一管理，并从中挖掘出有价值的分析数据。

（3）可促进挖掘出潜在的投资者。

10.4.4 财务 RPA 技术

RPA 是机器人流程自动化（Robotic Process Automation，RPA）的简称，这是基于人工智能和自动化技术，以机器人为虚拟劳动力，按照预设程序完成预期任务的第三方软件系统。它不需要对现有系统进行改造，独立于第三方软件系统而存在。RPA 旨在代替人工处理复杂、高重复性、大量的事务，从而大大降低企业的人力资源成本，提高工作效率，还可以帮助节实现工作流程的自动化。

1. RPA 财务机器人的产生

财务 RPA 机器人起源于 RPA 过程自动化技术的发展和成熟。2015 年前后，RPA 的概念开始流行起来。RPA 是一种基于计算机编码和通过执行基于规则的任务自动化手工活动技术的软件。在这样一个数字时代，随着全球信息化水平的不断提高，RPA 技术被广泛应用于各个行业，并首先出现在财务领域，财务 RPA 机器人应运而生。

财务 RPA 机器人虽然有机器人的名字，但它并不是我们传统印象中的实体类机器人，而是一种软件，是 RPA 过程自动化在金融领域的应用。目前，金融 RPA 机器人主要由三部分组成：机器人的眼睛光学字符识别系统（OCR）；机械手过程自动化（RPA）；机器人的账簿-电子会计系统。

2. RPA 财务机器人的演化

早期的财务 RPA 机器人主要是模拟人对鼠标和键盘的操作，不能处理非结构化数据等复杂对象。此外，在向计算机输入实体数据等复杂操作时，会出现"断点"，无法实现整个过程的自动化。近年来，随着 RPA 技术的质变，金融 RPA 机器人市场的需求也发生了变化。此外，随着人工智能（AI）的到来，财务 RPA 机器人可以处理一些相对灵活的业务流程，进一步拓展了其充分利用能源的场景。

（1）财务 RPA 技术应用范围。以 RPA 为代表的机器人技术，已经深入财务工作的全流程。从日常核算、应收应付、资金结算、财务数据分析等方面不断提高我们财务的工作效率，将财务人员从烦琐单调重复的工作中解放出来，从事更加贴近一线的业务（财务 BP），更能发挥财务专业特长，融汇到财务专家团队的工作中去。

（2）财务 RPA 技术应用的局限性。财务机器人适用于模拟人类进行简单重复的操作，处理量大易错的业务，并且以 7×24 小时不间断的工作模式，在不改变原有信息系统架构的基础上实现异构系统的贯通，应用财务机器人能为企业带来众多收益，但企业必须正视财务机器人存在的局限性，要从全局角度考虑财务机器人的科学部署问题。

材料结算机器人系统充分利用集成优势，在单据电子化、指纹收发货和二维码应用基础上开展创新探索，包括智能机器人、保函一体机和票据一体机三种类型。如供应商来到服务大厅，只需提交发票、保函、质保金等票据即可。图 10-15 为智能机器人完整财务活动的流程，可以在发票校验和资金支付流程节约 11 个人工审核节点，供应商 1 分钟内就能完成付款申请，大幅缩短了物资结算时间。

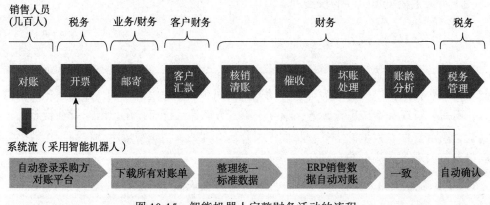

图 10-15　智能机器人完整财务活动的流程

随着企业业务活动和财务管理越来越复杂，RPA 的应用将能够替代部分财务人员的重复性操作。从而实现效率的提升，并有效降低财务工作的手工错误率，减少非法操作。

（3）财务 RPA 技术应用的拓展性。RPA 流程自动化是一种能够模拟人类来执行重复性任务的新型技术。RPA 可实现统筹安排、自动化业务处理，并提升业务工作流处理效率。用户只需通过图形方式显示的计算机操作界面对 RPA 软件进行动态设定即可。借助 RPA 可以提高工作效率、节省成本、大幅度降低出错率、节省时间，并从重复性的后台任务中解放劳动力。

未来 RPA 在财务场景中的渗透率将进一步加深，实现对企业财务信息的高效、精细、全程追踪，从而解放财务人员并强化实时决策和分析能力，为企业创造更多价值。

3. 图像识别技术和内外网穿透技术

图像识别技术和内外网穿透技术是材料结算机器人系统的关键技术。利用这些技术，系统可以连接全国增值税发票查验平台，实时查验认证发票、溯源结算数据，保证数据在结算链条中的准确性。系统还能自动校核，进行风险控制，实现发票检验自动过账、支付申请自动发起等功能。

光学字符识别（Optical Character Recognition，OCR）智能识别的能力。图 10-16 就是典型的人脸识别系统的技术构成，这是一个工具型的技术，通过识别把图片、影像上的信息结构化，而结构化后的数据用来做什么才是业务需求。在财务审核环节，除通用的发票、行程票据等常用票据识别外，还包括企业内部大量的会议签到表、结算单、发料表、支付申请等自制凭证的结构化处理。另外，在关注 OCR 识别准确率的同时，也需要关注 OCR 识别的投产比。OCR 的费控内容涵盖了费用申请、消费、报销、对账、入账以及归档的各个环节，借助数字化工具，优化内部报销流程，打通企业与其供应商的数据连接。

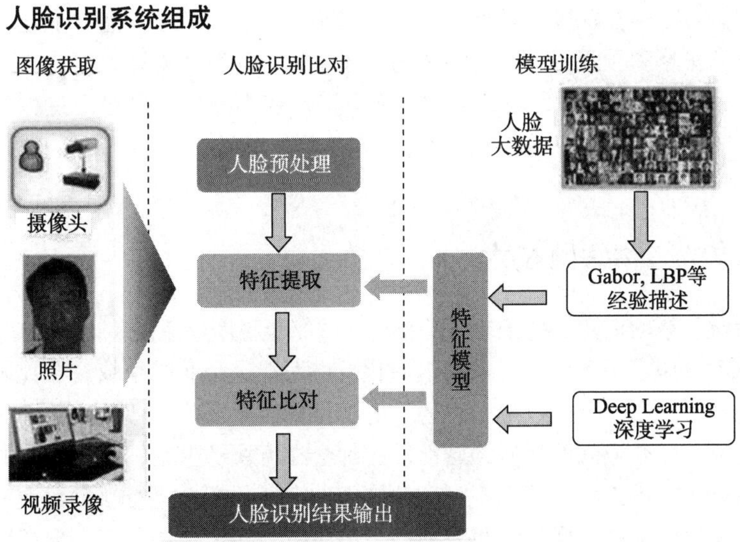

图 10-16　人脸识别系统的技术构成

同时，配合 AI 等智能化工具提供包括发票管理、企业消费规则制定、预算管控、无垫资消费、电子档案管理等全链路服务。

10.4.5　人工智能技术

人工智能技术将从操作层、管理层、决策层三个层面，深刻改变企业目前的财务工作方式。

1. 从操作层看

使用基于人工智能深度学习算法的多层神经网络，人工智能可以将各类财务票据上的信息进行结构化提取，形成规则的数据，并进一步通过基于 AI 专家系统的推理模型，自动对经济业务进行识别、判断和审核。通过审核后，根据国家会计准则和公司会计制度，自动产生会计分录。在一些中大型财务共享中心，在引入智能财务后，基础核算工作中的 95% 都是由人工智能完成，财务人员只需要处理极少数异常情况即可。

2. 从管理层

人工智能和大数据、商业智能（BI）、RPA 技术的结合，将通过 RPA 技术，自动从基础核算数据中，提取各类财务与业务数据，形成高质量、结构化、规范化的业财融合大数据。通过人工智能模型对各类数据进行智能分析，再通过数据可视化的方式，将数据转化为有价值的信息，自动推送给各级人员。财务人员只要设计好数据来源、处理过程、分析模型、展示方式、推送对象，日常各类财务经营管理分析报告，不再需要财务管理人员、财务分析人员进行处理，财务人员只需要对报告中反映的预警和问题进行进一步处理。

3. 从战略层

人工智能将企业内部数据，结合行业数据、宏观数据，对企业进行数字化建模，建立数字孪生虚拟企业，通过深度学习网络和蒙特卡洛算法，对数字孪生企业建立海量副本，试验不同的财务策略和预算模型，从中挑选出最优解。财务总监只需要在人工智能挑选出的前 10 个最优解中，挑选出令其满意的财务方案。在不断的人机对话过程中，人工智能也会了解公司高层的想法和偏好，不断自动调整算法参数，作出更懂企业经营的决策辅助意见。

10.4.6　区块链与物联网技术

随着区块链发票的应用、电子专票的推广、国家金税四期系统（以数据管税）的推进，企业的经营活动在国家机器面前越来越透明化，进而促进企业必须依法合规诚信经营。通过基于区块链技术的电子合同、电子发票、电子订单、数字化供应链、数字化人民币和电子支付的广泛使用，企业间的所有经营活动，都会在区块链上留下不可篡改的证据链，让财务核算、税务、审计工作都可以根据区块链上的存证数据，进行自动化完成。

通过建立国家级区块链网络，将行业上下游生态公司连接在一起，形成统一的区块链平台，图 10-17 为统一的区块链及物联网平台。诚信经营的企业可以获得更多的市场认可，而不依法经营的企业没有生存空间，企业间的交易风险有效性下降，交易成本降低。

物联网技术作为下一代互联网技术，将真正实现万物互联的梦想，让所有设备都变成智能设备，接入到 IoT 网络中来，让原有依靠人来进行信息录入和登记的工作，变成让设备自己主动汇报、主动记录数据，让数据变得真实和实时，让我们的企业经营活动，能够实时变化为数字，从而为数字孪生虚拟企业提供数据保证。

通过基于二维码、RFID（射频识别技术）、IoT（物联网技术），可以实时跟踪和记录我们财务关心的财务档案、固定资产、原材料、存货商品，掌握其在公司内、门店、供应链网络中的实时数据。

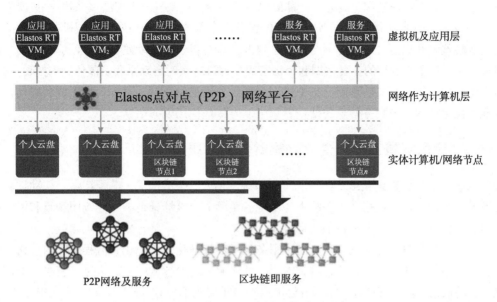

图 10-17 统一的区块链及物联网平台

10.5 智能财务的应用场景

"ABCDT",即人工智能、区块链、云计算、大数据和物联网等新一代领先科技的综合应用将会更加深刻地改变现有财务管理模式乃至所有行业的商业模式,并且影响到相关领域财税及审计业务的工作手段和方法论。智能财务场景的融合与创新正在以人们难以想象的速度发展。

10.5.1 应用场景一——财务核算全流程自动化系统

该应用场景以智能感知、数据爬虫、OCR、电子发票、移动支付、RPA、自然语言理解、基于知识图谱或处理规则的专家系统、会计信息标准以及神经网络等技术为基础,场景中的部分功能已在一些先进企业局部实现。

在该应用场景中,系统支持电子凭证和非电子凭证的智能化处理,可实现财务凭证处理的前置化,即实现业务事件(而非财务人员)对财务处理流程的驱动。企业借助更智能的财务软件和更灵活的信息展示工具实现账务处理的全过程自动化。在财务信息输出的环节,系统把自动处理的结果用更细的颗粒度来描述,并动态化、频道化、个性化地展示多维业财管融合的报表信息,以满足企业内外部决策者实时查询的需求。

10.5.2 应用场景二——智财务决策支持系统

该应用场景基于数据挖掘、神经网络、知识图谱、遗传算法、BRL、大数据分析、对话机器人、智能预警、智能诊断和虚拟展示等技术,运用数量经济学、模糊数学、信息论、控制论、系统论等理论和工具,是一种面向财务预测、控制、分析与决策一体化的应用。

在该应用场景中,系统结合基于规则的财务专家系统和基于神经网络的机器学习算法,利用战略预测和决策、战略计划与控制、财务分析与报告以及绩效考核与评价等方面的模型和方法,对企业运行的业财数据和经济宏观数据进行实时自动采集、监控、挖掘和分析,为企业经营决策进行事前预测、事中控制和事后分析提供依据。财务人员还可利用丰富的数据可视化技术,与财务信息的使用者清晰、有效地应用财务信息。

10.5.3 应用场景三——企业智能财务共享服务平台

该应用场景以数据爬虫、OCR、专家系统、RPA、电子发票、电子档案、移动计算、财务云、数据挖掘、数据展示等技术为基础。实际上,该场景是第一种应用场景和第二种应用场景在财务共享服务平台上的综合应用。

在该应用场景中,系统不仅实现了财务处理的标准化、集中化、流程化和信息化,而且利用上述技术实现了处理流程的智能化,并将服务的内容从应收、应付、总账、资产管理、费用报销、资金管理等一般事务性流程领域扩展到了税务分析、公司治理、资金运作、预测和预算、内部审计和风险管理等高价值得流程领域。共享中心智能化的过程将大幅度减少财务人员的需求。该场景需要相关政策、法规和文化的支持,因而可能存在诸多不确定性。

10.5.4 应用场景四——人机智能一体化业财管融合管理平台

该应用场景以云共享、大数据处理、物联网、机器人,以及自然语言理解、深度学习模型等技术为基础,是一种基于强人工智能技术的未来应用场景。它强调两方面的融合:人脑智能、人工智能以及环境之间的相互作用和融合;企业业务活动、财务活动和其他管理活动的深度融合。

在该应用场景下,由于智能化程度较高,业财管人员之间的组织和职能划分将会消失,管理人员处理的是企业的综合信息,所谓的企业管理分工只是信息应用视图的划分。由于人机智能系统需要在人、机之间合理地进行任务分配,以及科学地设计两者的功能,同时需考虑人机智能下带来的风险控制和伦理问题,因此,相对于应用场景三,应用场景四描述的发展方向可能会存在更大的不确定性。

10.5.5 人工智能信贷审阅工具

自然人不仅需要大量的前期学习和培训,而且就算是熟手,能做到"一目十行"已经是优中选优了。但是,采用基于统计和深度学习模型的当代自然语言处理技术,可以实现对信息加工解析的自动化和半自动化处理,特别是在对文本进行分类、摘要和信息提取等领域,可以数十倍甚至千百倍地提升数据处理效率,这种从量变到质变层级的效率提升,对于金融行业开展业务分析和风险监控具有重要的商业意义。

毕马威在过去数年中，结合领先科技，研发了"人工智能信贷审阅工具"。该工具充分应用自然语言处理大数据技术，实现对信贷文档和信贷相关内外部信息更为有效的获取、储存、管理以及分析，在决策支持和流程优化等方面为审计人员赋能。同时，该工具拥有获得海量资料的高速和广域处理能力，能够为审计客户提供更有洞察力的风险分析建议。

金融机构在风险管控机制中引用智能决策，提升全流程的自动化水平，有助于金融机构提升风险识别能力，提高决策效率，推进管理模式的再造和制度的完善，打造更为智能化的、量化的、主动型的风险管理能力。在金融业审计方面，更多领先信息技术的应用以及更多数据源的接入也将进一步拓展"人工智能信贷审阅工具"，实现更多的智能决策功能。

在以创新发展为核心的国家双创战略指导下，近年来，中国金融科技领域的爆炸式发展，对全球金融业特别是我国金融业的发展和变革产生了重要影响。毕马威中国致力于应用金融科技，解决金融业发展中的痛点，建设金融科技生态建设，汇聚多方资源推动中国金融行业的创新与发展；同时成就客户价值，也为提升金融业审计工作赋予了新的能量。

10.5.6 人工智能驱动的金融科技软件

普华永道在中国内地和香港推出最新的由人工智能驱动的金融科技软件产品。"普华永道智信"（Intelligent Archive）是应用聊天机器人技术而研发出来的合规即时通讯工具。该软件融合了智能便捷的客户服务功能，能够安全合规地将即时通讯平台上的业务对话信息进行记录和存档。

聊天工具在商业领域的应用越来越普遍。为了满足客户对沟通媒介的偏好，很多银行正在探索如何有效地使用这些工具，同时符合监管当局对信息存档的要求。如"普华永道智信"可在消息管理器中轻松实现归档通讯记录和信息检索，通讯记录可作为客户沟通的稽核凭证，并帮助金融机构满足监管合规的要求，同时亦可完成对资讯的需求及时作出回应。

此外，该软件程序内置的聊天机器人作为"智能通讯助手"，该模块能够在没有离开聊天工具界面的情况下实现一系列功能，例如通过投资范围、风险偏好和投资组合集中度筛选合适的产品并发送给客户，所有应用过程均可记录及监测留痕。

随着移动聊天工具在日常工作和家庭生活中的普遍使用，对消费者沟通渠道的竞争也日益激烈。"普华永道智信"提供的"智能聊天助手"，以更方便、更快捷的服务方式一键触达客户，为消费者提供了无缝和安全的沟通渠道，并优化了用户体验。

10.5.7 金蝶的数字员工

从目前的公开信息来看，金蝶即将发布的数字员工，汇集了金蝶在财税管理领域多年的成功实践与前沿技术于一身，数字员工的亮相或许将引起业界对智能财务领域新的震动。

有数据显示，在我国数千万从事财会的人员中，大多数人还是以记账、报税等重复性高又琐碎的工作为主，不仅无法为企业创造高价值，而且难以激发员工本身的潜力，发挥更多得价值。智能财税作为财税服务领域的一种新物种，代表了一种全新的服务产业，也是互联网时代具有代表性的智能财税服务模式。

随着数字化的不断推进，国家电子发票和"金税四期"的持续建设推广，能够为企业带来更多个性化、多元化服务的智能账务管理解决方案，不仅能够增强企业财务分析决策能力，还提升了财务风险提醒和战略方向的价值，为企业经营管理提供有力的支持。同时，以数字员工为典型应用的智能财务，可大幅提升重复性基础财务工作的效率，实现"一个顶十个"的效果，帮助企业降本增效；并且将员工从重复性劳动中彻底解放，激发活力，发挥更高的个人价值，与企业共同成长。

据国际知名机构IDC预测，到2024年，45%的重复工作任务将通过使用由AI（Artificial Intelligence）人工智能、机器人和机器人流程自动化（RPA）提供支持的数字员工实现自动化或增强。不仅如此，作为可组装EBC的倡导者和最佳实践者，金蝶还将业务可组装的数字化理念与数字员工深度融合。据了解，除了支持智慧财务外，金蝶数字员工也可支持智能化人力资源管理，助力企业敏捷创新。

10.5.8　财务档案处理与货物盘点

对于财务档案，基于射频识别标签的实时盘点文件柜、RFID智能智能密集架，让每一份文件的存取都变得有据可查，查找文件方便快捷，让文件再也不会因人为原因造成遗失。图10-18为RFID实际应用——智能实施盘点文件柜。

对于固定资产，不再需要财务人员进行定期盘点，结合RFID标签、RFID盘点机器人等技术，可以对资产进行实时盘点和管理，以解决财务资产重财务、轻管理的现状。图10-19为RFID智能盘点机器人。

RFID智能
实时盘点文件柜

RFID盘点机器人

图10-18　RFID智能实施盘点文件柜　　图10-19　RFID智能盘点机器人

对于原材料、半成本、存货、销售商品等大量占用公司资金的货物，通过二维码、RFID、IoT 等技术的结合使用，将企业料工费三大费用中"料"，变得清晰可见，所有数据均可以实时获取，动态掌握企业经营过程的情况，对风险进行及时预警和处理，保障企业的平稳运行。

智能财务时代，新技术对财务领域的变革将如同第二次工业革命对世界产生的颠覆性变化，这将大大推动财务领域智能化的发展。

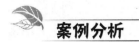

案例分析

重量级峰会，热议智慧化财务

财务智能化浪潮共三次，第一次是财务电算化，第二次是财务信息化与 ERP，智能财务作为第三次财务变革浪潮，将通过人工智能、大数据、云计算、区块链、机器人、物联网等新技术，彻底改变我们的财务工作。

2022 年 11 月，在 ACCA（特许公认会计师公会）首席财务官峰会上，德勤中国，全国审计及鉴证创新领导人、德勤创新数字化研发中心主管合伙人金科在发言中称："实际上，在公司的日常中，财务会计的工作已经被部分取代。"全球四大会计师事务所中的德勤、普华永道和安永都已推出了财务智能机器人方案。会计这个行业，看起来要求不低，职业前景也被社会看好，为什么还会被取代？"我们看到技术的应用会比较多地取代财务的传统运营和管理的角色，例如交易、记账、报表，税务合规，这些业务会被大量地取代。"ACCA 大中华区政策主管钱毓益告诉澎湃新闻记者。不过，钱毓益认为，新技术取代的财务角色仅涉及基础运营和管理，在涉及更高要求的业务层面，代替并未发生。"在和业务紧密相关的顾问角色，涉及需要丰富经验去判断未来并且作出前瞻性判断的领域，我们认为财务还是非常难被技术所取代的。"

当替代发生后，对于现在或是未来想从事财务行业的人员来说，应该如何适应新环境，并努力保证自己的"饭碗"不被机器人抢走？"DQ（数字商），数字商指的是对于新兴技术的感知和学习能力，以及判断这项技术对于企业战略和业务的影响。在我们早期的研究中，我们首先确认作为一个合格的财务工作者，需要具备 DQ，这是财务工作者的一个必备的重要能力。"钱毓益在被采访中称。

（资料来源：https://news.esnai.com/news/191206/）

问题：

1. 财务智能化浪潮的三个阶段是什么？结合自己的认识谈谈各阶段特点。

2. 德勤、普华永道和安永都已推出了财务智能机器人方案，以此是否确定传统的财务管理角色将被智能技术完全取代？为什么？

3. 未来伴随智能化财务技术应用，会计的职能将会发生哪些变化？结合业财融合思想说明？

4. 结合实际说明，DQ（数字商）的提法对未来财会人员技能要求会有哪些变化？

思考与练习

1. 智能技术助力下的财务管理模式演进分为哪几个阶段?
2. 可供借鉴的企业实现智能化财务路线图与战略思路是什么?
3. 从目前看,财务化智能化转型经历哪些过程?有何特点?
4. 智能化财务的核心技术主要有哪些?结合自身感受,描述其中一至两个技术的应用场景。
5. 智能化财务实施的根本动因是什么?结合自己理解,说明阻碍企业主动实现智能化财务管理模式创新的主要原因是什么?

参 考 文 献

[1] 亿欧智库：2019 年中国云计算行业发展研究报告.
[2] 中国信通院：云计算发展白皮书（2019 年）.
[3] 聂蓉蓉、刘雅琼. 财务云：从共享服务到大数据中心[J]. 中国会计报, 2019.
[4] 刘睿智，赵守香，张铎. 区块链技术对物流供应链的重塑[J]. 中国储运, 2019（5）.
[5] 赵林度. 供应链与物流管理理论与实务[M]. 北京：机械工业出版社，2003.
[6] 刘常宝. 现代物流概论[M]. 北京：科学出版社，2009.
[7] 刘常宝. 企业战略管理[M]. 北京：科学出版社，2009.
[8] 刘常宝. 电子商务物流[M]. 北京：机械工业出版社，2018.
[9] 刘常宝. 项目管理理论与实务[M]. 北京：机械工业出版社，2018.
[10] 刘常宝. 现代仓储与配送管理[M]. 北京：机械工业出版社，2019.
[11] 刘常宝. 三维互动仓储仿真教程[M]. 北京：北京师范大学出版社，2016.
[12] 刘常宝. 企业资源计划（ERP）原理与沙盘模拟：基于中小企业与 ITMC 软件[M]. 北京：机械工业出版社，2002.
[13] 帕拉格·康纳. 超级版图：全球供应链、超级城市与新商业文明的崛起[M]. 北京：中信出版社，2016.7.
[14] 张庆龙. 下一代财务：数字化与智能化,《财会月刊》,2020 年第 10 期.
[15] 涂杨举.《智慧企业概论》. 北京：科学出版社，2019：1-183.
[16] 刘勤、杨寅：改革开放 40 年的中国会计信息化：回顾与展望[J]. 会计研究，2019.
[17] 陈虎、孙彦丛：财务共享服务[M]. 北京：中国财政经济出版社，2018.7,第 2 版.
[18] 陈虎、孙彦丛、陈东升等. 财务就是 IT[M]. 北京：中国财政经济出版社，2017.5,第 1 版.
[19] 曾鸣：智能商业[M]. 北京：中信出版集团，2018.11.
[20] 李仪、徐金海：数字经济的内涵、特征与未来[M]. 上海：上海金融报，2019.1.
[21] 中国信通院：中国数字经济发展白皮书（2017 年）.
[22] 梅宏：《大数据：发展现状与未来趋势》, 中国人大网，2019.10.

教师服务

感谢您选用清华大学出版社的教材！为了更好地服务教学，我们为授课教师提供本书的教学辅助资源，以及本学科重点教材信息。请您扫码获取。

▶▶ 教辅获取

本书教辅资源，授课教师扫码获取

▶▶ 样书赠送

财务管理类重点教材，教师扫码获取样书

 清华大学出版社

E-mail: tupfuwu@163.com
电话：010-83470332 / 83470142
地址：北京市海淀区双清路学研大厦 B 座 509

网址：https://www.tup.com.cn/
传真：8610-83470107
邮编：100084